臺灣歷史與文化 研究輯刊

六 編

第 20 冊

康熙時期臺灣宦遊詩之詮釋研究

吳毓琪 著

花木蘭文化出版社

國家圖書館出版品預行編目資料

康熙時期臺灣宦遊詩之詮釋研究／吳毓琪 著 -- 初版 -- 新北市：
花木蘭文化出版社，2014〔民 103〕
目 4+254 面；19×26 公分
（臺灣歷史與文化研究輯刊 六編；第 20 冊）
ISBN 978-986-322-963-6（精裝）
1.臺灣詩 2.詩評
733.08   103015095

ISBN-978-986-322-963-6

臺灣歷史與文化研究輯刊
六 編 第二十冊   ISBN：978-986-322-963-6

康熙時期臺灣宦遊詩之詮釋研究

作　　者 吳毓琪
總 編 輯 杜潔祥
副總編輯 楊嘉樂
編　　輯 許郁翎
出　　版 花木蘭文化出版社
社　　長 高小娟
聯絡地址 235 新北市中和區中安街七二號十三樓
　　　　 電話：02-2923-1455／傳真：02-2923-1452
網　　址 http://www.huamulan.tw 信箱 hml 810518@gmail.com
印　　刷 普羅文化出版廣告事業
初　　版 2014 年 9 月
定　　價 六編 21 冊（精裝）新台幣 42,000 元

康熙時期臺灣宦遊詩之詮釋研究

吳毓琪　著

作者簡介

吳毓琪，成功大學中國文學所博士，現任成功大學臺灣文學系助理教授。研究專長臺灣古典文學、詩歌文化詮釋研究等。近期著作：《臺灣文學史長編2：離散與落地生根──明鄭時期臺灣漢文學的發展面貌》、〈傳媒時代的臺灣古典詩壇：日治時期「全臺詩社聯吟大會」的社群文化與文學傳播〉、〈比較南社與瀛社面對新、舊文化交鋒的抉擇與取向──兼論謝雪漁對自我認同鏡像的建構〉、〈臺灣文學與文獻中「打狗」港灣符號的衍異與層構（1624～1920）〉等。

提　　要

　　本論文以「康熙時期臺灣宦遊詩之詮釋研究」為題，藉由詮釋文本的研究路徑，同步徵引現代文化理論或文藝觀點，挖掘文本內部的深義，進而梳理出康熙時期臺灣宦遊詩潛在的研究議題。

　　第二章討論治臺之初的時代背景，臺灣在中國東南海域上的戰略地位，有助於朝廷解決海靖問題。來臺仕宦官員多被賦予巡視海上治安的特殊任務，而這項任務也常成為他們書寫詩歌的材料來源，換言之，宦遊詩作常與作者自身肩負的公務責任、職務範圍密切相關。筆者先以此章了解當時官員們面對臺灣的特殊情境，與實際投入的政治工作為何，進而探究康熙時宦遊詩的施政題材來源及書寫情況。

　　第三章以詩作闡釋來臺官員的政治實踐與情感體驗。康熙皇帝的朱子學教化觀給臺灣人民的同時，亦致力於興建學校及標榜道德人物，藉此實際行動來推廣教化觀。官員巡視農民遇旱的災情，也透過祈天降雨，以示他們實踐敦農牧民的心志。無論教化詩作、旱象祈雨詩作，皆採取「實用主義」的觀點來表現他們的宦政作為。除了上述仕宦「言志」的部分外，本章第三節討論了宦臺者歸鄉情感的表現，這類詩作中較易顯出作者「真我」的部分，也屬於仕宦者主觀情感體驗的展現。

　　第四章主要從符號形構的角度研究康熙宦遊詩人的風土詩作。基於考察臺灣經濟效用的目的，仕宦者多致力於闡釋物產的經濟價值。同時，筆者發現宦遊詩人會將物產從實用面向提昇到抽象意義層，將臺灣的土風俗物借由詠物詩書寫的方式，藉由譬喻、比擬等修辭技巧的運用，使物產的形象含具審美特徵。臺灣原住民生活符號的編製，仕宦者書寫風土詩作，一方面描摹原住民生活文化的形象特徵，再方面將作者的觀念意識含蘊於符號形象之中，使這類符號足具原住民審美文化及族群精神的再現效用。

　　第五章探討宦遊詩人的臺灣山水詩之空間擬寫，是以空間為論述主軸，舖述宦遊者心中的臺灣山水。第一節首先闡析宦遊詩作所呈顯的渡海動態體驗與感受，宦臺者親見目睹「黑水溝」不同海層地形之光澤變化，將此地理空間所形成的視覺感受，扣住作者宦遊臺灣的主觀情思。第二節則是宦臺者實際進入臺灣島上觀察高山地形的體驗，作者將高山與平地景致的各種變化，透過視覺觀察轉入詩作裡，表現海島特殊的空間形態。當宦臺者為巡視地方民情的同時，行走在起伏變化的地形上，感受著臺灣島多山的地理形態，觀覽南臺灣副熱帶樹林，與田間綠野輝映成趣的景致，體會自然山色之美。第三、四節，主要探討康熙時仕宦者來臺引進八景詩的書寫體式，及其編組「臺灣八景」的過程。王善宗、齊體物及高拱乾三人的作品樹立「臺灣八景詩」的基本範式，因此，闡釋他們的作品，可見到作家本身的個性相當鮮明，三人皆各自表現對空間選取視角的觀點，融入的作品內容及書寫手法，亦各有特色。在此之後，來臺的宦遊詩人所書寫「臺灣八景」的內容，多將臺灣海洋特性與康熙帝王豐功偉業結合思考，並以海島一隅的空間特性來表達自己宦遊臺灣，孤處海角的落寞感，以二觀點共同形成這階段「臺灣八景」的思想意涵。

目
次

第一章 緒 論

第一節 研究動機與方法

　　本章逐次說明論文研究動機、方法及論題範疇，並界定「臺灣宦遊詩」的概念，同時檢視前人的研究成果，並說明各章節安排之緣由。

一、研究動機與問題意識

　　臺灣古典文學的源頭，往往上溯至明鄭沈光文，依據連雅堂《雅言》的說法，沈光文是因遭颶風飄遊來臺，此後在臺居住三十多年沈光文，歷經荷蘭、明鄭政權，目擊其事，著書頗多，被推爲海東文獻的初祖。沈光文流寓臺灣期間，結合韓又琦、趙行可、沈朝聘及季麒光等人，於清廷領臺時，共「東吟社」，世稱〈福臺新詠〉〔註1〕。此爲臺灣古典文學發展之起源說。

　　此起源往下開展的局面爲何？往後臺灣古典文學的發展是否受其影響？在連雅堂《雅言》裡僅簡單敘述沈光與「東吟社」的關係，倒是清人領臺後蓬勃發展的書寫現象，較詳盡地記述：

> 清人得臺，斯庵亦老矣，猶出而與宛陵韓又琦、無錫趙行可等結
> 「東吟社」，所稱「福臺新詠」者也。當是時，臺灣令沈朝聘、諸
> 羅令季麒光均能詩，……荒裔山川，遂多潤色。游宦寓公先後繼
> 起，若孫元衡之「赤崁集」、陳夢林之「遊臺詩」、范咸之「婆娑
> 洋集」、張湄之「瀛壖百詠」，蜚聲藝苑，傳布海隅。而臺人士之

〔註1〕 連雅堂，《雅言》，臺北：臺灣銀行經濟研究室出版，1963 年版，頁 38。

能者，若黃佺之「草廬詩草」、陳輝之「旭初詩集」、章甫之「半嵩集」、林占梅之「潛琴餘草」、陳肇興之「陶村詩稿」、鄭用錫之「北郭園集」，或存或不存、或傳或不傳，非其詩有巧拙，而後人之賢、不肖也。夫清代以科舉取士，士之讀詩書而掇功名者，大都浸淫於制藝試帖……〔註2〕

在這裡連雅堂並沒有直接說「東吟社」對後人文學書寫的影響，僅說臺灣古典文學肇端詩社「東吟社」，有清初季麒光等人以臺灣山川為題的書寫，但是真正在臺灣形成一股書寫風氣的是，自清領臺灣的宦遊人士及本土人士有意識地寫作，如孫元衡《赤崁集》、陳夢林《遊臺詩》、范咸《婆娑洋集》、張湄《瀛壖百詠》，黃佺《草廬詩草》、陳輝《旭初詩集》、章甫《半嵩集》、林占梅《潛琴餘草》、陳肇興《陶村詩稿》、鄭用錫《北郭園集》等，於此，吾人可以看到清廷治理臺灣之初，臺灣文壇上開始出現中原來臺人士與本土文人交錯發展的局面，彼此之間共同形成推動臺灣古典文學勢力，書寫群的複雜化，加上清領之初科舉制度建立了文士「浸淫於制藝試帖」的風氣，產生臺灣古典文學發展的能動力。也因此，筆者認為康熙治臺後一連串的人員引進及制度建立，可說是古典文學發展的一個明顯開端，這開端的內容樣貌為何？往下如何傳承沿革以形成臺灣古典文學發展史，其最初的基源特徵為何？是否在明鄭古典文學所反應的民族感懷、流亡之思的作品之外，衍生出其他層面的文學書寫問題？

　　循此想法，筆者尋求開展詩歌研究論題的多元性，將研究對象鎖定於康熙時期宦遊詩的書寫群〔註3〕，主要因為臺灣文學史上大量出現書寫群是肇始自此時期，同時宦遊詩人主導當時臺灣詩文壇的地位，究竟臺灣古典詩書寫最初的樣貌為何？以此論題作為研究對象應該有其適切性。一方面可探究臺灣古典詩歌發展的基源問題〔註4〕，再方面是期望以詩作為主軸，分類來探究

〔註2〕 連雅堂，《雅言》，臺北：臺灣銀行經濟研究室出版，1963 年版，頁 39。
〔註3〕 施懿琳，《清代臺灣詩所反映的漢人社會》中「清代臺灣詩作者資料表」，臺灣師範大學國文研究所博士論文，1991 年版，頁 71～81。
〔註4〕 「基源問題」此術語，在此筆者沿用勞思光的定義是以邏輯意義的理論還原為始點，而以史學考證工作為助力，以統攝個別哲學活動於一定設準之下為歸宿。筆者部分攝取此觀點，然有所不同的是，筆者認為古典文學發之最初應有內部的基礎模式，包含所謂初始作品中有何的文學現象、觀念意識及取材手法等，這些古典文學內緣發展的最初樣貌，在往後的文學發展史上，有何接承？有何轉變？皆需透過文學作品原始面向的釐清而後對

文本自身各種可能存在的論題，進而確立這時期臺灣古典詩的書寫取向。特別是透過文本的闡發，臺灣的山川、風土、民俗經由康熙宦遊詩人的情采藻飾後，躍現於今日讀者眼前又是何種不同的樣貌？這當中文本與世界之間形成什麼樣的相互關係？

目前臺灣宦遊詩的研究中頗多對「番」〔註5〕文化的論述者，歷來論者多援引殖民理論來詳加辯證，如莊雅仲、陳龍廷……這些論作多有可參證之處。唯筆者稍感興趣的是，回歸到文本本身，臺灣宦遊詩研究是否可擴及其他論域？在奠基於前人研究的成果基礎之上，是否仍有些論點仍可再進一步詳述？有些詩作透過精密地詮釋後，是否可將臺灣古典文學的傳承與流變，藉由康熙臺灣宦遊詩的探討，將不同作者、不同作品作比較性的論述，以窺見詩歌書寫模式最初是以什麼樣貌存在的？而後隨著王朝推移再作更進一步的探討，究竟哪些書寫模式歷經時間篩選、澱積後，被後人沿用？又有哪些被後人以新的書模式所替換？為釐清這些問題，筆者試著將詩作研究限定在某一時間範圍，精細地探究個中書寫的相同與差異處，能仔細說出個中緣由，才得以與其他階段的作品產生辯證關係。以本文所寫宦遊詩之教化主題為例，這類主題必定與朝廷政策習習相關，但因清廷始終企望臺灣社會能轉型成為文治化社會，究竟這項策略在領臺之初是如何被宦遊文人被認知而推行落實於臺灣？以形成他們共同書寫的主題及書寫策略。就筆者撰寫論文的過程所了解，仕宦者除了須委派來臺設立儒學教育機構，以教導學童讀四書五經之外，他們亦需將儒學向大眾來推廣，使地方百姓趨向儒學教化的價值體系。為此，當筆者觀察看到清初宦臺官員有大量題詠「鄭氏節婦詩」的現象時，便試圖透過清廷統治中原的文化政策來了解，仕宦者曾在臺灣社會裡標舉哪些教化典型，以形塑鄉里百姓共同價值趨向？這是筆者擬於本論文探索的第一個議題。

此外，詩歌體裁承載的內容，有其他文體不易取代的特殊性，除了作為「記錄」考察民情風土之用外，詩歌所含具抒情的成份更為濃厚。詩可以言志、詩亦可緣情，當仕宦者來臺灣後，面對一個從未真切了解的新政治版域，

照比較，才得以具體而清楚地指陳。勞思光《中國哲學史》，臺北：三民書局出版，1984年版。

〔註5〕本論文採用「番」字係因清代中原人對邊陲民族的觀念，絕非有心懷輕視之想，只為保留當時文獻原樣而沿用之。

所投入的精力不單是仕宦政治的事務面，亦需調整自己與陌生之地的情感關係，若從仕宦者對臺灣的情感認同來發出問題，吾人可以探討康熙宦臺者孤處海域的落寞心情與士不遇的感懷，這些情懷如何緊扣在他們的詩作中？又如何影響他們與臺灣這塊地方的情感生成或情感閉鎖？進而形成抽象的「我在」思惟？

又，人類所具有的符號創造本能，在最初仕宦來臺者的眼中如何被運用？同上述，宦遊詩處理原住民文化題材時，亦多具有采風紀實的動機，以作為朝廷考察了解地方之用，共同地將臺灣各類物產民俗作標記及分類，進而產生實用性的符號，供後來者辨識、了解與認知臺灣之用。如此，在前人眾多研究中，看見「番民」符號被帝國之眼給醜化了，他們所記錄的文化符號有所偏差，帶著強者輕視弱者的姿態來審視臺灣原住民；筆者所欲了解的是，哪些是仕宦者偏差觀念之下所形成的文化符號，又有哪些不然？有些番民文化的起源本身是有意識地學習飛禽走獸的，乃因他們與大自然維持平等關係，有時獸類形象反是他們所崇拜的，這是原始藝術的現象，若此仕宦者可能用盡奇異的詞彙將此文化現象如地紀錄下來時，康熙時期的宦遊者所寫的風土詩，便不一定要完全以所謂的帝國之眼籠罩臺灣「番」文化來詮釋之。為此，筆者想援引符號學探討人類文明意識的理論觀點切入風土詩作，期能了解宦遊者在形構文化符號時，如何地保留番民文化的原始特徵？又如何加入他們主觀的價值判斷來審視番民文化？

當中國首批官員渡海來到臺灣，奇山異水形成他們新奇的旅遊經驗印記時，哪些是他們最常選擇的視域圖像？而，這些地理圖像被宦臺者以什麼樣的審美距離與角度來審視之？這些審視的態度含著什麼樣的意蘊內容？他們宦遊新闢疆野之心情，是否藉著書寫寄寓旅臺感懷？中國詩歌經常論及「情」、「景」的關係，在他們的詩作裡如何被運用，並且針對不同於中國大陸的臺灣地形，擇取什麼特殊的題材來加以書寫呢？

針對上述諸多問題，筆者將分別於各章節中分別論述之。由於筆者以主題分類的方式切入探討，因此，每一章研究方法的操作會略有區別，主要是針對每一章的研究脈絡擇取合宜的文學理論觀點來論述印證，期能借此突出不同詩作主題的特性。

二、研究方法

　　本論文以詮釋文本作爲主要研究路徑，係因筆者以「康熙時期臺灣宦遊詩之詮釋研究」爲題，是以探討文學基源問題作爲論述出發點，遂採用「小題大作」方式，以臺灣古典詩中康熙朝的宦遊詩爲研究對象，企望將論述重點擺在文本深度開挖的工作上，從文學作品本身著手研究，尋找康熙時期臺灣宦遊詩潛在的研究議題。

　　筆者嘗試藉由第一手「文本」的閱讀，釐析出異於過去研究者所關注的文學視角。臺灣文學可以有多面性、開放性的閱讀，當這些文本再次地被闡釋、被開發時，文學不僅可以是社會歷史的註腳，它也可能越過此範圍之外，展現其獨有的風格面貌。

　　若擇取階段性的文本來作詮釋性的探討，則詮釋詩作後會出現一個的現象，相同生活情境下所產生的文學作品，會表現多元性的思想觀念及書寫現象，如此，筆者認爲選擇詮釋的觀點，應不是單一種觀點來含括所有的概念，乃是依照作品思想及書寫特徵來選擇合宜的理論觀點，作爲支撐詮釋論述的依據，進而期待借著作品的闡釋研究得以衍生出具論證性的文學結論，而這也是筆者在本論文嘗試著手「文學詮釋學」研究路徑的方式。

　　其中筆者操作方法，一方面留意伽達瑪「詮釋學」所著重的詮釋詩作時的歷史情境，亦即筆者閱讀詩作時便與康熙時期的歷史情境對話，在伽達瑪的觀念裡，文學是一種精神性的保持和流傳的功能，並且把它的隱匿的歷史帶進每一個現時之中，「古典作品」中複製與保持了一種富有生氣的文化傳統，這種傳統不只是保存現存的東西，並將它作爲範例流傳下來。雖然文學藝術作品不可說是歷史意識的全部，但也包含了歷史的中介，爲此「詮釋」文本的任務則是將作品的意義再造與組合〔註6〕；在「詮釋」文本時的理解過程中所發生的「視域交融」〔註7〕，正是筆者企望以現當代文藝理論詮釋古典

〔註6〕 漢斯－格奧爾格・加達默爾著、洪漢鼎譯，《眞理與方法：哲學詮釋學的基本特徵》，臺北：時報文化出版，1993 年版，頁 228～233。

〔註7〕 「視域融合」（Horizontverschmelzung）加達默爾對理解文本作定義所提出的一項重要概念，它認爲理解文本不是一種完全試圖重構文本原義的「歷史的理解」，理解文本身是在重新喚起文本意義的過程中，解釋者自己的視域具有決定性作用，像是參與遊戲或進行遊戲的提出意見或可能性，並以此幫助我們眞正佔有文本所說的內容。《眞理與方法：哲學詮釋學的基本特徵》，臺北：時報文化出版，1993 年版，頁 499。

詩作，進而開展古典文學研究多元呈現的目的，如同筆者前述會藉由不同學科知識的串連、運用來探掘臺灣古典詩歌的豐富意蘊。為此內文中筆者會因應各章節所需參酌援引不同的研究理論觀念，如主題學、符號學、詮釋學、詩歌美學、藝術人類學……以證成詩作深蘊的內容意義，並透過文本與文學觀點之間的相互印證，呈顯康熙宦遊詩的文學藝術特徵。筆者期待藉由本論文研究的基礎之上，未來再拓展對臺灣古典文學研究的新議題，進而具體而客觀地建構臺灣古典文學詮釋學的論述脈絡。

　　本論文在處理詩作時，主要是採用主題分類批評方式，細膩剖析詩作。主題類型研究的優點乃是它能夠釐清每一種類型文學作品的獨特性，把考察文學的注意力集中在某一類型內，尋找該類作品的共通性，也就是說它們所運用的文學技巧、所傳達出的美感效用，甚至抽象的說，作品本身所呈顯出共同的美學理念，這些都有助於我們理解文學的內在發展；同時，也有助於我們區別類型與類型之間的差異性，進而能夠有更寬廣的視野去體認「文學」這項極抽象的共名所包容的豐富意義〔註8〕。因而，本文依照詩作的不同主題加以分類，經由對作品探究及分析，挖掘每一類主題之下作者所投射的主觀意識〔註9〕，嘗試確立康熙時期宦遊詩中共同的文學特質。

　　由於以符號學詮釋文本的研究方法，著重於開啟文化符號內在潛存的意義，筆者在研究中運用符號學的觀點，它有助於瞭解宦遊詩人書寫及編輯臺灣「番民」的文化符形，及符號所蘊存的觀念意識，透過「番民」文化符號本身獨具的象徵意義之闡釋，掌握宦遊詩人如何形構臺灣「番民」文化符號，並於符號形象之中潛藏了何種主觀意識？希望藉此研究視角切入康熙宦遊詩有關臺灣原住民的作品，瞭解其所形構的文化符號以及符號內蘊的價值意義，並由此層層解析的方式，將臺灣原住民文化的原始面貌，與宦遊詩人加諸其上的彩色，相互顯影及對照，釐清治之初來臺官員審視臺灣原住民的文

〔註8〕 蔡英俊，〈抒情精神與抒情傳統〉，收於《抒情的境界》，臺北：聯經出版社，1982年版。

〔註9〕 西方文學批評中「主題」一詞，源自於古希臘詞根「tops」，有共同地方之意，因此，「主題」是意義存放的「空間或位置」，在此空間位置裡，作者可以放置一系列具體的、形異義同的詞項，主題就成為這些詞項的共同義素，並且，作者的主體意識也投射其中。馮壽農，〈漫談法國主題學批評〉，收於氏著《文本‧語言‧途徑——尋找批評的途徑》，廈門：廈門大學出版社，2001年版，頁96。

化思惟有何侷限性？有無超越漢人本位的觀點，爲臺灣原住民文化找到更客觀的審視立場？此外，藝術人類學一門，探討原始民族藝術起源之特徵的學科，這類的知識可用以論證臺灣「番民」原始文化的深蘊意涵。究竟原始民族的文化符號是否具有獨特的審美意義，若有，其不同的文化符號裡所具有的審美意義爲何？而這是否爲康熙時期宦臺者察覺？又宦臺者是否完全採用漢人文化價值來審視之？若能在研究時，適當地擷取藝術人類的學科觀點，可更客觀地評價詩作。

筆者在進行詩作之闡釋時，會援引不同理論學科的思考方式來詮釋詩歌作品，爲了使本文研究得以延展出理論性的觀點，而不單注譯詩作內容，同時爲能加強文學特性能於文中清晰論述，筆者亦嘗試徵引中國詩歌史上的諸多觀念，如詩歌意象論、情與景的交融關係，筆者欲補捉的是含蘊於詩歌中的特定意象，這些意象可以是古人表達情感所運用的媒介，用以凝聚特定的情思，但亦可成爲後人欲傳達感覺、情感、思想的媒介，究竟某些意象在宦遊詩人的筆下是如何被運用？其運用傳達時的是什麼情思？都是筆者擬探討的問題，也筆者思考詮釋的進路。

統合此述，筆者欲藉著相關方面的文學論著，參照本文、研究文本，進而開掘本論題可能存有的研究面向。又爲了避免受到理論先行而造成研究上的誤差，筆者在擇取相關論點前，乃先詳讀詩作，初步掌握詩作的書寫題材與取向後，再著手適宜的文學理論及觀點，以達相互輝映之效。

本文以康熙宦臺詩爲臺灣古典詩歌發展的考察基點，爲顧及作品本身的時代性、社會性，筆者將參照歷史文獻作爲佐證，並融合當時的政治歷史背景及文化氛圍，交互論證宦遊詩人的思想，因此，亦採取歷史研究的方法，討論康熙時期政治與臺灣詩歌發展的特點。而筆者也著重歷史背景資料的闡釋，包括「方志」職官志、武備志、藝文志……等官方文獻，並通過傳、紀、疏、文的閱讀，了解當時官員在臺的實際宦政作爲，企望透過對當時仕宦者在臺期間的角色扮演、職責範圍、工作內容……等實務層面的掌握，從而了解這些題材如何映現於詩歌作品中。此外，通過《清聖祖實錄》、「康熙宮中檔案」等攸關康熙皇帝對臺灣認知的一手資料，了解清廷對臺態度及治臺重點，以及臺官員如何呼應康熙皇帝的治臺策略，這些都將歷史資料與詩作相互映證。

第二節　研究範疇與概念界說

一、研究範疇

　　本文研究論題以康熙時期臺灣宦遊詩爲主，內文論述的時間範疇界定於康熙領臺近四十年的期間（1683～1722），並以當時宦遊者來臺灣所寫的詩歌爲研究對象。臺灣最早被收納爲中國疆域始於康熙朝，當時來到這個初闢之地的官員，皆有其特殊的責任與使命，視察、督守、教化……等工作，主要是爲荒服草創的海島，移植建立新的社會根基。

　　本文之所以「康熙時期」爲時間斷限的理由，以臺灣發展史來看，康熙朝可以作爲一段獨立的觀察時期。康熙二十三年（1684）清廷收納臺灣成爲中國版圖，此乃中國疆域史上首創之舉，臺灣由原來的化外之地轉變成爲版圖之一。康熙統治臺灣除了接收於明鄭所開發的粗略規模外，臺灣社會內部的建構及文化的改變，皆需在統領臺灣之初，一邊摸索認知，一邊開發建設，同時思索如何使臺灣社會成爲清廷的延伸地。康熙朝宦遊詩人在臺灣書寫作品時，抱持著摸索與探詢的心理，企望從臺灣的自然、人文環境中尋找合於入詩的題材、或者應寫入詩中的題材，並且組編「八景詩」，將中原文化的「人文空間意象」實踐於臺灣〔註10〕，這當中作者書寫時所斟酌的選擇的思惟運作，也反應了康熙朝初步認識臺灣的摸索特徵。

　　本論文時間斷限於「康熙時期」的另一原因，雖然文學與政治之間非絕對地並馳發展，但在臺灣史上，發生於康熙六十年（1721）的「朱一貴事件」，確實是刺激清廷重視臺灣的一項重要歷史事件，此後朝廷不僅擴增官員權限，設立巡臺御史，康熙轉入雍正時期，朝廷對宦臺官員的身份、任務亦提出不同要求，臺灣行政區域分趨細密，同時官員駐守之地向北移，而這些都一定程度地影響宦遊詩人寫作時的思惟及關注焦點。「朱一貴事件」後，整個朝廷觀看臺灣的視野與康熙朝已有一定程度的差異，原本「一府三縣」的行政劃分，至雍正朝始有彰化、淡水等行政區的增置，隨著臺灣的開發，政治權限空間亦隨之擴充，官員更深入臺灣各地，「八景詩」的書寫，亦更由原來

〔註10〕 蕭百興，《清代臺灣府城空間變遷論述》論及宦遊詩人在臺灣題詠的八景詩「斐亭聽濤」、「安平晚渡」、「沙崑漁火」等勝景意象，即是官員們對臺灣社會實踐人文空間理念的表現。詳見此文第三章、第四節，國立臺灣大學建築與城鄉研究所碩士論文，1990 年版，頁 85～86。

的「臺灣府八景」擴展爲「縣廳型八景」〔註11〕。八景詩的景點，在雍正朝以後因行政區域的擴張，地理景觀的不同，使景點內容隨之增添，亦使臺灣的八景組詩發展更趨繁複，如此，不僅中國官員對臺灣的認識更趨精細的反應，亦意味著作者體驗臺灣空間情境的內容也改變了，詩作中所承載的題材內容亦會隨之調整。因此，探討書寫臺灣八景詩最早的作品——康熙時期〈臺灣府八景〉，釐清當中的書寫現象後，可裨益了解後來「八景詩」發展的內緣變化脈絡，包含詩作的題材屬性、內容涵義等，亦可知悉臺灣空間如何被清廷官員論述的衍變過程。

康熙朝除了是奠定臺灣社會基礎的朝代，在臺灣古典詩歌發展史上，康熙朝也是一關鍵點，詩歌書寫社群的變換即是一項特徵。從明鄭時期著重表現民族意識、書寫羈旅窘困〔註12〕的明朝遺老，到康熙時期已發展出中原與臺灣本土出身的兩個詩歌書寫群，如此的區別，對往後臺灣詩歌的發展，有一定的影響力。但因爲仕宦詩人比本土文人更早在臺灣從事文學奠基工作，遂擁有此階段的文學主導地位，於是，這批最初來臺者所寫作的詩歌，理當會影響後來者的書寫模式，特別是前述的「臺灣八景詩」，是最具指標性意義的代表作品。循此想法，筆者認爲爲了更清楚釐清臺灣古典詩發展的根本特色，需以此階段的詩作作爲文學根基的探源焦點，故而以康熙時期爲本研究論文的時間範圍。

本文研究的材料界定於臺灣的宦遊詩作，乃欲透過詩作本身來鑽研宦遊詩人的書寫題材有何面向？同時這些思想內容的面向反映出當時宦遊中國詩人對臺灣的認知有何侷限性，同時他們認知侷限形成的留白又如何轉化成爲他們發揮文學才思的空間？這些得自詩作分析後的論題面向，筆者視爲臺灣詩歌起源發展的原型特徵。

究竟康熙宦遊者詩作題材呈現何面向？本論文研究宦遊詩作的題的範疇，得出仕宦者歷經渡海風險、見聞異地風俗、體味宦情之苦、觀察奇山異水……等的生活體驗，皆爲臺灣古典詩歌史上初期的書寫題材。其中，最受注目的奇風異俗之題材，往往因臺灣足以提供仕宦者新奇的生命體驗，這類

〔註11〕劉麗卿，《清代臺灣八景與八景詩》，中興大學中文系碩士論文，2000 年版，頁 14～20。

〔註12〕施懿琳，〈明鄭時期寓臺的遺民詩人及其作品〉，《從沈光文到賴和——臺灣古典文學的發展與特色》，高雄：春暉出版社，2000 年版，頁 19～63。

體驗最容易激起仕宦者新的審美意識，而海外尋奇的詩歌書寫內容，屢屢為宦遊文學開創佳構，康熙時期的郁永河、孫元衡皆於此時期留名於文學史上。再者，康熙時期宦臺者面對絕域邊地，環視四周，除了海濤相伴之外，鮮少熟悉的面孔，在臺灣二、三年期間，由於康熙皇帝施行渡臺禁令的政策，形成漢人少於原住民的生活情境，使康熙初期宦臺者的詩作中，經常因個人孤寂心情而抒發愁情〔註13〕，這是康熙朝特殊的文學現象。當臺灣日漸開發後，宦臺詩人有更多與友人唱和的機會，加上臺灣本土詩人的產生，宦臺詩人與本土詩人得以切磋詩藝，如此臺灣文風繁榮的文學面貌，便顯得與康熙時期的景象不同。

由此再延申而論，筆者將以宦遊詩作之題材原型研究，來作為了解臺灣古典文學史內緣發展脈絡的依據，以康熙時臺灣文壇來看，當時雖有本土詩人，但在比例上仍以宦遊詩人居多數，文學書寫走向主要是由宦遊詩人為主導，究竟這群宦遊詩人為臺灣古典文學帶來什麼樣的開端特徵呢？因此，詩歌研究除了題材內容的探討，康熙時期的宦遊詩的詩歌風格、文學修辭、審美思惟……等究竟如何？都是筆者關心的對象，因此也成為本文研究的重點。

二、「臺灣宦遊詩」的概念界說

本文所謂的「宦遊人士」，除了臺灣方志「職官志」中羅列姓名的官員外，亦包含「遊幕人士」，如郁永河、陳夢林……等，因往往遊幕人士會以公務身份來臺，即使他們不是真正來臺擔任官員，也是親近官員的幕僚，以這種半官方的身分，觀察臺灣風土民情所得，對官員或朝廷決策多少有些影響〔註14〕，這類參與協助政務的幕客，亦在本論文討論之列。

「宦遊」乃意謂著因官務責任而出遊，是一種被動指派移至他地任官的行遊活動，因而宦遊文學即這活動過程裡所寫的文學作品。

「流寓」與「宦遊」一詞稍有別，流寓有流落他鄉寄居之意，而如前所述「宦遊」有種不得不且被動地為政治任務的緣故而移居他地，因此，宦遊乃是為政治動機而「流寓」的。目前的研究者多將宦遊文學視為流寓文學之

〔註13〕施懿琳，《清代臺灣詩所反映的漢人社會》，臺灣師範大學國文研究所博士論文，1991年版，頁213。

〔註14〕何素花，〈清初大陸文人在臺灣之社會觀察——以郁永河的《裨海紀遊》為例〉，《臺灣文獻》五十三卷一期，2002年3月版，頁174。

一類，在周滿枝的研究中，中國人士流寓來臺的有七種動機：奉檄渡臺者、作幕至臺者、採硫至臺者、遊覽至臺者、應聘至臺者、謀生渡臺者、功名未遂渡臺者〔註15〕。另外，施懿琳老師的研究中，流寓人士來臺原因集中歸為五類：或奉檄仕官、或受邀擔任賓幕、或應聘主持教育與修志事宜、或是因公務而來、或是為遊賞風景而至〔註16〕。統此而知，宦遊來臺者乃是流寓人士之其中一類。

　　至於方志中「流寓」列傳，與本論文所言為仕宦而流寓臺灣，有何差別？據康熙時官修方志《臺灣府志》、《諸羅縣志》、《臺灣縣志》及《鳳山縣志》，這四部方志中的「流寓」與「寓賢」列傳，所列的人物皆相同，有明寧靖王、沈瑞、王忠孝、辜朝薦、沈佺期、李茂春等六人，在《臺灣縣志》的「寓賢傳」的論曰「數君子，皆他產也，氣節迫人，高風足尚」〔註17〕，顯見方志中的流寓人物之認定標準，除了非臺灣本土人士之外，亦包含具有忠義氣魄的道德操守者，與相論文採用的「宦遊」一詞，乃因仕宦工作而移居他鄉的意義層面並不同。

　　又，通常因仕宦而遊於異鄉的活動過程中，宦遊者會接收到異於平素所見的「審美訊息」，誠如唐代詩人杜審言〈和晉陵陸丞早春遊望詩〉的詩句：「獨有宦遊人，偏驚物候新」，這種陌生的審美感受最能激起宦遊文人的創作欲望。同時，筆者認為清初臺灣的宦遊文學應將「宦」與「遊」二焦點以雙軌並行的方式來討論，因著詩人肩負「政治責任」，故而必須詳實紀錄地方事物於作品中，以供上位者了解，故他們作品必須有「記實」的成份，甚至必須搜集訪查民間情事，考證臺灣特殊風土民情，這屬於「宦」的部分；不僅如此，詩人亦有「抒詠情懷」的本質，有時詩人的精神感官會凌駕於現實政治之上，詩中狀寫個人內心情感，及觸目所及的奇山異水，寓情於景，將精神想像超脫眼前實景，增添幾許喜樂哀秋愁的思緒。臺灣的山水在文人筆下已非單純的實況呈現，而是文人美感經驗的一種心理投射。此類山水與宦遊結合早在魏晉時期的謝朓即開始〔註18〕，清初宦臺者亦承此文學抒情傳統的

〔註15〕周滿枝，《清代臺灣流寓詩人及其詩》，政治大學中文所碩士論文，1980 年版，頁 33～50
〔註16〕施懿琳，《作清代臺灣詩所反映的漢人社會》，國立臺灣師範大學國文研究所博士論文，1991 年版，頁 200～204。
〔註17〕陳文達，《臺灣縣志》卷八・人物志「寓賢」，臺灣大通書局版，頁 203。
〔註18〕王國瓔，《中國山水詩研究》第二章：「與宦遊生涯共詠的山水詩在兩晉時已

來書寫臺灣山水。因此，筆者從文本的實際觀察而將「臺灣宦遊文學」定義
為實際派任地方官的被動行遊紀錄，與文人個人情意體察的共同表現，而這
觀點在學者柯慶明研究中已論及〔註19〕，回歸山水自然而暫忘社會文化，將
徜徉於自然的「遊觀」的經驗，延伸到「宦遊」一事，本著「人固動物耳」
的「動」，隨著人遊宦到他鄉，人的感官意識隨著移動狀態而有新的觸發，因
此，宦遊者來臺不僅具有感覺層面「情橫於內」的「情動」，同時也兼指人在
自然中的「觀遊」與社會中的「宦遊」所顯現的「遊／動」的基本情況，共
同交織成宦臺者書寫內容的面向，有獨處海疆的孤寂、有宦海風波的險惡、
亦有高峻山形的奇觀，將人的存在本質的聚焦於此情境中來思考，得出「觀
遊」山水詩所承載的內容，會隨著人行「動」環境的變化而不斷更新。因而
「宦遊」一詞含蘊著，仕宦者因政治公務而移居他鄉，途中榮辱得失就隨著
行動中的感覺情思而寄寓於不同處境的山水之中。

　　因此，本文所討論的宦遊詩內容，除了作者在臺灣仕宦過程裡，為了履
踐政務責任、體察風土輿情而書寫的詩作之外，個人在宦途所遭遇的榮辱得
失、生命的感懷，進而探索個人存在價值的部分，如何表現在詩作裡？尤其
他們如何將這屬於抽象生命哲思的部分，與他們所遇接的臺灣山水結合，呈
現出美感經驗？如此，宦遊詩人因新闢之地而激起的書寫，展現出他們面對
生命際遇與創作能力的另一面向。

第三節　文獻檢討

　　本文研究康熙時期臺灣宦遊詩的取材對象，主要是以《全臺詩》前五冊
〔註20〕為主，輔以國立臺灣文學館「全臺詩數位化資料庫」的架設，已可
方便援引使用；再者，臺灣文獻叢刊亦經中研院架設電子化資料庫，全名為
「漢典全文檢索系統」，此網路資料提供研究者搜尋徵引，相當方便。因此，
目前研究清代臺灣詩歌時，尋找原始資料較無難處，只是電腦乃為方便檢
索，作者在研究時仍須回到原始文獻來分析解讀。

出現，如湛方生的『還都帆』即是很好的例子，但那還是山水詩萌芽階段，
抒寫者寥寥無幾，還不能形成氣候。即使在謝靈運和鮑照的作品裡，也只是
偶見，一直融匯謝朓筆下才壯大了聲勢，而且從此成為中國山水詩中的一種
重要的典型。」，臺北：聯經出版社，1996 年版，頁 179。
〔註19〕柯慶明，《中國文學的美感》，臺北：麥田出版社，2000 年版，頁 314。
〔註20〕施懿琳主編，《全臺詩》，臺南：國家臺灣文學館，2004 年版。

　　另外，研究清代臺灣古典詩亦需對當時的歷史背景做更全面的了解，而相關的文獻史料，最近分別在臺灣與大陸都出版了套書。臺灣由行政院文建會編纂「臺灣史料集成」，當中含括了《明清臺灣檔案彙編》〔註21〕、《清代臺灣關係諭旨檔案彙編》〔註22〕、《清代臺灣方志彙刊》〔註23〕多冊，皆為筆者了解清初領臺歷史，具體而直接的知識來源；大陸方面則有廈門大學陳支平主編《臺灣文獻匯編》，共七輯。由此可知，正因目前彙編者大力地投入詩作及史料文獻的編集，使材料更趨於完整，而電子數位化的新時代訴求，提供搜尋資料的方便性。

　　近年來研究清治時古典文學相關論著，《明清臺灣傳統文學論文集》〔註24〕中有數篇與本論文相關的文章，如洪銘水〈沈光文與臺灣流寓文學的多角觀點〉則以顛覆性的角度推論沈光文在臺灣文學始祖地位乃是清代官方以後設立場建構出的，向麗頻〈清代臺南地區詩文社研究〉則為臺南地方詩文社的發展作溯源性的研究；再者，許俊雅主編《講座 Formasa：臺灣古典文學評論合集》〔註25〕亦有收羅這方面的論著，如高志彬〈清修臺灣方志藝文篇述評〉將清代官修方志中的藝文志，所編輯的藝文子目類別加以詳列，並綜評之；林文龍〈臺灣早期詩文作品編印述略〉由於本文橫跨清領到日治的詩文編印及出版情況的探討，內容詳羅臺灣詩文作品的編輯，有助於筆者掌握相關資料；又如施懿琳老師〈從《臺灣府志》〈藝文志〉看清領前期臺灣散文正典的生成〉，文中先探討清領清期臺灣方志編纂的目的、原則與選文特色，進而掌握當時臺灣散文正典的特色，是為筆者了解該時期臺灣文學特色的重要文章。

　　再者，發表於期刊上的單篇論文，有以社會歷史角度來討論者，如：何素花〈清初大陸文人在臺灣之社會觀察——以郁永河「裨海紀遊」為例〉〔註26〕、

〔註21〕臺灣史料集成編輯委員會，《明清臺灣檔案彙編》，臺北：遠流出版公司，2009年版。

〔註22〕臺灣史料集成編輯委員會，《清代臺灣關係諭旨檔案彙編》，臺北：遠流出版公司，2004年版。

〔註23〕臺灣史料集成編輯委員會，《清代臺灣方志彙刊》，臺北：遠流出版公司，2005年版。

〔註24〕東海大學中文系主編，《明清臺灣傳統文學論文集》，臺北：文津出版社，2002年版。

〔註25〕許俊雅主編，《講座：Formasa》，臺北：萬卷樓圖書公司出版，2004年版。

〔註26〕何素花，〈清初大陸文人在臺灣之社會觀察——以郁永河「裨海紀遊」為例〉，

阮桃園〈文人探險家的視野——試評郁永河《裨海紀遊》〉〔註27〕；另外，從文
學藝術層面來論述者，如丁旭輝〈論《裨海紀遊》的散文藝術〉〔註28〕、賴恆
毅〈郁永河《裨海紀遊》之竹枝詞研究〉〔註29〕；亦有以殖民觀點來論述者，
如：施懿琳〈清代遊宦與在地詩人的臺灣意象〉〔註30〕將宦遊詩與在地詩人的
臺灣意象之生成與特色作比較研究、莊雅仲〈裨海紀遊：徘徊於自我異己之間〉
〔註31〕將郁永河的《裨海紀遊》視爲中國政權征服臺灣原住民的開始，透過作
者採用的殖民觀點來辯述之、陳龍廷〈相似性、差異性與再現的複製：清代書
寫臺灣原住民形象之論述〉〔註32〕認爲清代來臺者書寫臺灣原住民的形象不免
有著妖魔化、貶抑化的認知傾向，同時，作品中也出現作者再現複製中國山水
形貌的傾向。

　　又，清初來臺者的渡海歷程險象環生，經常成爲詩人筆者題材，而今研
究者亦對這部分反映當時特殊情境的作品頗有關注，如薛順雄有〈渡臺悲歌
——臺灣傳統文學漢語詩文中所表露的「渡臺困境」初探〉〔註33〕一作，
又如廖振富有〈清代臺灣古典詩中的渡海經驗〉〔註34〕，兩篇文章皆以「渡
海」詩作爲文本，不過，論題處理焦點則有所不同。再者，陳佳妏的單篇論
文〈滾滾波濤聲不息，裴然有緒煥文章——論清代台灣八景詩中的自然景觀
書寫〉〔註35〕則討論清代八景詩中亦蘊含的政治意函。

　　　　《臺灣文獻》五十三卷一期，2002 年 3 月版。
〔註27〕阮桃園，〈文人探險家的視野——試評郁永河《裨海紀遊》〉，《臺灣古典文學
　　　　與文獻》，臺北：文津出版社，1999 年版。
〔註28〕丁旭輝，〈論《裨海紀遊》的散文藝術〉，《國立中央圖書館館刊》十卷一期，
　　　　2004 年版。
〔註29〕賴恆毅，〈郁永河《裨海紀遊》之竹枝詞研究〉，《臺灣史料研究》二十五期，
　　　　2005 年 7 月版。
〔註30〕施懿琳，〈清代遊宦與在地詩人的臺灣意象〉，「詩/歌中的臺灣意象研討會」，
　　　　臺南：成功大學，2000 年 3 月版。
〔註31〕莊雅仲，〈裨海紀遊：徘徊於自我與異己之間〉，《新史學》四卷三期，1993
　　　　月 9 版。
〔註32〕陳龍廷，〈相似性、差異性與再現的複製：清代書寫臺灣原住民形象之論述〉，
　　　　《博物館學季刊》十七卷三期，2003 年 7 月版。
〔註33〕此文收於《明清時期臺灣傳統文學論文集》，臺北：文津出版社，2002 年 10
　　　　月版，頁 1～30。
〔註34〕收於《第二屆「臺北學」國際學術研討會論文集》，2006 年 5 月版，頁 181～203。
〔註35〕陳佳妏，〈滾滾波濤聲不息，裴然有緒煥文章——論清代台灣八景詩中的自然
　　　　景觀書寫〉，「台灣生態研討會」，臺北：政治大學，2000 年版。

　　若再縮小範圍，專以康熙朝詩作的期刊論文，則有：江菊松〈高拱乾詩「東寧十詠」研究──兼談明人徐孚遠及其「東寧詠」〉〔註36〕則針對高拱乾的詩作詳作箋註、謝崇雄〈前清鳳山縣宋永清詩作懷古文教采風〉〔註37〕則專以宋永清的詩作來分析探討、吳毓琪〈論孫元衡《赤嵌集》之海洋意象〉〔註38〕則以孫元衡詩中的海洋意象為論題、陳家煌〈論孫元衡及其《赤嵌集》〉〔註39〕作者一方面詳實考證《赤嵌集》的版本問題，再方面作者針對孫元衡詩中的宦情與詩情、孫元衡來臺前後的心緒變化、與《赤嵌集》中臺灣風物書寫作為本文的討論焦點。

　　至於，專書的部分有謝崇耀《清代臺灣宦遊文學研究》，此書集中整理清代臺灣宦遊文學的文獻資料，與筆者著意於文本探究的切入觀點不同，再者，筆者將論文研究範疇縮小集中於康熙朝，並未將清廷領臺二百多年的時間皆納入，這是筆者與謝氏專書不同之處；再者，此書作者著力於將清代臺灣宦遊文學的文獻資料作一整理匯編的工作，而未進一步討論資料背後可討論的議題，這不足的部分可為後續研究者發揮的空間。

　　另外，研究清代流寓文學的學位論文有周滿枝的碩士論文《清代臺灣流寓詩人及其詩》，研究內容包含明鄭至清的流寓詩人，此文中有其探討的重點，但亦因此著作完成的時間距今約二十多年前，研究方法可以再更新，行文亦可再求縝密。施懿琳博士論文《清代臺灣詩所反映的漢人社會》〔註40〕，則較全面地對清代臺灣詩作探討，包括詩作者的傳紀、詩作題材及詩作內容含括等面向皆加以論述，是筆者研究本論文的重要依據。而其他相關清代臺灣詩研究的學位論文，如：專論臺灣竹枝詞的翁聖峰《清代臺灣竹枝詞研究》〔註41〕，及集中討論八景詩的劉麗卿《清代臺灣八景與八景詩》〔註42〕，此

〔註36〕江菊松，〈高拱乾詩「東寧十詠」研究──兼談明人徐孚遠及其「東寧詠」〉，《淡水牛津臺灣文學研究集刊》四期，2001年版。

〔註37〕謝崇雄，〈前清鳳山縣宋永清詩作懷古文教采風〉，《高市文獻》十四期一卷，2001年版。

〔註38〕吳毓琪，〈論孫元衡《赤嵌集》之海洋意象〉，《文學臺灣》四十三期（秋季號），2002年版。

〔註39〕陳家煌，〈論孫元衡及其《赤嵌集》〉，《漢學研究》二十三期二卷，2005年版。

〔註40〕施懿琳，《清代臺灣詩所反映的漢人社會》，國立臺灣師範大學國文研究所博士論文，1991年版。

〔註41〕翁聖峰，《清代臺灣竹枝詞研究》，臺北：文津出版社，1996年4月版。

〔註42〕劉麗卿，《清代臺灣八景與八景詩》，國立中興大學中文所碩士論文，2000年版。

文細密地彙整臺灣八景詩，及其在清代各階段及各地區的演變及發展，並且針對八景詩的題材來分類；張鈺翎《清代臺灣方志中藝文志之研究》〔註43〕，這本論文是透過方志藝文志，以了解清領時期臺灣古典文學的創作群組及其創作取向。此外，許玉青《清代臺灣古典詩之地理書寫研究》〔註44〕以地理學科的觀點切入清代臺灣詩作，並採題材分類方式來論述，由於論文題目含概整個清領時期，又作者企望能扣合地理學科的觀念，開展另種研究途徑，可惜在兩種思惟的統合上，顯得稍弱。

再者，以作家論的方式研究康熙時期宦遊詩人的學位論文有：林淑慧《黃叔璥及其《臺灣海使槎錄研究》》〔註45〕、林淑慧《臺灣清治時期散文的文化軌跡》〔註46〕；陳虹如《郁永河《裨海紀遊》研究》〔註47〕；吳玲瑛《孫元衡及其《赤嵌集》研究》〔註48〕及張永錦《孫元衡詩探析》〔註49〕，此類論文著力於作家生平及宦遊臺灣之作品的考證及論述，對於筆者研究康熙宦遊詩人及其作品，提供參照性的訊息。郭侑欣《憂鬱的亞熱帶：郁永河《裨海紀遊》中的臺灣圖像及其衍異》〔註50〕乃是將郁永河的《裨海紀遊》與其後根據《裨海紀遊》所改編的兩則小說，即西川滿、葉石濤，依作者的想像而產生的台灣意象，如何經由作改寫、加添、或是置換爲其他的意象；以及陳佳妏《清代臺灣記遊文學中的海洋》〔註51〕，此論文分別從政治的海洋、危險的海洋以及美感的海洋等三個不同切入視角，嚐試描繪出清代台灣記遊文

〔註43〕張鈺翎，《清代臺灣方志中藝文志之研究》，國立政治大學中文系碩士論文，2003年版。

〔註44〕許玉青，《清代臺灣古典詩之地理書寫研究》，國立中央大學中國文學研究所碩士論文，2005年版。

〔註45〕林淑慧，《黃叔璥及其《臺灣海使槎錄研究》》，國立臺灣師範大學國文研究所碩士論文，1999年版。

〔註46〕林淑慧，《臺灣清治時期散文發展與文化變遷》，國立臺灣師範大學國文研究所博士，2005年版。

〔註47〕陳虹如，《郁永河《裨海紀遊》研究》，國立臺灣師範大學國文研究所碩士論文，2000年版。

〔註48〕吳玲瑛，《孫元衡及其《赤嵌集》研究》，國立政治大學中等學校教師在職進修國文教學碩士學位班，2003年版。

〔註49〕張永錦，《孫元衡詩探析》，國立中興大學中文所在職專班碩士論文，2004年版。

〔註50〕郭侑欣，《憂鬱的亞熱帶：郁永河《裨海紀遊》中的臺灣圖像及其衍異》，靜宜大學中國文學研究所碩士論文，2001年。

〔註51〕陳佳妏，《清代臺灣記遊文學中的海洋》，國立政治大學中國文學研究所碩士論文，2001年版。

學中的海洋風景，以此類海洋主題爲論述脈絡的寫法，提供筆者了解另一研究論域開展方式。

檢視上列各文，有些論文的論述焦點與本論文有所交集，有些論題亦相近，唯筆者鎖定康熙斷代，乃欲從階段切面來觀察詩人與詩作的異同發展。同時另有些論題先前已有研究者處理，如「八景詩」的論題，雖然今已有劉麗卿及陳佳妏的論著產生，筆者亦從中了解臺灣八景的背景，但爲了避免重複，筆者在本論文中儘量增補二篇文章尚未列入的「八景詩」來源，討論「臺灣八景」詩作的地理實存與想像，並且著力於闡析「臺灣八景」的原型書寫樣貌。

再者，Emma Jinhua Teng "Taiwan's Imagined Geography：Chinses Colonial Travel Writing and Picture,1683-1895"〔註52〕，這部由美國哈佛大學出版的博士論文，以臺灣作爲研究清代中國殖民論述和想像地理的實例，其中首章專以康熙年間的政策辯論與地圖風水爲例，比較明、清兩代不同的疆域觀，以及臺灣如何從海外孤島，逐漸納入中國版圖和政治宇宙觀的過程，這部分與筆者研究論題明顯交集。唯筆者企望了解的是臺灣被納入中國版域之初，康熙治臺政策如何成爲往後臺灣社會歷史的發展基礎？就文學層面而言，哪些文本成爲後來書寫者依循的寫作模式？承此所述，這部論著在研究立場和探討取向上，與筆者研究方法並不相同。然這部研究臺灣的英文論著，合併中國邊疆史和當代西方文化理論的運用，的確開啓筆者另一研究視域。

第四節　章節安排說明

本論文以康熙時期臺灣宦遊詩爲研究論題，必須先釐清康熙時期的時代背景特色，再切入宦遊詩作所含的各類主題，以相互呼應與印證。因此，筆者在章節安排上，先於第二章分析康熙朝廷對臺灣的認知及仕宦者的角色扮演，而後於第三章討論宦政主題詩的情志表現，第四章則論風土詩作的符號形構與審美意識，第五章爲宦臺山水詩的空間擬寫與內蘊意義之探討，後三章皆爲詩作的闡析研究，是康熙宦臺詩作的主要題材，掌握作品所涵攝的觀念意識，以清楚地透顯出康熙領臺的核心特點爲何？加上緒論與結論，本論文共有六章。

〔註52〕張隆志評介此書，中譯《想像臺灣：清代中國的殖民旅行書寫與圖像，1683
～1895》，文載《中國文哲研究集刊》第二十六期，臺北：中央研究院，2005
年3月，頁415～422。

茲針對本論文的主論，第二、三、四、五章的結構安排，說明如下：

第二章筆者從「認知形成」的角度來擇取相關歷史材料，於第一節中概論康熙統治初期臺灣行政區域如何被建置？以及當時臺灣社會人民種族的性格特徵為何？如是才得以接續第二節，以了解康熙朝在什麼樣的基礎之上擬定治臺策略。康熙皇帝對海靖問題的相當重視，故而著力於臺灣海域地位的認知，從周邊的海域到臺灣島內。此外，本章亦關注臺灣社會內部的治安政策，因這與海疆安定有密切關係。而促使清廷將臺灣納入版圖的另一誘因，即臺灣的海外貿易地位與土地經濟利益，這些都將於第二節裡探討。第三節以官員仕宦視域形成的背景因素為論題，分別處理：一、康熙皇帝究竟對地方官員有何角色期待？二、依行政制度規定，康熙時期在臺文武官的職責為何？三、首任仕宦者如何實行政策，從而形成的治臺經驗成為往後仕宦者的參考模式，上述仕宦視域形成的原因，皆於本節中論述。

第三章是以宦政主題詩的情志表現為大論題，向下延伸討論仕宦者如何透過詩作「言志」與「緣情」。第一節論述仕宦者創設文治社會的教化思惟，從詩作裡探討仕宦官員所倡導的倫理教化觀念，以及他們如何透過教化空間與人物典範來實踐這些觀念。第二節裡將討論來臺擔任的地方官吏，如何表現其官民關係以及敦農意識於詩作中。因此，第一、二節皆是討論仕宦詩作中「言志」的部分，進入第三節則將焦點鎖定於仕宦者遊歷臺灣之情感體驗之表現，宦遊詩的抒情成份，往往在這類的懷鄉題材中表現得較鮮明。

第四章以康熙仕宦者最感好奇的風土題材作研究焦點，他們如何透過風土詩作來形構臺灣土風民俗的文化符號，並於符號中蘊涵審美意識，這些議題筆者將於第一、二節裡將分門別類地闡釋風土詩作，此外，筆者企望能夠論述康熙朝仕宦者形構臺灣風土符號的思惟脈絡，遂於第三節探討當時中原人士面對臺灣風土符號的態度及觀念，進而了解，漢人的文明觀念在康熙領臺之初是如何生成萌芽的。

第五章主要探討宦臺者書寫臺灣山水詩時，如何擬寫臺灣特殊的自然空間，並且在模山範水的同時，蘊含何種意義？故而，第一、二節，筆者分從海與山來論述宦臺山水詩的書寫特徵。第三節則以首創於康熙時期的「臺灣八景詩」作為討論對象，當時的仕宦者嚐試將中國詩歌的「八景詩」移植來臺，於是，高拱乾等詩人，率先擇取自然名勝，並興建亭臺樓閣，遂而構成「臺灣八景」，並且開始書寫八景詩，此舉乃是開臺灣詩壇的風氣之先。也因

此，促使筆者欲仔細釐清王善宗、高拱乾、齊體物三人的八景詩作，所表現的空間感有何不同？同時爲了解日後書寫「臺灣八景詩」的作者，承襲哪些美感特質以及思想內容，筆者特闢第四節「臺灣八景與宦遊生涯共詠」來探討箇中原因，林慶旺、陳璸、婁廣、張宏、張琮等人，接續著前人，將「臺灣八景詩」用以書寫廣遠疆域的空間意義，與自我身處於天涯海角的存在思惟合併思考，這部分雖然是詩人承襲中國八景詩的傳統而來，但筆者企望探討的是，臺灣八景的地理特徵激發他們產生什麼樣的感懷？

　　上述各章含括了康熙時期臺灣宦遊詩的各類主題，透過對詩作仔細闡析，每一章都將結合與內容相應的文學觀念，互相印證，期能達成本論文的撰寫目的。

第二章　康熙朝廷對臺灣的認知與
仕宦者的角色扮演

　　臺灣在清康熙二十三年（1684）首度納入中國政治版圖，清廷統領臺灣
初，政府官員對臺灣的認知多源自於當時文獻資料中的粗梗圖貌，或神話傳
說的地理想像，以滿足認識臺灣的初步意圖。

　　「認識」活動乃是認知、情感、意志的綜合活動。認識經驗的過程中，
人經由心理機能要素而含攝外在客體訊息，再轉而成爲人創造的能力，將複
雜多樣的外在世界與內在心靈交互融合，依照藝術心理學的說法，人的視知
覺具有從背景環境中選出突出點的能力，再將掌握的突出點條件形成圖像
〔註1〕。因著視覺「差異原理」，原本習慣於熟悉視覺圖像的人們，被置於新
的環境並且因「差異」引發好奇，刺激人的敏銳知覺，再生成新的認識圖像。
因此，觀視者從大環境底下選擇某一部分突出圖像時，原先受到形塑於內的
時空觀念、社會觀念、人生價值……的思想內容影響，驅使其在選擇認知時
會把某些視覺區域當作是重點，而後經新環境的特殊性刺激，視覺認識機制
融合先後訊息再表現圖像，甚至後來進一步地提煉成爲審美創作中的「意
象」，精錘鍊造圖象並加入內在情志意涵。

　　臺灣島形與中國的內陸地形明顯不同，清領初期來臺者，對環境的視覺
感刺激鮮明，可謂宦臺灣經驗猶如不斷地經歷「奇遇」〔註2〕的過程，而且觀

〔註1〕　魯道夫・阿恩海姆（Rudolf Arnhein）著，滕守堯等譯《藝術心理學》論及「視
　　　　知覺」特點：「有機體的知覺能力，是隨著能夠逐漸把握外部事物的突出結構
　　　　特徵而發展起來的」，四川人民出版社，2001年一版二刷，頁52。
〔註2〕　「奇遇」一詞意含著：打斷常態的生命進程，可使生命作爲整體，並在其廣

察者不斷體驗生命新滋味的過程，這過程中將認識觀念逐層加諸於意識中，在此視知覺與客體環境相連繫的關係下，既有的認知觀念遇上新觀念的碰擊，每一撞擊面，交融著觀察者新、舊認識觀點，形成具有臺灣性的認識意義。

本章首先釐出康熙時初宦臺者究竟選擇哪些視覺區域以呈顯臺灣環境的特殊性？審視知覺的背後常隱藏著觀察者特定時期的文化背景、生活經驗及社會身份……，以致他有特定的期望或目的，從大環境裡選擇特定的突出圖像。那麼，究竟是何種原因驅使康熙時期的仕宦者選擇某些突出圖象呢？換言之，有何種該時代性的集體觀念引導他們把注意力置於某些圖象上？尤其是，「仕宦者」的社會角色扮演，如何與「臺灣」地理環境相連結，使宦遊詩人將共同意識，藉著圖象選擇來表現宦臺經驗的特殊性。這是本章擬處理的問題。在探討視域選擇之前，首先須了解清初治臺的時代背景及其統治策略。

第一節　康熙統治初期的行政區域與臺灣社會

本節將概論康熙統治初期臺灣行政區域如何被建置？以及當時臺灣社會人民種族的性格特徵為何？借此掌握康熙對臺灣的初步認識與構想。

一、清領初期地方行政區的建置

最初清廷並無意收納臺灣，但經施琅在康熙二十二年（1683）十二月寫一篇〈請留臺灣疏〉〔註3〕上奏給康熙皇帝，指出了臺灣的經濟及戰略價值，並強調唯有臺灣納入清廷版圖，福建、浙江、廣東和江蘇的安全才得以確保。經各方利害考量後，於是，康熙二十三年四月皇帝採納了施琅的意見，批准了設立包含三個縣的臺灣府作為福建省的一部分，並常駐正規軍一萬人守備臺灣與澎湖〔註4〕。

度和強度上為人所感受，消除了日常生活所具有的條件性和制約性，亦即具有「例外性質」，它不能與回復常態事物有所關聯。參見 Hans-Georg Gadamer 著：洪漢鼎譯《真理與方法》第一部、2γ「體驗概念」，臺北：時報文化出版公司，1996 年版，頁 106。

〔註3〕　〈請留臺灣疏〉詳見於高拱乾《臺灣府志》，臺灣大通書局印行，頁 231～234。
〔註4〕　連雅堂《臺灣通史》卷三，經營紀：「康熙二十二年，秋八月，清人既得臺灣，廷議欲墟其地，靖海侯將軍施琅不可，疏曰……，詔曰：『可』。設府一、縣三，隸福建。府曰臺灣，附郭亦曰臺灣，南曰鳳山，北曰諸羅。而澎湖置巡

　　將臺灣納入中國版圖時，臺灣府、臺灣縣、鳳山縣及諸羅縣等行政區域，皆被採取相同的行政制度，高拱乾《臺灣府志》記載當時的行政建置：

> 至康熙二十二年歸我國朝，建置始詳。設府一、縣三：府曰臺灣（統三縣）。邑曰臺灣是為附郭（轄十五里、四坊）、曰鳳山（轄七里、二莊、十二社、一鎮、一保）、曰諸羅（轄四里、三十四社），地分南北焉。治文事，則有分巡道及府、廳、縣；修武備，則有總鎮府及副、參、遊。府庠、縣庠，廣文各一；正學、明倫，風布三代。設保甲以剔奸，立汛防以衛民。〔註5〕

從這段文字可看到兩個訊息，一是康熙朝廷將當時臺灣的西部平原地分南北，分設文事、武備的行政系統，以統領治理臺灣的內部政事與外部軍防，二是臺灣府是當時的行政中心，統轄臺灣、鳳山及諸羅三縣，而三縣之中又以位於北部的諸羅縣轄領四里、三十四番社，最為廣遠荒僻。因此，即使一府三縣皆有相同的文武制度，但因開發程度不一，政治事務重點有別，及社會族群的不同，而有不同的調整，如地處荒野的諸羅縣，人口以番民居多，多設「汛」以防守，主要避免所謂的生番之害，再以施行理番政策，以釐清漢番界線，避免漢番之爭；而臺灣縣、臺灣府鄰近安平海域、並且開發得較早，因此，管理海上治安及海上商業事務的往來，是為仕宦者在此地區工作的重點。

二、康熙領臺時期漢番雜居的社會特徵

　　明鄭時期，臺灣社會為漢番雜居的狀況，高拱乾《臺灣府志》：「順治間，鄭成功取臺灣，稍為更張，設四坊以居商賈，設里社以宅番漢，治漢人有州官，治番民有安撫」〔註6〕明鄭時臺灣社會中，對於經商者，明鄭政權設有「四坊」以管理之，另設「里」與「社」來安置番漢居民〔註7〕，並且採取

　　　檢，設臺廈兵備道，駐府治，兼理提督學政、按察使司事，分汛水陸，為海
　　　疆重鎮矣。」，臺北：黎明文化公司，1985 年版，頁 53～55。
〔註5〕　高拱乾，《臺灣府志》卷一，臺灣大通書局，頁 6。
〔註6〕　高拱乾，《臺灣府志》卷一，臺灣大通書局，頁 5
〔註7〕　連雅堂，《臺灣通史》卷五，對坊里之名稱的解釋：「坊里之名，肇於鄭氏，
　　　其後新闢之地，多謂之堡。……『里』之大者數十村，或分上下，或劃東西。
　　　商賈錯居者謂之『街』，漢人曰『莊』，番人曰『社』，而澎湖亦曰『社』。莊
　　　社之間，各植竹圍，險不可越，聚族而居……」，臺北：黎明文化公司，1985
　　　年版，頁 116。

漢番分治的方式來管理，顯示明鄭時臺灣社會已需面對漢番不同族群的差異性。而到了康熙政權統領臺灣時，族群的分佈情況據高拱乾《臺灣府志》的記述：

> 臺自建置以來，設府一，其府治，東至保大里大腳山五十里爲界，是曰中路，人皆漢人。西至澎湖大海洋爲界，亦漢人居之，除澎湖水程四更外，廣五十里。南至沙馬磯頭六百三十里爲界，是曰南路，磯以內諸社，漢、番雜處，耕種是事，餘諸里、莊，多屬漢人。北至雞籠山二千三百一十五里爲界，是曰北路，土番居多。惟近府治者，漢、番參半。

康熙時臺灣漢番分布的情形是，以臺灣府爲主，往東的「中路」及澎湖皆爲漢人所居住；往南至今約恆春一帶，爲「南路」則是漢番雜處，以農爲業；往北至雞籠山則是「北路」，以土番居多，靠近府治一帶，則是漢番參半。於此，《臺灣府志》提出漢番族的人口分布情況，漢人居住於開發較早的地區，而番民則以此向四周分佈，並且有南北路之別，當時多元種族的臺灣社會，同樣的也是康熙朝廷治臺需面對一項問題。

臺灣社會多元族群影響視覺感受延展面的不同。康熙皇帝的諭旨裡談及臺灣社會的族群類型，其中有原屬中國的漢人，另有屬不同族類的「番民」，據《清聖祖實錄選輯》康熙二十三年（1684）夏五月十八日載：

> 臺灣總兵官楊文魁陛辭。上諭曰：『臺灣遠在海隅，新經底定。將弁立功頗多，俱未簡用；因爾係舊人，可以委任，故特簡爲總兵官。彼處新附兵丁以及土人、黑人種類不一；向來未沾教化，不知禮義。
> [註8]

從此文可知，清人治臺之初，臺灣島上尚有明鄭移民與新附兵丁，加上番民，以康熙皇帝的眼光來看，雖族類有別，但皆屬「未沾教化」之民。康熙王朝將臺灣各種族群皆以教化未深等同視之，但同時也察覺漢番族類的性格不同，當時觀察的面向，如下：

（一）渾沌未化的臺灣番民

臺灣番民的外貌與生活習俗是對來臺者造成視覺的鮮明刺激，康熙二十三年（1684）宦臺的楊文魁形容臺灣番民猶如葛天氏之遺民，從未被教化，〈臺

〔註8〕 《清聖祖實錄選輯》，臺灣大通書局，頁133。

灣紀略碑文〉述：

> 臺灣，海邦荒服地也。……生齒土番，茹毛衣革、椎結誅離、不通
> 華俗，居然無懷、葛天之遺也。〔註9〕

因是「荒服地」，其民衣革茹毛、結髮如髻，不知悉華人習俗，然臺灣番民如
葛天氏遺民有著樸實無華，純真無僞的心性。另一位接近此觀察認知的是福
建布政司楊廷耀，他在《臺灣府志》序言：

> 憶余自筮仕蒼梧以來，南浮江漢，經西伯之化行，北守覃懷，歷
> 大禹之底積。迨乎備員藩臬，周流齊、魯禮義之邦。覽其山川風
> 物，其俗厚、其民淳，每歎古帝王流風之遺，而德教入人之深也。
> 閩在漢爲無諸封國，已遜中土。若臺者，素爲積水島嶼，竊計流
> 寓之外，其民若盲之初視、寐之初覺，雖更數載，猶是鴻濛渾沌
> 之區耳。〔註10〕

楊廷耀仕宦中國內陸各地後到臺灣，最大的變化是：沿途人文景觀，由在內
地的淳厚教化風氣，再進入臺灣島是所謂「渾沌未化」之地時，儒教風氣轉
爲淡薄，番民「若盲之初視、寐之初覺」，民心啓迪不易，於是，他悲觀地認
爲，即使經過數載，此地仍是鴻濛渾沌一片。清初宦臺者除了將番民視爲上
古遺民之外，亦將秦始皇派遣男女五百人來臺育種的傳說，用來比附臺灣番
民種類繁多的現象，徐懷祖〈臺灣隨筆〉云：

> 台郡番民，種類甚繁，莫詳所自。或云秦始皇時方士將童男女五百
> 人入海，蓋出於茲山而育種至今。〔註11〕

此說可視爲中國官員試圖解釋番民種族的由來。雖然這種說法以今人人類學
的知性眼光來看，他們誤將臺灣原住民與當年秦始皇取不死之藥的海島聯想
一起，顯見對臺灣的錯謬認知是存在清治初期官員的意識之中。

　　此外，中國來臺者對臺灣社會的認知有限，僅依漢化程度不同，將臺灣
番民族類，分爲「熟番」與「生番」，平地多漢化較深「熟番」，能接受漢人
教育且納稅，至於未接受招徠的「生番」，則是未受漢文化影響的臺灣住民，

〔註9〕　高拱乾，《臺灣府志》卷十，臺灣大通書局，頁267。
〔註10〕　楊光耀此序作於康熙三十四年，引自高拱乾，《臺灣府志》卷十，臺灣大通書局，頁5。
〔註11〕　徐懷祖〈臺灣隨筆〉一文，收於《臺灣輿地彙鈔》，臺北：臺灣銀行經濟研究室，1965年版，頁6。

他們能保有更多自己族群的文化傳統,其對來臺者的視覺衝擊較大,不論在食、衣、住、行及習俗上都相當奇異,因此,仕宦者多以「奇風異俗」的眼光觀看他們。但有時面對「生番」較特殊的習俗,則不單感受「奇」,更覺得「驚恐」,試觀康熙三十六年(1697)來臺灣的郁永河在論「番民」之「馘首」習俗的表述方式與態度:

> 諸羅、鳳山無民,所隸皆土著番人。番有土番、野番之別,野番在
> 深山中,疊嶂如屏,連峰插漢,深林密箐,仰不見天,棘刺藤蘿,
> 舉足觸礙,蓋自洪荒以來,斧斤所未入,野番生其中,巢居穴處,
> 血飲毛茹者,種類實繁,其升高陟巔越箐度茶之捷,可以追驚猿,
> 逐駭獸,平地諸番恆畏之,無敢入其境者。而野番恃其獷悍,時出
> 剽掠,焚廬殺人;已復歸其巢,莫能向邇。其殺人輒取首去,歸而
> 熟之,剔取髑髏,加以丹堊,置之當戶,同類視其室髑髏多者推爲
> 雄,如夢如醉,不知向化,眞禽獸耳![註12]

「生番」獵人首,「文明人」郁永河爲所見驚駭,語意間有恐懼鄙夷的主觀意識與情緒,以「不知向化,眞禽獸耳」作情緒性的評斷。到了康熙六十年(1721)才來臺灣的黃叔璥,描寫鳳山一帶番民的此習俗,語氣則趨平緩,稍較客觀敘事:

> 傀儡生番,動輒殺人割首以去;髑髏用金飾以爲寶;志言之矣。被
> 殺之番,其子嗣於四個月釋服後,必出殺人,取首級以祭。大武、
> 力力尤驚悍,以故無敢輕歷其境。[註13]

「生番」兩方之間紛爭以取人首爲洩忿,殺人兇悍的部落,更使人不敢親臨其境。臺灣生番未被漢化,保存部落傳統習俗,其中「馘首」一項足令人聞之驚懼,形成對此族類獨特的認識感受。

　　番民的奇特習俗造成來臺官員的視覺刺激,增加宦臺者對人文認識強度及廣度,突出他們本身被視覺思惟習慣所制約的眞實性,藉其對渾沌未化的族類的認識,耳目所觸的奇聞異俗,引導他們進入認識臺灣的另一層面裡,使之成爲宦臺體驗相當突出的一部分。而這部分亦是驅使康熙朝廷致力於推行教化工作之故,當時不僅是「熟番」需接受教育,「生番」亦需順從歸化,因此,有閩浙總督覺羅滿保於康熙五十五年(1716)爲能順利使生番歸化而

〔註12〕郁永河《裨海紀遊》,臺北:臺灣銀行經濟研究室,1959年版,頁32。
〔註13〕黃叔璥《臺海使槎錄》卷七,臺灣省文獻委員會,1999年版,頁150。

作〈題報生番歸化疏〉〔註14〕，將自古僻處山谷、聲教未通的生番造具戶口冊，收編爲民，這不僅使覺羅滿保增添任內功績，亦爲滿清政權成就治臺功業，收服未經教化生番，可以進一步解決「番民雜處，習俗異宜」的問題。

（二）移入臺灣的漢人

康熙時臺灣的漢人有幾種成分，其一爲鄭氏政權之「遺留人民」〔註15〕，二十二年八月鄭克塽率眾薙髮歸降滿清，留下閩地移至臺灣的百姓，康熙皇帝曉諭以「同胞」的立場，從寬待之，以同一族群的角度呼召之以誠服歸向清廷，「悔罪歸誠、傾心向化」係康熙初收納臺灣漢民的勸諭，《清聖祖實錄選輯》康熙二十二年夏五月二十三日有云：

> 先是，福建總督姚啓聖疏言：「海賊劉國軒遣僞官黃學齋書至，請照琉球、高麗等外國例，稱臣進貢，不薙髮、登岸。應否如所請？請旨定奪。」上曰：「臺灣皆閩人，不得與琉球、高麗比。如果悔罪、薙髮歸誠。該督、撫等遴選賢能官前往招撫。」〔註16〕

視臺灣爲中國邊緣地帶的同族群，依族群的認同招撫臺灣漢民，不以外族的生疏關係處理官民關係，這是康熙皇帝對明鄭政權殘留在臺灣的兵將，以納誠捐輸撫之的方法、歸向順化清廷的策略，遂以同胞視之，而事實上，清領初期會遺留在臺灣的已多是較殘弱的兵民，據李光地所述留臺的「僞鄭」俘虜仍悉無能力回中國之「瑣尾殘黎」〔註17〕，眞正重量級人物若非送至中國審定其罪，則軟禁在清廷的權力範圍裡。

另一類來臺灣的漢人則是往來於東南海域的商人，身爲滿人的康熙皇帝體察到漢人個人主義的性格傾向，治臺策略上亦有防備的一面，《清聖祖實錄選輯》康熙五十五年（1716）十月二十六日：

> 臺灣之人，時與呂宋地方人互相往來，亦須豫爲措置。凡福建、廣東及江南、浙江等沿海地方之人在京師者，爾等可加細詢……海外如西洋等國，千百年後，中國恐受其累；此朕逆料之言。又漢人心不齊，如滿州、蒙古數十萬人皆一心，朕臨御多年，每以漢人爲難

〔註14〕《諸羅縣志》卷十一、藝文志，臺灣大通書局，頁251～253。
〔註15〕此處係指明鄭時期即移民來臺灣拓墾的漢人及軍屯兵。
〔註16〕《清聖祖實錄選輯》，臺灣大通書局，頁123。
〔註17〕李光地〈臺灣郡侯蔣公去思碑記〉有述：「夫臺民悉僞俘，強有力者歸故土，所留者瑣尾殘黎。」，收於高拱乾《臺灣府志》卷十「藝文志」，臺北：臺灣銀行經濟研究室，1960年版，頁268。

治：以其不能一心之故。〔註18〕

在康熙統治之末期，他以多年的經驗研判「漢人難治，不能一心」，不能齊心歸一，居處臺灣的百姓或因商船利益往來海洋樞紐？與國際往來交通獲利，最終恐怕因個人利益所驅，而忽略整體國家安危。因此，康熙皇帝甚為重視漢民人心不齊的性格特徵。

再者，臺灣社會的基層百姓型態亦為朝廷官員所注意。在清領之初的臺灣社會，仍屬拓墾型態的社會，由於地方的拓墾工作所需要男性是自中國移入的漢人，加上康熙朝廷領臺期間幾乎是禁止移民攜眷來臺，以致於當時臺灣的漢移民以男性人口偏多，女性稀少，一般人民難以成家。又因當時在臺的漢移民，大致分為二類：一是「土著」與家人在臺居住幾代以上，多定居於臺灣府一帶，二是「流民」剛到臺灣沒有或少有親人者，分散於府治以北或以南，其中以後者居多數，因此，這些來自同一祖籍的流民之間彼此結合為一，相互依恃〔註19〕，同舟共濟，以禦侵擾。

臺灣社會早期尚未有漢人時，原住民採粗放農耕、捕漁、狩獵維生，而後漢人進入臺灣，海上貿易經商及拓墾務農者居多，其中拓墾的漢移民大都來自漳、泉兩府，由於，施琅對惠潮移民有所戒心，故而客家人則入臺較晚，遲至康熙末年才大量移入臺灣。又當時臺灣未開闢的曠土尚多〔註20〕，拓墾工作仍持續著且有向北臺灣擴大進行的傾向〔註21〕，即使漢人移民者因不同籍貫先後進入臺灣，康熙時期的臺灣始終屬於拓墾型的社會，而人民的自我認知乃定位為「流民」，而非永久居住的「土著」，當時臺灣社會的流動性和不穩定性是十分明顯的，甚至到了乾隆時期頻仍發生的分類械鬥，暗示著社會人群認同過程的嘗試和危機〔註22〕。

針對此地方民心趨向不同的社會現象，以及康熙皇帝所言漢人民心不齊的憂慮，康熙朝廷所提出的其相應統治政策，將於下文詳述之。

〔註18〕《清聖祖實錄選輯》，臺灣大通書局，頁163。

〔註19〕陳紹馨〈臺灣的家庭、世系與聚落型態〉二、拓荒時期的家庭與聚落型態，收於氏著《臺灣的人口變遷與社會變遷》，臺北：聯經出版公司，1997年版，頁452～457。

〔註20〕周婉窈著，《臺灣歷史圖說》，臺北：聯經出版社，1999年版，頁69～70。

〔註21〕尹章義〈臺北平原拓墾史研究（1697～1772）〉，收於氏著《臺灣開發史研究》，臺北：聯經出版公司，1989年版。

〔註22〕陳其南著，《家族與社會——臺灣和中國研究的基礎理念》第二章、臺灣漢人移民社會的建立及轉型，臺北：聯經出版公司，1995年版，頁76～77。

第二節　康熙朝廷對臺認知與治臺政策

　　康熙朝廷擬定治臺策略與當時對臺灣內外環境的認知，必然相關，因此，本節將探討從周邊的海域到臺灣島內，來了解康熙朝廷所施行的治安政策爲何。因唯有整體海疆與社會的安定，才能使臺灣的海外貿易與土地經濟利益作有效開發。

一、康熙朝廷對臺灣周邊海域的治理之道

　　康熙皇帝一生所創造的業功，主要在平定三藩之亂、收納臺灣入中國版圖、打擊沙俄入侵、鎮壓回疆的准葛爾叛亂。其中臺灣的收納，爲承繼王位的雍正所稱道，康熙六十一年（1722）十一月時，雍正皇帝總結自己父親一生的政績，提及收納臺灣成爲政治版域一事〔註23〕。

　　究竟康熙皇帝如何治臺，並且如何掌握臺灣的特點，以形成治臺政策主要焦點，使得宦臺者政治視域或仕宦工作，隨著皇帝統治政策而聚焦，同時他們也得以從臺灣環境中選擇「突出圖像」以成爲知覺動機。因此，在了解康熙宦臺者選擇治臺視域面向前，需先了解清廷政治策略如何搭配臺灣整體環境而施行。

（一）面對絕域海疆的初步認知

　　康熙二十二年（1683）八月施琅率領戰艦數百艘、水兵二萬餘人，攻克澎湖三十六島，進兵臺灣，《清史稿・聖祖本紀》：「施琅報師入臺灣，鄭克塽率其屬劉國軒等迎降，臺灣平。詔錫克塽，國軒封爵，封施琅靖海侯，將士擢賚有差」〔註24〕，施琅引兵入臺，鄭克塽迎降，此後臺灣被收納成爲中國版域之一，在此之前，臺灣對中原人士而言是化外之地。自古以來中原的疆界皆以東南海域爲限，因此，當清廷收納臺灣，開啓了中原人士對疆界的新視野，康熙時首位諸羅縣令季麒光寫〈客問〉指出收納臺灣是中國疆域史上的創舉：

　　　　主人曰：先王之治也，東西南朔以海爲限，要荒之服貢，享奉正朔

〔註23〕 《雍正朝漢文諭匯編第六冊》：「……出師命將，恢復藏地。臺灣置郡，紅苗革心。南朔東西，無思不服。」，這是雍正皇帝於康熙六十一年十一月二十日的諭旨，參見《清代臺灣關係旨案彙編》第一冊，行政院文建會發行，遠流出版公司，2004 年版，頁 19。

〔註24〕 《清史稿》卷七、本紀七、聖祖二，臺北：國史館出版，1986 年版，頁 201。

重譯而來坐於門外，若乃瘴海蠻山隸爲郡邑，雕題文頊馴爲編户，

斯則今之所有而古之所無也。〔註25〕

清以前中原疆域界限止於閩南沿海，至康熙收納臺灣始接受此地輸捐納貢，臺灣才正式成爲它版域權限的一部分。

　　清廷統領的政治疆域之廣闊，於中國歷史上是數一數二的，而之所以有如此的功績，主要是清廷甚爲重視「邊疆政治」的政策施行。清代邊疆區分爲「東北」（遼寧、吉林、黑龍江）、「北部」（內蒙）、「西北」（新疆）、「東南海疆」（臺灣、海南）等區塊。其中，臺灣約莫明清時期才有漢移民前往開發，換言之，漢人對臺灣的接觸於中國邊疆開發史上可謂相當晚的，影響所及，清廷收納之初對臺灣地方的實際了解是相當有限的，甚至可說有些認知模糊，故當時有所謂「臺灣於古無考」〔註26〕之說，可見康熙時人欲認識臺灣罕有文獻可供參考。試觀康熙第一任來臺的總兵楊文魁〈臺灣紀略碑文〉如何認識臺灣：

臺灣，海邦荒服地也，與閩省對峙，惟隔越重洋。其先輿圖未載，

故無沿革可稽。所利舟帆，東連日本，南通暹邏、呂宋、琉球諸國。

〔註27〕

楊文魁在此提及先前中原的史料文獻、圖輿上未載臺灣，而今清廷領臺僅知，這是一塊海邦荒服之地，與閩省對峙，具東南海域的交通地位。楊文魁粗略的認知裡，直指臺灣的海上地位，至於臺灣島內的認識則未提及，而這主要是因爲臺灣是塊尚待開發的荒島，在清之前進入臺灣者若非荷、西之類的殖民者、便是遺臣、或海盜，而他們多是以政經目的暫居此地，鮮少作全面性開發建設，臺灣多成爲這些佔領者的暫時附屬之地；同時，也爲鄰近中國權限延展的絕止地，對中國而言始終是被視爲名不見經傳的「絕域孤島」。

　　《清初海疆圖說・臺灣圖說》反應出清初人觀視臺灣的「絕域」特徵：

臺灣，古荒裔地也。前之廢興因革，莫可考矣，所謂故老之傳聞者，

近自明始。……按臺灣形勢，狀如腰子，枕東北而趨西南。沿邊計

程二千餘里，坡嶺清壑，鳥道羊腸。自北至南，約有三十餘日。自

西至東，皆深山叢林、人跡不到之處，傳者皆云有二十餘天。迤東

〔註25〕季麒光《蓉洲文稿》卷三，泉州圖書館藏，影印本。

〔註26〕語出約康熙三十四年來臺的徐懷祖〈臺灣隨筆〉一文，收於《臺灣輿地彙鈔》，臺北：臺灣銀行經濟研究室，1965年版，頁3。

〔註27〕高拱乾，《臺灣府志》卷十，臺灣大通書局，頁265。

> 一帶，舟楫不通，水多老古石、山多異人怪毒，鮮有能到者。東南
> 以下，則萬水朝東，莫能迴流矣。此圖則西向內地一帶，所有可灣
> 船泊宿之處，歷繪不爽。其圖中各社，多屬番人雜處。山後一帶，
> 莫可稽考矣。〔註28〕

「深山叢林、人跡不到」原始自然面貌，臺灣島上神祕幽深的氣氛，加上，
「山多異人怪毒」，島上居民「異」且「怪毒」，不可親近的主觀印象，視同
未化之絕域，而在「前之廢興因革，莫可考」、「深山叢林、人跡不到之處」
的無從認知之前提下，「絕域」之境便與怪奇、懼怕、驚怖……等情緒連結。

　　臺灣向來是中國輿圖之外的化外之地，清初來臺者身處於廣袤地域空間
裡，沒有地圖、地標可作為進入臺灣的方向指示，在無所適從的處境裡，確
認地方的空間方位成為初次來臺者的首要動作，但也因著對「絕域」認知的
不足而無法明辨星宿，高拱乾《臺灣府志》記「星野」時，未能於空間裡指
明臺灣的位置：

> 星野之說，昉自「周官」，蓋以星土辨九州之地焉。臺自破荒以來，
> 不載版圖、不登太史，星野分屬，何從而辨？然臺係於閩，星野宜
> 從閩。〔註29〕

自然天象對映於中國「人文化」的地圖格局裡，無法找到臺灣的定點，這是
清初來臺人士的印象。為確定它的空間方位，往往依恃記憶地圖來比附陳述，
以最鄰近的閩省為地理方位的對照基點，才在中國圖輿中初次刻下其空間標
的。盤古開天之際的無疆界、素樸的疆域空間、原始的自然地貌與人民……
等客觀對象，為宦臺者引起「絕域異地」的知覺傾向，成為初期宦遊者心中
突出的印象。

　　如是的「絕域」被納入中國政治版域，是史無前例的，康熙皇帝打破過
歷代王朝勢力外張的框限範圍，統治者疆域視野的重新調整，取得海洋險要
重地，「絕域」臺灣首次納入中國政治疆域範圍，意義非凡，是疆域拓彰的「功
業」。因此，清廷轄領臺灣時，初來臺灣者往往以國恩廣披荒野臺灣的角度，
稱揚康熙皇帝的功業，如高拱乾自序《臺灣府志》：

> 今天下車書大一統矣！我皇上仁德誕敷，提封萬里；東西朔南，莫
> 不覆被。顧臺灣叢爾土，越在海外，游氛餘孽，蔚為逋藪；鶖鶖番

〔註28〕《清初海疆圖說》，臺北：臺灣銀行經濟研究室，1962年版，頁101。

〔註29〕高拱乾，《臺灣府志》卷一，臺灣大通書局，頁1。

黎，茫然不知有晦明日月。沿海郡邑，江、浙、閩、粵，傳烽舉燧，多歷年所。我皇上好生如天，以普天之下皆吾赤子，奚忍獨遺？二十一年，特命靖海將軍施公率師討平，郡縣其地；設官置鎮，星羅碁布。數年以來，聲名文物，駸駸乎與上國比隆。〔註30〕

天下大一統勢力延伸至臺灣，在此設官置鎮，使茫然不知晦明日月之時序的臺灣人民，接受文明教化，實蒙受「有好生之德」的皇恩。以皇上施展仁德之心等褒揚之詞來迎合上位者，官員政治意圖可見一斑。另郁永河《裨海紀遊》亦述：

我朝聲施遠被，偽鄭歸誠，臺灣遠在東海外，自洪荒迄今，未聞與中國通一譯之貢者，迺遂郡縣其地，設官分職，輸賦貢金，艘帆往來，絡繹海上，增八閩而九，甚盛事也。〔註31〕

聲名遠被，國朝宏業遠及東海邊界臺灣，統管明鄭降地，使洪荒已久，未嘗納貢之邊地，能設郡縣分職，以管理納輸財務，並使臺灣海峽上的船隻往來頻繁，商業貿易往來更加活絡，故謂「盛事」。

康熙朝曾編纂《大清一統志・地理志》，時正值平定三藩之亂、攻克臺灣明鄭政權，清廷統治王權趨於穩固之際，用此志書宣示「昭大統一統之盛」的成就〔註32〕。承此隱性的「先見」觀念，王朝功業的意義無形中影響宦臺者的治臺態度：未能跳脫中國文化本位來審視臺灣，將主觀意識投射在物上。於是，宦臺者在誇耀收回臺灣政權、國君功業延及此地的同時，秉持中國的文化優越性對照臺灣的蠻荒絕域性的態度，使疆域新拓的目的轉向漢文文化移植入臺灣，藉以優質文化之姿進入「蠻荒之地」作為誇大炫耀的理由。過去政治權限「絕止」的陌生疆域，便成為清領初期官員，前進探尋驚異奇絕之事物的新旅程。

（二）靖海問題與臺灣的戰略性地位

臺灣自然海域特性，衍生出的海上治安問題，使海疆政事成為康熙朝廷經常感到困擾之事，康熙二十年（1681）九月浙江總督李之芳曾指出：

照今沿海一帶，賊艘飄忽靡常，每圖乘間登犯，焚擄劫掠，擾害生

〔註30〕 高拱乾，《臺灣府志》卷一，臺灣大通書局，頁7。

〔註31〕 郁永河著，《裨海紀海》，臺北：臺灣銀行經濟研究室，1959年版，頁1。

〔註32〕 葉高樹著，《清朝前期的文化政策》第三章第二節「順、康、雍、乾四朝的官修史書」，臺北：稻鄉出版社，2002年7月版，頁147。

　　靈。現經整頓舟師，刻期剿蕩。惟是此等游魂，寄命窮洋，必藉米

　　糧，貨物苟延旦夕，若無接濟，何能存活！本部院節次申嚴，力行

　　保甲，共相稽防，協力守禦，以期疆圉鞏固，民生安業〔註33〕。

海盜侵擾，威脅海上治安，或搶劫、或殺人，成爲朝廷邊疆治事的隱憂，於是，李之芳向朝廷的諫言中，不單指出需平息亂事，更期能徹底勦滅海盜的後援勢力，強調海上軍防的嚴密，才得鞏固邊防的重要性。在此李之芳站在邊防的第一線向朝廷提出這般陳明，乃因他能感受到海疆防衛的危急，從而體認到茲事體大，不可輕忽。

　　康熙納臺時的關鍵將領施琅，也同樣地強調海靖問題，在〈爲海逆形勢將滅不宜稍寬自解賊危事〉一文，指出嚴辦海盜，以免後患：「臣素知海逆始終虛實，初時猶然疥癬。皆因彼時當道泛忽姑息，不亟政治，養癰疽潰壞，負抗四十餘載，荼毒數省，致煩聖慮，屢動大兵征討，靡餉不計。今若一再寬縱，又蹈前轍。故臣惟俟風信之便順，必無不破之逆賊，不復遺此賊以廑宸衷」〔註34〕，施琅深知海盜對清廷邊疆治安的威脅，遂欲以積極攻破之勢以斷絕後患。

　　而清廷欲嚴治東南海域的海盜勢力，必須仰仗臺灣的海防地位，這是編纂《臺灣府志》的高拱乾，進入臺灣島內對地理形勢的觀察記錄：

　　臺灣府襟海枕山，山外皆海。東北則層巒疊嶂，西南則巨浸汪洋。

　　北之雞籠城，與福省對峙，南而沙馬磯頭，則小琉球相近焉。諸番

　　檣櫓之所通，四省藩屏之所寄，戍以重兵、擇人而治，內拱神京、

　　外控屬國。實東南門戶，非若珠崖可得議棄者也。〔註35〕

在此高拱乾指出臺灣的自然地位「諸番檣櫓之所通，四省藩屏之所寄」，既是交通要道，亦是東南四省的屏障，可知臺灣在東南海域上的關鍵地位，也因此洞察高拱乾提出「戍以重兵、擇人而治」的治理之道，以充份施展清廷「內拱神京、外控屬國」的海上管控權。

　　當年康熙納臺亦即以此政治考量爲基準，依《清聖祖實錄選輯》載康熙二十二年（1683）八月十五日施琅向上題報，康熙思索裁決取棄臺灣之際，

〔註33〕李之芳〈爲嚴禁奸民透越接濟以遵功令以安海疆事〉一文，收於《明清臺灣
　　　　檔案彙編》，臺北：遠流出版公司，2004 年版，頁 327。

〔註34〕施琅《靖海紀事》，收錄於《明清臺灣檔案彙編》，行政院文化建設會發行，
　　　　臺北：遠流出版公司，2004 年版，頁 361。

〔註35〕高拱乾，《臺灣府志》卷一，臺灣大通書局印行，頁 7。

施琅爭臺成功，臺灣納入中國版域意義：「海洋遠徼盡入版圖，積年逋寇皆向化」，乃使東南海域邊緣之地——臺灣一改長久爲盜賊視藏匿之地的形象，轉爲安定邊防之地。此政治版域拓展的意義，一方面宣示明朝殘局已被收拾殆盡，一方面清廷政治勢力向臺灣延伸，二者互爲關係，臺灣係乃清廷叛將——鄭氏餘孽藏匿之處，攻下臺灣，等於是向鄭氏政權收回此海洋險要之地的統治權力，《清聖祖實錄選輯》康熙二十二年（1683）六月二十九日施琅題報與鄭軍交戰結果，從康熙皇帝的回覆，可以看到：

> 據奏總統舟師，分配將士，將年久盤踞海逆深入進剿，屢次擊敗賊眾，斬殺甚多。燒燬打沉賊船，克取澎湖，招降僞官兵丁，得獲砲位等項。具見卿籌畫周詳，調度有方，官兵奮勇攻拔<u>海洋險要重地</u>，深爲可嘉！〔註36〕

經由進剿臺灣，招降敵軍，取回海洋險要之地，加以駐兵戍守，堅固中國海域疆域的防禦網絡。因此，康熙皇帝甚注重如何阻撓「外患」侵擾，強化海洋險地的鞏固，避免海盜繼續盤踞與滋生。同時，臺灣位居海洋貿易之樞紐地位，歷來外來國家幾度窺視，有嚴加看守之需要。於是，在康熙任內注重水師之調派，《清聖祖實錄選輯》康熙四十二年（1703）冬十月初六日記載：

> 上御瀛臺紫光閣，閱試武舉騎射技勇。上回御乾清宮，讀卷官等以殿試武舉諸卷呈覽。上親定名次，諭曰：『武進士中優者頗多，文官不許本籍爲臨民之官，武官須習知本地形勢方有裨益。國家所最重者邊疆，簡用武臣，大有關係。兵可百年不用，不可一日不備。今承平日久，老於行間之戰將亦漸次凋零；昔之海上投誠者習於水戰，今亦不可多得矣！初議取臺灣時都統喇哈達以爲斷不能取，而施琅獨任之，遂爾成功。海上行舟與江湖不同，江湖之中雖能習水戰，若用海上必不相宜。故朕於水師，尤爲加意。〔註37〕

從康熙皇帝親點武進士的舉止來看，其對擔任臺灣海禦重將的嚴謹態度，不敢等閒視之，係考慮邊疆海域安危關係重大，因而康熙此處提及：「海上行舟與江湖不同，江湖之中雖能習水戰，若用海上必不相宜。故朕於水師，尤爲加意。」水師武官之品質攸關國家邊疆防衛能力，警戒界線的建立，即使承平日久，乃未曾放鬆的此治臺灣策略，特別是對駐守官兵更限定了挑選的條

〔註36〕 《清聖祖實錄選輯》，臺灣大通書局，頁 124～125。
〔註37〕 《清聖祖實錄選輯》，臺灣大通書局，頁 149。

件：熟知臺灣地形，且習於海上水戰之軍師。軍事防備的加強重視，緣自康熙皇帝察覺臺灣的特殊海洋地位。

　　如是強調臺灣海防地位，正是生長於中國北方陸地、不諳海性的滿人皇帝——康熙統治東南海臺灣的施政方向。自滿人入主中原後，康熙皇帝承襲漢人以農立國的社會型態，對疆域治理向來是「重西北輕東南」，因此，康熙治臺重點乃加強海上軍力的駐紮，收編台灣成爲版圖之一隅，目的在於「消弭後患」〔註38〕，加強海上防禦工作以減少內陸之侵擾。

　　再者，康熙皇帝當時對海氛不靖印象頗深，且幾乎貼合於他對臺灣的認知上「海洋險遠，風濤不測」〔註39〕，遂有「爰以進剿方略咨詢廷議，咸謂海洋險遠，風濤莫測；長驅制勝，難計萬全。朕念海氛不靖，沿海民兵弗獲休息……」〔註40〕之感，臺灣居處海中，大海變化詭譎、無可測度，是爲風險之所在，若渡海時遇上巨風，人力不可抗拒之災變，則「險」的意義更加深刻，故而康熙皇帝以「險遠」形容之，再加上海氛不靖，百姓不得安居樂業，康熙皇帝以「海防」爲重的治臺策略及方向，不使臺灣成爲海洋盜賊淵藪，以作爲東南各省之屏障。

　　尤其到了康熙治臺末葉正當臺灣漢人海上貿易日益頻繁興盛之際，康熙皇帝轉而防備民間海上經商能力過度膨脹，一方面緣自其認爲漢人心不齊一的防衛心理，再加上臺灣曾是「明鄭政權」盤踞地，島上遺留明鄭遺殘餘勢力，引起康熙皇帝格外謹慎小心，故此東南海域是皇帝相當留心的「海氛不靖」之地，即使強化海上兵力向來是他的治臺策略，然對民間貿易發達仍顯不安。若再加上外患勢力的逼侵，朝廷面對東南海的壓力之大，是可想而知的，進入至十七世紀的清廷，面對活躍於海洋航行的西方國家，窺視臺灣的動作頻仍，間接威脅著中國東南疆土的保有權力，於是，從前未納臺灣成爲版域的過去式之中國歷史，對康熙皇帝而言，不得再沿襲，必須重新調整疆域觀念，把臺灣視海域防患重點，將厚實基層所需之兵將，於康熙二十三年皇帝親點臺灣第一任總兵楊文魁時，諭示：「臺灣遠在海隅，新經底定。……至於海洋爲利藪，海舶商販必多；爾須嚴飭，不得因以爲利，致生事端，有

〔註38〕觀點由來參見黃順力著，《海洋迷思——中國海洋觀的傳統與變遷》第三章第三節「馬背民族的困惑」之第三點「重西北輕東南國策下的西進中退」，江西高校出版社，1999年版，頁155～157。

〔註39〕《清聖祖實錄選輯》康熙二十二年秋七月十四日，臺灣大通書局，頁125。

〔註40〕《清聖祖實錄選輯》康熙二十二年九月初十日，臺灣大通書局，頁128。

負委託」〔註 41〕，臺灣是太平洋上商船貿易轉運點，若發生衝突事端，將危及中國東南一帶的治安，於是，隨著版域的勢力外拓、政治觸角探入臺灣，臺灣島的政治重要性自然被提升，如何鞏固在臺灣島上的統治權力，整頓臺灣內部的社會秩序，維持安定狀態的意圖，成為清初朝廷及宦臺者治臺方向：以文治化制度作為治理臺灣社會的依據，以軍力作為穩定海防的實際工作。隨著清廷對臺灣的海防地位的愈加認知，日後治臺所投注的心力則愈多。

二、臺灣社會的治安政策

康熙朝臺灣社會的結構，除了少數明鄭勢力餘留在臺的漢民，主要是「番民」，與朝廷有限度地招徠來臺墾拓的閩粵移民，其中，「番民」與漢人約處於「均勢時期」，是臺灣社會進入轉型期的中介點〔註 42〕。

因此，康熙朝廷的對臺社會治安政策，分別因漢番不同的性格，而有不同的策略，茲分述如下：

（一）理漢政策

清廷統治臺灣，對漢人的管束政策，最大特色即是「禁」。在康熙初領臺灣時，上至來臺官員、下至平民百姓，朝廷皆有不同的「禁令」措施，對仕宦的地方官員而言，不准攜眷，獨自一人在臺灣生活三年，又面對相當陌生環境，個人心理壓力的調適，往往成為仕宦者隱而未顯的內在困境，直至雍正朝廷這項措施才廢弛。對來臺班兵，朝廷也同樣要求不許攜眷來臺，以防止兵變在臺灣發生，而對一般的人民百姓，「禁入臺令」，更是此後二百多年的清領時期裡，鬆弛程度不同的渡臺禁令在不同階段的政經社會背景裡施行著，其中這項禁令即是以康熙朝廷為肇端，康熙二十三年至五十七年，計三十四年間，為鬆禁時期，康熙五十七年至雍正十年，計十四年間，為第一次嚴禁時期〔註 43〕。縱觀整體康熙治臺的時期中，康熙五十七年（1718）是由

〔註 41〕《清聖祖實錄選輯》康熙二十三年五月十八日，臺灣大通書局，頁 133。

〔註 42〕尹章義，〈臺灣開發史階段論和類型論〉文中的第三階段「漢番均勢期」的特徵，即漢移民勢力增長，生產技術、急難救助與組織能力的發揮，以及政府干預介入番漢關係，包括處理番漢衝突、番漢互控案件及理番衙門的設立，漢番之間互助、依賴關係主客體的易位，《臺灣開發史研究》，臺北：聯經出版公司，1989 年版，頁 9。

〔註 43〕張炎憲〈清代治臺政策之研究〉，臺灣大學歷史研究所碩士論文，1974 年，頁 6～14。

鬆禁轉嚴禁的關鍵時間點，此時康熙將海禁政策再次緊縮，福建浙江總督覺羅滿保疏言裡提及：

> 海洋大弊，全在船隻之混淆、米糧之接濟，商販行私偷越，奸民貪利竊留……並嚴禁漁船，不許裝載貨物，接渡人口。至於臺灣、廈門，各省、本省往來之船，雖新例各用兵船護送，其貪時之速迅者，俱從各處直走外洋，不由廈門出入。應飭行本省並咨明各省：凡往臺灣之船，必令到廈門盤驗，一體護送，由澎而臺，其從臺灣回者，亦令盤驗護送，由澎到廈。凡往來臺灣之人，必令地方官給照，方許渡載，單身遊民無照者，不許偷渡。如有犯者，官兵民人分別嚴加治罪，船隻入官。如有哨船私載者，將該管官一體參奏處分。應如所請，從之。〔註44〕

有鑑於當時海洋往來般隻運輸社會弊病叢生，覺羅滿保遂上奏朝廷，請嚴禁船隻接送偷渡人口，並且管控船隻，特別是到臺灣的船隻，必到廈門盤檢再護送；除此之外，這篇疏文裡更嚴正地要求往來於臺灣之人，必須向地方官領照，方許載渡，不許私載偷渡，否則不分官民、嚴加治罪。顯見到康熙領臺之末，朝廷再次警戒到海上治安的危急，對於渡臺者施行更為嚴格的管束政策。

康熙朝廷施行禁令，嚴厲而強制的政策，對地方官民而言，有其不合人道之處，不過，朝廷而言，確實有其保障地方安定的效果，據研究者許雪姬統計清統治臺灣二百十一年，共發生一百五十四次動亂，包括謀逆、盜亂、番害、械鬥，平均每一‧三六年就發生一次。若再細列每一朝代發生動亂的比例，康熙時期每四‧二年有一次動亂，雍正時期每一‧六二五年，乾隆時期每一‧八七五年，嘉慶時期每一‧四七年，道光時期每○‧九六年，咸豐時期每○‧七八年，同治時期每一‧八五七年，光緒時期每○‧五八年，可見康熙年間發生動亂頻率最低，甚至遠低於平均值，約間隔四、五年才發生一次亂事，其中又以謀逆為多，此乃明鄭遺留勢力企圖竄起之故，其他則是零星事件，對維護整個社會秩序影響不大。康熙治理臺灣安定效果之所以如此，原因為何？實與康熙頒佈嚴密禁令不無關係，許雪姬認為康熙剛收臺灣時，控制力強，故動亂較少，而動亂亦以具有反清復明意識的謀逆事件居多

〔註44〕《清聖祖實錄選輯》康熙五十七年春二月初五日，頁167～168。

〔註 45〕，其中「謀逆」指的是捏造讖緯圖書、妖言惑眾、豎旗起事、歃血訂盟等行為，對整體臺灣秩序安定的影響並不大。

綜觀上述，康熙朝廷對臺灣漢人最大憂慮，恐怕主要是明鄭政權所餘留勢力的威脅，因此，當時或鬆或嚴地施行管束移民入臺的政策，以防漢人渡臺後複雜的人口社會結構，可能危及臺灣社會秩序安定。由於康熙朝廷施以禁令防犯，避免明鄭勢力重新威脅內地沿海，除將明鄭之部眾遷移內地以便監督，並對居住在臺的漢、番施予教化，一連串的禁令，並且康熙朝廷有效地施行之，遂成其限制臺灣的政策目的，故而臺灣社會秩序能較後來的各朝代安定。

（二）治番政策

臺灣對於康熙朝廷而言，被視為草創之地，諸多規模制度極待興起，而這當中，朝廷必須面對的問題之一，即是先住臺灣的番民文化改造，畢竟臺灣番民文化，鮮明的差異性，對中原人士造成感官經驗之強烈衝擊，使康熙最初領臺，官員言及臺灣番民特性：「土番之性，與我人異者，無姓字、不知曆日；父母而外，無叔伯、甥舅，無祖先祭祀，亦不自知其庚甲」〔註 46〕在此高拱乾以相對於漢族的比較觀點，簡略地指出番民特性，無姓字、不知曆日、無親屬及祖先祭祀的觀念，也無數算庚甲年歲的想法，這不同與漢人的風俗，遂而強化來臺官員設立教化番民「社學」的動機。教育成為康熙朝廷理番工作重點之一，高拱乾《臺灣府志》裡記載番社曾習荷蘭人以鵝毛管寫字，後則設「社學」：

> 有能書紅毛字者，謂之「教冊」，凡出入之數，皆經其手。削鵝毛管濡墨橫書，自左至右，非直行也。今向化者設塾師，令番子弟從學，漸沐於詩書禮義之教云。〔註47〕

在番社裡設有塾師教育番子弟詩書禮義等儒學教化內容。又據方志所載，當時除臺灣府外，三縣皆設有「社學」：

〔註45〕許雪姬，《清代臺灣綠營》，第六章　綠營與臺灣亂事，中央研究院近代史研究所，1987 年 5 月版，頁 109～110。

〔註46〕高拱乾，《臺灣府志》卷七，臺灣大通書局，頁 187。

〔註47〕高拱乾，《臺灣府志》卷七，臺灣大通書局，頁 189。

縣　名	社 學 數	設 置 者、時 間、地 點
臺灣縣	共十九所（至康熙四十八爲止）	康熙四十八年，知縣張宏奉巡撫張伯行建立社學於各里莊十六所，在永康里、長興里、永豐里、武定里、仁和里、文賢里、崇德里、新豐里、保大西里、保大東里、歸仁南里、歸仁北里、廣儲東里、廣儲西里、仁德里、大目降莊各一所。〔註48〕
鳳山縣	一所	康熙二十八年，知府蔣毓英在土墼埕保置。〔註49〕
諸羅縣	八所	康熙二十五年知縣樊維屏建四所，在新港社、目加溜灣社、蕭壠社、麻豆社。 康熙五十四年知縣周鍾瑄建四所，諸羅山社、打貓社、哆囉嘓社、大武壠社。〔註50〕

在此看到開發較早的臺灣縣在境內里坊廣設「社學」，可能供漢化較深的熟番子弟接受教化，至於向南的鳳山縣除康熙二十八年（1689）蔣毓英設置一所之外，直至康熙治臺後期仍未見增設；向北的諸羅縣前後共設有八所，且皆置於番社之內，是較爲特殊的現象，在陳璸〈條經理海疆北路事宜〉之「立社學以教番童」的項目中，即清楚提及北路各番社設一學官的主張：

> 語曰：人不知學，牛馬襟裾。番雖異種，亦人類耳。豈可不令識字，
> 以同牛馬乎！請每社各立一學官，爲捐項置書籍、延社師，以爲之
> 教。使番童自八歲以上，胥就小學，習讀孝經、小學、論語等書。
> 教之既久，果有能講貫通曉，文藝粗可觀者，該地方官破格獎進，
> 以示鼓勵。稽古來名賢，出番族者往往不乏。今爲之長養成就，將
> 不擇地而生才，尤足以昭同文之化於無外也。〔註51〕

在此陳璸以尊重番民同人類的觀點，倡導番社致力漢化教育，設學官、捐書籍，八歲以上番童能習讀孝經、小學、論語，並獎勵學子，循著「長養成就、不擇地而生才」的教化理念，達成「同文之化於無外」的目的。由此可知，三縣的官員先後皆在番民中推行社學教育，是爲清廷欲以文化同化的長遠之計治理番民的策略。

　　此外，當閩、粵移民入臺灣開墾時，無形中壓縮了臺灣番民的生存空間，此時康熙朝廷提出護番政策以維護番地，陳璸〈條經理海疆北路事宜〉一文

〔註48〕陳文達，《臺灣縣志》卷二，臺灣大通書局，頁85。
〔註49〕陳文達，《鳳山縣志》卷二，臺灣大通書局，頁23。
〔註50〕周鍾瑄，《諸羅縣志》卷五，臺灣大通書局，頁79～80。
〔註51〕〔清〕陳璸，《陳清端公文選》，南投：臺灣省文獻會，1994年版，頁16。

也提及保護番地的重要性：

> 禁冒墾以保番產。內地人民，輸課田地，皆得永爲己業而世守之，
> 各番社自本朝開疆以來，每年既有額餉輸將，則該社尺土皆屬番產，
> 或藝雜籽，或資牧放，或留充鹿場，應任其自爲管業。且各社毗連，
> 各有界址，是番與番不容相越，豈容外來人民侵佔？誠恐有勢豪之
> 家，貪圖膏腴，混冒請墾，縣官朦朧給照，致滋多事，實起釁端，
> 應將請墾番地，永行禁止，庶番得保有常業，而無失業之嘆。莫非
> 憲恩所漸被矣。〔註52〕

陳璸觀察臺灣番社即使彼此毗連，也會建立起界址，此自然形成的一種尊重
他社的觀念，在外來人移入臺灣後恐有所不保之虞，一方面勢豪之家，貪圖
地利，強取地權來拓墾，再方面縣官含混不明地發給墾照，導致民間滋生事
端。有鑒於此，陳璸提出保護番地的政策，永行禁止漢人拓墾番地，使番民
的生存權及財產權永得保障。

除了護番政策，來臺官員實際巡行番社後，亦多著力於撫化番民的方式，
借著漢番關係的改善，達到統治之效，到康熙末年爲止，曾有阮蔡文、周鍾
瑄、覺羅滿保、陳璸等人，力行倡導撫化保護土著民政策，使清廷領臺初期
歸附番社南北路計達九十三社之多〔註53〕。

上述是清廷針對有額餉輸將的「熟番」所作的統治政策，至於出草獵人
首的「生番」，官員對其負面印象提出不同的相應策略。試觀康熙時來臺者對
生番的形象描述，康熙三十五年（1696）來臺灣的高拱乾記載：

> 再入深山中，人狀如猿猱，長不滿三尺，見人則升樹杪。人欲擒之，
> 則張弩相向，緣樹遠遁。亦有鑿穴而居，類太古之民者。性好殺人，
> 取其頭，剔骨飾金懸於家，以示英雄。又有一種，見生父年老，將
> 父懸於樹，聽其殺去；獲之者，繫一豕以易之。〔註54〕

將深山裡的生番比喻如猿，「性好殺人，取其頭」的馘首行徑，以及「見生父
年老，將父懸於樹，聽其殺去，獲之者，繫一豕以易之」之舉動，如是描繪
幾乎將生番視同野蠻的「非人」。

康熙六十年（1721）來臺平朱一貴之亂的藍鼎元，同樣也是認知生番殺

〔註52〕〔清〕陳璸，《陳清端公文選》，同前註，頁16。
〔註53〕張炎憲，《清代治臺政策之研究》，臺灣大學歷史所碩士論文，1973年，頁8。
〔註54〕高拱乾，《臺灣府志》卷七，臺灣大通書局，頁189。

人而提出劃定番界的方法：

> 開疆拓土，臣職當然。蹙國百里，詩人所戒。無故而擲千五百里如
> 帶之封疆，為民乎？為國乎？為土番盜賊乎？以為民，則民呼冤，
> 以為國，則國已蹙。以為生番殺人，則劃去一尺，彼將出來一尺。
> 界牆可以潛伏，可以捍追，正好射殺民人。以為欲窮盜賊，則千五
> 百里無人之地，有山有田，天生自然之巢穴，此又盜賊逞志之區。
> 不知於數者之外，或他有所取乎？〔註55〕

藍鼎元以界牆作為阻絕生番的緩衝地帶，原因是將深山生番，藍鼎元也自知
空曠郊野，有山有田，原是番民的天然居處，官方班兵人生地不熟，豈容易
馭捉呢？藍鼎元感受到以武力馭番的困難，故而消極地提出設立番界，此因
生番在他的認知中是蠻化不馴的。

　　上述二例，與真實走訪番社的黃叔璥有明顯不同的觀察，黃叔璥對生番
的認知更接近實情、評論更為中肯，對番界的設立亦自有其客觀的看法：

> 內山生番，野性難馴，焚廬殺人，視為故常；其實啟釁多由漢人。
> 如業主管事輩利在開墾，不論生番、熟番，越界侵佔，不奪不饜；
> 復勾引夥黨，入山搭寮，見番弋取鹿麂，往往竊為己有，以故多遭
> 殺戮。又或小民深入內山，抽藤鋸板，為其所害者亦有之。康熙六
> 十一年，官斯土者，議凡逼近生番處所相去數十里或十餘里，豎石
> 以限之；越入者有禁。〔註56〕

黃叔璥於康熙六十一年（1722）來臺，卻能洞析漢番之亂的發生，肇事者多
由漢人，生番反倒是受害者。漢人開墾侵佔番民產，以致遭番民殺戮。因此，
番界設立於生番居處數十里或十餘里之外，讓不當的越入者引以為戒。在黃
叔璥的觀點裡，番界反倒是保護生番的辦法。

　　在此，可以看到康熙遣派來臺的官員對番民的認知及態度不一，或輕視
之，或尊重番民，因著不同的傾向，所提出的政策亦不同，陳璸、黃叔璥則
多是保護番民、番地，另外，亦有提出防禦治理番民的官員，但這些終歸是
一時之計，對清廷而言，採取儒教文化的同化政策，才是長治久安之道。

三、十七世紀臺灣於東亞的經濟效益與貿易地位

〔註55〕藍鼎元，〈覆制軍遷民劃界書〉，《東征集》卷三，臺北：臺灣銀行經濟研究室，
　　　　1958年版，頁40～43。
〔註56〕黃叔璥，《臺海使槎錄》卷八，南投：臺灣省文獻委員會，1999年版，頁167。

　　十七世紀的近代海洋史上，康熙皇帝開放海外貿易，臺灣成為東亞貿易之轉運站，南方貿易自廈門與廣州前往東南亞，而砂糖及鹿皮作為貿易物資，由清廷官方銷售至日本〔註 57〕。臺灣海上的貿易地位及其生產的物資，也可說是康熙朝廷發展海洋經濟的後援。

　　除了主要貿易物資是鹿皮、糖、稻米之外，臺灣島農業收成，也是康熙朝廷向地方「稅額輸捐」的來源，當時臺灣地土肥沃，物資產量豐富，施琅在〈請留臺灣疏〉提及：

> 臣奉旨征討，親歷其地，備見野沃土膏，物產利薄，耕桑並隅，漁鹽滋生。滿山皆屬茂樹，遍處俱植修竹。硫磺、水藤、糖蔗、鹿皮，以及一切日用之需，無所不有〔註 58〕。

各種物資，無所不有，臺灣天然的地理條件，加上日後移民帶入墾荒技術、工具，佐以農田水利設施的興建，臺灣島上的地利逐漸被開發，甚至到康熙末年，臺灣成為內地的米倉。

　　不過，上述的農業成果，是一階段性的發展過程。康熙二十三年（1684），鄭氏降清，在臺的多數漢人被遣回中原，加上清廷設制渡臺禁令，導致地廣人稀，草地荒蕪。為此現象，諸羅縣令季麒光於康熙二十四年曾招徠移民墾拓，但受限於水利未興，當時臺灣產米之地，僅止於鳳山、諸羅二縣，臺灣縣則產糖，整體生產量尚不豐富。至康熙三十年（1691），地氣和煖、雨水充足，地利有餘，才得連年豐收大有〔註 59〕。康熙三十六年（1697）郁永河來臺時觀察到，當時臺灣的土質肥沃、地利充足：

> 雖沿海沙岸，實平壤沃土，但土性輕浮，風起揚塵蔽天，雨過流為深坑。然宜種植，凡樹藝芃芃郁茂，稻米有粒大如豆者；露重如雨，旱歲過夜轉潤，又近海無潦患，秋成納稼倍內地；更產糖蔗雜糧，有種必穫。故內地窮黎，襁至輻輳，樂出於其市。惜蕪地尚多，求闢土千一耳。〔註60〕

〔註57〕 曹永和，〈十七世紀作為東亞轉運站的臺灣〉，收於《臺灣早期歷史研究續集》，臺北：聯經出版公司，2000 年，頁 133～148。

〔註58〕 施琅，〈請留臺灣疏〉收於高拱乾，《臺灣府志》卷十，臺灣大通書局，頁 232。

〔註59〕 王世慶，〈從清代臺灣農田水利的開發看農村社會關係〉，《清代臺灣社會經濟》，臺北：聯經出版公司，1994 年版，頁 132～133。

〔註60〕 郁永河，《裨海紀遊》，臺北：臺灣銀行經濟研究室，1959 年版，頁 11～12。

郁永河雖知臺灣沿海沙岸土性輕浮，遇上雨季則土地會下陷成深坑。然而，卻相當肥沃，凡種植之物皆茂盛郁然，加上這是個溼度夠的地方，露水充足的滋潤，使秋天莊稼收成時，產量甚於內地，再者，種植甘蔗雜糧，也是有種必獲。如此的沃土，使郁永河爲荒地尚多感到惋惜。豐裕的農業收成，逐漸成爲臺灣的象徵。

好景不常，康熙四十一年至五十年（1702～1711）間臺灣屢遭旱災，頻頻凶年歉收，引起清廷的經濟管理上的負擔〔註61〕，旱災對農業生產力的影響，康熙皇帝對此現象有所評估，《清聖祖實錄選輯》康熙四十五年（1706）春三月：

> 福建巡撫李斯義疏報導臺灣、鳳山、諸羅三縣旱災。上諭大學士等曰：『臺灣地方窪下，一遇亢旱，即至歉收；著將臺灣等三縣米糧全行蠲免。朕蒞政四十餘年，留心諸務，無所不悉。見窪下之地，旱則不收、水亦鮮穫；不若蒙古田土高而且腴，雨雪常調，無荒歉之年，更兼土潔泉甘，誠佳壤也。〔註62〕

生長東北的康熙皇帝，得知臺灣三縣發生旱災，僅是簡化臺灣旱災的理由——窪下之地所致，「臺灣地方窪下，一遇亢旱，即至歉收」，至於，如何解決水旱的問題，恢復臺灣耕地的繁榮景象，康熙皇帝並未言及。直到康熙五十三年（1714）諸羅縣令周鍾瑄來臺，致力於解決旱災，提倡興築陂圳，並且在他任期六年之中，協助民間築陂圳達三十八條之多，對諸羅縣的稻穀生產貢獻甚鉅〔註63〕，才一定程度地解決臺灣遇旱則受災的困境。

旱災過後臺灣稻米轉而盛產，康熙五十五年（1716）九月二十八日《清聖祖實錄選輯》記載皇帝的看法：

> 聞臺灣之米，尚運到福建糶賣。由此觀之，海上無甚用米之處。

臺灣稻米盛產，康熙卻以「無甚用米之處」來解釋此現象，臺灣米產量豐富，甚至後來成爲內地「米、糖」供應地，不僅可補閩地一帶的不足，甚至，還

〔註61〕爲解決災民的農損失，官員上疏朝廷，替民請益，期中央能減免徵稅，詳見周元文〈詳請緩徵帶徵稿〉、〈詳請題蠲臺灣五十年正供粟石稿〉、〈申請嚴禁偷販米穀詳稿〉等文，收於周元文，《重修臺灣府志》卷十，臺灣大通書局。
〔註62〕《清聖祖實錄選輯》，臺灣大通書局，頁289。
〔註63〕王世慶，〈從清代臺灣農田水利的開發看農村社會關係〉，《清代臺灣社會經濟》，頁134。

可私販外洋，遂使清廷於康熙五十六年重申禁令，臺灣產米不得販售〔註64〕。

臺灣「米糖」生產之豐盛，至康熙六十年來臺的黃叔璥也記載此爲重要經濟來源：

> 三縣每歲所出蔗糖約六十餘萬簍，每簍一百七、八十觔；烏糖百觔
> 價銀八、九錢，白糖百觔價銀一兩三、四錢。全臺仰望資生，四方
> 奔趨圖息，莫此爲甚。〔註65〕

「糖」在當時的重要經濟作物，全臺灣民生仰仗此物維生、圖利。再者，臺灣土地是黃叔璥眼中是盛產稻米的「沃壤」：

> 三縣皆稱沃壤，水土各殊。臺縣俱種晚稻。諸羅地廣，及鳳山澹水
> 等社近水陂田，可種早稻，然必晚稻豐稔，始稱大有之年，千倉萬
> 箱，不但本郡足食，並可資贍內地。居民止知逐利，肩販舟載，不
> 盡不休，所以戶鮮蓋藏。〔註66〕

臺灣的晚稻作物豐稔，被譽稱爲「大有」的倉箱，不但臺灣人民足食，併可供內地消費，民間充滿輸運稻米販售內地的活絡景象。

由於臺灣農業經濟發展潛力可期，因此，當時宦臺官員多有巡視農地，指導農事的責任。此外，中國農業社會傳統所付予仕宦者本身在地方供職的「勸農」使命，帶到地方上實踐士人親民的精神。另外，臺灣經濟的開發潛能，使清廷欲估量實質的經濟利益，宦臺者巡行鄉野、執行地方工作時，必須更多地搜集新闢之地的資訊，以供統治者了解與掌握，而這有目的性的巡行及觀察，透過仕宦者的主觀認知及書寫，清廷對臺灣的認識藉由此得以逐漸獲得清晰的掌握。

第三節　仕宦者視域形成的背景因素

本節將探討官員仕宦視域形成的背景因素，分從三個面向：一、康熙皇帝對地方官員有何角色期待；二、依行政制度規定，康熙時期在臺文武官的職責爲何；三、首任仕宦者如何實行政策，從而形成的治臺經驗，成爲往後仕宦者什麼樣的參考模式。筆者將分別詳述如下：

〔註64〕周憲文著，《清代臺灣經濟史》，臺北：臺灣經濟研究室，1957年版，頁34。
〔註65〕黃叔璥，《臺海使槎錄》卷一，南投：臺灣省文獻委員會，1999年版，頁21。
〔註66〕黃叔璥，《臺海使槎錄》卷三，同前註，頁51。

一、康熙皇帝對來臺仕宦者的角色期待

　　清廷納臺之初，康熙皇帝對仕宦臺灣的官員擇選甚爲嚴格，並且重視官員任內的行爲表現，透過「人物品鑒」選才傳統，品評官員的行政表現力，應用於人事考量上，康熙皇帝有其評估依據，此依據也可說是皇帝對臺灣官員角色扮演的期待。若又加上康熙皇帝本身是位人事權限不旁落、對官員的督促要求頗嚴的皇帝〔註67〕，如康熙三十六年（1697）飭令召進引見所有補調臺灣知縣以上的官員，以考核外官適任與否，並了解其在外仕宦的情形，若皇帝認爲考品不佳，則交由吏部會覈以督導官員，這將對官員產生無形的約束力〔註68〕。由此可見，康熙皇帝的嚴格監督，加上官員仕宦時的自我要求，模塑成仕宦者共同的工作趨向。

　　康熙皇帝對早期來臺灣官員要求，須是有辦事才幹者，在《清聖祖實錄選輯》記載康熙四十五年（1706）夏五月十五日皇帝抉擇閩浙總督時對官員金世榮的過去行政經驗考量適用與否，曾說：

> 諭大學士等：「閩省海疆與臺灣相近，總督職任必得才兼文武之人才
> 可。原任總督金世榮爲人忠厚，居官雖無惡處，然無才，不能治事。
> 去年福建小有旱災，金世榮並未舉奏。其奏改海中商舶式樣雖奉准
> 行，亦不能改。廣東之賊，沿海直至山東，金世榮恬然不知：殊有
> 忝總督之任矣。」〔註69〕

康熙皇帝評論閩浙總督金世榮的幾個角度來看，爲人「忠厚」、居官「無惡事」，但是「無才，不能治事」，遇上災情無能力應變處理，甚至海防有疏漏爲官者竟不知情，因此，康熙評爲「有忝總督之任」，在此可見康熙著重的是爲官者的「才能」，縱使德行平平，但未能在職位發揮功能，康熙皇帝見其職責疏忽，未盡滿意。

　　才能之外，官員任內的行政紀錄有無錯罰，也是康熙皇帝擇選任臺者的

〔註67〕康熙皇帝用人之權，不許臣僚僭越，曾說：「用人之權，關係最爲重大，故臣下不得專擅」，並且事必躬親地監督官員，如親驗武官騎射、了解外升補文官的情況。見高翔著《康雍乾三帝統治思想研究》，北京：中國人民出版社，1995年版，頁39。

〔註68〕湯熙勇，〈清代臺灣文官的任用方法〉討論康熙皇帝對閩浙督撫文官揀選的監督與制衡的方法之一：「皇帝的引見」，中央研究院三民主義研究所專題選刊（八十），1988年3月，頁12。

〔註69〕《清聖祖實錄選輯》，臺灣大通書局，頁150～151。

評估標準，康熙四十七年（1708）十月，諸羅知縣員缺，閩浙總督梁鼐請調福州閩清縣知縣李兆齡接任的奏摺寫道：

> 諸羅縣員缺，查有福州府閩清縣知縣李兆齡才猷敏練，辦事勤慎，操守廉潔，汀州府武平縣知縣時，惟豫居官才守亦好，俱堪以調諸羅縣員缺，但該貳員各有處分之案保題覆格於例，……李兆齡，時惟豫各有議處之案，巡撫未便保題，臣亦礙例不敢擅便，謹具摺奏。
> 〔註70〕

李兆齡做事敏捷，辦事勤慎，操守廉潔，唯司法上有議案在身的污點，使閩浙總督題報時仍沒有十分把握，懷著惶恐的心情上奏。果眞康熙皇帝以「滿州從未用過，另題」的回覆來否定這位人才，皇帝未應許此有官司的官員來臺，在選擇人才方面，經驗上有無污點，是重要的考量原則。

再者，康熙皇帝經常以「清廉」作爲對仕宦者的勸諭，及審視宦臺表現的標準。如其親點的第一任總兵楊文魁時，即以清廉自潔讚許之：

> 先是文魁爲大學士巴泰所保舉，一日上詔巴泰曰：「藍理昨陛見，朕問臺灣總兵若何？藍理對云：練兵馬，興學校，潔己奉公，兵民相安，每日惟食腐菜。朕思楊文魁爲封疆大臣，惟食腐菜，居官可謂清矣！爾素言楊文魁之異，朕不意其能若此」！〔註71〕

楊文魁在臺「練兵馬、興學校」奉公職守，同時平日食腐菜，以清廉自守，頗得康熙之心意。

陳璸宦臺以「清官」聞名，康熙五十三年（1714）任福建巡撫的陳璸蒙皇帝召見的語錄記載，皇帝不僅看重他的才能與忠心，更進一步提醒他爲官時勿過求清而流於「刻」，以使他「清官」的形象更形完滿，免得落入他人誹議，可見康熙皇帝處事之圓融與合情理，在《陳清端公年譜》中皇帝對「清官」形象如是闡釋：

> 做官亦有體，做巡撫封疆大臣，與府、道、州、縣、小官不同，一切犒賞應酬，均不能免。若說我一介不取、亦一介不與，恐行不去了，不能做得些事，徒說清官，亦有何益！如張伯行做福建巡撫名聲甚好，調到蘇州，最初一年也還好，後二年、三年，漸漸不好了；

〔註70〕《清宮宮中檔奏摺臺灣史料（一）》，臺北：國立故宮博物院，2002年11月版，頁33～36。

〔註71〕《臺灣通志》下冊，「列傳・武功」，南投：臺灣省文獻委員會，1993，頁532。

> 人甚議論他。他做人才短，又自視甚高。說我是清官，都不管人；
> 總督、提、鎮等官都不相和，一事亦行不得，更生出好些事端：這
> 便是清官不好處。天下人那個不知陳璸是個清官，恐汝清而刻了。
> 〔註72〕

對於平日過清廉刻己生活的陳璸，康熙皇帝有其惜才的一面，但也有勸戒他
的時候，在此陳璸陞官為福建巡撫，與過去地方官的身份不同了，依康熙的
觀點，若未能順應角色不同而調整形象，固執「一介不取、亦一介不與」的
清官原則，最終惹來「做人才短、自視甚高」之嫌，則久了會失去人心，產
生事端。康熙皇帝對於官員處世圓融，一面曉以大義，一面告誡勿「刻薄待
人」，以明其督促之心，認為為官者的角色扮演、分寸拿捏，自有其道理，
如此官員才能靈活於人事，真切落實「清廉」之官的操守，從而得以發揮
「清官」形象在進行施政工作的正面意義。

　　貪鄙之官易生民怨，清廉、正直、簡樸守常的官吏能鎮撫一地方，康熙
皇帝讚許陳璸的「清官」作為，特意標舉其任官的作為，藉告示天下官民，
《清聖祖實錄選輯》康熙五十三年（1714）冬十二月九日有載：

> 朕昨召陳璸入見，細察其舉動言語，實係清官。且陳璸係海濱務農
> 之人，非世家大族，又無門生故舊，而天下之人莫不知其清，非有
> 實行，豈能如此？朕面諭陳璸云：「爾為巡撫，與為司道等官不同。
> 若貪財好利，誠為非理，但應得之物，亦宜取為賞兵之需。身為封
> 疆大吏而室中蕭然，無一物可以與人，亦非大臣所宜！夫第所謂『一
> 介不以與人，一介不以取諸人』，豈真一無所取，不過不肯與人，至
> 後日仍是自肥耳」。陳璸亦深心服。至陳璸之學問平常，而才尚能辦
> 事。凡為地方官者，但能持己以正，不為非法之事，即稱良吏；如
> 陳璸者，豈可多得！〔註73〕

依康熙皇帝肯定陳璸為官清廉見其對官員的期待，一方面肯定不依恃家世的
陳璸為「實至名歸」的「清官」；另一方面，陳璸實際作為能「持己以正」，
不涉非法之事，是真正良吏。這位注重「實學實才」的皇帝，從「切實無妄」
的角度賞識這位官員，因此，當時陳璸離開宮廷之際，康熙皇帝御製七言律

〔註72〕〔清〕陳璸，《陳清端公年譜》，臺北：臺灣銀行經濟研究室，1964年版，頁
　　　　88。
〔註73〕《清聖祖實錄選輯》，臺灣大通書局，頁161。

詩〔註 74〕一章贈予，表達惜才心意，也顯出他對認真扮演清官角色的陳璸作正向肯定。

相對於清官的正面形象，值康熙領臺之末葉發生「朱一貴事件」，貪官污吏敗壞官員形象，而且事變發生時，部分官員逃離臺灣，康熙皇帝責斥這些逃離臺灣文官「平日不愛民」，但知圖利苛索，《清聖祖實錄選輯》康熙六十年（1721）八月二十二日載：

> 覺羅滿保：「……臺廈道梁文煊、同知王禮鎮，事前通同隱匿，臨時一無備禦，退回澎湖，罪均難逭。臺灣知縣吳觀域、諸羅縣知縣朱夔、水師遊擊張彥賢等，俱請一併發審，分別定擬」。得旨：「臺灣府文職官員，平日並不愛民，但知圖利苛索：及盜賊一發，又首先帶領家口，棄城退回澎湖：殊屬可惡！……」〔註 75〕

從福建浙江總督覺羅滿保的疏言與康熙下旨的對話內容來看，康熙領臺之末，臺灣吏治開始敗壞，已不如先前，諸多劣習影響臺灣社會，康熙早期治臺的恢宏氣度漸失〔註 76〕，後期來臺仕宦者素質不一，其中有尸位素餐者，利用宦職終飽私囊，棄民不顧，爲已老邁的康熙皇帝爲之氣憤難當，官員不能潔身自守，衝擊康熙心中「清官」的標準，然由此亦反向地突顯康熙皇帝重視官員廉潔之品格。

康熙皇帝選擇宦臺官員除了上述諸多條件之外，其中另有三大條件乃是康熙派遣地方官至臺灣的要求：一、必須是閩省現任官員，具備一定的行政經驗；二、文官的品級相當者；三、爲臺灣縣首府廓縣者，依例須以正途出身爲選任原則〔註 77〕。統合這幾項條件，富辦事才幹、行政經驗、紀錄清白、品第相當、出身正途，康熙皇帝嚴密標準篩選下，形成對宦臺官員的角色期待；親民之官，若符合康熙皇帝的條件要求，雖遠渡臺灣，還是受到皇帝高度關切與掌握。

清廷納臺之初，一切規模制度尚在建構中，官員來臺灣猶如經營荒野草

〔註 74〕康熙御賜「七律」：「留牘從來漢史傳，建牙分閫賴官賢；寬和馭吏當持法，休養安民務使全。嶺海屏藩靖蜃氣，關山保障息烽煙。迎年節近新春至，援筆楓宸餞別篇。」見《陳清端公年譜》，同上註，頁 19。

〔註 75〕《清聖祖實錄選輯》，臺灣大通書局，頁 174。

〔註 76〕張明雄，〈康熙年間清廷治臺政策及其檢討〉一文，《臺北文獻》直字七十四期，1985 年 12 月版，頁 41～85。

〔註 77〕湯熙勇，〈清代臺灣文官的任用方法〉，《中央研究院三民主義研究所專題選刊（八十）》，1988 年版，頁 15。

昧之地一般，又得面對在這位事必躬親的國君，召見官員進行「職場教育」，從認知上建構行政責任，借著官員所表現的治理能力及參政方式，以形塑他們的政治意識，並影響官員實踐行政職責於「蠻化之地」。

二、康熙時期在臺文武官員的職責

　　仕宦者的共同行政風格，是置於朝廷所規範的行政職責之下，因此，朝廷將「設官分職」的地方制度移入臺灣社會時，先分明文武官員職份之別。高拱乾《臺灣府志》卷三「秩官志」記載：

> 聖天子威德遠播，薄海內外罔弗臣服。故雖窮髮日出之區，亦得設官而分職焉。由是肅紀綱者，有監司；勤撫字者，有守令。而守令之下，或繕儲胥、或詰奸宄、或正人倫而司啓迪，群僚布列，庶官可無曠矣。若乃盛德在人，祝同畏壘，遺愛未泯，淚墮峴山，此又人心攸好之同，不容濫徼者也。〔註78〕

武官監司負責整飭社會內外治安的秩序管理；文官守令則負責地方稅收、判案及教化等方面事務，各有專司職責。康熙朝以文武官系統分層編制，形成臺灣社會日後制度化的初步雛型，茲將文武官職以表列出，以顯現不同的之職份特色：

（一）康熙年間主要文官系表〔註79〕：

文官職稱	品　　第	職　責　與　權　限
分巡臺廈道	正四品(臺灣地方最高文官)	分巡一地方管刑，以保境安民為職責，有事可命軍隊彈壓地方，並可節制所轄境內都司、守備、千總、把總等武職，有道標五百名。另一任務，加按察使銜，能與臺灣總兵共同審判，流刑以上才轉到福建按察使。
知府	從四品(縣之上設有府，是承上啓下的地方長	徵收各項稅收，扣除行政費用外，解送給布政司；審判案件，流刑以下由州縣轉呈於府，府可調集犯人予以判決，將結果申詳按察使；管理府考，每三

〔註78〕高拱乾，《臺灣府志》，臺灣大通書局，頁53。

〔註79〕康熙年間臺灣文武官職表之參考資料：邱遠猷主編，《中國近代官制辭典》，北京圖書館出版，1997年版。許雪姬，《清代臺灣綠營》，臺北：中央研究院近代史研究所，1987年版。許雪姬，《北京的辮子——清代臺灣的官僚體系》，臺北：自立晚報社，1993年版。

職稱	品第	職責與權限
（官）		年一次的學政蒞臨考試，皆由知府籌辦。監督州縣行政用人，並時時考核，以確保政事清明。知府衙門有經歷司（掌管文書）、儒學屬吏。
海防總捕同知	正五品（爲知府佐貳官）	海上防禦事務、稽查商船、津梁無阻、賈人便之。
知縣	正七品	「縣」爲清代地方基層政權，掌一縣之政令，凡賦役、訴訟、教化、學校、農田水利，及勵風俗之事，如養老、祀神……，由於地方諸事皆管，故又稱「親民之官」。縣的屬官有，典史、巡檢、縣丞、教諭。
府教授	正七品	掌管府的教育官員，負責府學的教學與管理生徒。是府的屬官。
縣教諭	正八品	掌管縣的教育官員，每縣一人，負責縣內儒學事務，在學政、教授的督導之下。

表中可看出由高而次級的文官系統，從「分巡臺灣廈道」、「知府」及「海防總捕同知」，三者的職責範圍皆含有社會秩序管理，無論是司法或捕緝層面；下至「知縣」等級，才處理地方人民生活諸事，最次的文官就是教育類的工作，即儒學職官，府學設教授、訓導各一員，各縣應設教諭、訓導各一員〔註80〕。從康熙朝廷對臺灣的文官體系來看，政治策略首重地方秩序的安定，其次，才是稅收情況及漢文教化等類。

（二）康熙年間主要武官職表

職稱	品第	職責與權限
總兵	武職正二品（清綠營高級軍官）	巡閱營伍（巡視塘汛、校拔營弁、點驗軍備……）、造冊奏報、管理屯兵、審券刑案、校拔監督營伍權。 管轄所屬之營兵，並且有直屬的各部隊一鎮標。其下有參將、游擊、守備、千總、把總等官。
參將	武職正三品（清綠營中級軍官）	統率各營。
游擊	武職從三品（清綠營中級軍官）	在上級軍官號統轄之下，分掌各營，率領各營分駐地方。
守備	武職正五品（清綠營中級軍官）	管理糧餉、營務。

| 千總 | 武職正六品（清綠營下級軍官） | 統轄最基層的備戰單位「汛」，分屬上級各標、協、營。千總由把總選拔的。內地千總六年俸滿，臺灣則三年俸滿。 |
| 把總 | 武職正七品（清綠營下級軍官） | 統轄最基層的備戰單位「汛」，分屬上級各標、協、營。把總由無職任功加（未經授職，但立有軍功） |

武官則專職在軍備的權令使用與營兵的管理上，整飭軍隊、維護海事安定、防患地方滋事……，其中亦包含巡視各營伍的工作，此特點，在清初宦臺詩作中，武官的作品，顯出以軍人身份視察地方，描寫的景觀圖像取角的特點便與文官有別。在實務職責上，文官與武官皆有機會巡行地方，唯對象範圍不同，但有時行政區域，或行經路徑相近，審視的地理及人文環境會重疊，不過，官員職責所趨觀視的經驗是有差異。再加上，官員本身受限於條件要求，認知經驗形成內在的情思傾向，導致視覺圖像的選擇標準落在特別的定點上。

　　職責是官員實際參與臺灣地方政治的經驗動機與範圍，雖然仕宦者體會政治經驗中具有其目的性、功利性，而這無礙審視經驗的進行，當觀者最初以功利性視角觀察臺灣，甚至是因職責所趨，去審視某一特定的區域，隨著觀視景物的多元變化，刺激與反射，觀察所得形成於個人腦中的新圖像，不單是為國家政治機構擬構，有時個人情志意思無意間參與形構，視審經驗不再停留原來實用意圖，也可能轉化成為遊賞眼前景物的態度，提昇到神與物遊的層次。於是，圖像脫離原來實用意義，融入審美的移情作用，實用的意圖是最初的行動，行動過程中觀察者落實政治目的，同時也穿入審美的體驗感受。因此，在釐清仕宦者審美心靈之前，先確定宦者的身份與職責，了解他們的政治責任範圍，有助於了解何以他們書寫詩歌時會選擇某些視域、突出某些圖像，並且形構之的原因。

三、首任仕宦者的治臺經驗與施政重點

　　縱觀清代方志文獻，康熙時期諸多宦臺者當中，部分官員的治臺經驗被後人視為參考範本，除了方志中以「傳」與「紀」的書寫形式紀錄之外，他們個人生前所寫的奏、疏，皆為他們在臺灣經驗過程的呈現，其中包括如何實踐國家理念、社會價值標準、道德操守態度等，提鍊、轉化寫成為一種供人參考的典範，並且，前輩的宦臺記憶也常成為後人認知臺灣的依據。隨著統治權力日漸穩固，當文武官的職責分類範圍後，行政事務的發展空間就已

是固定了，便成爲一種仕宦社群的規則「慣習」〔註81〕，將初任臺灣的行政準則，內化成爲仕宦者共通的行動傾向。於是，相較於趨於穩固後社會行爲模式，初期開創者活潑的想像「記憶」〔註82〕，實有探究的必要。康熙初來臺灣擘劃經營者〔註83〕，其政治上的作爲及宦臺經驗，是如何形成的呢？在臺灣期間他逐步觀察、體會的地方景象，並隨著行政制度的移入，融合成具有臺灣特性的地方事務內容，並成爲後來者因循沿用的模式。

（一）針對鄭氏政權的應變及其制度沿革

明鄭是康熙前在臺灣開發的政權，康熙仕宦者一方面須防範遺餘留力再竄起，再方面治理臺灣多少會針對此政權遺留下來的制度加以沿襲。

康熙來臺任武官者，職務重點一則是防止明鄭遺黨謀變，再則須整頓海疆治安，打造軍事根基，建立治安機關，同時，武官掌有司法兵權，必須建立社會公益體制，並且形塑統治者的公平形象，以減少民間反抗勢力的興起。

首任來臺且爲康熙皇帝所重用的總兵武官楊文魁〔註84〕，即稟承皇帝曉

〔註81〕 所「慣習」在社會學裡定義：是指一個持久的傾向系統，是個人在社會化的過程中獲得的，傾向可以說是認知、感覺、做事、思考的偏向態度，個人由於其客觀的存在條件而將傾向內化以後，這些傾向就成爲其他行動、認知及思考的無意識動力。內化是社會化的一個重要機制，因爲所有學習而來的行爲和價值，經內化以後，就被視爲自然而然，近乎本能般地，不必刻意就可行動。見朋尼維茲（Parice Bonnewiz）著；孫智綺譯，《布赫迪厄社會學的第一課》第四章「布赫迪厄社會人」。臺北：麥田出版社，2002 年版，頁 100。

〔註82〕 來臺灣者的仕宦經驗往往成爲他們心中圖像形成的依據，亦即每一次的經驗皆成爲「記憶」的一部分，客觀環境事物，在認識過程裡，不僅成爲圖像，而且也成爲生命中的要素，客體事物通過刺激反思，經由個體內在生命規範的框架標準，從被經歷事物涵攝的新意義，被熔化在生命運動的整體中，而且持續不斷地伴隨著這種生命活動來進行。參見 Hans-Georg Gadamer 著；洪漢鼎譯，《眞理與方法》第一部、2γ「體驗概念」，臺北：時報文化出版，1993 年，頁 102～107。

〔註83〕 康熙二十三年四月，清廷詔臺灣設一府三縣，設巡道一員分轄。同年七、八月間，首任臺灣文武官員兵丁自漳泉一帶載渡東來。見施琅〈壞地初闢疏〉，收於《靖海紀事》，臺灣文獻叢刊第十三種，1958 年版，頁 67；鄭喜夫〈季麒光在臺灣事蹟及遺作彙集〉，《臺灣文獻》28 期卷 3 期，1977 年 9 月，頁 12。

〔註84〕 康熙皇帝當初選第一任總官兵的標準之嚴格，不僅要求應從現任總官兵內棟選補調，並且捨棄兵部所開列的二十位人選，親自擇定楊文魁。見湯熙勇〈論康熙時期的納臺爭議與臺灣的開放政策〉，《臺北文獻》直字 114 期，1995 年 12 月版，頁 32。

論他「撫輯有方」、「恩威並濟」的施政態度〔註85〕，來防止明鄭餘黨蔡機的謀變，同時實踐武官應有的公平公正的為官形象，《臺灣通志》記載楊文魁的做法：

> 鄭氏黨有蔡機公者，匿島中謀為變；文魁示以威德，感服出就撫。……
> 時藍理又謂臺灣屯田可省兵餉，欲以臺兵萬人發四千屯田，事下督撫
> 提鎮會議。文魁疏言：『田皆民業，奪為兵田，已萬不可。況兵皆內
> 地抽調，父母妻子隔海相望，誰肯舉家渡海屯田乎』？疏入，奉俞旨，
> 兵民歡呼戴道。及舉行軍政，被劾者無怨言。〔註86〕

後遇上明鄭遺黨謀變，楊文魁秉持「恩威並濟」的訓諭，感化就撫。在此可看到，楊文魁樹立公共典範形象的做法，一方面不以「屯田制」侵犯「民田」，不剝削民利、加重兵役，此舉深獲兵民之心；另方面，公正行使軍政司法權，使「被劾者無怨言」。由此可見，楊文魁以柔性感服的方式叛平反抗勢力，同時達到兵民悅服之效。

明鄭與清兵交戰，造成臺灣人心不平，首任官員致力於安定民心的工作，如首任縣令臺灣縣令沈朝聘，《臺灣縣志》載云：

> 會臺灣初平，亟需能員，督撫會疏，移宰臺灣。臺新闢之區，人民
> 甫出湯火，咸思移徙內郡；侯多方安集之，民賴以寧。至於署內應
> 需器用，毫不費及民間；催科撫字，兩得其平。旋以丁憂去官，清
> 風兩袖，民投櫃以資其行云。〔註87〕

當值於開闢之初，甫經戰火，民心未定，於是首要工作穩定民心，同時，在財務管理上，清廉有守，公署開銷所需，毫不費及民間供應，不加增人民負擔，唯恐驚擾人民。因此，在稅收與愛民兩方面，兼顧得宜，加上，治安管治得宜，使戰後瘡痍面目的地方，逐漸有起色。如是愛民的官員因丁憂秩期未離臺時，人民百姓「立碑志遺愛」〔註88〕。

除上述之外，康熙首任仕宦者亦有沿革自明鄭以來的經濟狀況，如關係著民生經濟的貨幣使用，季麒光考量臺灣地方民風，對朝廷禁止臺灣停用舊

〔註85〕《清聖祖實錄選輯》康熙二十三年夏五月十八日載「爾蒞任，務期撫輯有方；宜用威者懾之以威，宜用恩者懷之以恩。總在兵民兩便，使海外晏安，以稱朕意」，臺灣文獻叢刊第一六五種，臺北：臺灣經濟銀行研究室，頁133。
〔註86〕蔣師轍，《臺灣通志》卷三，臺北：臺灣經濟銀行研究室，1962年版，頁182。
〔註87〕陳文達，《臺灣縣志》卷三，臺北：臺灣經濟銀行研究室，1962年版，頁43。
〔註88〕《重修臺灣縣志》卷九，臺灣大通書局，頁336。

幣、改用新幣的政策，認爲有其不合宜之處，向朝廷提出請示：

> 初，清廷詔禁前代舊錢。諸羅知縣季麒光上書大吏，略謂：「臺灣民
> 番雜處，家無百金之產。各社番人，不識銀等。其所買賣，不過尺
> 布、升鹽、斗粟、斤肉。若將舊錢驟禁，勢必野絕肩挑，市無收販。
> 市井小民，實所難堪。竊思功令不得不遵，而民情不容不恤。查漳、
> 泉等處，尚有老錢金錢，未盡革除。況臺灣兩隔重洋，實非内地可
> 比。古者一道同風，必俟三年。今臺灣聲教雖通，而耳目未盡改觀，
> 性情未盡孚感，又非如鄭氏之時，興販各洋，以滋其利。若一旦禁
> 革，不特分釐出入，輕重難平；且使從前之錢，竟歸無用，民番益
> 貧而困。敢請俯順輿情，暫行通用。新鑄之錢源源而來，則舊錢不
> 禁而自絕矣。〔註89〕

季麒光有鑑於明鄭時臺灣商販交易熱絡，舊的貨幣爲民間所慣用，若突然使
用新幣，民間交易分釐出入，輕重難平，市無販售，反而滯礙經濟發展，因
此，懇請暫勿通行使用新幣，待日後經濟漸穩，貨幣交易自然產生汰舊換新
的平衡局勢。季麒光善於對臺灣經濟實況的剖析，不久，獲得的朝廷接受，
才罷止禁令。

　　此外，有感於明鄭稅收繁重，民心疲困，季麒光以爲官者的立場體恤民
生疾苦，反對按照明鄭舊制徵稅：

> 康熙二十四年，諸羅知縣季麒光覆議餉稅，言：僞鄭時橫徵苛斂，
> 民番重困。自入版圖來，蘇望切而部議不察時勢，止就僞鄭冊，以
> 「照舊」二字按額徵收。不知臺灣之人自官兵去之、難民去之、鄭
> 氏之官屬宗黨去之。人散地荒，舟船貨物俱不足於當日之數。一切
> 罟目令罾壞者有之，店厝傾圮者有之，車磨停廢者有之。土番社港
> 亦無復舊商綜理矣！……自平蕩以來，商散業廢，卑縣等多方勸招，
> 咸稱僞額重大，莫肯承認，相應酌量減輕。〔註90〕

季麒光期望朝廷能實際察就臺灣地方民情，改善明鄭以橫徵苛斂的稅制，若
以「照舊」二字按額徵收，加上明、清交戰後，地方人民生活不易，店厝傾
圮、車磨停廢。此時商業散廢，縱然季麒光在任諸羅縣令，仍有勸招不易的
困境，問題瓶頸即是明鄭遺留的稅制，對康熙初期的臺灣社會不適用，故季

〔註89〕連雅堂，《臺灣通史》卷九，臺北：黎明文化公司出版，1985年版，頁201。
〔註90〕蔣師轍，《臺灣通志·餉稅》，臺北：臺灣經濟銀行研究室，1962年版，頁245。

麒光出提輕稅額，以刺激臺灣經濟開發。

（二）以教化為首要工作

在仕宦者眼中臺灣個「蠻荒未化」之地，劃分行政區，並導民以德，是為康熙治台的基本策略及原則。於是，康熙二十二年首任臺灣府知郡守蔣毓英即有經營地方、建立制度規模的使命，李光地〈臺灣郡守蔣公去思碑記〉要述其經緯一地制度的任務：

> 臺灣，荒服地也。自鴻濛初啓，至今四千餘年，未歸版圖。皇帝二十有二年，命將討平僞鄭，郡縣其地；經營草昧，一無憑藉，非得賢太守，烏能因心作則、制度咸宜乎？我溫陵郡君蔣公祖治泉六載，政成名著，因借守新邦。公銜命至止，披荊斬棘，分畫縣地田圍庶土，相度其腴磽燥濕之別，咸則三壤，爰定厥賦；六府三事，次第修和，井然煥然，表東海之金湯，皆出於公之一手足、耳目、心思之力以錯綜經理，允治而周失。設公之學問才識無以大過於人者。曷克臻此？〔註91〕

草昧之地，無所憑藉，靠著創始者一手經營，在土地政策上，畫分府縣界線，規劃田地，分別地利不同，以建立賦稅制度；在政治事務上，由府至縣，乃至以下各個行政單位，分明次第位階及工作，次第井然，首次為臺灣建立地方行政系統。這是蔣毓英對臺灣地方制度有開創之功，也是首次展現知府工作內容的代表，以策劃為主要職責，建立制度與紀律，這在人民管理上有一定功效，再進而導民以正，教化觀念輸入民眾心理，則是更一進層的工作，在周元文《重修臺灣府志、藝文志》有載其傳：

> 會疏薦公，移守臺。始至，見其井里蕭條、哀鴻未復，慨然曰：『是豈不足為政耶』？因躬歷郊原，披荊斬棘，界分三縣封域，相土定賦，咸則三壤。其役之不急者罷之，土番之雜處者飭勿擾之。招流亡、詢疾苦；時召父老子弟而告之以孝弟焉。又思化民成俗，莫先於學；力贊憲副周公詳請開科，以興文教。至民貧不能備脩脯者，復捐俸創立義學，令詣其中，延師課督之。〔註92〕

在此傳中，蔣毓英分畫地土，使土番和諧雜處力互不相擾。再者，見人民流

〔註91〕高拱乾，《臺灣府志》卷十，臺灣大通書局，頁265。
〔註92〕高拱乾，《臺灣府志》卷十，臺灣大通書局，頁260。

離失所、民生疾苦，灌輸倫常觀念，興建學校，使教育工作成為根植地方政治的基礎。

清廷統治臺灣乃是藉由「教育」來整頓民風、調整臺灣社會風氣，初至臺灣官員亦多著重於此項工作。首任臺廈兵備道周昌〈詳請開科考試文〉將地方文教工作之重要性提點出：

> 為亟陳新闢地方，資治之先等事。康熙二十五年二月二十四日，奉巡撫部院金憲牌：『據該道呈詳：「看得風俗之原，由於教化；學校之設，所以明倫。臺灣既入版圖，若不講詩書、明禮義，何以正人心而善風俗也？本道自履任後，竊見僞進生員猶勤藜火，後秀子弟亦樂絃誦，士為四民之首，正可藉此以化頑梗之風，而成雍熙之治。除觀風月課以勵士習并頒行「鄉約」以導民志外，所有一府三縣應照內地事例，建立文廟四座，以崇先聖，旁置衙齋四所，以作講堂。而地方初闢，生員稀少，每學暫設教職一員，聽候部選，以教生徒。〔註93〕

在此闡揚端正人心，改善風俗之道，就是「講詩書、明禮義」的教化工作，人民知書達禮，民風醇正。周昌初來臺時見生員勤奮向學，絃誦詩樂，顯見明鄭遺留下儒學教化之風，針對此現，周昌希望帶動更盛興的社會風氣，一連的教化工作計畫，觀風月課以勵士、頒行「鄉約」、興文廟、建講堂、延聘師資……，足見這位首任地方文官首長對教化的積極與重視，期能達成「移風易俗」、「厚生正德」之效。其次，「教科書籍」是為教化工作進行的根據，宦臺者採用國家版的「經典」——詩書，這在周昌〈詳請開科考試文〉提及：「臺灣雖僻處海外，而詩書絃誦不乏其人」，藉著「四書五經」等類的教導，儲備未來參加科考的人才，調整荒僻之地成為文化地區。因此，所謂的「教化工作」一方面灌輸儒家道德思想，以符合國家統治政策的運作，再方面逐漸地培養「臺灣科舉社群」，成為社會階層的中間份子，更進層地在臺灣構築漢化社會結構。

同樣的，將教育工作置為首善者是第一任諸羅縣令季麒光，初次仕宦臺灣即到當時屬荒野闢壤的「諸羅縣」，一切生活景況與臺灣府之間，差別甚大，因此，首推禮樂之教及撰修群志為主要政策：

〔註93〕高拱乾，《臺灣府志》卷十·藝文志，臺北臺灣大通書局，頁235。

> 季麒光，無錫人，康熙丙辰進士。二十三年，知縣事。時縣治初設，
> 人未向學；麒光至，首課儒童，拔尤者而禮之，親為辨難。士被其
> 容光者，如坐春風。博涉群書，為詩文清麗整贍。工臨池。在任踰
> 年，首創「臺灣郡志」，綜其山川、風物、戶口、土田、阨塞；未及
> 終編，以憂去。三十五年，副使高拱乾因其稿纂而成之。人知「臺
> 郡志」自拱乾始，而不知始於麒光也。〔註94〕

季麒光頗有學者參政之風，親臨諸羅地方，先講學教課，鼓勵學子，同時，
其深博學問的風範，使士者親臨時如沐春風。又四處走訪探察，記錄山川水
色、風物奇景、人文習俗……，後纂寫成《臺灣郡志》，雖未刊出，卻成為後
來第一部《臺灣府志》之主要根據稿本，由此可見季麒光致力於文教工作的
用心。

　　不僅文官重視教育，武官重視兵卒的素質施行國策精神訓詞，亦興設地
方義學，據《臺灣通志・列傳・武功》載首任武官楊文魁之事蹟即如是：

> 楊文魁，字子偉，奉天人，康熙二十三年，以都督僉事任總兵。時
> 臺灣新入版圖，文魁勤理營務，為兵民講解聖諭，俾知孝弟廉恥，
> 習勤儉。立義學，聘內地名儒為師；置學田資貧士膏火，內地入籍
> 者日眾。〔註95〕

在兵戍軍務方面，楊文魁透過清廷國家精神綱領「聖諭廣訓」的宣講及教導，
借此「正風勵俗」的勸善訓詞，使兵卒知孝弟廉恥，學習勤儉，以訓條教育
規範兵卒，整飭軍營風氣。又興建教育機構，從內地延聘時資，並置學田作
教育經費。

　　統合上述幾位文武官的表現，看到具有中國科舉教育背景的官員，長期
被「經世致用」精神理念訓練及陶塑，教化道德觀積澱於他們心中，秉持此
文化觀念成為他們的意識型態，並作他們治理臺灣的理念依據。當滿清政權
入主中原時，在學術思想上透過政治力主導學術走向，將政治權威延伸至學
術權威，令知識階層服膺於官方的學術政策，以達到鞏固政治的意圖〔註96〕，
並且亦曾強化知識階層的儒化思想，使其施行國家的統治政策時，是以服膺

〔註94〕周鍾瑄著《諸羅縣令》卷三，臺北：臺灣經濟銀行研究室，頁51。
〔註95〕《臺灣通志》下冊，南投：臺灣省文獻委員會出版，1993年，頁532。
〔註96〕葉樹高著，《清朝前期的文化政策》「結論」，臺北：稻鄉出版社，2002年版，
　　　　頁410～412。

的心態來執行，進而達到影響地方人民百姓的目的，讓儒教化的政治原則在地方上能夠產生正常運作的動力。

　　康熙初期仕宦者來臺後，提出因地制宜的政策，以更合乎地方特殊性的需求。於此，吾人可以看到，不論是教化工作的要求，或者因時、因地而提出的經濟政策，首任仕宦者的經驗，除了從明鄭遺留在臺灣的政策加以沿革，更回復到清康熙領臺以管理臺灣成為長治外安之地的政治目的，因此，首任仕宦者每一層面的工作著重處，皆具有作為日後治臺政策制定的參考價值。

　　從本文所述文武官員集體施政的焦點來看，康熙朝廷重視新闢之地的治安之外，亦側重建立漢文化移入臺灣的基礎模式，經由這批首任的官員履行職責、體現上位者統治理念，臺灣逐步進入漢文移注的社會，雖然在此僅能看見清廷領臺最初的路程，但日後臺灣社會模式更深地走向中國地方制度化時，地方「設官分治」系統愈來愈密、愈廣，漢文化便伴隨著清廷更深入臺灣，使臺灣終成為漢文明教化之區，周元文曾說：「臺，嚴疆也，藉朝廷廟謨、師武臣命，今張官置吏，蔚為聲名文物之區矣」〔註97〕，藉著前期仕宦者實踐朝廷的治臺政策，致力於治臺行政施措，使清廷的統治意圖得以落實臺灣特殊環境，其中包括中國行政官員親政愛民、教化敦勉、勸農課稅、祝禱祈雨、觀覽海水、郊行山野、訪視番俗……等施政工作，而這些皆成為映現於臺灣宦遊詩的圖像，筆者將於下文各章詳細探討之。

〔註97〕周元文《重修臺灣府志》卷三，臺灣大通書局，頁83。

第三章 仕宦詩歌中政治實踐與情感體驗的展現

　　明鄭以來，文教措施即在臺灣推展，進入清廷治臺之後，康熙仕宦者接續明鄭，加上統治者有意地透過政治策略地實踐，更是以教化工作爲首要任務，結合著他們所銜領其他政治使命及職務，便可於以仕宦爲題的詩歌中，見到作者經常表現這方面的思想及作爲；再者，仕宦臺灣以三年爲一任期，及朝廷不准攜眷的規定，康熙時期的仕宦詩作也經常可看到個人宦情的抒發。承此仕宦者的情與志二面向於詩作中的反應，筆者本章將以仕宦詩作的情志表現作爲討論焦點。

　　康熙時期宦臺者執行政令，視覺落入新的社會環境裡，就審美體驗而言，此種新的體驗與感受，與社會的扣合度高，實際涉及民生事務的處理，包括政教工作的推行、農作及稅收的敦促……整個經驗過程屬公共領域範圍，在這範圍裡官員體察臺灣天、地、人各方特性，感知臺灣社會的需要，統合上述治臺的事務處理，以展開施政行動。這類公共事務，與仕宦者對環境的感知相關，因而激發出他們集體或個人的思想意識。又仕宦者來臺的空間經驗，個人宦遊在外的身世之感，牽動心中對故鄉的戀慕、對宦海波濤的感觸，這類屬於個人體驗的層面，仕宦者大多透過「感物興情」的方式，將臺灣的景象結合心中喜、怒、哀、樂的心緒表達出。因此，集中這些情思的表現，即是詩作的「情志」〔註1〕書寫。本章裡筆者欲統合仕宦者公領域的政治實踐與

〔註1〕 所謂「情志」是由自然界物的變化與人世之興衰所激發而成的，情志可分爲
　　　　二部分：一、屬於喜怒哀樂愛惡的感情情緒，二、依伴感情而生的思想意緒，

私領域情感體驗，進而釐析康熙仕宦者之詩作在臺期間的情志表現。

承如上述，詩作裡所表現的情志內容，所呈現是個人及集體的情感與意志，涉及作家集體意識與創作關係，榮格認為人的心知層次可分為意識及潛意識，而潛意識又包含個人潛意識與集體無意識。個人潛意識在意志層面之下，是由個人過去所形成的經驗；「集體意識」則是從遠祖時期所傳承而積澱的意識，不論任何時空，人們意識中都具有相同的「原型」〔註2〕，而此原型意象或形象再表現於藝術作品中。換言之，原型意象，或原型是一種形象，會在歷史過程中不斷重現，凡有創造性幻想得以自由表現的地方，就有它們的蹤影，是祖先無數典型經驗所賦予的形式，亦可說是無數同類經驗的凝結物〔註3〕。探掘無數凝結經驗的文學作品，可發現經該群族文化的集體意識，故此，本論文將探索中仕宦詩一再被重覆的題材，以了解仕宦者的集體思惟如何映現於宦臺情境裡。

在本章裡第一、二節的「集體思惟」乃是從榮格「集體意識」之意義衍化而來，指的是官員共同思考的主題內容及思惟方式。「集體思惟」中亦隱含華夏民族沈殿數千年的集體潛意識，只因官員詩中意識型態有時在特殊時代環境氛圍之下，有意或無意地被運用與表現，因此仕政主題詩內容廣涉著該時代與社會的種種，包含集體及個人的意識，文學作品與社會結構之間的對應關係，或者其他各種關係：人、社會、時代與文學之間的交錯層疊的關係〔註4〕。究竟文學與社會疊映關係中，含藏何種集體觀念思想？第三節筆

而此思想意緒之「志」是源於「情」的。情志是詩的本質，是個人內在的情感、懷抱，也是由個人內在情思升騰而表露了「以一國之事、繫一人之本」的社會公眾的意志，因此，本文討論宦臺詩作的情志則包含個人與集體兩層面。參見鄭毓瑜，〈詩歌創作的兩種模式——詩緣情與詩言志〉，《中外文學》11卷9期，1983年2月版，頁4～19；蔡英俊，〈抒情精神　與抒情傳統〉，《抒情的境界》，臺北：聯經出版社，1982年版，頁89。

〔註2〕 參見 Robert J. Sternberg 著；陳億貞譯，《普通心理學》第十二章、人格人理學、Carl 的分析心理學，臺北：雙葉書廊有限公司，2002年版，頁447～448。

〔註3〕 參見榮格，〈論分析心理學與詩歌的關係〉一文，收錄於朱立元主編，《二十世紀西方美學經典文本》第二卷回歸存在之源，一、精神分析美學榮格，上海：復旦大學出版，2000年版，頁71～72。本處譯文亦參見劉懷榮著，《中國古典詩學原型研究》第一章第二節原型批評的啟示，臺北：文津出版社，1996年版，頁5。

〔註4〕 何金蘭，《文學社會學》第六章「文學理論在中國文學的應用」文中，要述文學結構與社會結對應研究的原則——人、社會、時代與文學之間的交錯層疊的關係，此原則應用於中國詩作中，有其適用之處：「詩在中國文學傳統中是

者將焦點置於仕宦者的情感體驗上，探討作者內心如何與仕宦場域——臺灣相互作用，希望通過詩作顯現仕宦者面對政治邊緣地的心境。

第一節　設立禮法文治社會的思惟

臺灣被視為「化外之地」，其社會特徵之一就是「土番」的倫常觀念不深，所謂「土番之性，與我人異者，無姓氏、不知曆日；父母而外，無叔伯、甥舅，無祖先祭祀，亦不自知其庚甲」〔註5〕，宦臺者針對這項特徵，為管理臺灣民心趨向，故致力於倫理綱常政教策略的推行。這一方面得自中國儒家教化的傳統觀念，另方面配合康熙皇帝以朱子學作為政教依據的作風，遂形成這類教化為主題的作品。教化政策實際落入詩作寫作，可從官員對題材的選取，來了解他們所側重的觀察點為何？因而，本章將從官員詩作探討康熙政府如何將初闢未化的臺灣社會與中國政治理念相連結？本文論述脈絡，先扼要敘述清廷將教化思維移植入臺灣的背景，再從詩作闡述官員推動教化工作的重點，以探索官員在臺灣所表現的集體文化觀，從而了解臺灣社會文治化的奠基過程。

一、康熙朝廷倡導儒學教化觀的方式

鄭成功統治臺灣期間對文教甚為重視，對諸賢亦是禮敬，可惜退守臺灣之後，未及設教興學，即於隔年去世，因此，到了鄭經時，臺灣才正有文教工作的拓展，鄭經在諮議參軍陳永華的建議下，建文廟、興學校、拔賢才，以提振文風，臺灣文運自此開啟〔註6〕。

以言志及抒情為主，《毛詩序》中：『詩者，志之所之也。在心為志，發言為詩』，以及『情動於中而形於言』的說法，就是假設作者在創作之間，即已存在有一種志意或感情的活動在意識中。……這種言志和抒情的傳統容易把作者個人的『志』或『情』、以及他所處的社會中各個階級團體的『志』和『情』，直接或間接地表達在其作品之中……文學結構和社會結構的對應關係，因而更容易顯現在作品之語，因為『文以載道』的觀念就已預先假設為文之前，作者即已有一股強烈意識要藉文學形式表達出來，而且這個意識是絕對地與其身處的整個社會（國家）有非常密切的關係，有時是表現它（社會）但大多是要影響它或改革它」，臺北：桂冠圖書公司，1989年版，頁153～154。

〔註5〕高拱乾，《臺灣府志》卷七，臺灣大通書局，頁186。

〔註6〕施懿琳，〈明鄭時期寓臺的遺民詩人及其作品〉一文，收於《從沈光文到賴和——臺灣古典文學的發展與特色》，高雄：春暉出版社，2000年版，頁30～33。

一六八三年康熙領臺，接續明鄭，以當時朝廷施行的朱子儒學，轉而移注臺灣，究竟康熙朝廷如何在臺灣倡導朱子儒教的觀念？透過什麼方式將儒學教化觀在臺灣推行？本節將討論之。

（一）尊儒術以作為政教綱領

清朝入關時，以強調倫理綱常的儒學作為統治策略，此乃清廷統治中原權變之計，考量滿族文化進入漢族社會的政治劣勢，因此依隨先秦兩漢以來即於中國社會發展的儒教政治綱領，並順應長期積澱於中國社會的主流價值觀──儒家倫理德道傳統〔註7〕，達成以儒治漢的政治目的。因此，可看到滿清統治中原之初，順治皇帝以「崇儒重道」作為基本國策，康熙皇帝頒佈「聖諭十六條」，提出十六條道德修身的倫常觀，藉由宗族力量來推動、施行，以達成儒學教化普及民間的目的。另外，康熙皇帝以朱子理學思想為根據〔註8〕，樹立忠臣、孝子、賢人……等人格典範，標舉儒家的道德準則作為集體價值觀，建構社會秩序，從而形成統治國家的綱目，曾在清廷身居高官的張廷玉（1672～1755），其〈古文雅正序〉就提及皇帝以著述論說的實際行動，明示治國之道：

> 予自通籍後，備員祕省，敬誦聖祖、仁宗皇帝《周易折衷》、《性理精義》、《古文淵鑑》諸書，闡發微言，蒐羅正學，丹黃甲乙，炳如日星，雖片義單詞，悉歸理要，其為世道人心計到深遠矣。皇上即位，作述相承，潛心道奧，綸音疊渙，以崇實學、敦名教為先務，凡以期海內文學之士，不驚聲華，而衷諸性命也。〔註9〕

〔註7〕 文崇一著〈中國傳統價值的穩定與變遷〉認為中國社會的認知價值以道德為尚，自西漢起統治者即致力建構一個中央集權的政府，君權至高的觀念，衍生出忠與孝成為最高行為準則，其中雖歷經東漢、魏晉等朝代儒學的社會地位尚未完全底定，但是自唐以後的古文運動和兩宋理學的發展，儒家大傳統遂成為中國社會的主流價值觀。參見氏著《中國人的價值》，臺北：東大圖書公司，1989年版，頁41。

〔註8〕 康熙皇帝特別重視朱子之學，有將朱子學作為國家政教意識形態的用意，因而將朱子學作為科舉考試的內容，並規定全國文廟以朱子神位配祀十哲之列；康熙之後的雍正、乾隆皇帝變本加厲地踵繼，去除了儒學中「君臣相對論」的思想，只強調忠君愛民的一面，使清朝理學失喪批判力。詳見潘朝陽〈康熙時代臺灣社會區域與儒家理想之實踐〉一文，發表於第二屆臺灣儒學國際學術研討會，成功大學中文系主辦，1999年12月18～19日。

〔註9〕 王運熙、顧易生主編，《清代文論選》下冊，北京：人民文學出版社，1999年版，頁450。

康熙及乾隆皇帝皆以「重道尊儒」為要，以教化世道人心，為此，皇帝自身潛心於性理之學，悉心歸納理學要義，著述「性命之學」如《周易折衷》、《性理精義》、《古文淵鑑》諸書，以作為端正人心之本。康熙皇帝為規範海內文學之士，在不求虛華聲名並且「崇實學」的前提之下，致力探討性命之道，以「敦名教」恢復君臣、父子、弟兄等人倫關係。同時，以儒家著述論說的行動，顯出其極重視著作的社會功能，同時，也企圖借此穩定社會結構。

上文所述，是清朝統治者為教化工作所付諸的行動，透過康熙朝廷官員對教化理念及作法的闡述，可略知朝廷本身對儒學教化的看重。只是，這樣的觀念如何被來臺官員所承續移植，並藉由實際行動推行儒教的仁義道德觀於百姓心中，使倫理綱常成為臺灣人的認知價值，以期達到有效形塑臺灣成為文治化社會的目的？

為使化外之地移風易俗，成為儒化社會，領臺之初的官員致力實行教化政策的作法，大略有二方向：

一是由制度擬定著手，康熙二十五年（1686）首任臺廈道周昌〈詳請開科考試文〉〔註10〕主張比照內地定例擬定教育制度來落實，如興建府縣各學、設置教官、舉辦歲科兩試、取進生員學額……以「正風俗善人心」、「海濱士子皆喁喁然慕義向風」，教育臺灣子弟成傾慕儒教之輩，作為禮樂教化推動的基礎，儒學能在地生根發展，方為致治新邦的長久之道。又為更落實「敦名教」的政策，宦臺者興學辦教育的同時，並在學宮裡頒佈聖賢之道與皇帝條約以倫常名教為生活準則，如《諸羅縣志》詳載康熙九年（1670）頒上諭十六條〔註11〕，每月供士紳軍民人等聚聽宣講。

二是官員興建官學學校，題記碑文示訓教育宗旨，以道德觀念教化民眾，康熙五十一年（1712）任臺廈道的陳璸興建明倫堂時著〈新建臺邑明倫堂碑記〉詳述「五倫」之道、「五經」之經義：

> 予思五倫與五經，相表裏者也。倫於何明？君臣之宜直、宜諷、宜
> 進、宜止，不宜自辱也；父子之宜養、宜愉、宜幾諫，不宜責善也；
> 兄弟之宜怡、宜恭、不宜相猶也；夫婦之宜雍、宜肅，不宜交謫也；
> 朋友之宜切、宜偲，不宜以數而取疏也。明此者，其必由經學乎！

〔註10〕高拱乾，《臺灣府志》卷十，臺灣大通書局，頁 235～240。
〔註11〕康熙皇帝頒行的「聖諭十六條」，詳見周鍾瑄、陳夢林，《諸羅縣志》卷五，臺灣大通書局，頁 74～75。

> 潔淨精微取諸「易」，疏通知遠取諸「書」，溫厚和平取諸「詩」，恭
> 儉莊敬取諸「禮」，比事屬辭取諸「春秋」；聖經賢傳，垂訓千條萬
> 緒，皆所以啓鑰性靈、開橐原本，爲綱紀人倫之具，而絃誦其小也。
> 願諸生執經請業，登斯堂，尚其顧名思義，期於忠君、孝親、信友、
> 夫義、婦聽、兄友、弟恭，爲端人、爲正士。〔註12〕

君臣關係宜直、諷、進、止；父子關係宜養、愉、幾諫；兄弟宜怡、恭；夫
婦宜雝、宜肅；朋友宜切、偲等五項人倫的相處之道，作者闡釋「五倫」本
源自「五經」，經書內容乃古之聖賢對人倫綱常的智慧思考，具啓迪人性之功，
因此，臺廈道陳璸以地方官長的身份訓勉學生，期以經書陶冶性情，養成忠
孝信義恭友之人格品行。仕宦者建興「明倫堂」不僅教育了地方子弟，亦爲
臺灣營造地靈人傑的環境氣氛。如康熙時宦遊詩人宋永清有〈過羅山有設縣
安營建興學校之舉書以紀事〉一首，即是他巡行諸羅縣時，看到學校教育逐
漸發揮功能的景象：

> 曉色寒侵露未晞，黃沙漠漠撲征衣。勞人幾度圖興建，大地千年護
> 翠微。
> 丘壑欲開桃李徑，□疇漸覺稻梁肥。海邦形勝雄東顧，立馬羅山□
> 落暉。

作者是在天色初亮，露水猶未乾的曉日，猶撲打軍服塵沙的情景下，看到諸
羅縣有設縣安營建興學校的舉動，人文教化在山光水色青翠縹緲之地初步建
造，於是，山中丘壑之間，「欲開桃李徑」比喻學子向學的未來前景，扣合末
二句，海邦雄顧，是爲立馬望暉的仕宦者最感滿足的事。

　　教育既然可以強化鞏固清廷在臺灣的統治地位，因而學校機構沿襲康熙
朝對朱子學的重視，宦臺者平日教育臺灣子弟讀宋儒程朱之文著力，如陳文
達記陸登選在臺灣所用的教材：「其教人以德行爲先，不事浮華。日惟集諸生
闡明程、朱奧義及先正作文關鍵，月課品第其文」〔註13〕，儒學教諭平日所
用的教材即是程朱之學，除此之外，康熙五十一年（1712）陳璸興建朱子祠，
以硬體建築實踐對朱子學的崇仰，更是表徵著來臺官員對朝政的忠心，當時
陳璸爲此寫下〈新建臺灣朱子祠記〉〔註14〕，強調朱子閩學東渡臺灣，弘揚

〔註12〕周元文，《重修臺灣府志》卷十，臺灣大通書局，頁363。
〔註13〕陳文達，〈臺灣縣儒學廣陸夫子去思碑〉，引自周元文，《重修臺灣府志》卷十，
　　　　臺灣大通書局，頁361。
〔註14〕《陳清端公文選》，南投：臺灣省文獻會，1994年版，頁31～32。

於臺灣的重要意義，並借著朱子祠的新建，教育臺灣子弟儒者的眞正形象乃是「敬以直內，義以方外」，凝聚學子的認同感。

　　設定五倫綱常爲貫通家國天下之貴賤賢愚的各階層，整飭所有社群及社會各階級的群體秩序，以維持社會循序漸進之運作的法則，是清廷以儒學文化統治臺灣重要之事，若此法則遍及每一階層，馴化臺灣社會民心歸向「父慈子孝、兄友弟恭」的倫理模式，並形成忠君愛國的思維，邊陲海島才得長治久安，中原疆域之安危才得保固。於是，藉著教育工作的推廣、教化風氣的帶動，試圖從大環境移風易俗，達到統治安定之目的，宦臺官員皆將教化工作視爲改變民心之契機，初闢島嶼經由孔孟儒化風氣漸染之後，教化文風日盛的成果爲宦臺詩人書寫焦點之一。

（二）敷文教以化育社會風氣

　　臺灣乃初闢之地，爲長治久安之計，需加強社會安定力量，改變人心乃是策略之一。因此，康熙皇帝王化治道所形的規範，通過教育方針「移風易俗」，以俗約束民心趨向，藉著接受「崇實學」訓練之文士將「敦名教」等教化觀念，移入臺島。

　　康熙二十五年（1686）首任分巡臺廈道周昌即明確地指陳：「臺灣既入版圖，若不講詩書、明禮義，何以正人心而善風俗也？」〔註15〕周昌來臺看見臺灣社會戰後凋敝的景象，開宗明義地直接道出臺灣人的需要。

　　而後經由十多年的經營，康熙四十一年（1702）來臺陳璸作〈偶成示姪居士〉二首之一詩中，鑑於社會風氣漸清明，感到欣慰：

> 海隅此日樂昇平，吏恪民懷風漸清。頗幸公餘無一事，官衙徐聽讀
> 書聲。

此詩作於臺灣署內，記敘作者以親民之官的身份樂於看到海島日漸昇平的景象，官吏恪守職責、百姓安居樂業，清明的風氣，加上自己公餘之暇無其他事務纏累，在官衙裡聽著徐徐傳來的讀書聲。此清靜閒適的仕宦心情，得自當時社會秩序安定、氣氛詳和，官民各司其職，教化風行促使人民安於個人職份，因此，陣陣的讀書聲成爲居官者心中最大的安慰。同感於臺灣教育感化風氣逐日普及，康熙四十三年（1704）任鳳山知縣宋永清〈赤嵌城〉一首，則以另一種角度點出臺灣已不再是「化外之地」：

〔註15〕周昌，〈詳請開科考試文〉，收於高拱乾《臺灣府志》卷十，臺灣大通書局，頁235。

城俯汪洋島嶼孤，週遭樓閣倚菰蒲。一番風雨醒殘夢，萬頃波濤冷壯圖。

戍卒戈船蟠地利，桑麻雞犬附天都。閻閻近已敷文教，不是殊方舊楷模。

首二句以景映情，引出三、四句感思，登城向四周俯望，置身汪洋大海孤島中，樓閣周圍飄浮著菰蒲水草。一陣狂風大雨之後，驚醒殘夢，波濤萬頃澆息了雄心壯志。末兩聯書寫臺灣社會面貌戍守的兵卒乘著戰船，蟠據作戰有利地點，都城附近是雞犬遊走的農家，鄉里已漸興起文化教育，臺灣不再是儒化傳統的化外之地。這首詩作者登城覽望，以「汪洋孤島」、「樓閣倚菰蒲」、「萬頃波濤」、「戍卒戈船」、「桑麻雞犬」的四周環境，作者觀看眼前新拓疆域，以「醒殘夢」、「冷壯圖」表示明鄭在台之霸業已然成空。仕宦者巡視軍備、民家，並體察臺灣「閻閻近已敷文教」是孔孟教化已普遍及的地方，今日的臺灣已非昔日所能比，用「蟠」、「附」、「敷」字眼以延展臺灣社會日漸盛興的各方景象。兩相對照下，自認為「冷壯圖」的作者看到社會安定、教育普及，風氣已從異域舊俗轉向文教風行的新氣象，心中稍感安慰。

文治之初盛，緊扣皇朝國業之興隆，但康熙末年社會動亂，官員採取皇帝頒佈之「聖諭十六條」重新恢復社會秩序，陳夢林〈鹿耳門即事〉八首寫於康熙六十年（1721）朱一貴事件平定後，其中一首記載經過天災人禍後的臺灣社會，民心動盪，因此提出陶冶民情、推行教化的統治之道：

刀殂火輪萬象凋，黑風紅雨又漂搖。纔看肆赦銜丹鳳，怨聽蠲租下九霄。

瘮病人扶邨竈冷，拊循力盡長官憔。轉移薄俗從今日，只在先皇十六條。

亂事過後，萬象凋零，作者自註「八月十三夜，颶風發屋拔木，大雨如注；昏黑中紅點飄颻，夾雨紛飛。漏盡，風雨乃止，民居倒塌無數，營帳船隻十無一存，死傷者千有餘人」，身為巡臺御史黃叔璥目睹屍橫遍野的慘烈狀況，再聽聞危難中的百姓，仍得繳賦重稅，民怨四起；面對此情此景，黃叔璥盡力平糶散賑，安定人心後，心神憔悴，有感而發，認為移風易俗才是解決不安民心的根本之道。面對風俗澆薄，倫常不振的移民社會，黃叔璥提出治理之道，「只在先皇十六條」。

康熙前期，由於教化工作逐步開展，宦臺詩所反應的社會現象是一片昇

平氣象，感知倫理道教化的落實，陳璸、宋永清皆稱許臺灣社會文治化的改革意義。相對地，康熙末期黃叔璥看到的是動亂中的臺灣，民變興起所付出的社會代價之大，是他親身經歷的，因此強調教化工作的迫切性，認爲臺灣社會唯有更深地對遵行「聖諭十六條」〔註16〕，移風易俗的工作更加徹底地在臺灣施行，依教化風行使社會人倫回歸仁義道德的準則來運作，臺灣社會的秩序定位於「君臣父子」的人倫關係，忠孝仁愛、禮義廉恥倫理綱常成爲人心的根基後，才得見海隅昇平、家邦安定的局面。不論是太平盛世或遭遇亂事，宦臺者的反應一致性地從倫理道德觀詮衡之，並回歸儒學教化的模式來治臺。

二、崇尙儒學教化的施政焦點

在宦臺者看來，康熙初期的臺灣蠻荒不文，欲達成對臺移風易俗的目的，首要工作即落實人文教育於地方中，且以儒學教化作爲統治工具。宦臺者從中國帶來的人文教育觀，必須先設置空間才得展現。又明鄭所設置的教育建築歷經戰火的摧殘，至清領臺之初，皆需重新修建，況且，在地方上新建或修築教育學堂，有新政權的文化教育理念來到的標誌意義，由此可看到康熙時「一府三縣」：臺灣府、臺灣縣、鳳山縣、諸羅縣皆有官員積極設立學校、學宮，並題寫「序」、「碑」等文章〔註17〕的情形。官員重視學校興建，將學校設置視同教育工作初步完成之標記，爲文記之仍感不足，平日題詠時不忘將書寫教化題材於詩作中，因而，此時期的詩作中可看到這類題材經常被採用。其次，欲將道德倫常觀滲透人心的方式，就是官員對民間忠誠遵守禮教者大加標舉，以作爲其他人的仿效對象，爲人民樹立可依循的方向，間接凝聚人民對道德價值的向心力。故此，康熙時崇尙儒學教化的宦政詩作中，最

〔註16〕黃叔璥詩中強調「先皇十六條」這教條與地方官施展權限密切相關，透過教條的強調官員對地方吏民所言所行便有法可據，特別是處於民變發生之地，官員的強力懲罰，能夠達到收斂背離民心之效。自古以來，中國官員重視教條在施政上的功效，詳見余英時著《士與中國文化》二、（七）循吏與教條，上海：上海人民出版社，1996年版，頁203。

〔註17〕康熙宦臺詩人亦曾爲設立官學題寫「序」、「碑」之類文章者，如：高拱乾〈捐修諸羅縣學宮序〉；陳璸〈建文昌閣詳文〉、〈重修府學文廟碑記〉、〈重修臺灣縣學文廟碑記〉、〈新建朱公祠碑記〉、〈新建臺邑明倫堂碑記〉；孫元衡〈新建諸羅縣署記〉；宋永清〈新建文廟恭記〉、〈過羅山有設安營建興學校之舉書以紀事〉、〈鳳山文廟告成詳文〉、〈諸羅文廟告成詳文〉；孫襄〈諸羅文廟記〉。

常著墨即是當時最受官員注目的焦點：教育空間的思考，及道德典範的標舉，茲將分別闡述：

（一）營造文教空間與臺灣「士」階層的初步形成

地理和社會空間與統治主體之間存在著關連性，透過空間的規劃與興建往往將政治、社會關係和意識型態隱含其中，而這種充滿政治和意識型態的物質空間，與統治主體的心理活動是息息相關的。因此，本文將透過統治者所建造文化教育的空間來探討含藏其中意識與觀念。

康熙三十八年（1699）任臺廈道王之麟在〈重修臺灣府學文廟興建明倫堂記〉強調建造學校是治臺首要之務，文中提及「明倫堂」興建所能發揮的功能：

> 迨今夫子廟歸然、啓聖祠巍然、東西兩廡以及明倫堂櫺星諸地翼然，廟貌改觀。其所以揚聖天子文教之盛、壯海外之觀，均於是乎賴之。
>
> 而況培人心以厚風俗，首在學校，尤爲蒞治者之先務哉。〔註18〕

隨著地方興學的硬體建築更完備地座落於地方，這具教化功能的空間設施，爲臺灣人民生活空間帶來改變，所謂「揚聖天子文教之盛、壯海外之觀」的期待，使民眾生活感受到儒家文教的氣氛。況且這培育人才之機構，使百姓得以接觸認知孔教儒學的精神，從而轉變民眾生活心態及社會價值，淳厚涵養臺灣社會風俗更趨於儒教化，這就是教育硬體設施在康熙領臺初期，有其迫切需要的緣故。

又學校建築與人民生活空間互相融合的另一面向，是透過建築物的外形來營造空間氛圍，當學校空間所承載的意義內容——人倫教化觀念與空間造形相結合，形塑建築之美感染人心的效果，日積月累，漸趨接受美感背後的價值意義，道德觀念內化成爲民眾生活依據。因此，吾人可看到康熙年間「一府三縣」的官學建築，官員多積極推動建設，並強調美侖美奐的建築外觀，如周元文《重修臺灣府志》所載〔註19〕：

1、臺灣府學：於康熙二十三年，臺廈道周昌、知府蔣毓英修，改額曰「先師廟」；懸御書「萬世師表」龍扁於殿中，<u>廟貌煥然</u>。三十九年十二月，臺廈道王之麟始建明倫堂於廟左焉。

2、臺灣縣學：康熙二十三年，知縣沈朝聘建。後爲啓聖祠。二十九年，

〔註18〕周元文，《重修臺灣府志》卷十，臺灣大通書局印行，頁362。
〔註19〕下列引文底線爲筆者所加，強調官員對學校建築外觀的重視。

　　　　知縣王兆陞捐俸重修。四十二年，知縣陳璸始建明倫堂；
　　　　又捐俸三百兩買杉木，議修文廟。甫興工，以欽取銓部離
　　　　任。四十三年，知縣王士俊因成其事，<u>偉然巨觀</u>。而門前
　　　　照墻、柵欄，屢爲風雨傾壞；四十七、八年，知縣張宏捐
　　　　俸疊修。至四十九年，臺廈道陳璸復易柵欄爲圍墻，牢以
　　　　磚礫，<u>內外壯麗，稱盡美焉</u>。
　3、鳳山縣學：康熙二十三年，知縣楊芳聲興建。後爲啓聖祠。前有天然
　　　　泮池，荷花芬馥。鳳山拱峙、屏山插耳，龜山、蛇山旋繞
　　　　擁護，形家以爲人文勝地。四十三年，知縣宋永清捐俸重
　　　　建，高大前制，增兩廡、櫺星門，<u>壯麗巨觀</u>。明倫堂、教
　　　　官廨舍，俟徐議建。
　4、諸羅縣學：康熙四十三年，鳳山縣知縣宋永清署諸篆，以縣署奉文移
　　　　歸諸羅山，就羅山擇地議建。甫架樑，而知縣毛殿颺蒞任，
　　　　事遂寢。四十五年，海防廳孫元衡攝諸篆，合捐俸建大殿、
　　　　櫺星門。四十七年，宋永清復署諸篆，又捐俸建啓聖祠兩
　　　　廡，<u>巍煥巨觀</u>。明倫堂、教官廨舍，俟徐議建。〔註20〕

建築外形的壯觀美奐，成爲地方文風的標誌，象徵人文精神樹立與開啓，使
人興起傾慕之心，佐以學校教育英才之實質功能，從府到縣的學校建設，臺
灣學風已有所轉變，經此二十多年推動儒學教育文化，直到康熙四十七年
（1708）已稍見成果，王之麟稱當時的臺灣「始彬彬稱治，爲海邦鄒魯矣」
〔註21〕。

　　有時仕宦者推動文風，結合建物的特色與中國「天人合一」的集體思惟，
〈周易‧繫辭〉：「仰以觀於天文，俯以察於地理，是故知幽明之故」，將文風
興衰扣合天象之徵兆的感應來理解，因而宦臺者以詩歌賦詠學校空間時，亦
將自然天象的意識涵攝於書寫題材裡，如陳璸〈文昌閣落成〉藉建物外形結
合天人感應突出文運卜興的主題，並將表現文教風氣的重點放置於官學建物
裝飾及其外在環境：

　　雕甍畫棟鳳騫騰，遙盼神霄最上層。臺斗經天由北轉，彩雲捧日自

〔註20〕周元文，《重修臺灣府志》卷二，臺灣大通書局印行，頁34～35。
〔註21〕王之麟，〈重修臺灣府學文廟興建明倫堂記〉一文，周元文《重修臺灣府志》
　　　　卷十，臺灣大通書局印行，頁362，。

東升。

參差烟户環璇閣，繡錯山河引玉繩。今夕奎光何四映，海陬文運卜
方興。

文昌閣上方屋簷棟樑雕飾華麗，有鳳鳥造形飛騰其上，如遙盼能馳奔雲霄最
上層。斗星杓柄向北轉，天即將明亮，彩雲捧著太陽自東方初昇。參差錯落
的炊煙村落，門戶迴旋繚繞。繡麗文飾的山河景象，直引天上的天乙、太乙
兩小星。今晚何以文奎星光向四方映射，因為海上邊境文運正要興起。文昌
閣的外貌有鳳鳥高飛直上雲霄以喻臺灣學子前途似錦，從大環境「臺斗北
轉」、「彩雲東升」、「山河引玉繩」、「奎光四映」等徵兆，顯出適逢文運臨降
海島的契機。從主題建物「文昌閣」擴及建物背景星斗、雲彩、山河的描寫，
陳璸先向上仰視，看屋簷、天空，向下俯視村落及山河，結合審美主體與客
體的相互感應思惟，以天體覆蔽萬物的宇宙觀，審視臺灣教育風氣正方興未
艾，「今夕奎光何四映，海陬文運卜方興」以文奎星四映的意象比擬臺灣文運，
向四處開展興盛遠景。

　　從這首詩集中於「觀天象」的思惟上，中國「天人合一」觀深印在陳璸
的意識裡，人對環境陌生以致透過類似「占卜」的方式來尋求未來的答案，
顯出人對「天意」啟示的依賴，以天象來印證自我存在的定位，天上星象變
化不是客觀物體，乃是人類為求生存確定感而主觀詮釋的對象體，因而詩中
所突顯的也是康熙初宦臺灣的官員，期待教化風行，將文昌閣雕飾華美的外
形搭配天體運行的星象，預卜臺灣文風昌行的未來，呈顯中國儒士天地合一
的思想，注重整體性的審美觀，而這天象、自然到建築物的三者集中映現於
人文教育的焦點，也重現中國人「天圓地方、人居個中」的基本時空觀〔註22〕。

　　陳璸代表的是康熙領臺中期的觀察，隨著臺灣社會日漸開發，人文作為
更為繁盛，康熙五十八年（1719）來臺任海防同知的王禮〈登文昌閣〉，同樣
寫此座落於臺灣縣「文昌閣」，書寫內容便與陳璸詩有所區別，詩中王禮以輕
淡手法寫建物外貌，更多著墨於自然環境與人文風氣相輝映的特點，顯出人
類對生存發展的自信：

簾護朱櫺繞檻斜，層層躋級望無涯。名祠冠履遊多士，窮島絃歌響
萬家。

〔註22〕孫全文、盧敏惠，《中國建築時空論》4-1、時空原型，臺北：詹氏書局，1989
　　　　年版，頁 60～61。

　　環海抱山稱勝地，羅奎纏壁散餘霞。曾知道脈宗鄒魯，文物於今喜
漸加。

簾幕遮護朱紅色的窗子，環繞四圍的欄杆，蹬上層層臺階，一望無涯。朱子
祠內多禮儀遊士，窮荒僻島響起萬家奏絃歌聲。四周環海，高山聳立，堪稱
爲勝地，天上羅列的奎星纏繞明月，餘光散發，可知此地承續孔孟文教遺風，
如今文物漸次增加，實是可喜可賀。據陳文達《臺灣縣志》載文昌閣建在朱
子祠內的後方，此詩採取由微觀描繪放大到宏觀書寫，先平視細寫文昌閣的
外貌有朱紅色窗櫺與層層臺階，再帶出冠履遊士、萬家絃樂的人文風氣，又
寫「環海抱山」、「羅奎纏壁」的自然環境，對映於文昌閣裡儒家學風興起，
到絲絃奏樂遍及萬家的情景，綜述整體臺灣被孔孟儒教繁茂風氣環繞的實際
人文景象。

　　上述陳璸與王禮兩首作品，寫作時間相隔十多年，對臺灣文教面貌的書
寫方式不同，陳璸從仰觀上天俯視下地的期待，體認到文化風氣未成形於民
眾身上，但藉著自然天象的徵兆，以天地萬物之理，表示仕宦者對臺灣教育
理想的期待，一如文昌閣上方屋簷棟樑上鳳鳥躍躍欲試的形象，象徵臺灣文
士奮發向上的意志；王禮的詩約寫於康熙末年，因文教制度已運作多時，學
校發揮教育地方英才的功能，也日漸顯著，文廟不再是空洞的建築，乃是「士」
階層形成之處所，因此，王禮詩作雖亦寫自然天象，但也將焦點放在人文實
際場景裡，以紀實題材「冠履遊士」、「萬家絃歌」，指出鄒魯人文社會已在臺
灣逐漸成形。

　　另外，從文廟造景與建築，可看出清廷官員在臺複製中國科舉文化模式，
約於康熙四十七年（1708）來臺任鳳山知縣宋永清〈興建文廟恭記〉書寫文
廟內外空間形態，讚揚文化統一、作育英才的功能意義：

　　荷花十里地，喜建聖人居。泮壁流天際，圓橋架水渠。
　　千秋陳俎豆，萬國共車書。巍煥今伊始，英才自蔚如。

廟前有十畝廣的天然泮池，荷香遠傳，在此建造聖賢廟宇令人歡喜。泮池的
水流向天際，環橋架在水渠上，祭品陳列千秋萬世，統一天下萬國。從今起
文廟巍峨聳立，作育英才。文廟外圍有荷花、泮池、圓橋、水渠，並山形旋
繞擁護，以自然景觀拱起人文勝地。廟堂內有祀奉聖賢的祭品，海國與內地
已融爲一體，「書同文、車同軌」千秋事業在此建立，如同巍峨煥然的文廟外
貌，作育英才的風氣，蔚然盛興。此詩前四句以水爲本質的荷花池、泮壁、

水渠的外在景點,突顯文廟「智者樂水」的特性,後四句將焦點收束於祠堂內部萬世流芳賢德聖人的形象,統合建築物外觀巍然煥新的面貌,與堂奧內聖賢德行的景仰,共同指出文廟所含具文化統一、作育英才的空間涵意,已落實於鳳山縣內。

綜合上述,臺灣各類文教建築,皆具推行儒學教育的用意,如文廟乃祭祀萬世師表的殿壇,文昌閣是「士」階層崇尚禮樂的祭拜所,由於這硬體的文教建築空間直間座落於社會中,遂帶動臺灣文教風氣的興起,並且成為臺灣社會儒士階層的蘊育所,換言之,文廟除了教育功能之外,「士」階層身份特性的養成,也開始在建築的軟硬體設施中表現出,從外圍環境景致的綴飾,乃至禮樂文化的浸染,廟堂之器、冠履衣冠、絃歌作樂……,皆為「士」階層特殊身份的表徵,而這也意味著康熙時期,臺灣的教育工作的推動狀況,一方面以硬體設施如「泮池」景點,舖陳臺灣人對科舉文士的認知觀念,另方面,絃樂而歌等制禮作樂以形成人文氛圍,使儒士文化初步形成,遂有後來所謂的「科舉社群」的產生。因此,清政權來臺所挾帶的意識型態,遂從建築類型的建造、文化器物的運用到文士階層的養成,逐步地達成空間權力化的統治操控的目的。

(二)標舉倫理典範以形塑社會風氣

為承繼名教倫常的傳統,臺灣方志立「貞節傳」褒揚為儒教倫理殉道的臺灣女性。這些受中國婦德傳統薰染的節婦,亦符合康熙皇帝「溫柔敦厚」教化觀落實的標準,藉此社會典範的標舉,「使覽者得宣志達情以範於和平」〔註23〕,人心適度地宣洩感情,有助於社會風氣敦睦和平,因此,官修方志「貞節傳」有意地突出女性殉節的義行,藉她們感人肺腑、慷慨赴義的行為,達到以德化民的效果。

同樣為了上行下效,仕宦者會藉由對道德人物的標舉,表示對此類道德人物的重視與認同,間接地教導平民百姓良好道德形象如何實踐,民眾耳濡目染,官方則可達到推行儒教倫理的目的,因此,在康熙時期的宦遊詩作裡,可看見〈題鄭氏節婦〉這類的詩作經常出現,這位被寫入詩作的人物,據筆者統計,在這時期裡「鄭氏」被詩人寫入詩歌次數之頻繁,居其他相近題材

〔註23〕〔清〕玄燁,《康熙帝御製文集·四》卷二十二,〈御選唐詩序〉,臺北:臺灣學生書局出版,1966年版,頁2301。

作品之冠〔註24〕。

〔註24〕筆者依據《全臺詩》第一、二冊統計，詠〈節婦鄭氏詩〉者，有：

詩　人	宦遊或本土	《全臺詩》的頁次
宋永清（山東萊陽人）	宦遊	一冊、頁 358
林莘昌（福建晉江人）	宦遊	一冊、頁 361
王敏政（奉天人、漢軍正黃旗）	宦遊	一冊、頁 362
陸登選（福建甌寧人）	宦遊	一冊、頁 363
孫　襄（福建安溪人）	宦遊	一冊、頁 367
張　馼（江南江都縣人）	宦遊	一冊、頁 370
吳周禎（福建晉江人）	宦遊	一冊、頁 420
張士箱（福建晉江人）	東渡來臺，參加科舉	一冊、頁 424
施世榜（臺灣縣人）	本土	一冊、頁 235
陳聖彪（臺灣人）	本土	一冊、頁 376
鄭應球（鳳山縣人）	本土	一冊、頁 384
鄭煥文（康熙年間臺灣增生）	本土？	二冊、頁 76
鄭鳳庭（諸羅縣人）	本土（鄭月娘祖父）	二冊、頁 77
李廷綱（鳳山縣人）	本土	二冊、頁 35
李欽文（臺灣府）	本士	二冊、頁 40
孫日高（安徽桐城人）	？，爲孫元衡族親（孫元衡有詩〈沉真紀常篠岫諸弟日有文會偶成二律用張其軍〉，詩題中紀常即孫日高的字，《全臺詩》一冊頁332，註459）	二冊、頁 55
張師文	？	二冊、頁 59
張纘緒（臺灣貢生）	本土？	二冊、頁 89

詠〈五妃詩〉，有：

詩　人	宦遊或本土	《全臺詩》的頁次
施陳慶（臺灣諸生）	本土？	二冊、頁 50
林中桂（諸羅縣人）	本士	一冊、頁 218
施世榜（臺灣縣人）	本土	一冊、頁 234
何借宜（康熙年間福建惠安諸生）	？	二冊、頁 30

康熙時期書寫節婦之類的詩，有寫鄭氏節婦詩者，含本土、宦遊詩人約有十七位，寫五妃詩者有四位，另有一位卓夢采（鳳山縣人）寫〈王烈婦〉。顯示，鄭氏節婦之殉節事蹟，因官方推動徵詩，使得此一教化題材，成爲詩人競相

　　鄭月娘爲夫殉道的事蹟約發生於康熙四十三年（1704）鳳山縣，其夫病死後，堅守婦節的鄭月娘爲夫自縊，當時祖父鄭鳳庭以古體長詩回憶鄭氏生前事蹟，載於周元文《重修臺灣府志》：

> 吾家孫女名月娘，少小聰穎識書帙。十九及笄歸王門，嘗服敬恭稱良匹。何意王生命不辰，一朝捐背嗟云沒。義重移天女知之，矢志從夫淚成血。我聞其語奔相視，女自雍容正言說；尺絲昨夜手自裁，願與訥甫（王生字）樓同穴。婦式禮言一與齊，煢獨此身不欲活。鄉里見者爲酸辛，自視聲吞皆哽咽。拜辭尊長與姑嫜，禮數周詳到毫末；舉止安閒若平時，頃刻房巾命已絕。精[0]誠凜凜塞兩間，生氣飄飄凌白日。似此貞烈信難哉，哀汝命名不媿月。吁嗟乎！共姜苦誓柏舟詩，陶嬰黃鵠歌亦拙。何如舉案泉壤間，地久天長樹名節。
> 〔註25〕

鄭月娘的祖父鄭鳳庭科舉功名出身，因而受到家學淵源影響，鄭月娘自幼讀書識字，「好誦魯論語」，知書達禮的鄭氏死前說過「吾當夫病劇時，即以死許之，義不可移」，爲突顯鄭月娘堅毅的性格，夜裡手裁絹素以尋死，抑住心痛欲絕的感受，臨死前舉止閒適，拜辭兩老，頃刻間懸樑自盡，從容就義，她對死去的丈夫「義重如天」，待廳堂公婆「禮數周詳」，以一介弱女子正氣凜然地實現忠孝義節。

　　如此勇於實踐道德觀念，有膽量將詩書禮教具現於殉葬生命的烈女，引起官員們關切，一方面地方官員親弔其墳，當時鳳山縣令宋永清嘉勉忠貞義行，並題「百年今日乾坤老」以表哀輓。此外，官方以徵詩方式表達對鄭氏節婦哀悼與敬意向社會發出「徵詩小引」，共徵得十八首詩，載於周元文《重修臺灣府志》鄭氏貞節傳後，同時刊出以〈節婦鄭氏詩〉〔註26〕爲題的徵詩作品，其中宦遊詩人中參與題作者，有宋永清、林華昌、王敏政、陸登選、孫襄、張駥……。此類似「貞節傳」的集體書寫，將文士共同的價值觀與道德觀，以寫作方式形塑輿論；此外，官員作詩稱頌讚揚、送輓聯之舉，將引起民眾注目、稱羨，進

　　題詠的對象，也爲當時詩壇留下了相當多的作品量。

〔註25〕周元文，《重修臺灣府志》卷八、人物志、貞節，臺灣文獻叢刊第六十六種，臺灣大通書局，頁274。

〔註26〕鄭氏生前事蹟及爲悼念鄭氏所徵引的詩作，詳載於周元文《重修臺灣府志》卷八、人物志、貞節，臺灣文獻叢刊第六十六種，臺灣大通書局，頁272～275。

而激勵民心起而效尤，達到教化實踐的最終目的〔註27〕。爲此，筆者試探討這幾首宦遊者的〈節婦鄭氏詩〉共同焦點，期能了解官員爲教化臺民所採取的書寫策略。

1、崇揚忠貞守節的生命價值

鄭氏節婦立身處世合乎德行的規範，依地方發展的角度，海東邊陲之境有婦人殉節，成爲地方模範，亦證明德化風行的成效，當時詩人孫襄〈節婦鄭氏詩〉云：「扶植綱常吾輩事，新詩題徧海東天」，扶植地方綱常倫理本是官員責任，有節婦身體力行之，顯示教化工作地方上形成風俗趨向與效應，因此，節婦人格光輝，引起以教育化民爲己任的官員熱切響應，紛紛題詠新作詩篇。

官員深知感化人心需要時間，教化工作落實欲見成效，往往需先消減地方的文化差異性，同時加上教化觀念的灌輸，以時間抵消文化差異，才能顯見「移風易俗」的結果。藉由詩中意象，寄寓節婦殉情，感人肺腑之意，臺廈道王敏政〈節婦鄭氏詩〉：

> 苦節高風重栢舟，輶軒問俗首先求。鬚眉長樂嗤青史，巾幗共姜壯海洲。
>
> 片石褒名揚矢志，一縑就地快同遊。他年馬鬣松陰滿，應有鴛鴦泣上頭。

詩中稱揚鄭月娘苦守貞節的高尚風範，更甚於衛太子共和之妻，作者乘著巡使之車訪察風俗民情，先得知鄭氏節婦的事蹟，她以堅貞的操守，一改鬚眉蚩笑史冊的過去，今日這位巾幗英雄如當年的共姜，在海島上壯烈成仁，成爲道德典範。她始終忠貞的心志，使她以白絹素布結束生命，與夫婿共遊黃泉路，詩末「他年馬鬣松陰滿，應有鴛鴦泣上頭」，鴛鴦雙泣枝頭的意象，見節婦之義行，知夫妻感人深情，使聞之者銘感於心。

夫婦情深，以一死越過孤寡的難處，追尋深情的永續性，生命的永恆性，臺灣縣教諭陸登選題詠〈節婦鄭氏詩〉詩句亦同此意：「含笑九原雙比翼，貞心長徹海波寒」，永活在人心是精神操守，縱然已身赴九泉，卻能與夫婿在另

〔註27〕　有關國家獎勵傳揚貞節烈女並激勸民心的討論，目前有研究專著討論，詳見費絲言，《由典範到規範：從明代貞節烈女的辨識到流傳看貞節觀念的嚴格化》第五章「貞節觀念的嚴格化——國家政策、士人名教與社會意識的密度」，臺北：國立臺灣大學出版委員會，1998 年版，頁 251～256。

一個世界裡雙飛雙宿，堅貞的心志以「長徹海波寒」，永恆地成爲臺灣人心中的典範。

官員們將節婦追求顯現生命「永恆性」、「永續性」，立足於道德教化觀點闡釋之，解釋這位節婦之舉止能深入民心的教化觀念，以鄭月娘不惜生命犧牲爲例，強化「德行」才是永恆的價值，「德」是人生命的價值根據，是時間淬煉的精華，鄭月娘獨守綱常倫理，決心從容一死，臺灣府儒學教授林華昌〈節婦鄭氏詩〉推許其「從容一死寧他矢，獨挈綱常萬古寒」，將永恆的名節視爲生命最高價值。鳳山縣令宋永清〈節婦鄭氏詩〉詩作，則借荒涼野地顯出節婦精神永存的用意：「渺渺幽魂隨地下，萋萋衰草泣江千。百年今日乾坤老，一夜西風俎豆寒。」渺渺不明的幽魂已埋葬在地下，雜亂枯萎的野草江邊如有哭泣聲。天荒地老精神永在，夜間西風吹過冰冷的祭品。感念逝者已矣，渺渺幽魂死後已不可知，卻留下無限感人情思，使人緬懷，詩後二句「百年今日乾坤老」忠貞氣節永垂不朽，映照在夜裡西風吹起冰冷祭物，逝者已矣，可供人憑弔的是超越時空永存的價值——貞節守操，名留青史。

官方設立女性「忠貞賢德」的道德準則，劃分「夫婦倫」角色扮演與職份，至忠至義的人世情份深深牽繫倫常關係，「節婦」選擇殉命以成全道德倫理。官方欲強化倫常，企望百姓認知以身殉節背後的道德價值，故而作者往往著力渲染節婦心中的情份，爲夫殉節，成爲綱常典範。

2、突顯忠貞烈女的「苦節」特質

外表柔順地服從禮教綱常，圓融於世道人情，抑制個人內心翻攪的情感，獨自面對魂牽夢縈的思念，因此，詩作從五倫綱常的夫婦觀來詮釋崇貞烈婦，凸出她堅毅的性格，如宋永清〈節婦鄭氏詩〉前四句：

> 繡幕塵生破鏡鸞，一朝春色已凋殘。從容就義冰心苦，慷慨辭親血淚乾。

此詩用鼻音韻腳猶如發自肺腑的陣陣哀傷，慨嘆鄭月娘孤寡的身世遭遇，唱出「破鏡」、「幽魂」、「衰草」……生命悲曲，映現「冰心苦」、「血淚乾」的心境，全詩前四句，擬寫寡婦面對丈夫死後心境從孤苦無依、痛徹心扉、哭乾血淚到決心一死的變化過程。作者細膩地寫鄭氏寡婦的內心感受，同情寡婦壯烈殉節的苦楚，房中廉幕已沾染塵埃，昔日「夫唱婦隨」的身影已不復見，破鏡中曾經美麗的容顏全然失色，失去鸞鳳和鳴的畫面，血淚已乾，埋藏冰寒凄苦的心情從容就義以示對夫盡忠，進而對公婆盡孝，於是慷慨赴義

地告別雙親，忠孝兩全。鄭月娘依然孝順公婆堅毅外表之下，內心隱藏著夫婿病逝苦楚掙扎的堅忍性格。

因性格堅毅，節婦所忍受的「苦味」頗能扣住詩人的內心，臺灣教諭陸登選〈節婦鄭氏詩〉：

> 琴風淒斷泣孤鸞，霜月驚看花魄殘。勁節不磨天地老，幽懷有恨水雲乾。
> 帷空祗是存冰蘗，鏡破還同折鏌干。含笑九原雙比翼，貞心長徹海波寒。

整首詩依以冰蘗喻苦味鋪開全詩，琴聲淒楚，唱斷心腸，好似為寡婦殉節哭泣，風霜寒月裡驚看著花魂殘破，梗直的氣節即使天荒地老永不磨滅，隱藏於內心深處的幽怨情懷，如水面蒸散的雲氣枯乾，心靈生命為之死寂，夫婦情緣如破鏡亦如折劍，難再重現，只留下節婦椎心之痛如冰蘗的苦節。

臺灣府教授林華昌〈節婦鄭氏詩〉寫寡婦孤苦無依到為夫殉節的曲折心境：

> 蜀魄夜啼霜月冷，湘魂時繞鳳江干。淒絕香閨忽折鸞，無端玉樹苦摧殘。
> 百年心事夢中託，九轉肝腸哭後乾。從容一死寧他矢，獨挈綱常萬古寒

寡婦以孤獨身影遊走在人間路上，寒霜冷月夜裡聽聞鳥啼聲更顯淒寒，夫君之思時時縈繞在心頭。淒絕香閨裡孤鸞忽然命逝，冰清玉潔的女子無故遭受死別離的摧殘。夫逝後所留下的家庭責任，重重心事，苦嘆嗟怨，糾葛於內心，淚水已哭乾。純潔心性使鄭月娘難以承受夫死傷痛，內心的苦源自堅持對夫婿的專情與依靠，因此，孫襄〈節婦鄭氏詩〉著墨：「皓月長明滄水面，頹風直挽鳳山巔。豈貪盛節垂千葉，但矢貞心到九泉」心性如明月皎潔映入滄海水面，貞潔殉道，力挽鳳山縣地方頹廢之風俗，豈是貪戀名流千古的貞節虛名，乃是對夫婿三生情緣，堅定貞忠心志追隨夫婿直到九泉地下。

節婦「堅定」、「情深」、「玉潔」的精神氣質，官武張駪〈節婦鄭氏詩〉以修道仙女為喻：

> 纔度春光年二十，繡幃便失駕鴦偶。成仁祗在志能堅，取義從容名不朽。
> 取義成仁樂自知，貪生惜死意何為。不存白髮人間老，願損紅顏地

下隨。

大慧早參仙女句，芳聲傾動侍郎詞。侍郎詞賦本悠焉，仙女精神自藹然。

阿鄭品同仙女併，嗟余才短取生更。強將斑管指中飛，共勒貞名傳德行。

敏銳慧心傾慕夫婿賦詞，一幅「夫唱婦隨」的畫面，以智慧參悟的仙女，芳心因侍郎詩詞傾動，侍郎詞賦風格悠然自在，仙女氣質精神油亮潤澤，鄭氏節婦品性同此仙女，爲節婦賦與超然脫俗的形象。遂此深情，芳齡二十歲，錦繡人生才開始便失去了鴛鴦伴侶，若非堅定心志犧牲成仁，豈敢從容取義以自明心志，況且含生怕死又有何意義！不留性命在人間直至白髮蒼蒼，犧牲少婦紅顏的生命跟隨亡夫於地下。純真性情，追隨生命至愛，是秀慧性靈的表徵，以此至情至性展現爲夫殉情之美德。鳳山縣教諭吳周楨〈節婦鄭氏詩〉詩云：

廿載紅顏誓栢舟，霜天皓月耀中洲（鄭氏家住中洲）。繪來環珮皆生氣，死去綱常屬女流。早訂雙棲同土壤，肯留隻影度春秋！尺絲魂斷聲名振，愧殺鬚眉萬古愁。

栢舟即「柏舟」，典出《詩經·鄘·柏舟》。鄭氏節婦年少紅顏，誓言如衛太子共和之妻「共姜」，夫死守節不再嫁，冬霜天寒皓月耀地。君子美德，見此女流之輩以死成全之。早已夫婿約定雙棲雙宿，豈肯獨自留下身影度餘生，守信誓魂斷絹絲，留下萬古聲名，足使鬚眉羞愧汗顏。此詩吳周楨從漢族「男尊女卑」性別觀念，審視節婦殉情事件，一介女子竟爲爲守誓言、遵忠貞，勇於一死，剛烈性情足使男性慚愧。

鄭氏節婦對情感從一而終、堅持忠於夫婦之道、孝敬公婆，猶如將五倫綱常視爲生命信仰，爲一生所信賴的丈夫、爲心中依恃的價值走向黃泉路，「寧願玉碎，不願瓦全」的操持，爲夫「殉道」的壯烈行爲，可見道德教化深入內心成爲生命一部分，活出如此引人尊崇敬仰生命，使習於以男性爲尊的漢人官員都不得不折服。

鄭氏節婦受約束於社會價值觀，強忍心中的苦痛及重擔，表現外柔內剛的行徑，死前從容不迫辭別公婆，平穩得體的禮教表現，及其忍受苦節終究一死的結局，反而更能博得宦遊詩人道德認同，並且借參與鄭氏節婦之徵詩

的實際行動，表達出仕宦者呼應「以德化民」的治臺策略。

如此道德意識，使官員在褒揚鄭氏節婦勇於「殉道」的義舉同時，將女性生命付出的價值判斷投注在「重生女，不重生男」的臺灣「番婦」身上，也因此產生兩種判然不同的結果，阮蔡文〈大甲婦〉〔註28〕一詩即可為證，詩中書寫番婦之「苦」，作為番婦所受之苦感到嘆息，番婦為家庭、為夫婿，勞苦謀生，耕作、織布，樣樣都親手工作，平日為生計辛勞繁忙，閒餘時亦需軋軋織物，而如此辛勞的結果卻是番丁身著綺羅、番婦身著短布，看在阮蔡文的眼中感到不平。

同樣是為夫婿犧牲，漢族官員認同鄭氏節婦的殉道，卻未知悉番婦在其族群文化中的價值意義。在臺灣原住民社會裡，視女性是主掌家庭為合理的，但被「以男為尊」的阮蔡文視為不平，結合「漢人」、「男性」加上「官員」的身份，面對番婦的生活方式，作者以「憐恤」的口吻，軟性表達對「異己」之番俗的批評觀感。

相對於鄭月娘的為夫殉節，由個人犧牲擴展成為社會道德價值，為官員推許為「義」的榜樣；生長於母系社會的番婦，生活重心卻不同於此，一生為丈夫犧牲、為丈夫辛勞，在漢人男性作家看來是這種犧牲是「苦」，不同於鄭氏節婦發揮璀璨的人性光輝。官員們從父系社會的主觀價值意識出發，比較詮釋不同族群的女性生命價值，再推崇「貞節烈女」對德行操守的實踐，並藉著作詩傳揚其義舉，產生「輿論」的力量，建立公眾價值觀念，共同立下社會運作的範式，這是康熙四十三年（1704）前後頗多題詠「節婦鄭氏詩」的緣故。

上述詩作共同的書寫策略是：闡揚忠貞守節為最高生命價值、凸出忠貞烈女的「苦節」特質，藉著敘事、用典、意象的手法表現，詩作內容著重鄭

〔註28〕阮蔡文〈大甲婦〉一詩：「大甲婦。一何苦。為夫餫餉為夫鋤，為夫日日績麻縷績縷須淨亦須長，撚勻合線縈雙股。斲木虛中三尺圍，鑿開一道兩頭堵。輕圓漫捲不支機，一任元黃雜成組。間彩顏似虹霓生，綻花疑落仙姬舞。吾聞利用前民有聖人，一器一名皆上古。況茲杼軸事機絲，制度周詳供黻黼。土番蠢爾本無知，制器伊誰遠近取。日計苦無多，月計有餘縷。但得稍閒餘，軋軋事偊僂。番丁橫肩勝綺羅，番婦周身短布裋。大甲婦，一何苦」，詩中所寫的是番婦為養家活口耕作、為朝貢布疋織布，日日生活辛勤勞作，各樣織布動作，績縷淨長、撚勻合線……都得一手包辦，為生計辛勞繁忙，閒餘時亦需軋軋織物，而如此辛勞的結果卻是番丁身著綺羅、番婦身短布短。此詩阮蔡文表達的是為番族女姓的勞苦付出感到不平。

月娘如何地爲夫殉道，藉此感人的人物形象，或採用「柏舟」之典，共姜爲夫死守節不嫁，或雙飛比翼共赴黃泉的意象，更豐富更鮮明地顯出人物性格，強化倫常的價值，進而達到醒世之功效，欲儒家「以禮節情」的倫理秩序作爲社會人際互動的準則。

官員們共同書寫節婦之事，至少是明代以後中國士人的社群傳統，因著「士／仕」的身份及人際網絡，文士藉著書寫節婦表達觀政立場，參與士人社群的輿言，形成時代氛圍，進而延續至清朝成爲一文化傳統〔註 29〕，延襲自此書寫節婦表達關懷時事的傳統，宦臺者在康熙四十二、三年後「題鄭氏節婦」的集體書寫，藉著標舉鄭氏節婦殉節義行，支持儒教倫常的意義與代價，此官員士族的共同書寫趨向，乃爲社會標舉示範典型，達到儒教潛移默化的目的。

第二節　仕宦者在臺表現的敦農意識

自古以來，漢人以農立國，官員下鄉執行君王的農政命令，已成爲文化習慣，《管子‧君臣上》對忠臣的定義即是能忠心地執行政令：「能上盡言於主，下致力於民，而足以修義從令者，忠臣也。上惠其道，下敦其業，上下相希」〔註30〕官員領受君主託付之責任使命，敦促農業耕作，同此集體意識，將中國社會以農立國的傳統在臺灣延續發展，亦爲康熙宦臺者的重要工作。

清廷領臺之初，民間生活經濟已是以農耕爲主，其他如捕鹿、採魚則是次要經濟生產〔註 31〕，康熙二十四年（1685）蔣毓英看到臺灣府附近番社依農維生，以錢交易，且農民能按時輸餉，《臺灣府志》卷五、「土番風俗」載番民經濟以「耕種」爲主：

> 今之諸羅之各社，去府志頗近，多事耕田，猶能以錢貿易。餘社則以所有易布、絮、鹽、鐵之類於社商而已。鳳山之下淡水八社，不

〔註29〕費絲言，《由典範到規範：從明代貞節烈女的辨識到流傳看貞節觀念的嚴格化》第二章，「士人的節烈書寫」，臺北：國立臺灣大學出版委員會，1998 年版。

〔註30〕《管子校注‧中》卷十，北京：中華書局，2004 年版，頁 545。

〔註31〕關於番民的經濟生產方式，〔清〕黃叔璥《臺海使槎錄》卷五‧北路諸羅番‧飲食：「飯，一白占米，清晨煮熟，置小藤籃內名霞籃，或午或晚，臨食時沃以水；……捕鹿、採魚，自新港以至淡水俱相等」，臺灣文獻叢刊第四種，臺灣省文獻委員會，1999 年 6 月版，頁 103～104。

捕禽獸，專以耕種為務，計丁輸米於官。〔註32〕

康熙領臺初，農業耕作與輸米稅收已進入官方體系的軌道運作，因先前經由明鄭漢民的拓荒，番民從明鄭漢人學習農耕技術，進入清廷統治後，漢人拓墾勢力進入民間，臺灣農地欲走向更優質的立地條件，水田化及田土化的農業發展趨勢〔註33〕，結合中原以農治國的傳統性格〔註34〕，官員務實巡行郊野、親民訪察，並且祭祀祈求，著力以官方政治力督促農業生產，觀察各地水利狀況，形成這類書寫主題。因此，本文以主題內容的表現面向，探討來臺官員的宦政意識。

一、宦臺者敦農時顯現的官民關係

康熙時期採用自然引水灌溉，天雨對於為官者敦導農民之事，影響甚鉅。形成「天－官－民」三者關係的維繫，因此本文先從宦政詩作裡觀察當時官民之間如何互動？官員如何體察人民生活點滴？

巡行以體察民間生活實況，當仕宦者親眼目睹鄉間郊野的戰後生活物資乏的情景，乃需繳納農物收成作稅捐，不禁發出體恤民生疾苦的關懷之語，王兆陞的〈郊行即事〉第七首，以鷹眼比喻巡行的目眼，遇上不利於農作生產的時勢，同感百姓生活的苦處：

瘡痍纏息後，鷹眼未全弢。著為軍糈借，心因民瘼忉。

催科良媿拙，撫字敢矜勞。珍重斯民意，輸租謝爾曹。

官員關懷社會景象，如同銳利鷹眼搜尋四方，與鄭氏勢力交戰才過後，地方四處滿目瘡痍。身為地方父母官，面對百事待舉，公務繁忙，一方面須籌措軍營兵丁的食糧來源，另方面須為戰後民不聊生的景況憂愁。為國為民奔忙，如同己飢己溺，作者在此處有個巧妙的比喻「著為軍糈借，心因民瘼忉」，筷

〔註32〕〔清〕蔣毓英《臺灣府志》，廈門大學出版社，1985年版，頁57。

〔註33〕尹章義〈臺北平原拓墾史研究〉敘及：「平埔族原來的生產方式是兼營漁獵與粗放農業，每社人口不多，耕田面積亦小。番社的草地、鹿場、山林、埔地在原始漁獵耕牧兼營的時代，每社的土地都相當遼闊。一經田土化或水田化之後，單位面積的生產量提高。」收錄於《臺灣開發史研究》，臺北：聯經出版社，1989年版，頁143。

〔註34〕中國以農立國傳統遠從漢文帝以重農政策收到治民效果，而後歷任皇帝遵奉為規臬，遂成為中國社會結構與形態進而影響民族性，詳見文崇一，〈從價值取向談中國國民性〉，《中國人的價值觀》，臺北：東大圖書公司，1989年版，頁137～144。

子爲軍人用糧借，心力爲人民生病憂勞，地方人民受寒受凍皆爲自己的責任。在觀念上，王兆陞本於爲臺灣縣民付出管轄賦役之責而表現愛民之舉，不過，良吏從職責關係提昇至爲農民耕作之辛勞而感同身受的層面，並且，有「撫字敢矜勞」愛民卻不自誇勞苦犧牲的態度。此外「珍重斯民意，輸租謝爾曹」，對民意的珍重，拉近官民關係，這位親民愛民的官員面對收稅事務，以感謝的心回應老百姓的付出，自覺拙於催收稅金，實感慚愧，同時珍視人民輸納租稅，供給國家公庫之需。以官員身份惜重民間輸捐納稅的意義不凡，「收稅」不是責任督促，而是設身處地回應老百姓對國家的貢獻，詩人試著泯除「官」與「民」的階級觀，故能實際體察兵民生活供需狀況，從而讓朝廷與民「利益互惠」相互依存的關係得以改觀。在王兆陞此首詩作裡，官民關係轉化提昇爲以情意維繫的共存實體。上述是地方官親自巡行所帶出的意義，康熙治理臺灣之初，各番社多是自營生活，納入清版圖後，政府干預番民的經濟生活，藉官員的巡行建立官民關係。

另外，探勘農作情形生產牽繫著官民的互動關係，王兆陞〈郊行即事〉：

但歌靈雨降，瘠里仍然貧。早穀先垂穎，新秧猶壓蘋。

誰憐蘋作飲，果見釜生塵。不歷郊原過，焉知民苦辛。

這首詩前段雖寫鼓舞歌唱祈雨歌向蒼天祈求，以祭祀敬奉雨神，地土仍舊乾旱貧瘠，眼看著早熟的稻穗已滿垂下，新生的秧苗被雜草壓制生長空間的景況；後段則更深地表達對人民的憐恤之情：仍舊枯瘠的荒野景象突出「盡人事、聽天命」的無奈，誰來憐恤以以芋代替米飯爲食的貧民，只看見烹飪器具已蒙塵，官員的憂慮目光，橫掃荒郊原野，久而未用的廚具、荒野瘠地、貧農，若非走出衙府、走向民間豈能眞知道百姓疾苦？末二句更是相當撼人的自省聲音，官員對民生疾苦的深感慚愧：天不降甘霖，秧苗穀物無法順利生長，民以食爲天的生活頓然失去依靠，人與自然生態相生相息的循環系統停滯不前，原來安土重遷的農民，基本生活需求不得滿足，被生活苦擔壓得無法喘息，地方官遊走巡行時的親自體會，走過郊原一幕幕的饑饉畫面，扣人心弦，自己對生民實況的無知發出更深的愧疚，王兆陞的愛民之心與農民心境如是貼近。

從王兆陞的巡行詩可看出他爲官相當貼近民意的，另一類官員類型，巡行時，同樣目睹久旱未雨，然而隨著觀察田野的出發點不同，從作品所表現的情志亦有別，齊體物〈東郊迎春〉其三：

衰草含生意，郊原氣自新。願教青帝力，俾我有年春。

不侈汙邪望，惟祈雷雨勻。大田幸多稼，寧止樂吾民。

官員出門巡行，眼見春天裡郊野景象帶著生機，心中歡欣不下於農民，為什麼呢？雖青草衰微但隱含有生意，雖田野荒原但氣象自新，於是，向司春之神祈求，願能降下年年春雨，助我們農作物豐收。詩中作者站在地勢低下的田地，祈願上蒼幫助，降下雷轟大雨，以解地上之乾涸，如此田地五穀豐收不僅滿足百姓生活需求，以得使為官者──自己責任重擔得以懈下。齊體物祈雨的目的，乃願天能適時適量降下甘霖，調節農作物生長的環境。因此，作者強調向上蒼祈求雨降旱地的基本立場，乃是以解決民生乾旱為要。若幸運使田稼豐收，則不只人民歡欣快樂呢！整首詩明顯地以作者的仕宦責任發出觀察郊野農田，先存於心中「豐收」期待，選擇視域框限於「衰草含生意，郊原氣自新」，大地新的生命契機，點燃農民歡欣鼓舞的心情，預卜豐收穀稼，帶來的歡慶，不僅滿足農民生活所需，也滿足官員對農業收成的期待，及官員督促賦稅的責任。整首詩齊體物觀察農物收成狀況的立場，著重於公共事務面上：郊原衰草、祈求春雨，至於官民情感之間的互動較少著墨。

　　齊體物另一首〈東郊迎春〉也是著力於農業豐收的關懷面，藉著實際行動敦促農民，關心農業收成的穩定性，寫出春天大地生機處處，表示期待豐年來到的企望：

物候臨煙島，年華處處同。靈旗迎帝子，璆珮響春風。

淑氣歸青柳，餘寒付朔鴻。況逢晴此日，相慶卜年豐。

滿懷期待的心情借著大地回春的景象映照出，春天裡的花草，與迎接堯女之飄揚靈旗一起舞動著，春風吹起玉佩的輕脆響聲，溫和的天氣裡有青柳徐徐伴我歸，這一切使人沈浸在春天溫暖的空氣中，詩人的心情亦為之輕快，一時間忘卻宦情的孤單，只是淡淡地將殘冬的寒意託咐鴻鳥帶回北方，南方熱帶的風情，帶給人希望、期盼的氣息，環境充滿活潑生機，在天晴氣朗裡與百姓共慶豐年的到來，大地充希望，看天吃飯的農民，接應蒼天賜下的生命新契機，農事能順勢發展，為官者就能顯出輕鬆的心情，「況逢晴此日，相慶卜年豐」官民共同為豐年歡喜慶祝，一片官民和諧的畫面。

　　同是齊體物記巡行觀察的詩作，〈喜雨〉一首寫路上巧遇天降甘霖的欣喜心情：

隱隱西郊外，屯雲漸徹天。欲為民望歲，正喜雨歸田。

　　　　樂且從人後，憂宜自我先。試看阡陌上，禾黍已芃然。

此首古體詩，文字素樸，語意簡明，一、二句寫雨後的天色：隱約在西郊外
的天空，堆積的雲逐漸清澈。後六句表示自己為民求上蒼降雨的期待過程裡，
作者陳明自己居官的態度：快樂隨著人民享有之後，憂慮應從自身先做起；
試看水稻田埂上稻穗茂豐飽滿，得意的心情發自作者到為民祈求的成果「禾
黍已芃然」，為官者勸農有憂有喜，其情緒感受出發點有為民憂慮，同時抒解
其掛心的「欲為民望歲」、「正喜雨歸田」之事，希望為人民守望歲時，也期
待天公及時降雨，官員對人民的基本責任──生活溫飽，藉末二句「試看阡
陌上，禾黍已芃然」的徵兆，帶給作者重擔鬆弛的期盼與喜躍，原本憂慮稻
穀收成好壞，希望一場及時雨得以澆灌稻苗，透過代民祈雨，齊體物表現出
勸農而後輸納稅捐的督促責任。在此對「雨水」實用價值的考量，關涉著仕
宦者督促農民的出發點，無可避免的存有實利互惠的動機。

　　　統合上面齊體物的三首敦農之作，寫的是風調雨順、農民豐收的畫面，
體會到天時合宜的農務收成，至於真實反映民生疾苦的題材、與民互動的情
景，作者更是未涉及，雖身為朝廷官員，但在這首詩裡，齊體物卻未扮演「聽
歌導人言」的「采詩官」〔註35〕的角色，僅突顯臺灣豐收乃是官民同樂之事
的觀點。

　　　再至康熙四十九至五十六年（1710～1717）間數度來臺的陳璸〈郊行〉
一首，表達對農民生活的關懷，雖不直言愛民之心情，望著貧瘠郊野的景象，
流露憂慮之情，精簡的五古短詩，不直陳感受，寄情於景，百姓的生活景況
間接被呈現：

　　　　一片蕭條地，何堪歲不耕。馬蹄經踏處，不覺暮雲橫。

終日勞碌波奔的官員，巡視一片蕭條貧瘠的土地，為農民感到無助，豈經得
起終年不能耕作？長久不事耕作的百姓，官員體會的是未來生活短絀，與百
姓同感哀傷，馬蹄踏過之處，每每不堪卒睹，乾裂黃土映照在暮靄昏黃的天

〔註35〕原於唐・白居易「采詩官」定義為「采詩官，采詩聽歌導人言，言者無罪聞
　　　　者誡，下流上通上下泰」，若廣意而言，康熙時宦臺者可為上位者與下層百姓
　　　　意見流通的中介角色，不僅止於執行政令的官員，透過詩歌含蓄蘊藉地傳達
　　　　地方人民的心聲，然就清朝強勢實施「文字獄」的大環境，以及臺灣是初闢
　　　　之地的兩因素來看，詩歌中的官員選擇單向地對地方執政，稍佳者，會帶著
　　　　地方父母官的身份體恤民情，總之，是以上對下的方式維持官民關係，這是
　　　　清康熙宦臺詩作的現象，但是否為特殊現象，尚需後續探究。《白氏長慶集》
　　　　卷四，四部叢刊初編集部，上海商務印書縮印江南圖書館藏日本活字本。

色中，憂心如同暮雲陰影，情景相映，寫出黯淡悲鬱色彩。陳璸這份感同身
受的情懷，使心情過於沈重而不知覺地忘了時間。此詩中作者抒發個人的心
聲，側寫自我形象：在旱天裡，勤政巡行，爲乾涸之地動容，爲百姓生活憂
心；間接地帶出滿地蕭條、農民貧瘠的背景環境。另一詩作〈祈雨〉，陳璸不
再僅是以客觀景寓藏自己對生民的關懷，而是更直接地寫出：

> 郊行一步一呼天，此日吾民太可憐。涸盡春畦成赤土，炎連野燒潑
> 紅烟。
>
> 催科未暇計完欠，撫序何能調伏愆。剛值茲時來作宰，百身欲贖亦
> 徒然。

起首二句開門見山「郊行一步一呼天，此日吾民太可憐」，明白表示心情甚是
悲愴，三言兩語無法道盡旱災造成災害之嚴重，於是，以動作表示：郊外行
走每一步就向天空呼求一次，這時候我的人民太可憐了。災情實在太嚴重，
河水乾涸，春天的田地已乾裂成赤紅的土，四處炎熱，野火燃燒，竄出紅煙，
乾旱情景可以體會。後段四句寫著，自己無法善盡職責的愧疚感，一方面是
課徵稅收的虧欠，催討稅收仍沒空計算尚積欠多少。另一方面是，看守歲時
之失職，無能力撫定時序、調度災變發生之事。有些委屈的是，剛到此地擔
任地方官長的時候，就逢遇旱災，即使使盡全力想要贖罪，也是徒然。

　　整首詩作者寫著自己首次在臺灣經驗旱災的過程，以敘事的方式直陳其
事，以詩紀事，不用掌故的散文化字句的書寫現象，反顯出作者憂慮民生疾
苦至深，情性之眞摯的一面。

　　在官員下鄉巡行的沿途過程裡，其以何種目光來視察農事、以何種關係
來體察農民、甚至是以何種表達方式書寫農民生活，都可知悉他們對臺灣生
民的關切程度？特別是遭遇災害而心生憂慮時，長歌詠嘆的修辭表達，顯現
官員心中深長的哀歎，如宋永清〈踏災行〉：

> 自夏徂秋兮，旱魃爲殃。泉涸煙生兮，海沸如湯。
>
> 五穀已萎兮，不舞商羊。桑林輸誠兮，四野張皇。
>
> 終日勞勞兮，步禱上方。攜老扶幼兮，百里相將。
>
> 層巒共望兮，風伯無良。浩浩皇天兮，不我之傷。
>
> 連年抗旱兮，民何所藏。哀哀窮黎兮，家無稻糧。
>
> 務稼勸分兮，猶藉官倉。乞糴鄰邑兮，幸歌太康。
>
> 荒政十二兮，務去機槍，實余涼德致此兮，敢怨彼蒼。

「泉涸煙生」、「海沸如湯」、「五穀已萎」、「四野張皇」，大地缺水──維繫生

命的脈動被切斷，作者用形象畫面呈現從夏天到秋天旱神降下災殃，一處處觸目驚心的景象，激動官民上下如同驚弓之鳥地祈求，直陳其事，沒有艱澀紆迴的修辭，自然坦蕩地直書處處不堪的萬物生態。遂有後段詩句，作者以至誠無僞替民發出的呼求：「浩浩皇天兮，不我之傷。……實余涼德致此兮，敢怨彼蒼。」求皇天啊！不要傷害我民！連年的旱災，人民往何處去藏身呢？悲哀我貧窮的人民百姓，家中沒有稻糧。實因我這地方官德行淺薄，以致招惹天神發怒降下災禍。此處作者將天降旱災臨及生民，歸咎於自己德行不足得罪了天，天人相應的思惟使作者認爲旱象是上蒼對生民施以宗教懲治的兆示，「欃槍」煞星臨至，更確定社會中不可掌控的自然因素，自有超自然力量掌權，故而向冥冥的天神俯首認罪，不敢對上蒼的作爲有所怨懟。由此可知，宋永清面對臺灣草創型的社會，整體環境所帶給宦臺者的恐懼，自知無力改變，向神祕不可知的自然天體發出呼求「不我之傷」，切身之感，歷歷如繪，宋永清寫出「哀哀窮黎兮，家無稻糧」代民祈求天雨，解決民生問題，爲官者目睹百姓遭受旱災，有愧於心，顯現他體恤民心的一面。

綜合上述的詩作，齊體物因敦農職責，詩中結合著仕宦者實務責任的考量，臺灣的天氣風調雨順、稻米收成狀況、生民的伙食問題……構成他詩歌書寫的題材，但鮮少呈現他與臺灣人民的關係與情感；但另一類官員，除了實務性的巡行視察之外，亦將焦點擺農民的生活情景，官員經過農地考察，當遇上災害時，感受到天時不遇，親眼目睹倚賴天雨維生的農民，無法對抗環境，忍受天旱的苦楚，較能真切地對地方農民產生同理心，如王兆陞向飢困而捐輸的百姓致謝，陳璸、宋永清踏行災區眼見乾涸的旱象感到心痛，地方母官從其敦農意識發展出對臺灣人民的情感，而這情感是從責任關係衍生爲體恤之情。

二、仕宦者對臺灣旱象發生的觀察與應變模式

清康熙時，臺灣自然環境尚待開發，若遇上旱災，原本的米糖天地，遂轉成民不潦生的災區，因此，面對此現象，宦臺者如何反應，且其反應當中如何顯出漢族的集體潛意識？

（一）旱象發生之觀感與刻畫

臺灣早期的天然災害當中，旱災是其中最常成爲臺灣詩作書寫的題材之一。特別是康熙四十四年至四十六年（1705～1707）臺灣「一府三縣」連三

年發生「旱災」，朝廷上下一方面四處巡行關心農業災情，一方面爲減免田賦因應災害措施〔註36〕，旱災是此時期官員關懷重點，因此題詠這類作品甚多。

　　旱災成爲宦臺灣官員主要書寫的原因，一方面與官員的敦農職責最直接相關的，關乎農作物生長的雨水問題，再方面康熙時期隨著農田墾拓面積增加，促使官員經常爲「水」急於奔命。當時臺灣的水利建設依天然地形築堤導水，康熙五十五年（1716）陳夢林《諸羅縣志》曾載：

> 凡築堤瀦水灌田，謂之陂；或決山泉、或導溪流，遠者數十里、近亦數里。不用築堤，疏鑿溪泉引以灌田，謂之圳；遠者七、八里，近亦三、四里。地形深奧，原泉四出，任以桔橰，用資灌漑，謂之湖（或謂之潭）：此皆旱而不憂其涸者也。又有就地勢之卑下，築堤以積雨水，曰涸死陂；小旱亦資其利，久則涸矣。〔註37〕

「陂」、「圳」順應溪河地勢引山泉溪水灌漑稻田，「湖」於深奧之地，原有泉水四溢，加上「桔橰」汲水器瀕水灌漑，可知當時臺灣水利資源主要是順應自然地形原處開發，再輔以人工汲引方式導入田畔水溝施行灌漑。依此三項水利工程的供水功能來看，泉源充足、水流豐沛，遠近無虞，即使遇上旱災亦不乾涸，唯「涸死陂」水量有限，遇旱則涸，事實上，這是康熙末期臺灣隨著土地的拓墾發展，官方大興水利的原因〔註38〕。否則，康熙領臺之初，漢人口初移入墾拓農田，通常選擇勢高而近溪澗的淡水、或靠近天泉水崛之地，順應自然地理形態以從事農墾工作，因倚賴天然環境，臺灣的農田水利事業不足以應變旱季發生。康熙四十三年（1704）連續三年遇旱時，無足夠水源可提供水稻的需要，遂此，巡行官員相繼地以臺灣的水利狀況及旱災景

〔註36〕據〈清代臺灣旱災史料〉一文歸納統計官方文獻，康熙時臺灣發生旱災的年度：康熙二十二年（1683）、四十四年（1705）、四十五年初（1706）、四十六年秋（1707）、五十三年秋（1714）、五十六年（1717）、五十七年（1718），其中最集中即是康熙四十四至四十六，遂此頗多於此時宦臺的官員多以詩記此事，顯見此旱災影響層面甚大紛紛成爲官員筆下的重要記錄。收錄於徐泓著，《清代臺灣天然災害史料彙編》，行政院國家科學委員會，1983 年版，頁25～26。

〔註37〕陳夢林，《諸羅縣志》卷二，臺灣大通書局，頁34。

〔註38〕據王世慶的研究指出，清康熙末葉閩粵移民湧至，拓墾此地，私開農田、大興水利，此外，官方亦推動興築水利工程，以康熙五十三年周鍾瑄爲例，其在任期六年之內，助民開築陂圳達三十八條之多，對諸羅縣稻穀之生產貢獻甚鉅。參見氏著〈從清代臺灣農田水利的開發看農村社會關係〉，收於《清代臺灣社會經濟》，臺北：聯經出版社，1994 年版，頁 134。

象，作為共同書寫題材。

　　若非遇上旱象，官員平日巡視水利，會以詩紀錄農田水源供應狀況，如陳璸〈喜雨〉一詩即注目在雨澤流遍大地，自然水道灌溉郊野，百姓欣喜期待豐收的心情：

> 陰雲密布四周濛，高下川原澤徧通。千里平疇催脉動，九街喜氣兆年豐。

整首詩按字句表層來看，是相當客觀地記錄景物：烏雲密布，四周細雨濛濛，河川由上而下，水澤流遍各河道，千里平原田野，催促生機律動，許多街頭充滿喜氣，有豐年的預兆。若進一步地探索其中寓意，農人對天的緊密倚靠，正是官員候天望歲，感受著水流脈動帶來生命契機的緣由，「千里平疇催脉動」，水流貫串千里田疇，喜氣滿溢的街頭，人的生氣隨生命物資供應不絕時，湧現活力，安定生活所帶來的精神滿足。倚靠大自然的農業生活，此時天與人相合相應的生存模式，形成依附生存的宿命思惟。

　　宿命的務農者往往敏銳於天時運作的水波流動，天時不遂，便怨嗟尤嘆，早於〈詩經‧小雅‧雨無正〉，藉著詩歌對天發出久旱不雨的怨言：「浩浩昊天，不駿其德，降喪饑饉，斬伐四國，昊天疾威，弗慮弗國。舍彼有罪，既伏其辜，若此無罪，淪胥以舖。」〔註39〕天降旱災，致使民間發生饑饉，蒼天何以如此對待無辜者，降下旱災，有罪之人倖免無事，無罪者遭殃，天意實有失公允。此詩裡的昊天不以罪之有無來對應降災之事，這神祕天象使深具道德善惡觀人們發出怨懟，天意無可捉摸，具有絕對權威，並非人倫道德之相對關係可推究，這是西周時期屬中上階層人們，遇災時對蒼天的觀感。

　　相同情景，臨到數千年後的康熙時宦臺者，發生旱災時，望著天地上蒼呼求，對映於身處的陌生環境，窮荒僻壤，大自然力量變化未可知，加上面對執行政令的無能為力，體認到天體主宰自然的力量，孫元衡〈夏旱〉由於中國集體式的天道觀念，而發出為官者的呼求：

> 維南新闢地，驚鳥乍安枝。四面環窮海，千山踞島夷。
> 宦情聊復爾，天意竟何知。豈為憂寒餓，含情告雨師。

此詩作者藉個人宦情困窘，再加上天雨不調，宦途重重困難糾結於心，貫穿全詩。孫元衡形容自己，猶如剛被驚嚇過的鳥兒安於枝頭上才適應此南方新

〔註39〕《詩經通論》卷十‧小雅，臺北：廣文書局印行，1988年10月版，頁209～210。

關之地，帶著驚恐的心情甫安歇。一方面適應新環境產生困頓感受，另方面又為民受寒受餓感到焦慮，再加上，天公不作美，旱象未除，層層的壓力，宦臺經驗竟是如此地苦？自己面對旱災而力不可勝，道出內心的艱苦，此時「含情告雨師」，天體運行在大自然裡，人的存在如滄海一粟，面對久旱不雨、無法測度的天意，含著苦無對策的心情求告雨神。在孫元衡〈海南入夏困於炎蒸陰晴不定次園任畦占驗持勝因次其語作歌調之〉的詩句：「農夫狼顧憂旱澇，爾獨胡狃愚頑衷。吳牛喘月遄龍喜，物性詭譎良難同。為召黔雷解其說，答之天道猶張弓」。天氣炎熱陰晴不定導致旱澇，作者占卜求問，得出天道之張弛，自然萬物天象變化無常，如「吳牛喘月」使人畏懼過度、又如《山海經》之燭龍山神喜笑顏開。

　　各方面的詭譎多變，占卜結果此正是天道張弛之時，詩人諳悉天體運行有其客觀性、可畏性，在此情景之下，影響所及，官員如何自處於臺灣天旱的情境，又如何刻畫旱象的現場情景，以表達自己身處其中的感受？進而對天道有更進一層的體悟？孫元衡〈旱〉：「千里霞光當日暮，一痕虹影在天東」寫的是乾旱時清朗無雲、彩霞絢麗的天邊情景，以「霞光」、「紅影」二詞，對日光賦予強烈而鮮明的形容與描繪，豔陽天的黃昏裡晚霞很美、奪人眼目，但這美麗的背後，映照出澇旱成災的實情：「堯憂不離耕桑事，禹貢難忘戰伐功。綆短汲深增百慮，那因妻子念途窮」。又觀陳璸〈祈雨〉注目焦點則是旱季裡地上的景況：「涸盡春畦成赤土，炎連野燒潑紅烟」，曾有春雨滋潤的地土如今已乾涸不生草，炎日熾烈連燒紅色煙霧充斥大地荒野，「熱天」乾旱的程度可以想見：「涸畦」、「赤土」、「炎野」、「紅烟」……周圍景象滿是炎熱、乾燥的氛圍，藉溪水乾涸、田土乾烈、郊野炎熱、火紅的煙霧……透過枯乾燥熱的視覺與觸覺，感受到環境裡的旱象。臺灣入秋後「秋老虎」的熱天，使宦遊詩人敏銳地捕捉「乾旱」裡異常的氣氛，孫元衡〈秋旱〉寫道：

　　　　驕亢入秋天，村中乏井泉。鬥潮風乍起，厄雨電爭先。

　　　　日御釀黃霧，雲峰化紫煙。何當歸老眼，吾道已堪憐。

一、二句寫入秋，驕陽炙熱，村民生活用水缺乏，從實用觀點記旱災發生時的現象之外，三到六句記旱季的自然徵候，「鬥潮風乍起，厄雨電爭先」，風突然吹起，潮水爭湧而上，天旱不雨，雷電爭先響起，「日御釀黃霧，雲峰化

紫煙」，日光照射地面漸起黃色霧氣，天氣晴朗〔註40〕，山峰上的白雲化成紫
色煙氣，藉著不平常的霧氣色澤：「黃霧」、「紫煙」，透顯乾季裡強烈日光折
射出不同色澤所含的不尋常氣氛。臺灣熱天裡，農業雨水不足而遇旱災，人
仰時觀地，旱象發生時，引發對天象的奇詭思索——天道張馳，河水、土地、
郊野、風潮、煙霧諸多不尋常的景象，而這景象本會觸發人對生命延續的危
機憂慮。

　　綜合上述，將孫元衡詩與前述陳璸詩相較，可看出孫元衡的詩大多是寫
客觀景致，傾向與整個旱象保持著一定的距離，至於，個人主觀的視覺經驗
所激起的傳統天道觀，則融入客觀景象中，主觀的感受則僅於詩末「豈爲憂
寒餓，含情告雨師」、「何當歸老眼，吾道已堪憐」點出。

（二）為民祈雨的漢人農政傳統

　　若遇上天旱時，爲官者由於天道逆行、人道違和的思想，促使其欲採取
向天祝禱的農政傳統，透過宗教儀式的行來尋求解決之道，因此，書寫旱災
主題所牽連的另一題材書寫就是祈雨祝禱的漢人農政傳統。

　　中國以農立國，爲維持農業生產力於不墜，爲政者藉著祭祀求告，尋求
天神祝福，乃是古來的政治傳統，〈文心雕龍‧祝盟〉敘先秦時代君王爲告神
求福寫下「祝文」，表達誠信敬意：

> 天地定位，祀遍群神。六宗既禋，三望咸秩，甘雨和風，是生黍稷，
> 兆民所仰，美報興焉。犧盛惟馨，本於明德，祝史陳言，資乎文辭。
> 昔伊耆始蜡，以祭八神。其辭云：『土反其宅，水歸其壑，昆蟲無作，
> 草木歸其澤』則上皇祝文，爰在茲矣。舜之祠田云：『荷此長耜，耕
> 彼南畝，四海俱有』利民之志，頗形於言。至於商履，聖敬日躋，
> 玄牡告天，以萬方罪己，即郊禋之詞，素車禱旱，以六事責躬，則
> 雩禜之文也。及周之太祝，掌六祝之辭。是以『庶物咸生』，陳於天
> 地之郊；『旁作穆穆』，唱於迎日之拜；『夙興夜處』，言於祔廟之祝；
> 『多富無疆』，布於少牢之饋，宜社類禡，莫不有文：所以寅虔於神
> 祇，嚴恭於宗廟也。〔註41〕

〔註40〕臺灣有俗諺：「罩霧會山炎日」，若是黃昏罩霧是晴天的前兆。見片岡巖著，
　　　　陳金田譯《臺灣風俗誌》，臺北：眾文圖書公司，1996年版，頁457。
〔註41〕劉勰著、周振甫注釋《文心雕龍注釋》，臺北：里仁書局，1984年5月版，頁
　　　　179。

祝是古代向神祈禱的官，此官作為天神與人民的祝禱中介者。先秦時祭祀對象是天地四方的各類神明，風調雨順後，農作物才能按時生長收割，平民百姓敬虔地仰賴眾神，產生回報天地山川各類美好儀式。從神農氏以蠟詞合祭八種神祇、舜的祠田祝文祈求春神能保祐農耕順利，商湯的以黑色天牛祭告天地的禱祠、旱天駕車至郊野祈求甘霖；至周朝設立「太祝」職官，掌管六種祭祀之事，無論是天地神明、祖廟祭祀……在在都顯出為政者對祭祀之事的重視，這也呼應了中國歷代以來祭祀農政禮儀與傳統。

　　綿延數千年，至滿清康熙皇帝時，其根源於中國「天人合一觀」的政治思惟，從「君權神授」到「君主封建」的權力關係，尋求天道與人事變化之關係的天命思惟，係因天命靡常，所以政權建立之後仍需時時戒慎恐懼，以求長保天命，康熙二十一年（1683）秋七月二十八日皇帝曉諭大學士時的言論：「天道關於人事，彗星上見，政事必有闕失。其應行應革者，令九卿、詹事、科道會議以聞」〔註 42〕仰觀天象，俯察時政之得失，天文徵兆成為施政的參考指標，君權神授，因此，對於作為上天之譴告的災異也都特別重視，天命思想對康熙仍具有的影響力。若再綰合於漢人以農業為基礎的社會模式，天道不僅止影響政治層面，亦影響經濟層面，風調雨順所帶來的豐富農產，亦是為政者所祈求的，誠如先秦君主重視廟堂郊野祭祀一般，至清時同樣沿承各類神明祭祀傳統，宦臺官員的敦農職責亦含帶祭祀的職份，尤其是天運不和，旱災歉民，藉著祭祀祝禱祈求天降甘霖的意圖更強烈。

　　依政治立場，農物豐收是國家經濟發達的表徵，因此，官方設置祭祀堂管草木生成之「勾芒神」，向蒼天神明祈求保祐，向祖先祭拜追念緬懷，以祭祀行為祈望生活物資的供應綿延不絕，祭祀既為地方官員的職責，康熙三十年（1691）任臺灣海防同知齊體物〈東郊迎春〉詩句即寫此事：

　　　　春自黃階發，趨蹌鷫鷞行。明堂居左个，青玉祀勾芒。
　　　　未耕先民力，羲和馭日長。微臣天萬里，何以頌陶唐。

此詩寫為官者如何表達追念先民、如何惦記當下職責的心情。自己祭祀祖先，看著臺灣先民拓墾時所使用的器具，體會先民拓墾之辛勞，當時付出不凡的代價，克服了炎熱的氣候、爭勝天然困境，回想裡有無限敬意，而今對照微臣如我，春天裡瑞草自臺階上生長，有朝官進出其中，官府「敬事堂」的左

〔註42〕《清聖祖實錄選輯》，臺灣大通書局，頁 120。

方〔註43〕，是以青玉祭祀木神的祭壇，在這兒白日長且熱的地方，懷想先民拓墾的辛勞，又有何如上古陶唐堯舜政治盛況可頌揚？「微臣」仰望眼前萬里天際，是一種「有限」對應「無限」的關係，是一種自知能力無法勝過大自然的各種變化，面對陌生的臺灣環境，太多因素難以掌控，些許無奈地表示「何以頌陶唐」，無可誇口的政績，無可知悉的天地環境，為官者將責任寄託於祖先崇拜上，祈求先民庇祐耕耘之事，接承中國歷代以來的農政傳統。

　　平日官員虔敬於祭祀祝禱為保持風調雨順、農業昌盛的穩定狀態，若遇上天旱不雨的災變時，感受到自己能力不足，而轉向蒼天祈求，齊體物〈禱雨〉：

　　　　雖慚撫字拙，憂國願年豐。苦魃方思雨，瞻雲忽見虹。

　　　　幾家堪食玉，此日更無風。齋沐桑林下，惟祈格上穹。

全詩意義明朗，無過多雕琢，直陳其事，雖自覺能力不足，愧對愛養的人民百姓，仍憂國憂民祈願年年豐收。正想著期盼旱災時天降甘霖，瞻望白雲忽然看見彩虹，彷彿蒼天改變心意，出現希望的線索，試想百姓如此辛苦的日子，有幾戶人家禁得起吃山珍海味，此日更無風吹拂，沐浴在桑樹林下，只求上蒼格外開恩，降下甘霖。在無助之餘，虔敬向天祝禱，求天地主宰者大開恩門，憐恤地上生民。因著對人民生活經濟的顧念，有時官員與人民百姓更是一同地仰望蒼天，獻祭羅拜，陳璸〈求雨〉記錄如是場景：

　　　　蒼生託命敢忘憂，不訴皇天何處求。終歲勤勞存百畝，萬家康樂幸
　　　　三秋。

　　　　慣聞祝以豚肩切，試問占符豕蹏不。自嘆天和難感召，街頭羅拜淚
　　　　長流。

官員受託的責任使命，為民饑溺、為民生需求奔波，豈敢鬆散忘憂呢？關乎民生大計的雨水不降，加增作者責任重擔，「不訴皇天何處求」不向皇天訴求又能求誰？直接表明天體主宰與人民生活的關係，自己是天人感應的祈求中介者，俯望著疾苦蒼生、仰觀不雨上天，官員的心如針磨，由心發出陣陣嘆息聲，「自嘆天和難感召」。過去三年裡所幸家家戶戶生活得安和樂利，整年勤勞耕作終究收藏儲存更豐盛的穀糧，付出努力獲得收成的安頓生活，使民心安定，乃為官者心中的最大成就。而今天旱不雨，聽慣「祝官」以豬臀、

　　　　
〔註43〕 高拱乾，《臺灣府志》卷二・規制志・衙署：「臺廈道署，在府志西定坊，西
　　　　　向，由大門而儀門，而廳事，扁曰：『敬事堂』……，堂左，則橡史案牘處」，
　　　　　臺灣大通書局，頁28。

蹄等祭品祀天地神明，進薦牲禮的祝禱祈福，卜求降雨。詩末作者自嘆縱然擺上祭祀供物也難以獲得蒼天恩澤青睞，無法幫助農民解決水的問題，有些愧疚感，眼看街頭人民羅列跪拜，淚流不止，更深的感嘆含蘊其中。整首詩以淺白文字直抒其事，從過去的豐年到眼前的荒災，心情的轉變由慶幸變成憂心，藉著張羅祭品、占卜祭祀、人民羅拜的情景，官民一起面對荒年，焦急尋求解決之道，渴望蒼天降雨。這幅官民同心祈禱的情景，在鳳山縣令宋永清〈踏災行〉裡也曾出現過：「終日勞勞兮，步禱上方。攜老扶幼兮，百里相將。層巒共望兮，風伯無良。」終日祈禱，念茲在茲，官民上下，無論任何年齡、身份、階級，社會全體齊力尋求天助的心意，同感天地無良。在此看到人虔敬竭力祈雨，心中焦急迫切，自是人感到受生存威脅，極盡所能，卻又身陷於無所盼望之中，無論是陳璸、宋永清，以古體歌行並質樸無華文字的方式，五字四字的句式，於一長一短音中，對天發出呼求的嘆歇。

官員執行責任職務時，感受到大自然力量之無限，又感到先民拓墾之艱辛，相對之下，個人力量實是微薄，因農作物生長依恃蒼天賜福緣由，農民與天地環境依存度之緊密，旱天時官員頻仍祈雨，祭天儀式雖為官員本份職責，但遇上旱災荒年時，藉此儀式可得寄託希望之所在。

另一種書寫禱雨的作品類型，是孫元衡〈禱雨篇〉敘事旱天番與官員禱雨的過程與方式：

靈海濩濩天為關，迴互中原乖百蠻。黿鼉窟外裸人國，當今神武威愚頑。

命官分職列星宿，鐵騎戈船肅偵埈。雕題大耳文蛇衣，更不肉人工戰鬥。

魚鹽可貴沙可耕，蔗田千竈煎為餳。九軌車音雜哀角，市廛不減無諸城。

旻天陽道黃塵起，時見旱龍升海底。天倉嗶嗶天稷暗，太微木入河無豕。

搣金伐鼓聲動山，嗟我臥病床帷間。官僚塵土事趨走，耆舊老瘦爭追攀。

狂夫大言滿人口，劍逼豐隆雷在手。建壇十丈赤嵌邊，維南有箕北有斗。

蹴張武人生怒嗔，鞭撻頭陀咒鬼神。焚巫暴尪古所戒，此豈有力回

天津。

扶杖強起對遼廓，池荷枯死芙蓉落。南方火雲燒太清，片月懸弓氣蒸灼。

斯牲靡愛薦惟馨，圭璧既卒神莫聽。祀山斬木詛百靈，及時省過戶且扃。

殮骴收骨平厥刑，怨懟驕蹇兩不形。肥遺自死人自寧，周官荒政還當銘。

作者亦是「天人感應」的思惟來看待臺灣旱象的，詩中由天象徵兆點出旱災降臨跡象：「……九軌車音雜哀角，市廛不減無諸城。旻天陽道黃塵起，時見旱龍升海底。天倉嘖嘖天稷暗，太微木入河無豕」，隨著天道運行至黃塵揚起之際，海底旱龍升起，天倉星發出嘖嘖聲，天稷星已暗，太微星入木，掌農穀之事的星兆已暗，其時災異星象預言著地上旱象之事。從天象裡的確感應到旱地造成人心恐慌，官僚四處奔走尋求途徑，百姓德高望眾者亦爭相競逐「官僚塵土事趨走，耆舊老瘦爭追攀」，於是，在大自然失序的清況下，人心慌亂了，急忙擺上民俗祭壇：「狂夫大言滿人口，劍逼豐隆雷在手。建壇十丈赤嵌邊，維南有箕北有斗。蹴張武人生怒嗔，鞭撻頭陀咒鬼神。焚巫暴尪古所戒，此豈有力回天津。」漢民、番人各盡其事地舞弄民間習俗祈求天神降雨，然而作者相當理性的評斷這些虛妄巫術乃是古來所戒，「子不語怪力亂神」，頭陀咒鬼神、焚巫、暴尪……要弄虛晃欺瞞的技巧，根本無回天之力；作者再以實際現象來證明自己的看法：「扶杖強起對遼廓，池荷枯死芙蓉落。南方火雲燒太清，片月懸弓氣蒸灼。斯牲靡愛薦惟馨，圭璧既卒神莫聽。祀山斬木詛百靈，及時省過戶且扃。殮骴收骨平厥刑，怨懟驕蹇兩不形」，經由各種牲禮祭及祀崇拜儀式，最終的結果是徒然，旱象仍在，荷花池枯萎，天上火雲仍舊，地上民間疾苦依然如故。

整首詩雖是敘事，但作者有時以抽象描述把事情凝結在一意象上，無法明晰的得知詩句中所指陳之事為何，焦點不太明確，究竟孫元衡此手法與前面數首祈雨詩，直接表明作者心意與訴求不同，其有何用意？這首詩先從客觀敘述背景環境及禱雨過程，以旁觀者觀看官民之各項祭祀儀式，分別出自己的立場——選擇取法天文星兆與歷史經驗，詩中詩作者將自己從荒亂現場抽離，「摐金伐鼓聲動山，嗟我臥病床帷間」，站在外面觀看旱災發生官民之應變處理，此時在病榻上的自己，聽著外面的風吹草動，詩末以冷峻之筆提

出自己處理旱災的做法，「肥遺自死人自寧，周官荒政還當銘」，運用《山海經》渾夕山肥遺蛇的典故，認為當肥遺蛇自然死去後，旱災就消除，人自然會安寧，因此，旱害發生理應法效《周禮·地官》的十二種救荒之道，而非盲昧地祭祀崇拜。孫元衡是宦臺祈雨詩作者中，相當特別的一位，冷眼旁觀，不隨波鼓動，分清楚自己與其他人之分別，文化風俗上的分野、身份認同上的分野，遂有「歷史／神明」的解決之道不同，雖觀星象得知天體自然的超能力，但與一般官僚及地方耆老尋求祭拜來解決的方式不同，孫元衡主張借鏡前人歷史的做法，度過災難，主張以人事勝天的觀點，排除盲目祭典儀式，一反當時宦臺詩人尋求天地神明的「常態」作法，以理性面對災害問題，整首詩的處理手法與觀點，別出眾人，是為孫元衡〈禱雨篇〉特出之處。

　　綜合上述對應於為國家治民責任得以履行，再加上農民生活經濟、國家稅收來源的確保後，官員們書寫敦農詩作，因關心農業收成情況，憂喜心情隨之起伏，巡行農田時視察農作自然景觀，作者會於責任督促下選擇部分視域，加強實用的價值觀照，映在田園景物上，遂與中國山水田園詩人享受大自然，沈靜於大自然，冥思物我關係，思索個人生命存在是不同的，反倒是更多地思考農民的生活狀況，感同農民受災害威脅的心情。以題詠「祈雨」之類的作品為例，因實用價值為思考導向，並以民生經濟為優先考量，官員的憂喜隨著降雨多寡而起伏，無論是前述祈雨、求雨、或此陳璸〈喜雨〉：「有情芳草浮新綠，無數烟花吐晚紅。聽罷農人歌既足，明朝走馬踏郊東」，芳草有情，雨後浮現新翠的嫩芽，無數花朵此時才吐出紅蕊，聽完農人歡樂慶賀的歌唱後，心滿意足，明天早晨將騎著馬踏行在東邊的郊野。

　　因職責使然，「雨」的書寫從實用功效發揮其意義，天然氣候造成的災害，人對災害的思考，感受到天不從人願的威脅性，當雨的經濟功用頓失，使官員不斷地企圖找尋社會安頓秩序的方法。於是，可看到祈雨詩所寫的是，從星宿天象的徵兆來解釋雨水短缺的農村旱象，或著力於官民急忙於求告祭祀的場景，有時詩句含淚哭求雨神、有時藉祭拜儀式敬告雨師，祭祀的目的性鮮明、對雨水渴望乃為生命存續的方式圖謀，少數官員以理性尋求解決之道，仍是事務面的考量，如災旱之郡勿收租〔註44〕，多數官員不作批判性的陳述，而是以「逆來順受」的方式面對宦途上天災的發生，向蒼天祈求，

〔註44〕如康熙四十五年皇帝曉諭臺灣、鳳山、諸羅三縣遇災歉收，此三縣米糧全免，見《清聖祖實錄選輯》，臺灣大通書局，頁150。

向朝廷上報減賦稅,這是「官員」與「士」之別。反倒只有孫元衡以保持距離的客觀方式,批判了當時官員與民間的祭祀求雨之舉動,保有自身理性客觀的立場,反倒向歷史借鏡提出解決之道,自成一格,亦是官員沿續祈雨農政模式之外另一歧出的個案。

第三節　仕宦者遊歷臺灣的情志體驗

　　前兩節探討仕宦者公共領域的集體意識表現,本節則欲透過個人隱含於內在的情感體驗,以了解仕宦者在臺灣期間內心的情志趨向,並探討仕宦情懷書寫的原由。仕宦者爲仕政宦遊他地,被動式地飄泊羈旅他鄉,離開自己熟悉的原生環境,進入到陌生的生活環境,而適應異鄉生活環境的同時,也因異地的陌生感,相對地引發思鄉之情,體驗了離別愁緒,只是引發如此情緒的背後動機爲何?又因宦遊者共通的情志體驗〔註45〕,往往是他們自己對當下生活的反省與觀察的過程,透過對自己主體意識的省思,覺察出生地及仕宦地的社會價值與他本身的關係,及個人生命對社會集體制約的態度,從而回歸生命根源——「家」的反思,究竟臺灣——新而陌生的環境提供仕宦者什麼樣的體驗內容?

一、委派臺灣的情志反應

　　官員銜命赴臺,進入荒野新地,不爲遊山玩水,乃爲康熙皇帝執行新拓疆域的統治工作,仕宦者來臺目的清楚,念茲在茲的是國防軍政及地方百姓,如康熙二十七年(1688)任臺灣知縣的王兆陞,下鄉巡行所寫〈郊行即事〉其中一首:

> 奉命籌軍國,非關玩物華。新涼猶未至,餘暑正方賒。
> 鳴騎依殘渡,行旌帶晚霞。無勞呵殿急,恐警野人家。

〔註45〕加達默爾辨析「體驗」一詞源自傳紀文學,凡被稱體驗的,都是在回憶中被建立起來的,如果對某事物有所經歷時,此經歷對作者具有繼續存在意義的特徵,並從被經歷的事物意義內涵中得到自傳性或傳紀性的反思,再被熔入於生命運動中,即被稱爲「體驗」。同此,仕宦者將個人宦途中之一站:臺灣記憶書寫,如何融入生命情感之中,而形成所謂的「體驗」。參見《眞理與方法》,第一部分 2b・β)「體驗」一詞的歷史、γ)體驗概念,臺北:時報出版社,1993 年,頁 93~107。

這首詩，扼要陳明宦臺命令乃爲籌謀軍事，非來此地遊賞美麗山川物色。因此，縱然氣候宜人，黃昏美景當前，作者仍繫念著「無勞呵殿急，恐警野人家」，叮嚀隨從兵卒勿大聲呵責以開路，唯恐驚擾鄉下人家的恬靜生活，細微體恤人民生活，詩中呈現作者爲公執行任務的過程，督責士兵行爲、勘察地方安寧，以示篤行職份，同題王兆陞作另一首，亦是執行宦責的紀錄：

> 寄身重海外，默坐計生平。幸隸芙蓉署，欣遊細柳營。
>
> 深村忘犬警，遠渚有蛙更。夜雨晨方歇，驅車再問程。

作者宦遊寄身海外，有感於孤獨無伴，使他「寄身重海外，默坐計生平」，這是被動地接受外派命令的反應，當被迫停駐於臺灣，獨自一人，靜默地回想著昔日美好光陰，成爲在臺期間排遣憂情的一種方式。不過，此詩作較可取的是，王兆陞並不將心力停擺在士不遇的苦悶心結裡，反倒從第二句後，作者以「幸隸」、「欣遊」歡欣快樂的心情，展現對臺灣施政環境的滿足，且因野外村落的恬靜純樸，令人忘憂，隨遇而安的人格特質，造就作者能於雨後天晴，繼續「夜雨晨方歇，驅車再問程」，沒有任何理由、藉口地耽延下鄉巡行的工作，亦不挾帶先入爲主的成見以視察臺灣民情，一如詩中淡雅的文字，顯出作者安常守素的仕宦性格，因此，王兆陞選擇不耽溺於宦情的悲鬱色調，表現出憐恤臺灣人民的溫情。

另一位作者高拱乾，其宦臺感懷明顯與王兆陞不同，他會回顧一生承蒙皇帝恩寵的仕途，以使宦臺之旅深具自我期許的意義，在〈康熙三十二年（1693）春蒙聖恩賜袍至臺恭紀二十韻〉可見一二：

> 車服本酬庸，王臣勵匪躬。不才何比數，盛世幸遭逢。
>
> 道際垂裳日，朝多補袞功。褰帷榮郭賀，布被臥孫弘。
>
> 吏重二千石，詩陳十五風。琉球來海外，金縐賜宮中。
>
> 憶昔瀛臺宴，爲郎畫省東。追隨承鉅典，拜舞後群公。
>
> 捧出卿雲麗，裁成御氣濃。一麾居郡國，十載課桑農。
>
> 辱與循良列，知蒙特達隆。鷺門秋色好，鵁首綠波融。
>
> 揚激名難副，綏柔俗未同。格苗當舜代，興學慕文翁。
>
> 背曝暄思獻，天高思更崇。鮫機輸燦爛，鳳尾並龍葱。
>
> 長短身雖稱，傴僂趨益恭。頌從驃騎將，製自內司空。
>
> 寸草三春照，孤蓬萬里蹤。敢言章有德，祗識報無窮。

高拱乾宦途始自其父高宗任總兵官的恩蔭，先擔任廣德知州﹝註46﹞，而後康熙二十九年（1690）任泉州府知府，在位期間頗有政績，人民建祠紀念﹝註47﹞，康熙三十二年（1693）陞臺灣道，遂於此詩自傳式的表達未來臺灣前，幸逢皇恩盛世，獲致功勳，回想十年來，勸課農桑的宦政經驗，忝列為循吏，今承蒙君命陞任臺灣道，雖有感於寸草春暉之恩，仍秉持回報皇恩，孤自一人乘坐孤蓬，宦遊海外，承擔起經營臺灣的責任，是以高拱乾對地方及國家有份責任感，其〈東寧十詠〉第六首：

> 三秋聞見總蕭騷，日夜飛濤不斷號。舊集閭閻皆斥鹵，新開原野半蓬蒿。
>
> 空山那得珠崖貝，伏莽休懸渤海刀。應識乘軺難塞責，願紓南顧聖躬勞。

這是高拱乾宦臺三年之後所寫的作品，首先是總結三年來的見聞，作者認為在臺生活的最大特色是景物蕭條淒涼，不論白日黑夜只聽聞不間斷的飛濤聲，這一方面點出臺灣以海為主的地理特徵，再方面指出自身在臺孤獨寂寥的生活心情；而這荒涼環境與孤寂心情，實使人感到苦悶，又得面對土地的貧瘠「舊集閭閻皆斥鹵，新開原野半蓬蒿」、治安的隱憂「空山那得珠崖貝，伏莽休懸渤海刀」，重重憂慮，深切地體認到軍備防衛的責任不可推諉，也願能為國君紓緩顧慮東南海域安危的辛勞。在這首作品裡，高拱乾察覺臺灣社會秩序的不安，甚至以豈得珠涯貝的空山認為臺灣社會百廢待興，從而相對地提高開疆拓土的責任重大，自知難推委塞責，願恪守公務職責，承擔國君辛勞。

但面對官場得失，仕宦旅途中，難免經歷宦海浮沈，依官場權高位重的價值觀研判，在臺灣任官是個權勢不高的閒職，如此的閒職，縱然身懷壯志，但從社會功利價值來看乃是「不得志」，從高拱乾〈東寧十詠〉第五首，可見到他如何處之泰然：

> 有懷須學藺相如，每遇廉頗獨讓車。晚圃晴霞秋習射，半牕苦竹午

﹝註46﹞〔清〕李熙齡纂修，《陝西・榆林府志》第二冊・卷十九・選舉志・恩蔭，清道光二十一年刊本（景印本），臺北：臺灣學生書局，1968年版，頁6。

﹝註47﹞〔清〕懷陰布、黃任等纂修，《泉州府志》（二）・卷三十二・名宦四，收於《中國地方志集成・福建府縣志輯・23》，上海：上海書店出版，2000年10月版，頁102。

臨書。

群公望隔三山杳，聖主明周萬里餘。素志漫言伸未得，忘機直欲混樵漁。

這首詩裡未直言宦海失勢處境，亦未有所怨懟，高拱乾乃以謙讓的觀點審視自己，學習藺相如「因公忘私」的胸懷，每每乘車遇上廉頗則避開禮讓之，誠如自己當下隔著「三神山」，縹緲間遠望朝廷諸位卿相，因選擇讓退，來到萬里之外的海濱效忠聖明君主，則能安於在臺灣的生活，且形成另一種人生享受，「晚圃晴霞秋習射，半牕苦竹午臨書」、「客去留詩魚挂壁，吏閒無牘雀羅門。韶光拋擲真堪惜，野杏春深落滿村」（〈東寧雜詠〉其三），如此悠閒度日，雖言「素志漫言伸未得」，卻因空閒得以沈澱煩慮的心思，恢復素樸渾沌的本性，幾乎是與漁樵混同。這首詩裡，高拱乾展現的仕宦觀，一路為宦海波濤所累之後，謙讓的思想，將人引向更寬闊之處，不為功名錙銖必較，臺灣的閒職，反倒使人從容地聆賞天地之美。

偶爾放下宦情之苦，進入物我冥忘的自由世界，不受「士不遇」之傳統情結糾葛，體驗逍遙遊的真趣，釋放心靈脫離矛盾的困鎖，亦是仕宦情志的另種表現，孫元衡〈到官〉一首，寫的即是如何度過閒官生活：

室自掃除心便足，官閒隱窟竟何如。清嚴几硯浮生理，蕭瑟房寮靜者居。

差待經營惟種竹，不煩籌度是澆書。天涯韻事應無缺，為避陽鱎嬾釣魚。

自掃居室，靜居於寮房中，種竹、讀書，為避烈陽嬾釣魚，如是的生活，看似清閒優哉，為人生一大享受。然以仕宦的真實角度而言，孫元衡因功名利祿來臺灣暫居，但此刻在臺灣他心中「已識功名如嚼蠟，逍遙偶逐大鵬遊」（〈舟人言泛海不見飛鳥則漸至大洋蓋水禽陸棲也〉），功名已無滋味，反倒清閒如大鵬鳥在臺海之間逍遙歡遊，借此心理機轉想像遨遊海洋，生命感知進入逍遙域外輕鬆自在的精神層面，超越仕宦異鄉之苦悶。

但未必每位仕宦者都能因遭派「閒官」一職，輕鬆面對，林慶旺〈臺灣偶作〉嚴肅地看待宦職與施展才幹的關連性：

跋涉雙洋任太虛，塵氛越國好刪除。長披雲樹為疆界，盡為市樓入券書。

竹戶日窺詩史案，海天風叩首闌居。有懷砥柱難投筆，幾載淒涼志

未舒。

遠途跋涉渡海來到臺灣仕宦，猶如任遊太虛之境一般，這塊前所未聞的陌生之地，敦促作者將改革異域土風民俗視為首要任務，急欲有所為的迫切感，一如詩句「跋涉雙洋任太虛，塵氛越國好刪除」強調的是「好刪除」。只是如此旺盛的企圖心如何實踐建功立業的目標呢？作者環顧四周海天一色，以雲海長披的疆界，這些盡是進入海市蜃樓的憑據，空有抱負卻來到無法施展的仕宦環境，挫折人的銳氣。遊子宦臺卻僅能日日在竹屋下讀詩、了解文案、吹海風、觀覽狂瀾，無法有所作為，日復一日，縱有砥柱中流的懷抱，也難以為國效忠，雄心壯志幾乎消磨殆盡，宦者在臺灣幾年下來，感受到的是心志未曾舒展的淒涼，浮沈於宦海所付出的代價，竟是個人生命理想的磨滅與消耗，不禁令仕宦者懷疑自己的價值感，望向大海感受到「士不遇」的灰心、沮喪，成為仕宦遊子另一內在心聲。眼前宦途如茫茫大海，李丕煜〈登紅毛城〉第二首即表現如是心境：

> 海外孤城別有天，海天相際水雲連。天開海國朝宗久，海擁天家砥
> 柱堅。
> 薄海車書今一統，中天日月正雙懸。樓觀滄海摩天漢，海角天涯意
> 惆然。

這首詩幾乎句句都出現「海」字，登城樓觀覽，眼前紛呈海景互映，王國家業氣勢如虹，如今「車同軌、書同文」統一大業臨到海島上，卻反襯出天涯失意人的孤寂、落寞與消沈。

可是當仕宦者自覺良材難逢時，來臺灣則不是完全被動而消沈的，反倒因油然而升的使命感，驅使人奮力建立邦國功業，卻也獨自承擔宦途中的甘苦，陳璸〈澄清臺〉一首即表現此想法：

> 逢時誰不願為材，步上澄清御史臺。鷹斧英聲能破柱，埋輪正氣欲
> 驚雷。
> 目空所向何依倚，心欲憑高自溯洄。滄海魚龍千變化，一般收拾付
> 吟懷。

康熙領臺對陳璸而言是表現自己的良機，也因此趁此擔任福建巡撫的良機，帶著權力空間的宣告意味，臨海登上澄臺遠眺政治新視域，回想著當年清兵收納臺灣勢如破竹般地輕易，「鷹斧英聲能破柱，埋輪正氣欲驚雷」，砍殺野獸的壯烈聲勢足以攻破石柱，埋輪於地英勇正氣使敵軍之潰散，氣勢驚人如

雷震一般。回顧輝煌的戰爭史，使作者面對未來巡臺御史的責任，懷有胸有成竹的自信。但詩後四句，筆鋒轉弱，而今文治化政策進入臺灣社會，雖然百廢待舉，無所依恃，自許有登高望遠、逆流向上的意志，但宦政過程如同滄海裡潛存的魚龍，變化多端，心靈所受的折磨，消滅了自信，唯以遣懷吟詠消憂解悶。陳璸面對仕宦憂悶的方式，乃是借著書寫詩歌來舒解，此舉將仕宦艱難與辛勞的內在情感需求突顯出來。

　　綜上所述，每位仕宦者來到偏遠荒島，體驗愁別緒後心理反應各不相同，王兆陞默然回想自己一生；高拱乾則有感於帝王厚恩需效忠回報；林慶旺感到仕宦海外，澆息了自己生命熱情；李丕煜望著大海感受前途茫茫的落寞；陳璸借鏡歷史戰績而反思當下。統合此數位作者宦臺感懷雖有不同，但回顧反思過去的記憶，引起內在生命的情感共鳴點，足以使之對照當下因公來臺的情境，從而找出繼續往前行的平衡點。換言之，仕宦者遊歷海外，生活不免勞苦，肩頭不免有重擔，但每個人在這過程裡的情緒體驗，透過「臺灣」這個地理名詞作不同意義詮釋，為自己存在意義找到註腳，特別是臺灣在他們眼中是蠻荒未化之地，到處盡是裸體文身之輩，整體環境與內外衝突愈趨明顯，仕宦者必須承受的精神壓力就愈大，不過，宦臺過程裡的犧牲，有時卻使官員得以樹立忠君愛國的循吏形象。

二、宦臺期間的矛盾心境

　　康熙初派來臺灣的仕宦者，宦務工作之苦，加上欲歸而歸不得的困境，心裡油然生起遊子思鄉情懷。而這類遊子情往往於什麼樣的情況容易浮現呢？高拱乾〈東寧十詠〉表達他為政務勞碌，風塵僕僕後的歸鄉之思：

　　天險悠悠海上山，東南半壁倚臺灣。敬宣帝澤安群島，愧乏邊才控
　　百蠻。
　　瘴霧掃開新氣宇，風沙吹改舊容顏。敢辭遠跡煙波外，博望曾經萬
　　里還。

臺灣是座「險」而令人憂懼的海上山，地理形象加上國防軍事地位「東南半壁倚臺灣」，對高拱乾而言，仕宦臺灣是一項任務艱鉅的工作，為表示忠君愛國，使官員自知當力圖臺灣島的安定。相對於臺灣邊陲蠻荒的地理特性，瘴霧、風沙等風土氣候不服，增加統馭臺灣的難度，挫折與沮喪，導致其執行宦責之餘，興起還鄉的念頭。詩末二句「敢辭遠跡煙波外，博望曾經萬里還」，

作者被衣錦還鄉的功名觀喚醒而重新振作，念及當年的張騫率軍雄征萬里榮歸故鄉的榜樣，堅強忍耐眼前煙波宦海的辛勞與思鄉之情。

高拱乾〈東寧雜詠〉之第九首寫於作者三年臺廈兵備道即將任滿之際，回憶宦臺三年內心所受的寂苦：

> 索居寂寂近瓜期，報道清班擬暫移。高適豈堪常侍後，班超惟有玉關思。
>
> 封侯夫婿何須悔，學步兒曹大更癡。自笑浮名終日累，海濱漫守使君碑。

宦臺者情感有所缺憾：索居寂寂，於是，當可離開臺灣的消息傳來，作者註自：「近閱邸抄，開列司道補京卿者十人。余忝廁名其中」，報信的清官告知轉任京官時，高拱乾借掌故委婉表達欲離開臺地的真實心聲，高適豈能忍受擔任散騎常侍一職，班超居西域三十一年只想著返回玉門關，惦念故鄉妻小，不禁自問何以自己停駐海濱漫守此州郡官長？想來自覺可笑，原來是被浮名所累。仕宦遊子忍受與親人相離之苦，度過漫漫長日，突然間了悟自己盲目追求名祿的舉止感到愚癡可笑。離鄉背景，宦遊海外，卻得清苦之閒職，使高拱乾反思其中的價值意義。

矛盾心結經常困鎖著宦臺者，受困的情感經驗，如籠中鳥，內心歸鄉渴求與外在仕宦環境互為矛盾，孫元衡借著望海抒發思鄉與受困感情，〈望洋〉一首：

> 望望殘春生事微，金門廈門多夕暉。亂山斷處天應盡，一髮窮時鳥不飛。
>
> 潮汐東西遊子路，嶕沙開闊水軍威。奚囊萬里復何有，未典年來兩賜衣。

孫元衡以海防同知的身份，佇立海邊一望再望，觀海動機並非單純地賞景，乃是宦責的一部分，因此，殘春時節，集中注意力探尋海上治安狀況，經一番目測得知臺地「生事微」，海上少有挑動事端，倒多是夕照光暉，視覺美景取代了緊張的軍事氛圍。只是，原本春天裡美不勝收的海上夕陽，卻無法帶動作者活潑生命力，僅注視著「亂山斷處天應盡，一髮窮時鳥不飛」的困頓之感，臺灣島上層巒疊嶂的山形，作者卻以「亂」字形容自己心理，似乎是因無能為力來離開此地而有所感觸，遂以鳥不飛自喻。而此低沈心緒在詩後段更顯強烈，望著東去西來的海潮，如同自身的「遊子路」，隨著潮汐擺盪，

海浪氣勢洶湧撞上突出的亂石，開闊之際，激盪出雪白的浪花。如是澎湃的
海面，反觀自己萬里行囊中所帶何物？飄泊海外，身上只有兩件尚未典當的
賜衣，回應前面「窮時鳥不飛」的語意，單薄行囊，將人窮阨困窘的處境，
烘托得更爲寒酸，遊子獨自啜飲不爲人知的心酸，唯因欲飛而不得飛的仕宦
宿命。

　　如是裡外矛盾、身不由己的心情，陳璸〈落花誌感〉採集中主題的組詩
方式抒發感情：

> 花飛片片逐風來，曾戀枝頭昨日開。故作天嬌還未落，扶搖直欲上
> 崔嵬。
> 物理人情何不然，榮枯誰是見幾先。試看黃葉商飆緊，比較殘英孰
> 可憐。
> 飄泊江湖此一身，天涯時有未歸人。花因欲落先飛舞，寄語東風莫
> 厭頻。
> 數向山頭問落暉，能知誰是復誰非。世間萬事花間影，盡逐閒雲斷
> 續飛。

作者以花自喻，細細刻劃落花由盛轉衰的變化過程，如同自己踏上官途後的
心歷路程。第一首書寫落花形象，隨風片片吹來，這曾經依戀枝頭綻放的身
影，尚未凋零時故作嬌柔之姿呈現於世，企望有朝一日能扶搖直上高山峻嶺。
如同作者曾經是如此胸懷大志、自信滿滿。

　　詩轉第二首，體悟宦海浮沈一如花開花謝的過程，宦途中誰盛誰衰，何
人能洞察見先機呢？功名利祿乃身外之物，非操之在我，萬物榮枯之理，亦
是世事變化之理，借此客體循環變化規律的體察，而寫出詩後二句「試看黃
葉商飆緊，比較殘英孰可憐」，秋風急掃的黃葉與自然凋謝的落花，何者較爲
何憐呢？其二者下場一樣，只有速度緩急之別。

　　既然透悟仕宦生涯的本質，第三首詩則開始流露思鄉之情，當環境愈困
阨愈引起作者歸去之思，特別是飄泊海外，天涯海角，獨有未歸人，顧影自
憐，鄉情在心中的呼喚更強烈，「花因欲落先飛舞，寄語東風莫厭頻」，若能
歸鄉寧可放棄官名利祿。遂頻頻寄語東風，盼與家鄉故舊維繫情誼。未歸人
飄泊天涯，困頓日久，昔日追逐官祿名利的企圖，於遊子心中漸漸退去，取
而代之，僅是歸鄉的渴望，一份能抒解困頓心靈的眞情。

　　家人至眞至誠的情感共鳴，絕非是非橫流的官場所能比擬的，心靈相契的盼望之深，從作者「數向山頭問落暉」的動作中可知，「能知誰是復誰非」充斥讒言的官場，若有認同的知己相伴與支持會使顚簸不平的路途顯得平坦。雖有如此觀念，但作者處境實況卻不然，孑然一身地遊走天涯，使其了悟「世間萬事花間影，盡逐閒雲斷續飛」浮世人間的本質，短暫而盲目。一如陳璸另一首〈是夜夢寇萊公貶雷陽事因憶公抵雷時看地圖東至海十里而嘆余今日渡海將毋同〉所寫，縱使有職俸名利，官場艱險，憂讒畏譏，亦消磨了壯志雄心，曾經陳璸回想宋人寇準而心有戚戚焉：「勸主親征大有功，澶淵獨自以身從。何因孤注飛言入，頓使勳臣志不通」當年寇準規勸君主親自征兵，大有功勞，澶淵之盟，獨自力排眾議，以身力行堅持抗拒契丹人侵。爲何孤注一擲的勇者引來諸多毀謗飛言，突然使功勳之臣抑鬱而終。仕宦場域功利較勁，足使有志者之理想抱負，消磨殆盡。其情可悲！如同嬌花殞落一般。

　　這首〈落花誌感〉裡作者抒發人生感慨，當遊子汲汲營營外在名利的追逐之後，歷經了風風雨雨的宦遊路程，心倦了、也厭了，對於社會的功名價值觀產生懷疑，從而嚮往溫馨的原鄉情。人生閱歷愈豐富，愈覺得爲「追逐虛名」的虛空！心靈深處渴望能脫離外物的纏累，尋求赤裸之眞我的自由，不爲別人而活，乃爲眞實找到心靈可安歇之處。

　　作者不以華麗奇瑰的詞彙修飾辭藻，以近乎淺白的方式明白道出宦遊心聲，詩中含有以詩說理的意義層，但詩歌技巧的經營不以繁雜曲折的方式暗喻事理，反而顯明地以花自喻，並借萬物榮枯之理來指陳世故人情。雖非醒人眼目的創意之作，卻是陳璸直抒胸臆的眞情書寫，這組詩中作者紀錄宦海折騰的心歷路程，不同於一般官方檔案中記載的陳璸形象，《陳清端公文集》中康熙皇帝對爲官清廉陳璸評爲「苦行老僧」，同時肯定他「不趨利、正氣」〔註 48〕的人格特質，另外，清朝官修方志書寫陳璸傳紀，乃著力於他廉明勤愼循良吏的形象，標記他的政績爲海疆第一〔註 49〕，只是，這位循吏在豐功偉業的外顯政績之下，抑藏著獨自面對宦海的孤寂，以及渴求至善眞情的心思。陳璸的宦者形象，亦代表著遊子離鄉，走向內外相背的功名之路，這條路上之艱難，不單是有形宦途中生活的困乏，亦得忍受官場讒言譏刺、利害

〔註48〕《陳清端公年譜》，南投：臺灣省文獻會出版，1994 年版，頁 89。
〔註49〕周元文，《重修臺灣府志》，卷十，臺灣大通書局，頁 345。

磨戛之苦，於此四面臨敵的情況下，家鄉溫情經常安慰著異鄉遊子的心靈。

陳璸具體表現消解情感矛盾的詩作〈和林松址同年贈別原韻〉二首之一寫著：

> 孤鴻時逐暮雲飛，數引絲桐信手揮。早起方將攜古劍，晚來猶未解征衣。
>
> 何能臥碣留荒島，忽奉恩綸出翠微。自嘆捐軀難補報，此生敢復志輕肥。

作者感受到自身如同「孤鴻」逐雲飛至「荒島」，獨處荒島上三年，沒有良朋密友相伴，寂寥孤單的心情，成為仕宦苦情之一。為報國效忠，忍受著早起攜古劍、晚來未解征衣仕宦工作的辛苦，不斷地考驗著個人內心堅忍度，而此詩中陳璸一度展現出胸懷壯志，受皇恩厚待奉命來臺，詩末乃以報皇恩作結，縱然孤處臺灣，但對捐軀難報的恩寵，仍不敢怠慢，願此生以快馬之志回報國君。另一首〈登紅毛樓〉：「量移海外乍逢秋，憑眺依稀古戍樓」即使被派遣到海外荒島任官，孤單無伴地憑樓遠眺，也當作是帝王量刑減輕的恩澤，由此詩或許可推知陳璸代表的是慣於臣服帝王威權，而將個人情感需求之犧牲合理化的儒者類型，對君權存在的絕對性之擁護，消解宦情之苦。

但人乃有情緒的血肉之軀，有些官員挾雜於仕宦任務之中，會更傾向將個人心理的情緒感受顯露在外。孫元衡〈除臺灣郡丞客以海圖見遺漫賦一篇寄諸同學〉寫出他心中的恐懼：

> 中原十五州，無地託我足。銜命荷蘭國，峭帆截海腹。
>
> 披茲瀛嶠圖，島嶼紛可矚。回身指南斗，東西日月浴。
>
> 颶風怒有聲，駭浪堆篷幅。滌汔終古心，瀳瀁萬里目。
>
> 毫釐晰舟輿，秭米辨巖谷。道犍裸體人，市茶連雲竹。
>
> 覽者睫生芒，聞之肌起粟。寄語平生親，將毋盡一哭。

這是首延展地圖認知臺灣地理有感而作的詩，詩中「銜命荷蘭國，峭帆截海腹」，視臺灣本是荷蘭地，銜領政命被迫來到一個原不屬漢文化統治的海上疆域，可知作者來臺的被動願意，加上詩首二句「中原十五州，無地託我足」，有些自憐怨尤，宦臺之行在孫元衡的初衷裡是不快、不甘的。先見臺灣海圖的地理形態，島嶼紛呈，想像著自己沐浴在星宿、日月的原始荒島上，聽聞颶風、觀覽著駭浪，唯一稍能寬慰己心的是「滌汔終古心，瀳瀁萬里目」，臺灣海域水深無涯的環境將是一個可以明心靜性的廣地。但終禁不起「道犍裸

體人，市莽連雲竹」人文環境的挑戰，一想到此便覺得「覽者睫生芒，聞之肌起粟」，主觀好惡之鮮明，讓孫元衡即將面對宦臺之行充斥著不安與恐懼，強烈的情緒作用，亦在他宦臺期間持續擾動著，例如他〈吼尾溪〉有段寫驚恐渡溪，餘悸猶存：「⋯⋯昔不動顏今股栗，織愁編臆紛干梭。平生作事耿奇氣，履險弗懼心靡他。毋迺勇怯隨年改，念此迸淚雙滂沱」，一場突來的滂沱大雨，造成湍急的河水無定向地流竄，坐在竹輿的作者飽受驚嚇，情緒激動可見一斑。另外，孫元衡常懷著香草美人的聖賢情結，孤處於臺灣，如牛驥同槽：「清芬殊絕世，不與眾芳同。香溢珠蘭畹，黃先月桂叢。交枝深照席，一夏兩溫風。天意持相贈，憐余大海東。」（〈庭前樹蘭二株入夏兩度盛開〉），題詠桂花，不忘顧影自憐，作者明顯地將「眾人皆昏我獨清」的情結投射於清芬脫俗的桂花中，於是，無論渡海前的遐想，或來臺後實際生活的詠懷，在在皆顯出孫元衡對臺灣環境的不安，如此負面情緒的陰影與他在臺灣生活共存，偶爾他會試著從另一觀點以消解心中的不安，孫元衡〈書懷〉二首之二：

> 未到滋遐想，胷魷大海瀾。望雲為故國，見日是長安。
>
> 書卷浮生事，妻孥夙世觀。枯僧容我似，應荷主恩寬。

作者承認未到臺灣前，對這廣大的海洋地理空間充滿各樣想像，來臺後這地方倒是自己成為抒解胸鬱之處，魂牽夢縈的故鄉，「望雲為故國，見日是長安」，望見在雲的彼端、日頭的另一方，將比李白「不見長安使人愁」，更可確定思念對象的具體存在，憂悶的心理得以舒解。因是之故，作者將宦臺之行視同枯坐參禪，來到孤島臺灣，日日面對的大海波濤，沒有人情世故的羈絆，倒是得以暫且放下浮生事、夙世觀的纏累，若依此觀點回顧此趟臺灣之行，孫元衡認為這是皇帝厚恩，作者轉換看待事情的角度，調適自我心理，消除宦臺波動不定的心緒。雖與陳璸詩作同表宦臺之行乃皇恩德澤，但孫元衡卻是站在自我存在條件來思考，而不同於陳璸抱持著為國犧牲的態度，以消解宦途受困心境。

在此，可看到仕宦者書寫詩歌呈顯不安的心境，從而達到抒解宦情困境的效果，尋找替代性的滿足〔註50〕，此外，家的思念也能滿足仕宦者的失衡

〔註50〕此處作者解決不平之情的方式，乃借著寫作尋找替代性滿足，正如「不平則鳴」中國文學創作觀，鄭毓瑜，〈詩歌創作的兩種模式——詩緣情與詩言志〉一文，將此觀念沿著創作思惟的形成過程，更清晰地辯證出「詩緣情」與「詩

心靈。

三、仕宦旅途中情感藩籬與家的呼喚

在仕宦行旅當中，常引發人反思生命的內在價值意義，當人離開了孕育生命根源地，內心深處的原始情感，隨著遊歷他鄉的飄泊意識湧現，從原生地進入異鄉，「我」的存在位置被突顯，而我與「根」的關係，亦更清晰地映現於宦遊者的心中。特別是他鄉逢異己時，仕宦者對「家」的需求深度遠於非行走於宦遊路途時。因爲「家」或「居家」總是與生命歷程中的橫逆凶險黑暗悲慘相對，因此，孤獨的遊子從安全的巢居出門在外，即是將自己陷入了不能適應的世界中；旅行日久，成爲遊魂，經常需罹險犯難，充滿了不確定的危機，於是回顧「家鄉」，這個屬於安寧的地方，可庇護遊子，而得以休息，於是，「鄉愁」主題的內涵即離家與歸返〔註51〕。

設若將宦遊的歷程視作一「旅行」活動，其中有離家的出發點，亦有歸返的回歸點，而「家」則是出發點亦是回歸點，家鄉所象徵的美麗新世界，使原本引發旅人離開家的慾望終究也呼應回返的需求〔註52〕。當作者愈深入未知的領域，原來欲遠離的我，就愈深邃地返回自我，唯過程中作者經歷各樣見識與磨練，歸返後的我與出發時已有差異。郁永河《裨海紀遊》有段文字幾近如是的呼聲：

> 余向慕海外遊，謂弱水可掬、三山可即，今既目極蒼茫，足窮幽險，
> 而所謂神仙者，不過裸體文身之類而已！縱有閬苑蓬瀛，不若吾鄉

言志」之關係，筆者認同其認爲「志」就是一種有定向的活動，也就是「情」之再擇取，創作過程中的「解決」就相當於「志之活動」，但「志之活動」必奠基於「情之活動」；遂此宦情書寫不單是宦臺者的情緒反應，亦必然含具作者思想意緒的活動，透過作詩以梳理思緒，解決當下心靈的困頓。〈詩歌創作的兩種模式——詩緣情與詩言志〉收錄於《中外文學》十一卷九期，1983年2月版，頁4～19。

〔註51〕潘朝陽，〈空間・地方觀與「大地具現」暨「經典訴說」的宗教性詮釋〉一文轉載了西蒙的說法，指出居家的經驗是建立在「著根」、「歸屬」、「更新」、「輕鬆」、「溫馨」等五樣屬性上。人居家而擁有這五個屬性，則人的身心得不到歸宿，因而漂泊於大地，喪失了存在的中心性，缺失了聚焦意義的地方，他乃成爲一個不能彰顯存有之遊子。此文收錄於《中國文哲研究通訊》十卷三期，2000年9月版。詳文參見頁180。

〔註52〕胡錦媛，〈靜止與遊牧——《印度之旅》中的兩種旅行〉一文，收於東海大學中文系主編，《旅遊文學論文集》，臺北：文津出版社，2000年版，頁183～184。

淪灩空濛處簫鼓畫船、雨奇晴好，足繫吾思也。〔註53〕

離開出發點前，充滿探險的期待與好奇，實地踏勘旅行地之後，心之所向乃家鄉淪灩空濛處，簫鼓畫船、雨奇晴好的生活環境，行走臺灣見過「裸體文身」之類後仍回歸原點，郁永河的收獲是將臺灣採硫磺由南而北沿途所見寫成《裨海紀遊》，但從此段文字可知，臺灣之於他，最終只是用以突顯故鄉可貴的對照文本，因此，縱使旅行中見聞臺灣各類奇事，體驗亦變化紛呈的景物，但分判自我與異己之界線明顯存在，致使這趟臺灣之旅呈顯靜止旅行的狀態〔註54〕。郁永河的心聲彷彿是當時宦臺者縮影，原本心慕海外一遊，但見聞過後，最終仍是依戀著故鄉，家召喚著仕宦者的眷戀情懷，使他們維持著不動之移動的旅程，未對臺灣土地產生情感上的認同，究竟是何種因素導致宦臺者拘守故鄉情懷，維持這不動之動之旅？

以康熙初闢臺灣的背景環境來看，當時臺灣人口比例，番民多於漢人，平民階層多於士大夫，身邊缺少故舊友朋，遂有懷鄉念舊之作，回憶彼岸親友，思念遠方故舊滿足寂寞之情，這與後期隨著漢移民更大量的移入相比，情況迥然不同，康熙末期之後臺灣人口增加〔註55〕，仕宦者可有更多友人可互相唱酬應和〔註56〕。因此，對康熙領臺之初，被遣派來臺者，少了友朋的相伴，多了感知海上孤島的異己體驗，若再加上對溫厚親情的渴望，這些因素交互作用之下，將影響宦遊者心中情感藩籬的固著。

再者，因為康熙開發初期，中原人士對臺灣環境的不瞭解，諸多異域視覺景象，以及對風土民情的不適應的情況下，令人轉而思念故舊親人，孫元

〔註53〕郁永河，《裨海紀遊》卷下，臺北：臺灣行經濟研究室，1959年版，頁42。

〔註54〕靜止旅行遵循著「固著」路線，強化自我與異己的疆界，其整個過程是自「自我」回返至「自我」，換言之，回歸點與出發點完全重覆，不存在著差異，是一種「不動的移動」。參見胡錦媛，〈靜止與遊牧──《印度之旅》中的兩種旅行〉，收於東海大學中文系主編，《旅遊文學論文集》，臺北：文津出版社，2000年版，頁185～186。

〔註55〕尹章義，〈臺灣─福建─京師〉文中扼要敘述康熙三十六年郁永河載「臺民皆漳、泉寄籍，諸羅、鳳山無民，所隸皆土著番民，大肚、牛罵、大甲、竹塹諸社林莽荒穢不見一人」的情景，到日後康熙四十年移民潮開始東移臺灣，持續發展至康熙六十年藍鼎元親履臺地，目睹了康熙末期「爭趨若鶩」的移民潮，帶動了臺灣人口成長。《臺灣開發史研究》，臺北：聯經出版社，1989年版，頁545～547。

〔註56〕施懿琳，《清代臺灣詩所反映的漢人社會》第二章、清代臺灣詩作者的角色分析及其創作主題，臺灣師範大學國文所博士論文，1991年5月版，頁213～214。

衡〈初春雜詠〉八首其中的三首，逐次地呈顯引起思鄉心理的脈絡：

> 行春大海岸，心遙步已窮。洪濤奮日馭，天勢出其中。
> 茲遊豈不壯，靈異如可通。令序感群動，瘴癘潛銷融。
> 連檣簇芒檉，雲席張絛風。爰居翔且集，無爲去魯東。
>
> 不踐滄溟外，焉知天宇寬。不逢絕域春，焉知遠別難。
> 一島三千里，乖離更巑岏。魚龍雜鳥獸，安得久盤桓。
> 寒暄違本性，耳目悵新歡。三復飛蓬篇，根荄誰獨完。
>
> 麋鹿在幽徑，採山飼青芻。朝銜籬下花，暮飲檻邊流。
> 不知奚所思，幾日鳴呦呦。野性乃家畜，顧瞻非匹儔。
> 嗟我忘機客，塵網直誤投。中原有親故，恩斷家亦浮。
> 我坐爾當臥，我起爾來遊。

先是作者認爲臺灣有壯闊氣勢海天地形，卻未有「爰居翔且集」的安身之地；其次，來到海外，的確見識到天高地厚，但身處「魚龍雜鳥獸」社會，加上本性不善於噓寒問暖的性格，愈發使宦遊者向內心探索「三復飛蓬篇，根荄誰獨完」，加上親情呼喚「中原有親故，恩斷家亦浮」，將漢人家庭人倫觀念透過「不知奚所思，幾日鳴呦呦」表露出。

漢文化之安土重遷，三綱五常的人倫觀，激起宦臺者對家人道德感，人雖離開家鄉，心卻深深繫念遠方的家人。陳璸〈舟次逢初度〉一首寫於康熙四十九年（1710），當時作者正處於守喪期間，卻被迫宦遊至臺灣，此時與至親分離，引發作者的家庭責任感：

> 清晨催解纜，是日憶初生。乍覩風濤壯，猶將意氣橫。
> 功名隨梗泛，心事逐雲平。還念親遺體，冰淵不勝情。
>
> 正值劬勞日，能無念所生。蹉跎雙鬢改，浩蕩一舟橫。
> 微祿養難逮，終天恨未平。回頭顧穉子，欲語且含情。

清晨解下纜繩，這有形的繩索，蘊含著無形的牽繫之情，不捨家中逝去的至親冰冷遺體，又顧盼膝下幼子，生命傳承的責任隱隱牽動著「孝親」的倫理觀，對上家中雙老已故，對下幼子嗷嗷待哺，爲功名而飄洋過海賺取微薄奉祿，棄離曾經劬勞養育的至親，未能來得及守喪盡孝心，卻得渡海來臺。深植人心的道德倫理觀，促使人不願忘故背親、忘恩背主，陳璸的思鄉情懷不是單純爲自己宦途坎坷而哀嘆，乃是隱含著社會道德觀的包袱，致使「浩蕩

一舟橫」載不動許多愁,「終天恨未平」,留下心中無限的遺憾,回頭顧盼稺子,「欲語且含情」,心情沈重已不是三言二語所能道盡的。

　　對至親的血緣情感,使宦遊者向內探求情感滿足,思念家人情感至深至切,以至於雖仕宦在臺灣,對地方人民有政務性責任,但官民之間仍存在著一道心理牆垣,尤其是遇上至親生離死別時,這道與臺灣百姓之間的隔閡,更被明顯突出,如孫元衡〈哭安其大兄〉四首之一:

　　　望洋老淚痛人琴,萬里悲風一寸心。堂上芳樽虛大雅,天邊珠樹斷修林。

　　　卑官絕域原無戀,鄉國泉臺不可尋。擬作大招廣楚些,魂來海月已西沉。

詩首二句湧出作者對安其大兄的深摯情感,「老淚痛人琴」、「悲風一寸心」,如此哀痛的心緒,卻只能遠望海洋彼端,萬里遙祭。最令人痛悔的是彼此距離萬里之遙,無法親臨安其大兄的身旁,縱使內心百感交集,作者仍無法親自獻上哀思,「堂上芳樽虛大雅,天邊珠樹斷修林」,雖有官堂職位,但此時一切都感到虛幻不實,猶如天邊珠樹之神仙世界,外在功名之虛空不若與長兄能共聚一堂之真切,家人的病逝,讓孤處異鄉的孫元衡內心難掩悲痛。亦師亦友的安其大兄而今病逝,擬作招魂詩,這從內心深處發出真情哀鳴,絕非官場之虛應其事所能比擬,遂此,面對臺灣這絕域卑官,孫元衡明白表示「原無戀」。

　　仕宦者心裡固著於與家鄉親人情感的維繫,使其對絕域卑官無所戀棧,並對此地方難有認同之意,試觀孫元衡另一首〈感物候〉:

　　　客久澹無欲,無鵲非所望。斷我近音信,無鴻成兩傷。

　　　燕驕不肯蟄,仲冬來草堂。菊以玉爲蕊,榴如琴有房。

　　　傍帷鳴蟋蜓,依戶守蚨蟷。宵深一葉墮,十月天微涼。

　　　寄言閨中子,毋念我衣裳。

草堂周圍的生物,菊、榴、蟋蜓、蚨蟷,並「宵深一葉墮」共同形成臺灣的秋色,然而作者並未針對臺灣之秋色多加描摹,反倒因此景而更深地觸發對故鄉親人的思念,心中反覆掛念閨中子,親情的呼喚,加上仕宦異鄉諸事澹而無欲,生活重心置於家書音信捎來與否的事上。詩中「無鵲非所望」、「無鴻成兩傷」,寫出等待音書的主觀願望未實現所引致的落寞感,微涼的十月天更襯托宦遊者寂寞孤單,轉而「寄言閨中子,毋念我衣裳」,遙隔大海回應對

家人的深切關懷。在此可看到，作者將情感眷戀的對象——家人，透過書寫將情感寄托於無形之中，以尋求心靈的安頓，同時，也將其宦「遊」的過程，對物的認同感作一釐清，故鄉之雁鵲的呼喚，甦醒了仕宦主體的歸根意識，從而對比出臺灣土產蝘蜓與蚨蟬，未能感動作者內在情感的景況。因此，仕宦者對家的主觀依戀，不單是表達出對家人專注的情感，亦使臺灣生物保持客觀存在的距離，此物我相離的意識，透顯出仕宦者尚未能認同臺灣。

　　宦遊之地孤寂荒涼，對地方缺少認同感，回憶起故鄉的事物的同時，也浮現出作客他鄉的意識，尤其是遇上語言障礙所導致的人際隔膜，如「海邦耳目多新獲，島市談言各不聆」（孫元衡〈即事〉），縱使奇聞異事呈現在眼前，語言隔閡，無法跨越彼方的文化疆界，仕宦者因而構築情感藩籬，如同孫元衡〈客居〉二首之一所明言的：「客路渾如膠凍舫，宦情直似打包僧。詩壇酒社俱多梗，萬事逢人謝不能」，以膠凍來形容人際情感交流狀態，自己猶若打包僧，隨時等待啟程離開的客旅心態，婉拒各方詩壇酒社的人際互動，顯示仕宦者與地方人民之間所存在的心理距離。

　　由此可知，康熙宦臺者在仕宦空間裡不易尋找可以自由敞開心靈私秘的對象時，藉由每次對家園故舊的回憶，使心靈深處產生情感共鳴而得心滿意足，故鄉像是可以識覺的符號一般，喚醒沈浮於宦海的旅人。於是，詩作會出現透過空間場景的轉換以強調異域與故鄉空間之不同的現象，並表現出對故鄉人事物之眷戀情懷，雖置身於海島臺灣，卻書寫中原故山的景象，如：孫元衡〈懷故山〉整組詩所描寫故鄉安徽龍眠山山色美景，往日與友人同遊山林的記憶，回憶舊地重遊後，再回到現實場景——臺灣，「海國行藏鯢鮒共，何時故境野盤桓」，轉而期待宦遊海外諸多不得表達的心思，能重返故境舒解。

　　另外，宋永清亦應用對照手法來寫出異域思鄉的心情，〈倒咯嘓夜雨〉一首：

> 寂寂荒村薄海濱，孤燈獨影一征人。風飄番社三更雨，夢斷京華十丈塵。
>
> 半嶺霧籠星月暗，一痕煙鎖畫圖新。秋來每憶家園裏，小艇漁簑自采蓴。

先寫現在、寫臺灣，再寫過去、寫故鄉，作者以此舖開全詩脈絡。當下在臺灣「寂寂荒村薄海濱，孤燈獨影一征人」，第三、四句對仗手法以對照臺灣與

京城之別，三更夜裡番社風雨飄搖，夢見京師人文薈萃、塵世風華的景象，夢醒後卻成為殘破不全的畫面，顯出被遣宦臺的落寞感。詩後兩聯，再以對照手法，分別呈現異域山色／中原城市的不同，第五、六句思鄉夢醒，孤身隻影的自憐形象浮上心頭，與眼前灰濛暗淡的山色相呼映「半嶺霧籠星月暗，一痕煙鎖畫圖新」，濃霧籠照，星月昏暗，一抹煙瘴深鎖的新畫面，使遊子思緒再回到秋天家園的景色，穿著簑衣的漁人，乘小船遊蕩在湖中採蓴菜，一幅熟悉而美好的畫面呈現於想像之中，是不同於當下孤處海島的景象。昔日山東故鄉漁人採蓴的畫面，與今日深鎖於煙瘴中之孤影，兩兩對比，作者正在尋找自我的情感定位，詩作中的「我」重新回到故鄉的場景裡，通過行旅景象的差異，更真切地渴望與故鄉獲得更密切的連結，而這情感的連結意義，也正是抒情詩的內容特點。在〈倒咯嘓夜雨〉一詩中充滿了作者的自我影像，它反映了「詩人——我」對過去與現在不同處境的觀想，同時經由詠嘆傾訴的表現活動，「詩人——我」主觀安頓了自己的情緒。通過主觀來肯定自然生命價值意義，將對宦旅臺灣的經驗視為一種「知」的體現，認知到錯落於海濱的番社，海風吹來，這經驗與當年在京華及在故鄉湖畔不同，透過過不同環境的認知體驗，更明確地認知到自我價值滿足於乎功名利祿之外的「秋來每憶家園裏，小艇漁簑自采蓴」情境當中。因此，「心境」的存在恆不需要向外與外在客觀的存在物相連屬，回憶故鄉開掘出個人過去經驗裡的情意，經驗所具的「自我感」與「現時感」能夠超越現象世界的範限與拘束，同時呈顯了「自我」內在的想像或價值〔註57〕。

統合上述，宦臺者個人情感，通常因中國的孝親道德觀構成主觀情感的意向，加上對臺灣環境的認知未足，缺少地方認同感，更集中地體現出宦臺者眷戀故鄉的情感，從家中出離後，在異地思念著家鄉，於想像中歸返故鄉，故鄉成為宦途中矛盾困境的精神安慰。但也因思鄉而衍生出，仕宦者雖到臺灣任官，卻固著於對家人的情感藩籬，短暫停留於客居之地，與人民往來未產生厚實的情感，康熙時宦臺者拘守於內在自我意念的心態，使整體宦臺旅程呈現靜止狀態。而這現象過了康熙時期之後，臺灣有更多漢人移入，臺灣社會結構亦隨著漢化日深而形成不同樣貌，來臺官員的仕宦情懷，會隨著環

〔註57〕蔡英俊〈抒情精神與抒情傳統〉一文，收於《抒情的境界》，臺北：聯經出版社，1982年版，頁81～82。

境改變而不同。

第四章　異域風土詩作的符號形構與審美意識

　　康熙時期臺灣風土詩的書寫，對仕宦者而言，最初是帶有目的性的，因臺灣未曾被中國納入版圖，首次領臺的康熙王朝，必須循序了解臺灣本地的天、地、人及民情風俗各方面的條件及現象，以作爲治理臺灣社會的依據〔註1〕。仕宦者巡訪探勘地方土風民俗的同時，會透過方志的書寫，據實地分從漢番風俗、氣候、歲時、風信、潮汐及土產等層面來紀錄。但仕宦者書寫異域臺灣風土詩則觀點不同，由於漢人文化相對於原住民文化，宦遊詩人是比較「熟悉」漢俗，番俗文化反而易引發前所未見的新鮮、陌生的感受，因此，宦遊詩人的文學視角，較常書寫異域風土詩作以兩類題材爲主：一爲因易產生驚奇感的番俗文化、另一則是題詠物產的詩作，這兩種主要題材經常性地被選擇入詩中，必有其時代的原因。又，設若仕宦者又是運用符號思惟來形構臺灣風土，並且導入文化審美觀念，則康熙宦臺者采風問俗觀念，必有其值得探究之處。

　　德國符號論美學家卡西勒（1874～1945年）認爲整個文化都是人類運用符號活動的結果，換言之，各種文化現象都是人採用符號形式來表現生活經驗的結果，因而，創造和運用符號可說是人的本能〔註2〕。依卡西勒的說法人

〔註1〕　關於宦遊詩人書寫臺灣漢民的農耕、或原住民捕鹿、採魚則等生產經濟等題材，以及詩人如何以敦民的立場觀察臺灣農作與地方氣候的關係，本論文第三章第二節「仕宦者在臺表現的敦農意識」，筆者已加以論述之。本節主要是分析宦遊詩以詠物手法題詠生長於臺灣的花草植物之形貌的作品。

〔註2〕　卡西勒曾說過：「對於理解人類文化生活形式的豐富性和多樣性來說，理性是個很不充分的名稱。但是，所有這些文化形式都是符號形式。因此，我們應

類具有創造及運用符號的本能,而符號的存有,無論是創造者、運用者,其本身會受著特定的意識形態所左右,也因此,符指與意指之間絕對沒有什麼天然的或內在的關係存在,只要兩者能夠對應便得以存在,所以,符號純粹是來自一個社會或文化約定俗成〔註3〕的產物。因此,本文擬以符號學的概念來探究康熙宦臺者擬造的臺灣文化符的意識為何?借此以了解當時統治者如何利用政治優勢以內涵化的方式或審視觀點來操縱符指與意指之間的關係,其中所隱含的意識形態,正是統治者運用符號書寫權力時,把符合自身利益的內涵意指覆蓋到素樸的外延符號之上的手法,此內涵化的手法便成為一個製造意識形態的規則。康熙時期的仕宦者,這群屬臺灣番民文化「初期的」符號製造者及再現者,究竟如何運用番民文化符號的呈現與釋符權力,在他們的筆下再形塑番民文化,從而漸次地展現他們詮釋番民的文化符號時所加入的價值判斷為何?又臺灣番民文化本身自具的文化特性為何?如何被書寫,並且如何將之再現於風土詩作中?其中所反應的書寫權力詮釋符號時呈現什麼樣的審美思想觀念?

康熙時風土志之編纂及風土詩之書寫,往往可以映現朝廷統治臺灣的初期文化摸索的心理狀態。因此,本文將細究風土志與風土詩書寫模式的差異,比較二者間表現手法的不同,再進而了解仕宦者採用詩歌體例來書寫臺灣風土,將可能出現哪些方志中所沒有的審美趨向?再者,既然風土文化皆為符號,而這些番民文化民俗、風物本身可能具有何種喻意?皆擬於本章試為析論之。

第一節　異域風土物產符號的採編認知與審美提昇

異域風土符號是宦臺者最初認識臺灣且在好奇心的趨動之下,將異域地

當把人定義為符號的動物」。恩斯特·卡西勒(Ernst Cassirer)、甘陽譯,《人論:人類文化哲學導引》第二章「符號:人的本性之提示」,臺北:桂冠出版社,1997年版,頁39。

〔註3〕 古聖徒奧古斯汀,《論基督教學說》以宗教為主而論及符號學觀點,其中之一,即將符號分為本義符號及移用符號,而此移用符號即與本文觀點相近,移用符號的定義是不完全對稱的,它不是自然符號,不是在被用作符號之前就存在的符號,並且移用符號的「移用」意義,不是語詞改變了意義,而是某語詞指某個事物,這事物本身又包括另一層意義。而筆者擷取奧古斯汀的符號觀,並且認為移用符號會指向另一層意義,與人的思想觀念趨向有關。參見〔法〕茨維坦·托多羅夫,《象徵理論》,北京:商務印書館,2004年版,頁47～49。

方的人事物視為突出對象，將這些對象從質料的轉換成機能的，從客體的實在之物轉為主觀意識的形象記錄。作者探索世界所得的風氣習俗、物產性質……等，而物品的實用功能隨著作者以詩歌方式記錄、描述並賦予物確定的意義，形成詩作中的風土符號，一方面保有臺灣土俗風物之實用、功能、原始、本土的特性，使其含具事物根據的核心，再方面被作者轉化為隱然有象徵意義的抽象載體，提昇為仕宦者行旅臺灣過程裡，自身之世界觀的反應。符號裡世界觀是人類精神認知功能所體現的一種本能性的、賦予形式的力量。因此，符號的形成不是人類被動地表示某種事物的單純事實，而是人類表現精神能量獨立性而創造符號的，通過這種能量，對象獲得一種確定的『意義』，獲得特殊的、觀念的內容〔註4〕。

　　除了世界觀，符號背後亦潛藏作者面對異域風物土俗所發生的審美心理與觀念。換言之，符號背後存在著「美」的意義，或著說是人對物的感覺意義。作者將存在對象物潛存的意義通過詩歌形式體現之，使原來單純的「物」變成一種具有特殊觀念內容的形式。而美的追尋亦可謂知識份子理想性的探索，知識份子為找尋人類的秩序，建構理想人類社會生活的模式，達成人際良性互動、善意溝通而企圖建構和諧共存的真善美世界，並因此採取對生活符號的改變動力，這是作者建構主觀美感的方式，是一種權威性的表現，亦是使命感的趨策，高拱乾曾表示過考察臺灣新闢之地，改正朔、易服色，使禮樂衣冠煥然一新，表現華夏文化之美於邊陲臺灣的理念〔註5〕，使其以符號形式梳理出客觀世界秩序感。反觀這個現象，這大一統的美學理想，乃將作者導向主觀審美想像力和知覺力的活動，對物的體察時會綰合個人情感的質素，使風土文化符號的內容難以脫離作者主觀審美想像力和知覺力的特殊活動而存在著，進入審美的領域。

　　仕宦者面對異域臺灣，探索此地生長的物質資源，並且感知臺灣物產的特殊性，在形構物產符號時，如何將臺灣天候、民情的特殊性加以結合，以呈現符號本身的內容面向？在此分從兩方面探析：

〔註4〕　〔德〕恩斯特・卡西勒（Ernst Cassirer）：于曉譯，〈符號形式的概念和符號形式的系統〉，收錄於《語言與神話》，臺北：桂冠出版社，1998年版，頁185。

〔註5〕　高拱乾，《臺灣府志》卷七，風土志：「今各直省之洽聲教者，無論矣；臺以千百年未闢之海宇，聖天子一旦擴清而平定之，因天之時、順地之利、淑人之心，改正朔、易服色，禮樂衣冠煥然一新。雖昔為職方氏之所不載，而漸沐聲教，以登大一統之隆，良足永垂不朽云。」，臺灣大通書局，頁206。

一、考量臺灣氣候與貢輸效益所編綴的物產符號

宦臺者編輯物產符號，會考量物產經濟效用與價值，掌握影響物產的天候條件，視察地方民情，以對臺灣物產進行整序定位的工作〔註6〕。臺灣是他們下鄉考察田野的地方，齊體物〈臺灣雜詠〉之二首，站在第三者的角度認識臺灣風土物產，並從此角度切入編綴物的符號，符號內容表示官員觀察物產特徵的一種趨向：

春盤綠玉薦西瓜，未臘先看柳長芽。

地盡日南天氣早，梅花纔放見荷花。

釀蜜波羅摘露香，傾來椰酒白於漿。

相逢岐路無他贈，手捧檳榔勸客嘗。

這組詩的第一首裡出現的地方食物及物產符號有：「春盤」即春餅生菜、「綠玉」即竹名、西瓜、柳樹、梅花、荷花，皆是季節性的植物。可知作者觀察了天候節氣與花果的植物關係，如同第二句「未臘先看柳長芽」與第四句「梅花纔放見荷花」，未到臘月柳樹長芽，冬天應景的梅花才綻放，夏荷就要爭妍，說明臺灣節氣較短，四季如春，這是明顯與中土不同的氣候特徵，同時也刺激著官員的慣性思惟，編綴物產的符號採取屬臺灣節氣循環的變化秩序——「地盡日南天氣早」，地處南端的臺灣節氣變化較早，這地方生產的物質資源亦隨著天候特性而變化。因此，進入第二首時，作者觀察焦點著力於地方地的經濟物資資源，即臺灣的地理環境生長哪些草、木、花、果？有波羅蜜、椰漿、檳榔，這些菓類的屬性，據高拱乾《臺灣府志》〔註7〕裡所記載：

波羅蜜：亦荷蘭國移來者。實生於樹幹上，皮似如來頂；剖而食，甘如蜜。

椰子：樹高數丈，直起無枝。殼堅勁，可作瓢。殼外有衣，肉在殼內；色白，味似乳，可以釀酒。中有水甚多，俗呼椰酒。

檳榔：向陽曰檳榔、向陰曰大腹。實可入藥；實如雞心，和荖藤食

〔註6〕 這可從黃叔璥，《臺海使槎錄》卷三「三縣皆稱沃壤，水土各殊。臺縣俱種晚稻。諸羅地廣，及鳳山淡水等社近水陂田，可種早稻；然必晚稻豐稔，始稱大有之年；千倉萬箱，不但本郡足食，並可資贍內地。」這段文字乃作者考察臺灣水土及氣候適於水稻生長，及考量穀物產量所記，可知仕宦者觀察物產時，重視經濟作物價值。《臺海使槎錄》，南投：臺灣省文獻會出版，1999年版，頁51。

〔註7〕 高拱乾，《臺灣府志》卷七，臺灣大通書局，頁199。

　　　　　之，能醉人，可以祛瘴。人有故，則奉以爲禮。

方志記錄內容包含物產的源生地、果樹形狀、果殼，食用、藥用功能。對照著詩作書的內容，這些菓類寫入詩中成爲生活資源的符號，反應民生文化的情況，摘取香甜的波羅蜜爲食、傾倒消解暑熱椰汁的生活樂趣，手捧檳榔勸客嘗以示友好的社交禮儀。從詩中可見官員視察臺灣風物時，不僅限於記錄物產的知識，反而已加入人如何運用的感覺思惟，合併地理天候、四時變化影響物的生產等整體觀感，這些因素皆關涉著地方人民百姓飲食文化的表現，進入新闢的空間環境，官員正思索著如何經世濟民、如何順天應時以治民等實務工作，民以食爲天，因此，宦臺者以詩記錄物產時，融合觀察人民日用飲食的文化背景，自覺或不知覺地將物產符號轉變爲文化符號，形成詩歌記載物產符號的特點。

　　若當宦臺者以客自居視觀地方人民心聲時，土風民俗的書寫變得不同了，地方物產所表現的民生文化成爲宦臺生活的點綴，曾任臺灣海防同知的王禮〈臺灣吟六首〉前三首即以物的符號組合出地方氣氛：

　　　　東土濃濃夜露泠，更寒短枕值初醒。全無雨意當空霽，曉起驚看濕滿庭。

　　　　相逢坐定問來航，禮意殷勤話一場。急喚侍兒街上去，捧盤款客買檳榔。

　　　　蔬園迫臘熟西瓜，剪蒂團團載滿車。恰好來春逢聖誕，急馳新果獻京華。

第一首詩以濃霧、露水點出臺灣溼熱氣候的特徵。第二、三首指出合宜於這種地方天候環境條件所出的物產有檳榔與西瓜，而且作者自註：「臺瓜熟於臘月」，西瓜屬季節性的菓實，正因天時與地利等各方面條件充足調和，使物產豐隆，除了滿足民生日常食用外，亦可供應地方人民款客、祭祀等社會活動的所需物資，西瓜團團載滿車，成爲百姓樂業安居的生活表徵。綿綿瓜田的物產符號正象徵當時臺灣地方人民經濟物資的豐隆延續。

　　康熙時「西瓜」這類物產亦爲另位宦臺者孫元衡作爲詩作題材，其〈春日農圃言〉二首之一，一方面描寫瓜田的生長情形，另方面指出這是納貢之物，增添此類物產符號的另一層實用經濟價值：

　　　　步入西園中，三徑被苔蘚。瓜葉盡綿蠻，歸心欣欲展。

　　　　老圃爲我言，此樂良不淺。瓜田初闢時，滋蔓甚繁衍。

子母互鉤帶，陸離燦朝晛。鑿破水晶寒，琢成紅玉頓。

遠產珍先時，歲輸例常典。

此詩前半段是作者對瓜田觀景的記事與抒懷。後半段則寫園圃中西瓜生長特色，舖衍西瓜的物理屬性：「瓜田初闢時，滋蔓甚繁衍。子母互鉤帶，陸離燦朝晛」瓜田最初闢成時，在臺灣朝陽盛氣、日光燦爛、光華耀現的熱帶風情裡，西瓜展現極快的生長速度，生命力強，繁衍甚多，子母帶互相鉤連糾結，顯出炎熱氣候催促果物生長，而這節氣產物成為人民主要生活物資的來源，詩末更進一步框架土產臺灣西瓜的地位，果肉剔透著晶瑩的色澤「鑿破水晶寒，琢成紅玉頓」的符號形象，引人賞心悅目，頗具美感價值，因此，被提昇為固定貢奉朝廷的珍貴物產，作為禮尚往來的社交物資。

以西瓜作為臺灣物產符號代表的案例，可知此類物產符號一方面突顯臺灣風土節氣的特性——豔陽高照的熱帶，另一方面，從經濟實惠價值連綴著符號的內在意義，豐富滿足人民的基本生活物資，同時運用於待客、祭祀、納貢等社會規範系統的各層面時，使西瓜原始的天然產物轉化為人文社會功能的物品符號，綿延豐隆的瓜果亦表徵著臺灣地方經濟物資的貢輸能力。

二、康熙宦遊詩人書寫臺灣物產符號的特色

康熙時期以詩歌形式書寫物產符號的作者，目前僅知孫元衡，在其《赤嵌集》中有大量以物產為題材的作品。臺灣土產的花果，對中土人士的審美經驗，有其特殊之處，尤其是面對不曾見聞過的奇花異果，如何將「草木鳥獸之名」，透過認知與命名，與環境條件互為結合，以組成物產的符號特性？又宦臺者欲描寫物產的形體狀貌特徵，須藉由修辭比擬將物產的形狀、顏色、氣味、滋味等客觀屬性面面具現，進而統合各樣的屬性以形成物產符號的整體象徵意義，並且達成詩語言運用的美感。究竟如何運用詩歌形式，統合客觀之物與主觀的感覺以表現這類符號？

（一）草木花果之形象與生命情思的結合

試從作者寫花之形色與屬性分解詩句，探析孫元衡如何將花的屬性與感覺意趣相互配合而具現？如〈詠三友花〉：

爭迎春色耐秋寒，開向人間歲月寬。嫩蕊澹煙籠木筆，細香清露滴銀盤。

繡成翠葉爲紋巧，蒂並叢花當友看。日日呼童堦下掃，濃陰恰覆曲
欄干。

此詩作者自註：「土人稱蕃茉莉，又稱蕃梔子，或稱葉上花。」從詩中可看到
三友花嫩蕊、清露、翠葉、叢蒂的外形特質，卻含藏耐秋寒的堅忍屬性，不
斷綻開的生命力向著人間歲月，興起無限綿延生命的契機，白嫩的花叢顯出
無限盼望的美感。似乎借著花的外形象徵外柔內剛的生命力，蒂並花叢如同
好友相伴的人間圖像，濃密情意，綿延不絕，如同掃不盡的花瓣，呼應「開
向人間歲月寬」的生命形象。三友花又稱爲〈葉上花樹〉，孫元衡另作：

文繡成章葉覆枝，凡才多幹實支離。喧蜂咽鳥無常態，浪蕊浮花不
待時。

海東草木無零落，怪底知寒與眾殊。突兀含姿向風雨，堦前百尺青
珊瑚。

與上首詠同類花，作者卻寫花叢裡滿是蜂鳥喧鬧，花蕊如浪浮，枝葉層層覆
蔭如同青珊瑚的符號特徵，海東臺灣的季節特性，促使繁花盛開，再次強調
此花知寒卻不畏風雨的屬性，象徵著生命熱情與毅力。

〈刺桐花〉是一種綻放生命熱情的花樹，若加上一片花海，此種花的屬
性特徵更顯突出：

春色燒空白海涯，柳營繞遍到山家。崑崙霞吐千層豔，華嶽蓮開十
丈花。

百朵紅蕉簇一枝，偶然著葉也相宜。煙籠絳羽鸚哥舞，信是春城火
樹奇。

作者註：「色紅如火，環繞營署，春仲始花，一望無際，實爲臺郡大觀，故稱
刺桐城」，火紅而壯觀的刺桐花營繞當時的臺灣府城，蔚爲大觀，同時作者亦
註：「雲南稱爲鸚哥花」，是作者感官經驗裡早已認知的一種花，近觀百朵紅
蕉簇一枝，點綴著幾片綠葉，遠觀遍地滿是如火紅花，一如崑崙山紅豔彩霞，
華嶽十丈蓮，借著中原高山百嶽，因而連結出春城火樹之壯觀景象，全城陷
入一片火紅花海，數大而美，驚奇之美，來自花的火紅色澤，及花叢的壯觀
氣勢，成爲春季旺盛生命力的象徵。

〈蝴蝶花樹〉：

流宕春光爛熳枝，翩翻似醉更疑癡。家家一樹錦蝴蝶，是夢是花人
不知。

花開燦爛，如蝴蝶翩翩飛舞，詩中以莊子典故莊周蝴蝶夢結合花團錦簇「一樹錦蝴蝶」，以蝴蝶作為連結點，一方面突顯詩題，再方面借著蝴蝶象徵自由自在的精神灑脫，如夢如幻、出離現實的感覺經驗。

〈午時梅〉：

> 葵葉梅英並可誇，枝枝絳雪受風斜。道人不語先天事，開落庭前子午花。

作者註：「色紅，午開子落」枝椏吐露紅色梅花，因風吹拂而傾斜的姿態，是一特殊外形，而午時開子時謝的生長屬性，作者以「不語」的擬人法，看到開滿庭院的子午花，出乎意料的驚奇，正是花開謝的特殊節期，而引人進入欣賞的佳境。午時梅耐風侵襲，花葉皆為可觀，而落了一地的子午花，道盡一生默默不語自然生命的衷曲。

〈迎年菊〉：

> 寒花老圃結綢繆，翠羽金莖紫燄浮。酒借茱萸迎柏葉，詩將秋思赴春愁。

作者詩中自註迎年菊的屬性特徵：「與秋花無異，惟紫色一種，開歷冬春，故曰迎年」，詩中則形繪出迎年菊的外形：金莖、翠葉、紫燄，三種顏色搭配成為醒人眼目之視覺感，伴隨著迎年菊能歷經寒冬冰寒而迎向春天的耐性，是為賞花人飲酒的好同伴，當花持續盛開，作者得以將秋思春愁寄託於此心靈良伴，彷彿人間的至友，乃是無論風寒、無論憂喜，自始自終仍相伴於側。

〈茉莉〉：

> 名花聞道出南荒，親到南天聞妙香。弟是素馨兄是菊，澹煙如水月如霜。

> 佳人小立畫廊西，紈扇迎風手自攜。雪瓣恐教蟬翼重，縵華應遣鳳頭低。

> 卻月盆中向晚芳，瑤臺誰與散天香。殘魂消盡同禪寂，不覺瓊枝在枕傍。

花香是茉莉顯著特徵，「聞道出南荒」、「親到南天聞妙香」，整途路裡茉莉花香相伴，持續性的花香，卻不致使人無法透氣，實因茉莉香味澹如水、月如霜，如是一般的輕薄淡雅，更加吸引人。花的形狀作者註明：「花千層，大如菊」，接近菊花，花瓣潔白如雪、輕盈、層層綿密，與淡雅馨香的氣息相配，如同天女散花般清新脫俗，天姿自然，幾乎使人忘了「瓊枝在枕傍」，更顯出

茉莉花的無須托附而自然出色的特質，是一種淡雅中顯出高雅脫俗的美感。

〈黃美人蕉〉：

> 美人名自香山贈，珍重叢生琥珀芽。繞省漢家宮樣好，澹煙斜月見
> 新花。

黃美人焦果名得自唐朝詩人白居易之典，花蕊色近琥珀，晶瑩剔透，相當誘
人。若在月夜裡觀賞美人蕉，淡雅清新的美感，猶如清秀佳人，自然脫俗，
不同於裝飾富貴豔麗的漢家宮女。這首七絕詩連用二典，不形容蕉果，乃著
力於美人新吐嫩芽的花蕊之美，將眼光置於欣賞的角度，來呈顯這種植物特
性，結合詩歌重審的特質。

〈刺竹〉：

> 潤綠編青上拂雲，下枝勾棘最紛紜。到門卻步遙成趣，未負生平愛
> 此君。

門前以刺竹圍籬，竹梢輕拂白雲，竹身長滿勾棘的形象，彷彿與世保持距離
的聖之清者形象，而作者正愛其脫俗不苟的性情。

〈羞草〉：

> 草木多情似有之，葉憎人觸避人嗤。也知指佞曾無補，試問含羞卻
> 為誰。

> 寸筳孤立勢亭亭，直似櫺櫚有覆青。留得世間真面目，羞人豈獨勝
> 娉婷。

作者註：「葉生細齒，撓之則垂，如含羞狀，故名」。羞草枝葉特性「憎人觸
避人嗤」，如同亭亭玉立女子，包裹著內心豐富的真性情，任何指佞無法改變
遇人則含蓄害羞本質，如是存留了世間難得一見的真性情，她的美豈止外在
身影！羞草又豈因挺直娉婷的外表而害羞，正因其內在包裹著純真不偽心
地，乃世人所不解的。作者借著寫含羞草而道出了人對應浮華世界的感觸。

　　上述花草符號表現各方面的植物形象，透過比擬的方式，聯結作者的感
受情思、人生經驗……等形成一完整符號。換言之，將花的屬性運用人或事
作同質聯想而比擬狀寫，再從其想像過程裡，表達作者個人的情懷，以擴充
符號的承載內容，這符號形成的過程，其實也確定了物產符號的序列位置，
造成各種屬性之間的彼此聯結，產生符號整體的和諧秩序。而這過程裡，作
者對過去與現在的時間性尋求一個統一「位置點」，也對臺灣空間與中原空間
尋求平衡的地理位置觀，如〈刺桐花〉：「春色燒空白海涯，柳營繞遍到山家。

崑崙霞吐千層豔，華嶽蓮開十丈花」寫臺灣刺桐花叢的特徵，引起作者聯想中原崑崙山、華嶽山上的景象，相近的感覺經驗，藉刺桐花景的美感，拉引出作者記憶中的意識，統一兩者形成花的符號形象，已具和諧的秩序感，如同的表象與意識結構「聯結」關係時，乃將各種要素融合到時間或空間的統一性之中。融合到自我和對象的統一性之中，融合到一個事物的整體或若干事件的序列之中，換言之，按照「手段」和「目的」的準則聯結各單位分子。「聯結」是把個體綜合形成統一的認知概念的邏輯原則，或者是審美意識的發展過程中發揮作用的結構形式〔註8〕，於此，孫元衡針對花草植物的外表特徵及屬性，將審美對象物的花形、顏色、香味、枝葉的單位特質，藉物或事典的意義層援引出作品另一層的意義，層層環扣，組合成物產符號的形象與意義統合之後，互文見義的效果。

（二）實證辨析花果符號的形象特徵

有一部分寫物產特作，孫元衡接近宋詩以日常細瑣之物為題的書寫傾向，對臺灣土產之果實作客觀考察，將實物特徵視為題材來書寫，敘述果實生長的形狀、顏色、果肉滋味及生產季節，並且以註說明這些奇特的風土物產，逐一地建構符號整體。這種近乎實證辨析，力圖具體呈現花果各方面的特徵而據實詳述的手法，不同於藉物詠懷有時流於抽象情意的書寫，但亦會採用詩歌用典、譬喻的修辭，加強突出物產符號的本身。

再者從詩中的書寫取向，孫元衡除了具有詠物興懷的書寫觀念外，將植物客觀形象突顯而出，亦為風土符號書寫的另種方式，如〈月下香〉一首：

> 風引清芬暗裏來，素華隱約傍莓苔。貪迎月露飄香滿，更領蟾蜍死魄開。

從作者自註：「葉似鹿葱，其花白，夜有奇香，晝則歛」，可知悉此花最大特徵乃在香味，花在夜裡散發奇香，幽暗中展現濃郁香氣，以直逼月中蟾蜍的典故比喻，突顯月下香蘊含濃烈香氣的鮮明形象。

〈鐵樹花〉乃是迥異於柔媚姿態花形的另種「花」，孫元衡以客觀描摹之筆刻畫：

> 黑入太陰根幹老，翠生鳳尾葉橫斜。紗籠瑣細玲瓏雪，道是千花是一花

〔註8〕〔德〕恩斯特・卡西勒（Ernst Cassirer）：于曉譯，〈「表象」問題和意識的結構〉，《語言與神話》，臺北：桂冠出版社，1998年版，頁213～214。

作者詩中作註說明鐵樹花「狀如竹絲燈籠，廣張千瓣，瓣各一花」粗黑樹身老根幹，翠葉如鳳尾，團圍中心細瑣的白花，如竹絲燈籠，而樹身猶如烏紗帽的外形，透過葉、花及樹身面面具呈的方式，鐵樹開花特殊的樣貌，躍然紙上。

詩歌中切詳摹物產之外形及屬性特徵，如寫〈鳳梨〉：

> 翠葉葳蕤羽翼奇，絳文黃質鳳來儀。作甘應似鐘籠實，入骨寒香抱一枝。

作者自註：「通體成章抱榦而生，葉自頂出，森若鳳尾，其色澹黃，其味酸甘。」

先寫鳳梨果葉茂盛如同羽翼，次寫果皮是紅向黃色漸層的紋路如鳳鳥外形，整體果肉形似燈籠，中間實心硬如骨，既甘且香。從作者對鳳梨由外向內，漸次觀察、品味、辨識，才能將鳳梨的色香味俱呈，特別是第四句「入骨寒香抱一枝」轉換物體的生硬形象，以「抱」字將物擬人化、生動化，而含帶理趣於詩句裡。

又如對〈波羅蜜〉的這類特殊果物的描述：

> 波羅門下樹亭亭，香蜜成房子更馨。解是西來眞善果，十分供俸佛頭青。

作者註：「狀如如來頂，中分十數房，似蓮瓣抱生，其色黃，其味甘，房各一實，其色白，煮食似栗。」據《臺灣府志》的記載，這類水果是荷蘭人引進臺灣，果樹形狀筆直而立，果殼內中分十數房的形狀，果肉香而甜，果皮佈滿顆粒如同如來佛頭頂，因而作者以「十分供俸佛頭青」俏皮而直接地描繪果實的外形。佐以詩歌自由運用文字技巧的空間，逐步地點出波羅密的各項特徵，以形成一個完整形象概念。

有時將果物視作客體觀察時，會將生長季節及狀況視作寫作焦點，如寫〈香果〉：

> 但有繁鬚開爛熳，曾無輕片見摧殘。海天春色誰拘管，封奏東皇蠟一丸。

作者註：「花有鬚無瓣，其色白，其實中空，狀如蠟丸。」結果以先，香果花的生長特徵：「但有繁鬚開爛熳，曾無輕片見摧殘」，其結果的季節在春天，「海天春色誰拘管」婉轉點出果物出產的季節性。同樣突顯果物與季節關係的另首詩，〈檨子〉：

千章夏木布濃陰，望裡纍纍欀子林。莫當黃柑持抵鵲，來時佛國重
如金。作者註：「俗稱蕃蒜，或作欀，其種云自佛國傳來。」

一、二句寫欀子果結時節——夏季，其次果實的生長特徵——結實纍纍於濃密樹蔭上，第三句以黃柑反面襯托欀果黃色果肉，末句雖是考究果物產地，但作者並不生硬地直指其事，卻以佛國重如金來巧喻果實原生地。

統合上述，可看到詩作敘述物類屬性特徵，最初只是突出的僅是物產符號本身而已，沒有超乎物產符號第一層的物理意義，而且是作者將詩歌形式語言規範於避免如風土志平舖直述的散行書寫，改佐以修辭技巧的運用，或譬喻，或採用事典，藉由此文化單元來解釋彼一物產單元分子〔註9〕，使詩歌形式得聯結符號的各組合因素，並統合突出的物產屬性，達到重點強化的效果，如波羅蜜則以佛頭形象來突出此類物產特徵。再者，上述例證多採七言詩體的形式，以聲和韻諧朗詠物產，透過文字聲韻的巧妙安排，一改自然語言的風格，進入詩韻之美來呈現花果的屬性，使原來僅是實物記錄的物產書寫，透過陌生化的詩歌語言及作者文化背景的比擬，進行寫實而細膩的描摹，增添表現物產屬性的認知深度。

第二節　番民生活文化符號的書寫

本節針對宦臺詩人如何認知臺灣民俗風情、如何書寫番民的文化符號，作為探討宦臺詩人產生文化審美思維的過程。於此，需先了解作者如何感知臺灣風物客體，融入主觀情意的成份，呈現符號於詩作中？進而表達他們的審美觀念。

一、番民裝飾符號及其所反映的文化審美觀

番民風俗裡原有文化符號，其最初的象徵意義早已含藏於符號中，若是經由作者更細密的描繪紀錄而呈現出每一種類符號，掌握其意義內容，最終

〔註9〕義大利學者艾誥的記號詩學主張每一物類即一文化單元，是依附於文化語言的場域來界定的，因此，筆者提說詩歌修辭技巧的運用，即是宦臺者借著文化語境表現物產符號的策略。艾誥的觀點是「文化單元可以從記號學的角度界定為一個語意單元，界定於一個文化裡所涵攝的語意系統裡，蓋文化對其所含攝的份子都細節地作了界定、解釋與分辨，每一個分子或詞彙的字義皆經由解釋而界定」。古添洪，《記號詩學》，臺北：東大圖書公司，1984 年 7 月版，頁 164。

是可以釐清單一符號與整體所處的連結關係，得出豐富而特殊的文化屬性。然而宦臺者在審視描摹的同時，是否探究裝飾符號所具之文化審美意義？又，是否基於某些意識型態審視番民衣飾文化符號？這些將在下文裡舉例辨析之。

原始民族文化人的身體裝飾，分「固定的」和「活動的」兩種。前者如文身、割痕、刺紋、穿鼻、穿耳、穿唇等等；後者只是連繫到身體上去的一些活動飾品，包括纓索、帶環、墜子之類。〔註10〕因此，不論是固定式或活動式的，每一種裝飾在番民族群文化中有何內層意義？爲何番民需要身體的裝飾？除了所謂愛美的人性要求之外，是否其他社會意義層面的要求？於此，試將番民的裝飾符號分作三類探討之。

（一）將衣飾符號視爲經濟薄弱的表徵

裸體身著幅布、桶裙這番族平民日常的衣裝，是宦臺者來臺時觀視番民衣裳的第一印象，康熙三十五年（1696）高拱乾就如此記錄：「男女皆跣足裸體，上衣短衫，以幅布圍其下體，番婦則用青布裹脛，頭上多帶花草」〔註11〕至康熙六十年（1721）黃叔璥《臺海使槎錄》仍有此記憶：「男裸全體，女露上身。自歸版圖後，女著衣裙，裹雙脛。男用鹿皮蔽體，或氈披身，名卓戈紋；青布圍腰下，即桶裙」〔註12〕，兩段文字的作者來臺時間前後差距二十多年，但記錄的內容皆是相近的。原來番民身體經常裸露，後來納入清廷版圖後，開始於衣裝的外貌有所改變，上身有衣衫，下身有幅布圍裙遮體，遇上天冷時則加披鹿皮。

由此看來，初始之民，對身體衣著不甚看重，大多是用以遮蔽、禦寒等實用層面的需求。也因如此粗糙的衣著外觀使宦臺者烙下「堪憐」的印象，並將番民衣裝的描繪與他們的經濟能力合併思考，高拱乾〈東寧雜詠〉之八：

竹弧射鹿萬岡巔，令網張魚百丈淵。幅布無裙供社餉，隻雞讓食抵商錢。

文身纏起瘡痍色，赤手誰將垢敝湔。爲語綯符銜命吏，遠人新附倍堪憐。

〔註10〕葉朗主編，〈審美客體的前形象──原始形象符號〉，《現代美學體系》第八章第三節，臺北：書林出版社，1993 年版，頁 489。

〔註11〕高拱乾，《臺灣府志》卷七、「風土志」，臺灣大通書局，頁 187。

〔註12〕黃叔璥，《臺海使槎錄》卷七、「番俗六考」南路鳳山番，南投：臺灣省文獻委員會，1999 年版，頁 144。

這首詩裡現番民身體服飾的符碼有：幅布〔註 13〕、文身，作者將番民的外貌形象與生活經濟狀況會通來思考，如第三至五句「幅布無裙供社餉，隻雞讓食抵商錢。文身纔起瘡痍色，赤手誰將垢敝湔」，終究推至詩末二句「爲語縮符銜命吏，遠人新附倍堪憐」，期許勸勉未來者憐憫番民生活困苦、改革番民生活的使命，如此的動機，引起作者鮮明突出番民的弱勢性的意圖，合併自覺無能爲力的感覺體驗「赤手誰將垢敝湔」，藉著「幅布無裙」、「文身瘡痍」的符號標誌，如同廣告宣傳一般，加上詩句以製弧弓射鹿、開張網捕魚、繳交社餉、出讓雞隻抵商錢等事項串連，點染出番民薄弱經濟能力的背景，襯托無裙幅布、紋身番民的符號，將這異族類——以幅布無裙爲衣裝者，與荒野貧弱的意義貼合，藉著文化符號來說話企圖引起讀者同情憐憫「遠人新附倍堪憐」，此可以說是高拱乾此詩的書寫策略，將番民衣飾特點視爲給中原讀者看的一個廣告符號，此符號背後欲引發讀者的憐恤悲憫之情，並期能挑起未來的宦臺者同情心而以扶助弱勢番民爲治臺焦點目標。這項特點使此詩作的符號書寫含有託咐使命的功能意義〔註 14〕，以達到用詩歌語言系統規範世界的功能。

另外，郁永河〈土番竹枝詞〉組詩中有二首亦紀錄番民的衣著觀「裸體／蔽體」的演變：

生來曾不識衣衫，裸體年年耐歲寒。犢鼻也知難免俗，烏青三尺是圍闌。

夫攜弓矢婦鋤耰，無褐無衣不解愁。番罽一圍聊蔽體，雨來還有鹿皮兜。

從「不識衣衫、裸體耐歲寒」到「以烏青布圍成裙」、「番罽一圍聊蔽體」、「以

〔註 13〕番民「幅布」的形狀特徵，據黃叔璥，《臺海使槎錄》卷五、「番俗六考」北路諸羅番「衣飾」的描繪：「衣黑白不等，俱短至臍，名籠仔。用布二幅，縫其半於背，左右及腋而止；餘尺許，垂肩及臂，無袖」，南投：臺灣省文獻委員會，1999 年版，頁 96。

〔註 14〕此處作者所運用的辭彙將讀者導向以憐恤眼光看番民的意圖，此手法猶如〔法〕尚・布希亞（Jean Baudrillard）論及物品的功能藉由廣告加強它潛在意義，從一個意識型態論述延伸到對象物品的材料與形式的考量，自然形成對讀者的吸引，於是在廣告中，讀者不是被其主題、詞語、形象所「異化」，而是被它的關懷所攻陷、它向讀者說話，給讀者東西看。〔法〕尚・布希亞（Jean Baudrillard 著；林志明譯，《物體系》D、Ⅲ「廣告」，臺北：時報文化出版公司，1997 年版，頁 180～185。

鹿皮遮雨」，這裡可以看到番民對衣物的觀念，詩中作者自註「鹿皮藉地為臥具，遇雨即以覆體」，顯出番民穿著停留在實用需求的層次上，並以「圍」的穿法將布包裹其身，在視覺效果上，表達出取材簡單自然的特質。沒有繁複的剪裁，亦沒有華麗的裝飾，一塊青布或鹿皮披圍身體，以環身方式穿成圓的形狀。這圓形或可指稱番民易與物融合的性情，它使身處於初始狀態中的番民能夠隨遇而安的生活方式，因此番婦耕作時雖然「無褐無衣不解愁」，但「雨來還有鹿皮兜」，逆來順受的生活態度與圓形衣裝的符號形式互相關涉，形成所謂衣著型式與社會文化之間的平行認知關係。

同此觀念來記番民衣著文化的是康熙五十四年（1715）來臺灣的阮蔡文〈竹塹〉，這是他巡視北臺灣的作品，沿途景觀漸次引出北路番民以鹿為生、以鹿革為衣的生活景況：

> 南嵌之番附淡水，中港之番歸後壠。竹塹周環三十里，封疆不大介其中。
> 聲音略與後壠異，土風習俗將無同。年年捕鹿邱陵比，今年得鹿實無幾。
> 鹿場半被流民開，菽麻之餘兼菽黍。番丁自昔亦躬耕，鐵鋤掘土僅寸許。
> 百鋤不及一犁深，那得盈寧畜妻子。鹿革為衣不貼身，尺布為裳露雙髀。
> 是處差徭各有幫，竹塹熒熒一社耳。鵲巢忽爾為鳩居，鵲盡無巢鳩焉徙。

丘陵地多是竹塹社一帶的地理特性，番民倚靠獵物為生，不幸的是後來的漢移民與番爭地，並漸次開墾山陵為農耕地，僅管番民也有躬耕傳統，但耕作生產能力不及漢民，致使番民陷入「百鋤不及一犁深，那得盈寧畜妻子」的經濟困窘當中。整首作品結構的前半段以詩敘事來介紹背景，而後半段則漸次地流露出抒情性，作者目睹番民的生活景況無論是食物、衣著、差徭、土地……各方面的短缺，無不引人慨嘆與憐憫，於詩後半則以兩句為單位，將番民生活所需結合同情憐恤之情來書寫，其中番民的衣著符號「鹿革為衣不貼身，尺布為裳露雙髀」是一項特徵，番民無論以鹿皮為衣、或以尺布為裳，捉襟見肘，無法完全遮蔽，敞露出雙髀，這樣的衣著一方面彷彿說明北路番民的衣著在「裸露／蔽體」間過渡，另方面是經濟能力薄弱的一種表徵，蠻

荒社會尚待經濟開發,未進入衣食豐饒的文明狀態。此詩同是將番民衣著方式與社會結構之關係聯結來思考,以衍生的衣著符號形式。

另外,孫元衡便無法見慣番民此類衣裝風俗,〈裸人叢笑篇〉中有一首記載桶裙穿法本陋制,將之與犵狫蠻族作文化批評:

> ……短布無長縫,尚玄戒施縞。桶襂本陋制,不異蠻犵狫。狫蠻鑿齒喪其親,爾蠻鑿齒媾其姻。雜俗殊風仁不仁。

詩首二句直接點出番民衣著剪裁簡單:「短布無長縫」、「尚玄戒施縞」,衣服手工不精細且裙擺較短不拖曳。「桶裙」即是上述的「圍裙」,作者以更具象性的字眼「桶」字來形容之,同時以西南地方的犵狫蠻族與之比擬,以主觀意識評斷「桶襂本陋制,不異蠻犵狫」,孫元衡很明顯以中國服飾風格的審美觀點來看番民的衣著,並將它歸類為偏遠蠻化一族,而這緣自作者面對異文化時是以自身文化系統來解釋其他文化,即以儒家道德價值作為作者詮釋番民衣著文化的依據,用仁義禮俗的標準逐一審視番民的穿著,以視覺感受釐定番民的穿著符碼,包括衣布長度、色澤、形狀等,以致歸結出對番民——「雜俗殊風仁不仁」。如是堅持主體優越性,而不走入其番民族群文化中,自然未能真切地了解番民文化的本質。換言之,宦臺者尚未打破自我中心主義,也不易破去中心觀點,以致產生「中心/邊緣」的對立觀感,若從認知心理的角度解釋其可能的原因:康熙領臺之初期階段,中原官員與臺灣地方人民百姓之間的互動與交流不足,認知的深度尚未觸及人心理機轉有所調節、改觀的階段,故持以自身主觀優越立場來看待番民文化,而此認知觀感肇始於康熙時,可能影響後來之仕宦者詮釋臺灣番民文化的態度。

(二)將番民的身體文飾符號視為蠻化象徵

在現今藝術人類學所提出的觀點,文身乃番民固定式的身體裝飾方式,其採取此裝飾身體的價值,一為能經得起久耐,二藉著刺紋的過程,番民忍受疼痛之苦,轉化為追求生命經歷的一種美的價值﹝註15﹞。若以此皮肉之痛的方式來換取美感肯定的價值,文身成為番民裝飾的象徵符號。

﹝註15﹞關於原始民族藉由鑿痕和刺紋的過程以展現對追求審美價值的勇氣,在格羅塞,《藝術起源》一書中舉世界各原始民族之案例說明,並且說「鑿痕護身能力的最自然的解釋,就是說一個能忍耐鑿痕痛苦的人是不必再懼怕敵人的」(頁55)、「……鑿痕是勇氣和耐性的標記,……證明竭力忍痛是為了鑿痕本身的審美價值」(頁58)。詳見此書第五章「人體裝飾」,北京:商務印書館,1996年版,頁54~59。

　　然追溯康熙時中原官員觀察此項文化特點時，卻會以什麼樣的態度審視之？從康熙時的風土詩來看，宦臺詩人多數對番民身軀「文身」的外觀印象，是將此刺身的奇異特點視為認定番民族為「蠻方一族」——蠻荒未化的原始民族的憑據。因此當「中心／邊緣」對立意識藉由「文身」符號被挑起時，官員採錄此奇異風土入詩，往往流露主觀的情緒觀感，並多帶有譏刺性。試觀孫元衡、李丕煜兩位作者詩中所描述的：

> 天涯風俗漫相親，吳帶曹衣迥不倫。無復屠蘇障兩耳，服妖今已被
> 文身。（孫元衡〈臺人服多不衷戲為一絕〉）

> 汝豈生人類，孃然亂似麻。身文腰佩箭，齒黑鬢堆花。杯飲椰為酒，
> 崖居穴是家。憑凌山絕頂，夜月數吹笳。（李丕煜〈傀儡番〉）

孫元衡與李丕煜兩人來臺灣的時間前後相距十年，但比較兩首的作品，皆同聲表示無法認同，一個以「服妖」的戲謔口吻稱之，另一則以「豈生人類」的驚疑稱呼。孫元衡從衣著觀的角度切入看番民的穿著——以文彩著繪己身，表示服裝直接穿在身上，無須「屠蘇」之類的大帽子遮住眼耳作衣穿飾品，此處作者運用《南史‧五行志》的典故「屠蘇障目覆兩耳」，巧妙地指稱番民文飾身體的「妖服」，詩句中挾帶著戲謔的口吻。李丕煜則從人種觀點來審視番民的「文身」，全身文飾圖樣作者以「亂似麻」形容之，表示自己不悅的視覺觀感。

　　官員詩中評番民「文身」文化採用主觀且情緒性的措詞，然「文身」應是一種符碼，乃番族身體裝飾的符號形式之一環。對番民而言，文身象徵著該族群何種精神？凝結部落內部的社會意義是什麼呢？而當時風土詩對番民文身的情形除了宦臺者的主觀印象，是否留下探討「文身」文化意涵的詮釋空間呢？

　　從早期來臺灣採硫磺的郁永河深入荒郊僻壤的深山裡，實際見到番民身上刺青的形狀，作更細的描繪，可知悉當時番民「文身」的局部內容以及作者接受「文身」的態度，在〈土番竹枝詞〉有二首記道：

> 文身舊俗是雕青，背上盤旋鳥翼形。一變又為文豹鞹，蛇神牛鬼共
> 猙獰。

> 胸背斕斑直到腰，爭誇錯錦勝鮫綃。冰肌玉腕都文遍，只有雙蛾不
> 解描。

刺以青色的圖繪，有鳥翼形、文豹皮等動物形象作樣飾，錦繡上紛雜圖形都

比傳說中海底鮫人所織的布，更神秘離奇，而這些像牛鬼蛇神的畫面實令中
原官員感到驚駭。再仔細觀察，番民全體身都文遍了，從胸背直到腰、手臂
每一處都文遍，只餘雙眉未描畫，使官員受驚駭的程度更強烈，如同蛇神牛
鬼共猙獰，正因在中土人士的眼中，這些神奇鬼怪的圖樣文彩在人體上，實
不可思議，敘事時不免流露瞠目結舌的語氣，以詩句「一變又為文豹鞹，蛇
神牛鬼共猙獰」、「冰肌玉腕都文遍，只有雙蛾不解描」為例，這兩詩句「一
變又為……共……，……都文遍……只有……不解描」，句型中採用全然含括
的詞彙，指向番民文身的情形遍及全體的密度，並表示作者全視線的焦點皆
是猙獰的文飾，滿心驚訝，以致書寫出符號形式，充斥著作者誇大的語氣，
並有鄙視的心態流露其間，但反面來觀，作者被不安的意識擾動著，以致表
露了如此輕蔑的態度，而這般自我與世界之物間產生不平衡的觀感，更是作
者「醜」的審美心理之反射。

　　約寫於康熙四十四年的婁廣〈臺灣偶作〉其中一首，乃從「正統／偏旁」
文化地位的觀點來審視番民風土：

　　蠅蠅番姓土風偏，不識干支恍葛天。擇贅鳳□翻午夜，收成鼉鼓慶
　　週年。
　　桀驁身臂黥花燦，男女腰肢削竹編。驛傳倩渠傳片檄，行追奔馬似
　　飛仙。

這是一首以宏觀角度評論番俗的作品，整首詩意義結構之順序：番俗地位→
民俗節慶→番民衣飾→番民敏捷腳力的體能特質。因此，集中書寫番民裝飾
文化是第五、六句「桀驁身臂黥花燦，男女腰肢削竹編」，尤其第五句番民形
容手臂身體文飾五花八門、桀驁突兀的各種造形，相當繁複、紋彩斑爛。對
應文身裝飾與前後詩句間的關係，第二句「不識干支恍葛天」，與畫有桀驁動
物形象的臂膀身體「桀驁身臂黥花燦，男女腰肢削竹編」一句相互呼應，只
有蠻荒未開化的族類才會出現以動物文身的風俗，所以此詩首句就開門見山
「蠅蠅番姓土風偏，不識干支恍葛天」，以中土所無的風俗認為番俗是為偏
俗，將番俗現象納入自身體悟的詮釋系統，裸體彩繪的「文身」番民被歸類
為化外之民，並持著特殊眼光審視之，這是康熙時宦臺詩共有的現象。也因
為番民以動物文身的現象被官員視為蠻荒未化的證據，遂頻頻作為書寫番民
風俗的題材。

　　若偶遇突顯個性的作者，會為番族文化留下較有新意的詮釋空間，如孫

元衡〈裸人叢笑篇〉則將番民的鳥獸文身指向社會身份的表徵：

接飛軼走，縱行橫施。繡肌雕腋，勇者是儀。龜文蟬翼，蒙表貫肢。

背展鵬鶚，胸擰豹螭。跳脫臂釧，瓔珞項披，蠢然身首犁黿尸。

孫元衡認知了「繡肌雕腋」在番族裡是勇者的象徵，無論是「龜文蟬翼」、「背展鵬鶚」、「胸擰豹螭」等各種的文身圖樣，加上，瓔珞被項，繁複的身體裝飾，身軀動如蟲樣，身軀如人神交雜。這首詩孫元衡紀錄番民文身舞動的樣子，似神似人，彷彿是他親目睹番民祭祀禮儀的場合，而約略推想「文身」在番族裡是具有儀式意義的符號。

又如黃叔璥〈番社雜詠〉二十四首「文身」一首則已稍微注意到番民的文身刺工：

絕島中華古未通，生來惟鬥此身雄。獨餘一面猙獰外，人鳥樓臺刺

自工。

這首簡短的四句七言古詩，前三句與一般的官員觀點相同，亦以「猙獰」形容刻畫之，但進入第四句時作者以欣賞的眼光表現番民「文身」風俗，身軀刺以鳥獸形狀，其手工之精巧，不禁令作者驚嘆。黃叔璥能持著對「他者」之物的尊重，不再單向地以自己的審美觀評斷番俗，而能設想番民雕鏤文身的客觀意義，注意到番民文身刺工的藝術性，詠嘆「人鳥樓臺刺自工」。可知黃叔璥較能貼近番俗了解之、觀察之，嘗試體會番民文化之美，從文身美感來化解官民的對立關係，此詩末句展現出作者開明的思惟。這也顯出康熙末葉來臺官員逐漸了解臺灣文化風俗後，書寫風土詩時已稍微削弱中土人士對臺的主觀偏見。

若回歸番民文化的本體來看，文身裝飾多半與番民模仿動物圖騰的習慣有關，或黥紋塗色，或毀齒結髮，將身體全部或局分扮似圖騰動物的外形〔註16〕。而這將身軀繪飾各種鳥獸之圖形的習慣，得自於番民以狩獵為生的生活背景，在謀生狩獵的過程，番民掌握自然界各種不同動物種類的習性，如鷹鳥類的展翅飛騰、虎豹的雄威，有時在人類自身無法俱有的本能裡，人們選擇這些圖作標誌來圖繪身軀，以彌補現實殘缺的期望，期待自身能如鳥獸般的能力生存在大自然界裡，這過程中無形地確立表徵自己族群精神的圖騰形象，以建立該民族的社會集體意向，並且作為該族群創生源頭的解釋依

〔註16〕岑家悟，《圖騰藝術史》，臺北：駱駝出版社，1987年版，頁155。

據〔註17〕。藉著圖騰形象建立部落社會的共同認知，有時部落的成員會透過身體之裝飾的一致性，表現同一的圖騰信仰，代表整體群體的象徵標誌，並形成社會文化意義。

康熙時期的風土詩，初期宦臺者認識番民文化的有限性，官員爲規範番民習俗而以製造符號框限之，使詩作書寫文身裝飾等同於粗略鳥獸圖形的複製圖繪，至於更精緻的刻工、刺文描繪，詩作裡未敘及，此乃初期宦臺實際與番民的接觸仍是遠距離，甚至可能輾轉聽聞訊息就加以想像書寫，再加上多數風俗詩作者面對番民較難擺脫的「蠻化／文明」對立思惟框限，以至未能深切寫出文身文化的其他面意義，倒是眞實走向田野的黃叔璥，實地地考察後，能於詩作裡表現番俗文身之工的另一面向。

另外，風土詩中亦有針對臉頸部裝飾的書寫，其中多以局部特徵作爲書寫焦點。郁永河〈土番竹枝詞〉寫番民臉上髭毛判斷性別：

> 老翁似女女如男，男女無分總一般。口角有髭皆拔盡，鬚眉卻作婦
> 人顏。

在《諸羅縣誌》裡記番民狀貌：「無髭髯，毛附體者盡拔除」〔註18〕，漢人以臉上有無鬚眉作爲性別表徵，但在番民習俗裡，雙鬢髭毛盡都拔除，「男女無分總一般」，原爲性別象徵符號的慣性思惟，在番民身上得不到如此的審美體驗，對宦臺者而言男女的審美外觀改變了，新的性別觀念——「鬚眉卻作婦人顏」，分明是男性卻猶如女性之容顏。

其次是對口齒的裝飾，番俗中有「鑿齒」與「墨齒」二項。郁永河寫〈土番竹枝詞〉已知番民「鑿齒」風俗具有婚姻關係的社會文化意義：

〔註17〕 番民文身充滿動物形象，實因番民視之爲圖騰崇拜，而且這是番民解釋生命起源時，與周邊自然之物統一思考而得：《人論》第七章：「原始人絕不缺乏把握事物的經驗區別的能力，但是在他關於自然與生命的概念中，所有這些區別都被一種更強烈的情感淹沒了：他深深地相信，有一種基本的不可磨滅的生命一體化溝通了多種多樣形形色色的個別生命形式。原始人並不認爲自己處在自然等級中一個獨一無二的特權地位上。所有生命形式都有親族關係似乎是神話思惟的一個普遍預設。圖騰崇拜的信念是原始文化最典型的特徵。……在圖騰崇拜中人並不只是把自己看作某種動物的後代：一條現存的、同時也是遺傳學的紐帶把他的全部物理和社會存在與他的圖騰祖先聯結起來。在很多情況下這種聯結被看成是一種同一性。」〔德〕恩斯特·卡西勒（Ernst Cassirer）；甘陽譯，《人論：人類文化哲學導引》，臺北：桂冠出版社，1997年版，頁122～123。

〔註18〕 陳夢林，《諸羅縣志》卷八，臺灣大通書局，頁155。

只須嬌女得歡心，那見堂開孔雀屏。既得歡心纔挽手，更加鑿齒締姻盟。

締結婚盟，女子歡心「鑿齒」，說明番俗能接受肉體鑿刻之痛以爲裝飾，這裝飾符號也成爲族人婚姻風俗所樂見的習慣，番族婦女結婚後會鑿斷旁邊二齒，以示名花有主，不再是處子。臺灣番族視「鑿齒」爲已婚女子之表徵符號，因此，「鑿齒」在番民的主觀情緒上是喜悅的。

但若看在遊歷過疆域各地的宦臺者眼中，以外來者的立場，對「鑿齒」作客觀認知，見過邊疆蠻地各種不同風俗，當他們來到臺灣時，即使面對「鑿齒」相同習俗，但比較不同地方相同習俗的社會意義後，如同前引孫元衡詩作〈裸人叢笑篇〉裡寫著：「狤蠻鑿齒喪其親，爾蠻鑿齒媾其姻」，中國西南地方的犵狫族爲喪事而「鑿齒」，但臺灣番民則爲媾姻的喜事而鑿，經此認知比較，可知「鑿齒」符號的蘊意甚具族群差異性。然而，除了知悉「鑿齒」文化符號已超出單純地爲妝飾而留下鑿刻印紀，轉成婚姻之社會儀文之外，臺灣番社部落文化可進步到藉裝飾符號表達社會意義的地步，就藝術的起源來看，人體裝飾內容之演變，往往先有愛美裝飾行爲，後而再轉變爲具有社會意義之部落符號〔註19〕。

番民對牙齒的裝飾方式另有一種是「墨齒」，如「齒黑鬢堆花」（李丕煜〈傀儡番〉），而這風俗現象有時甚至成爲番民的代稱，宋永清〈茄藤社〉詩中即如此採用「聖朝恩澤闊，墨齒不爲災」，可見宦臺者將「墨齒」視爲番民必備的外表特徵。

「墨齒」裝飾可能是由「鑿齒」演變而來，據《諸羅縣誌》的記載著：「女有夫，斷其旁二齒，以別處子。今近縣各社，亦多不折齒者。男女以澀草或芭蕉花擦齒令黑。」〔註20〕有些番社不沿用「鑿齒」習俗，改以植物性的黑色素擦染牙齒以爲美飾，無論男女皆然，孫元衡〈裸人叢笑篇〉則以漬染來形容番民墨齒的由來：

齒耳夫何以皓爲，又奚取於漬汁而漆頤。屬骨辟穢芳其脂，墨氏毋寧悲染絲。

首連續以二疑問句點出作者的疑惑，爲何番民齒牙皓潔不以爲美，倒是取漬

〔註19〕格羅塞認爲裝飾標誌再由摹仿而變成部落標誌的說法，要比先有部落標誌再降格爲裝飾標誌之說來得自然些。〔德〕格羅塞著；蔡慕暉譯，《藝術的起源》，北京：新華書店，1996年版，頁60。

〔註20〕陳夢林，《諸羅縣志》卷八，臺灣大通書局，頁155。

汁染黑。後二句則以「墨子染絲」之典貫串「墨齒」番俗，形成一種譏笑口吻，「墨子見染絲而泣，悲人之善惡易爲外物所移」，反諷式地笑稱看見番民「墨齒」，勿與道德善惡加以聯想，反面性地突出與中原價值判斷不同的番俗。據此詩句描寫的「墨齒」習俗，是否具更深層文化意義，清治初期的作者並沒有反應出來，倒是光緒後的來臺者將「墨齒」與臺灣土產檳榔聯想〔註21〕，將植物由草或芭蕉葉改成檳榔，但在文化意義上並沒有超出美感裝飾的觀點。因此，可以初步地認爲番民「墨齒」的裝飾符號單純地運用於美觀層面上。

其次是以大耳裝飾的風俗，郁永河〈土番竹枝詞〉記錄番民大耳的審美奇觀：

> 番兒大耳是奇觀，少小都將兩耳鑽。截竹塞輪輪漸大，如錢如椀復如盤。

番民有栓木於耳的風俗，年幼時即兩耳鑽洞栓塞竹木，隨著成長耳洞漸大，耳洞逐漸放大如銅幣、如碗、如盤，與日俱增的洞孔變化，爲了就是能形成「大耳」的身體裝飾。而最爲宦臺者所好奇就是耳形變化之趣，在周鍾瑄《諸羅縣誌》也是強調此點：「男女各貫兩耳，以細硝子穿綴爲珥。東西螺、大武郡等社，男女好貫大耳，初納羽管、嗣納筆管，漸可容象子；珥以大木環，或海螺、蠟粉飾之，乃有至斷缺者」〔註22〕番民喜好大耳洞，初可納羽管，可納筆管，後可容象，再加掛木環、海螺、蠟之類的東西來作裝飾，雖然作者誇張地比喻番民愛美而力求大耳裝飾，但也可知番民大耳的誇張明顯程度，相當刺激著中土人士的視覺感官，促使宦臺者以具象之物來比喻大耳此特殊的裝飾符號，周鍾瑄即以可容象之形，誇大比擬番民大耳之程度，而作者採用誇大語氣來強調之，也顯出其個人感官經驗的認知意識。再以孫元衡〈裸人叢笑篇〉爲例：

> 鑿囷貫竹皮，括輪象日月分衛其身，圓景雙擔色若銀。我聞無腸之東轟耳國，趨走捧持猶捧珍，又云一耳爲衾一爲茵。非其苗裔強相效，嗚乎坎德胡不辰。

作者以東轟國的神話人物爲蚩笑番民穿耳洞的審美觀，並感嘆民間道德不振

〔註21〕關於風土詩記載番民「墨齒」所使用的植物，前後期來臺者的觀察不同，目前有陳姿容〈清代臺灣賦與臺灣竹枝詞之比較研究〉一文作探討，於此不詳述，《中華學苑》第五十六期，2003年2月，頁133～135。

〔註22〕陳夢林，《諸羅縣志》卷八，臺灣大通書局，頁155。

的風氣，以儒家道德美學觀來觀照番民風俗，不免有所落差，也難以貼合。詩中作者以主觀的美感標準對映在客體之物時，產生了不認同的觀感，如此自然不易對番民裝飾文化意義有探索的興趣，僅淡淡地以「苗裔強相效」邊蠻風俗的認知，表達出對番民風俗審美的結論，並未作進一步的說明。然而，就今日人類藝術學者的觀點來看，原始民族這類大耳栓塞裝飾，有時具有象徵意義，或表示勇氣十足、或爲了威嚇敵人〔註23〕，不會單純只是外表樣式而已。

（三）對裝飾物符號的模糊認知

服裝衣飾包括飾品及織布花紋，裝飾物品關涉著番民物質文化內容，換言之，番民生活物質來源，經常也是他們運用製作裝飾的材料。只是，最初運用材料裝飾的動機原本是單純愛美，而後演變爲其他社會意涵，擴增材料蘊意的複雜性，從風土詩的書寫裡，可看出番民的飾物材料多是來自天然的花草植物、或從獵物身上取得牙、角、皮、毛，以編製爲飾物，隨著實用性的意義層轉化爲象徵性，由植物或獵物所裁製的飾物，有時加上宗教信仰的色彩，有時則與社會身份與權責相結合〔註24〕。裝飾材料成爲書寫衣飾符號的焦點，亦是單位符碼，而與番民族群部落文化的連結，將構成各自的象徵意義。

遂此，飾品與社會權力之依存關係，形成裝飾符碼連綴叢並構成番民裝飾文化系統，從頭到腳乃至整體皆具意義，只是，此一觀點宦臺者的風土書裡如何呈現？試分從詩作裡對番民身體各部分裝飾描繪探究之：

1、頭冠裝飾與權力意義的詮釋不足

不同的頭形或頭冠，加上裝飾物，有時代表著其於部落裡的階級地位，但這在康熙宦臺詩作裡，是否已明顯地區分出冠飾與部落身份階級的關係？

〔註23〕〔德〕格羅塞《藝術起源》在第五章「人體裝飾」論述：菩托多庫人在耳輪上穿上窟窿，先以木製栓塞進去，之後再用較大的栓塞代替較小的栓塞，而製作栓塞可能是爲了在敵人身上起威嚇的感應力，另一方也許是證佩帶者的勇氣。《藝術的起源》，北京：新華書店，1996年版，頁61。

〔註24〕據藝術人類學者許功明說法，植物或物動飾物在原始社會文化中有「純實用性」與「具象徵性」兩種意涵，前者乃爲美觀實用，並爲原始信仰的保護、避邪之說；後者則將飾物的種類、戴法被人設定象徵意義，即與族人的社會價值聯結相繫、形成表徵意義。參見許功明，《魯凱族的文化與藝術》第五章「魯凱族花飾與儀式關係之研究」，臺北：稻鄉出版社，2001年8月版，頁93～123。

先以方志《諸羅縣誌》對番民髮型記錄爲例：

> 由諸羅山至後壠番女多白皙，牛罵、沙轆、水裏爲最；唯裝束各異。
> 髮皆散盤；後壠、竹塹諸社，髮在周圍者悉除之，中留圓頂，剪而
> 下垂，狀若頭陀，更以爲美。〔註25〕

北路番民的髮型——散盤、中留圓頂、剪而下垂，像僧人頭陀的形狀。同此髮形的描繪郁永河〈土番竹枝詞〉亦如此寫：

> 覆額齊眉繞亂莎，不分男女似頭陀。晚來女伴臨溪浴，一隊鸕鶿蕩
> 綠波。

「繞亂莎」形容腦後散盤的髮束，前額頭髮覆蓋與眉平齊，頭頂無髮狀似頭陀，在阮蔡文〈後壠〉：

> ……頭髮頂上垂，當額前後剪。髮厚壓光頭，其形類覆盌。

詩句裡同樣作此描繪，更進一步將頭陀型式以盌類器皿形容之，這是北路番族裡常見男女的髮形，黃叔璥就曾觀察出「剪髮至額」是北路諸羅番與他社不同之處〔註26〕。

除此之外，番民亦會在此髮型之上會加以裝飾，郁永河〈土番竹枝詞〉與孫元衡〈裸人叢笑篇〉都紀錄番民以禽鳥羽毛作頭飾：

> 丫髻三叉似幼童，髮根偏愛繫紅絨。出門又插文禽尾，陌上飄颻各
> 鬥風。〈土番竹枝詞〉

> 衛鬘縵靡草，鬈髻如植竿。獨竦兕鷹立，兩岐猥角端。不簪亦不弁，
> 雜卉翼以翰。謂當祝髮從甌駱，爾胡不髡能自完。〈裸人叢笑篇〉

繫上紅絨布、插上花卉、文禽羽翼作裝飾，皆是取材於自然的裝飾品，《諸羅縣志》亦有相同的記載：「喜插花，或以雉尾及鳥羽插髻垂肩」〔註27〕。一般人民百姓，不簪不弁，沒有華麗裝飾，僅以花草、雉尾等簡單而自然的材料當作爲頭髮的裝飾品，形成頭飾形象的特徵。

另外，有一種以鳥羽爲飾的情況，是作爲身份的表徵，黃叔璥〈晚次半線作〉詩句：「鬥捷看麻達，飄颻雙羽橫」在黃叔璥《臺海使槎錄》裡說明「麻達」這類身份的特性：「走遞公文，插雉尾於首，手背繫薩豉宜，以鐵爲之，

〔註25〕陳夢林，《諸羅縣志》，臺灣大通書局，頁155。
〔註26〕黃叔璥，《臺海使槎錄》卷六、北路諸羅番九·衣飾，南投：臺灣省文獻委員會，1999年版，頁130。
〔註27〕陳夢林，《諸羅縣誌》卷八，臺灣大通書局，頁156。

狀如捲荷，長三寸許。展足鬥捷，腳掌去地尺餘，撲及其臂；沙起風飛，手鐲與薩鼓相擊，丁當遠聞，瞬息數十里」〔註28〕麻達是番社裡未婚男子，腳步敏捷，專為官員傳遞公文，當快步行走時，手鐲薩鼓相擊時發出聲響，引人注意，而其執行公務時，會插雉尾作頭飾，作為他身份的表徵。

　　番族裡的酋長頭飾有別於其他人民，多加了「冠」，孫元衡〈裸人叢笑篇〉：「酋長加以冠，族類裸其躬」，一般族人裸露上半身，唯有代表族人的領導者——酋長則加冠冕為頭飾。至於，番族酋長戴的頭冠造型如何，詩作裡並無記述，僅在阮蔡文〈後壠〉一詩裡看到番社聚會時，有一、二人會戴高冠冕，而這是否指酋長，從詩句上下文裡並無法知悉，其〈後壠〉詩記北路番民衣飾風俗：

> 去縣日以遠，風俗日以變。顧此後壠番，北至中港限。音語止一方，
> 他處不能辨。……亦有一二人，公然戴高冕。黑絲及紅絨，纏之百
> 千轉。大有古人風，所惜雙足跣。……

此詩記載番社裡有一、二人戴著頭冠，「高冕」的冠飾材料、顏色、形狀——「黑絲及紅絨，纏之百千轉」。另外，黃叔璥也曾記錄類似此冠冕：「戴竹節帽；竹取其裡白，反而為之，高寸許，以紅絲帶纏繞，又以烏絲線縛之」〔註29〕，但也未指明這是否為酋長所戴的冠飾。雖然如此，阮蔡文借由詩歌體對冠飾作形象性的刻畫與描繪，形容頭冠之美頗具有古人質樸之威風，可惜下身赤足，與之不搭，阮蔡文將番族冠飾與古人素樸之美感加以聯想。至於，頭飾是否具有酋長之權力象徵關係雖不可知，卻透過阮蔡文詩中對冠冕外觀的材質與形狀摹寫，並族裡僅一、二人戴高冕，可知其在番社裡是權力地位的象徵。

　　阮蔡文書寫原住民頭飾，借透過作詩他可以擁有「發言權」，單向地記述符號特徵、或加以個人價值判斷，從他對番民頭飾文化符號的書寫來看，番族文化內部所創造符號的意義，僅被作平面式的點畫描繪，雖可以略知頭飾符號的部分特徵，但仍有許多尚未被官員所了解的空白，致使其對番民的文化價值判斷易流於片面。

　　總體而論，一如阮蔡文的康熙宦臺者，描繪原住民文化形象，尚未及於

〔註28〕黃叔璥，《臺海使槎錄》卷五、北路諸番，南投：臺灣省文獻會出版，1999
　　　年版，頁96。
〔註29〕黃叔璥，《臺海使槎錄》卷六、北路諸番，同上註，頁130。

深入探討番民內在文化，是為康熙宦遊詩者書寫風土詩共通的現象，以個人主觀認知來填補對異族文化的模糊了解。而在康熙六十年（1721）之際來臺灣的黃叔璥，逐步地打破這種模糊認知的說詞，轉向實際走入番社考察風俗，據實地指陳臺灣各番社生活文化的真實景況。

2、對頸、手與腰等裝飾符號的「誤讀」

頸項裝飾也是宦臺者書寫的另一個重點，郁永河〈土番竹枝詞〉：

鑢貝雕螺各盡功，陸離斑駁碧兼紅。番兒項下重重遶，客至疑過繡領宮。

又是貝類、又是螺，各式各樣的鮮艷色澤掛在頸項上，眼前番民頸項上重重環繞著的各樣裝飾，看得官員不禁幻想是否置身在陝州華清宮，學著當年「猶唱開元太平曲」的李玖（〈白衣叟途中吟〉），異域番民繁複的頸項裝飾，像是太平盛世之下的豐裕景況，視覺上頸項色彩、樣式、刻鏤之工，的確頗具審美效果，致使作者不禁猶疑是否置身在另一個繽紛世界裡，這是郁永河合併個人想像書寫番民項圈之美的感覺效果。在《諸羅縣誌》就採取實物記錄的方式陳述番民如何裝飾項圈：「男女喜以瑪瑙珠及各色贗珠、文貝、螺殼、銀牌、紅毛劍錢為飾。各貫而加諸項，纍纍若瓔珞」〔註30〕，在此可知番民編組串貫的項圈飾物材料，有部分來自海洋生物，有部分是錢幣，而這在人類學研究觀看，原始民族將各樣飾物戴在身體上，乃是將收集各類東西極盡所能地穿戴在全身所有能戴之處〔註31〕。

各式貝殼類的東西連繫在一起，舞動時會發出聲響，也番民歌唱跳舞時另一種輔節奏，有時宦臺者會取此角度來觀審番民的項頸裝飾，黃叔璥〈晚次半線作〉：「女孃齊度曲，頰首款噫嗚。瓔珞垂項領，跣足舞輕盈」赤足跳舞的婦女頸項上戴著各式珠玉之類的飾物，相當引人注目，《臺海使槎錄》記錄類似的過程：「會飲，……番婦衣几輠，圍遮陰，耳穿五孔，飾以米珠名鶴老卜，頸掛瑪瑙珠名璽忽因耶那，數十人連手頓足，歌唱為樂」〔註32〕，唱歌跳舞時，數十人共同舞動的場景，耳頸的各類飾物，呼以各種不同名號，人民參與番社歡樂宴會的佩件，使頸項裝飾與歌舞宴會的歡樂節奏結合的意

〔註30〕陳夢林，《諸羅縣志》卷八、風土志，頁156。

〔註31〕〔德〕格羅塞《藝術起源》第五章「人體裝飾」所述，北京：新華書局，1996年版，頁63。

〔註32〕黃叔璥，《臺海使槎錄》卷六、北路諸羅番九，南投：臺灣省文獻委員會，1999年版，頁130～131。

義，可能這類瑪瑙瓔珞的裝飾在番社裡是具儀式性的意義。

頸項裝飾大多是活動式的，可以隨時取戴，番俗文化中亦有固定式裝飾類，如前述的「大耳」裝飾即是，再者，在手部及腰部加上固定式裝飾也相當常見，或以銅鐵之物箍扎，或編竹爲箍來束腰。總之，這類束縛身體關節，且長時間固定在人體身上的裝飾方式，在番族文化中有何特殊意義？試觀宦臺者風土詩作裡如何記錄之，以進一步掌握宦臺者如何審視番族這方面的裝飾符號。

使用堅硬材質作裝飾物，有時不必然是固定式，但因爲質地堅硬取戴不便，接近於固定作用，如手環的裝飾，番民即採用的是銅鐵之材質，而這使宦臺者將之與罪犯受刑才以銅鐵之物桼箍作聯想，郁永河〈土番竹枝詞〉對此裝飾加上價值判斷：

> 銅箍鐵鐲儼刑人，鬥怪爭奇事事新。多少丹青摹變相，畫圖那得似
> 生成。

選擇以銅鐵的堅硬材質作裝飾手環，是番民審美觀之一，依郁永河的記事及方志的記載〔註33〕。但在番民眼中看爲美的銅鐵環，在宦臺者的眼中卻視之如同銅鍊鐵鍊的牢籠之物，幾乎將此裝飾方式書寫成與道德相關的文化符號，詩作的第二、三句，是作者主觀評斷最明顯的，將之稱爲鬥怪爭奇的新事、變相。以此價值判斷，使番民文化被加諸污名化的色彩，而這更顯出宦臺者模糊認知中「誤讀」番族文化的跡象，也影響此時期宦臺作品建構番俗風土的眞實性及準確性。

有一種番俗，男性從幼小時以竹編箍來束腰，直到結婚後，才斷開腰間的束縛，這以竹箍束腰象徵著什麼，番民借此表達了什麼意涵？黃叔璥《臺海使槎錄》此番俗記錄有二：

> 編篾束腹，每倒身爲之，以圖就細。凡差役皆麻達所任，束腹奔走，
> 倍爲趫捷；成婚則去之。〔註34〕

〔註33〕48 番民銅鐵手環的裝飾風俗向來亦是方志記載的重點之一，如高拱乾，《臺灣府志》卷七、「土番風俗」有載：「手帶鐲，或銅、或鐵所鑄，多者至數十雙；且有以鳥翅垂於肩、以貝懸於項而相誇爲美觀者」，臺灣大通書局，頁187。陳夢林《諸羅縣誌》卷八・服飾：「約釧於手，男子煉鐵爲之，曰劍脊、曰螳殼，以多爲美」，臺灣大通書局，156。

〔註34〕黃叔敬，《臺海使槎錄》卷五、北路諸番三，南投：臺灣省文獻委員會，1999年版，頁104。

> 以善走爲雄；麻達編五色篾，束腹至胸，以便奔走。〔註35〕

輕盈疾走在番族裡是一項受重視的能力，未婚男子爲贏得族裡的肯定與認同，編竹篾束腰，透過細腰便於矯捷奔走，善走的雄健之美是番民的另一審美觀，再者若在竹篾上加編織的巧思，形成所謂的「五色篾」，番民束腰裝飾趨向藝術化。這風俗郁永河與孫元衡曾取材爲詩，郁永河〈土番竹枝詞〉：

> 輕身矯捷似猿猱，編竹爲箍束細腰。等得吹簫尋鳳侶，從今割斷伴妖嬈。

此詩以實用性的考量來記錄番俗束腰的目的，前二句直接破題地指出，爲追求輕身矯捷，故而編竹束腰，後二句則述番族男子束腰的審美時期維持到結婚之前，爲補充此番俗，作者此詩自註：「番兒以射鹿逐獸爲生，腹大則走不疾，自孩孺即箍其腰，至長不弛，常有足追奔馬者。結縭之夕始斷之」束腰的目的是爲了便於疾奔、逐獸，從年幼起以竹編就一直固定在腰間，不曾鬆弛，至結婚前一夜才脫離此束縛。換言之，束腰男子在番社裡是一種未婚身份表徵，待尋得愛侶結婚後便割斷束腰，自此過著有妻子相伴的生活。由此可知，郁永河紀錄番民的束腰裝飾符號時是可以體認到束腰是未婚男子的美感表徵。

不過，相同的裝飾題材進入孫元衡的詩時，則簡短指著番族本身的社會文化特性，轉而著力於番民束腰竹篾裝飾的形象比喻，〈裸人叢笑篇〉記錄此風俗：

> 倒懸覆臟，如繫羸羊。纖竹爲笵，約肚束腸。行犇登躍，食少力強。蜂壺猿臂，逐鹿踰岡。將刀斷之，挽手上堂。爲語楚宮休餓死，盡習此術媚其王。

番民束腰裝飾在孫元衡的眼中，想像著五臟六腑被束縛在窄小的竹笵裡，形成如蜂壺般的身材，突出特別發達的雙臂如同長臂猿，雖知番民用束腰來取得「行犇登躍，食少力強」、「逐鹿踰岡」矯捷的活動力之目的，但詩末「爲語楚宮休餓死，盡習此術媚其王」帶著半嘲諷的意味，以嬉笑語氣表示此諂媚君王之術學習時，小心不要餓死！以此反諷番民之束腰風俗，用譏笑口吻嘲諷番民所認同的審美裝飾，作者主觀評論番俗的意圖，可見一斑。僅管如此，此詩描繪番民束腰的形象——「蜂壺猿臂」，取動物形象爲喻，使此裝飾符號形式得以具象化，扣合著番民的生活需求——逐鹿踰岡，及「此術媚其

〔註35〕黃叔敬，《臺海使槎錄》卷六、北路諸番九，同前註，頁130。

王」的番民以裝飾取悅人的審美意義，至「將刀斷之，挽手上堂」的結婚之日，始完成束腰符號的審美文化意義。

在此郁永河及孫元衡的詩作，雖然作者帶著揶揄的語氣，也局部呈現出番俗束腰符號部分的文化審美意義，原住民以其它自身的審美規範作為社會文化表徵，形成部落族人共同遵守的風俗規範，並且達到風俗約束群體的社會功能，但從詩作內容研判這風俗符號乃是含具社會文化深義的符號，卻未被康熙的仕宦者所掌握，甚至產生誤讀原住民文化的情形。

二、番民歌舞形象符號

風土詩中有一類符號不是直接具現於詩句，乃是經由作者點滴匯聚於整首作品中，或散見於不同的詩作裡，而這些的確是他們宦臺過程中最鮮明的記憶及印象，也是作者觀察番民的生活形式後，認知體會番民生活及文化特色，再現番民文化成為類型性的表徵。所謂的類型，正是這類符號，在宦臺者的作品中經常出現的焦點題材，亦即共同書寫的焦點，並且用以象徵番民族群文化的代表符號。本文即針對宦臺詩作再現了歌舞類型符號作細部闡析，並且探討這類風土文化符號，或符號形象體現了什麼反思內容？

臺灣番民天性喜好歌舞，每每唱歌跳舞時，表現出一些活動形態或儀式，以成為符號的組合因素，這些因素得自番民的原始思維，使其在創造文化符號時思考對人類生存的功能意義，例如是否能訓練了人們的感官、促進了人際交流、團結群體等功能〔註36〕。因此，歌舞活動的產生一方面促進人的感官發達，強化人的節奏感和身體動作各部分的協調，再方面以此文化活動匯聚族群內部的意志與情感交流，傳承族裡習慣及風俗，或傳授經驗，以興起群體向族內認知作用。在這唱歌跳舞過程中，原始形象符號本身會激發主體情感及審美創造的功能，無論動作、舞姿、裝飾、表情……等隨著審美心靈的啟動，各方面開始追求美感層面的模塑。唱歌舞跳從促進人群交流的功能層面，增添了美的訴求，再將隨興而起的歌舞轉成特殊場景的儀式規範。

當仕宦者來臺見識到番民日常生活與唱歌跳舞之間，如影隨形的關係，許多生活之事大多融入歌舞成分，究竟其採取何種觀點審視之，如何透過詩歌形式表達這類象徵番民生命性情的一種符號形象？而宦臺者目光焦點又如

〔註36〕葉朗，《現代美學體系》第八章、第三節「審美客體的前形態──原始形象符號」，臺北：書林出版社，1993年，頁498～500。

何凝視在番民歌舞文化的特出面向？

（一）與自然情性相映的即興式歌唱

　　書寫番民日常出沒活動空間，詩中運用番民身影穿梭於自然環境，矯捷的身影自由自在地出沒饒富變化的大自然環境裡，將番民出沒多變的聲與影轉成自然風土的一景，孫元衡〈宿茅港〉記錄路經鄉野，只聞歌聲未見人的經驗：

> 初行牛力短，野宿就煙蘿。港水西流急，山雲北向多。
> 暮潮來艇子，深樹出蠻歌。攜得清風至，毋勞夜枕戈。

乘牛車經過煙蘿蔓生的山野景觀，準備夜宿窮鄉僻壤、人跡罕至的郊外，眼前又是水流急、山雲多等不同的臺灣高山多、溪水湍急，轟隆的水聲，充斥於四圍，點畫出深山荒野的屬性，在這類自然風土裡，蘊育何樣的族群性格？「暮潮來艇子，深樹出蠻歌」，番民吟唱著歌曲緩緩從深山裡划著船出來，「蠻歌」聽入官員耳中雖為不諳歌辭意思，有點陌生感、神秘感及新奇感，卻使攜得清風至的作者，寬舒於大自然祥和的氛圍中，「攜得清風至，毋勞夜枕戈」，卸下武裝防備，番民「蠻歌」化為原始自然的靜謐元素之一。野宿山居，在遊艇、清風中，感覺到夜間荒野閒適恬淡的經驗，這個烙下的「蠻歌」歸屬大自然原野的聲音，不同於漢族人文化的語言文字，源自高山深谷的嘹亮歌聲，番民的天生屬性──隱藏於層層樹林之後，是一種原始的生命響聲。這些響聲有時是附和勞力而作的，如黃叔璥〈聞武洛社採薪歌〉書寫聽到從森林裡傳來的採材歌：「發聲一唱競嘻呵，不解腰眉語疊何。傀儡深藏那敢出，為聞武洛採薪歌。」工作時即興么喝而唱，傳來陣陣歌聲，黃叔璥不解其語，亦知傀儡社深藏使武洛社番民不敢冒然出沒，但從其強勁的採薪歌展現，可感知武洛社番族強生命力道。

　　番民即興隨意的唱歌生活，宦臺者巡行鄉野時經常遇見，孫元衡另一首〈西螺北行〉形容番民唱「蠻歌」的樣子：

> 秋陰近午喜妍和，綠野空明霽色多。雲蓋山低應到海，沙奔水亂各
> 成河。
> 蠻孈蠢蠢妻和子，舌語醒醒歡且歌。未解卜居何地好，略關形勝有
> 干戈。

詩中先從自然環境刻畫寫起，先是秋陰午後的陽光溫暖妍和，天空明朗，荒野綠意，雲低壓山谷直逼海天，河中沙石奔流的自然景觀，環顧自然萬象，

詩後四句聚焦點於人的身上，這裡聚居眾多的番民，婦女及幼童說話聲音如同鷇鳥，又嘆息又唱歌的對應方式，相當醒人耳目，唱歌在番民文化中是生活內容的一部分，伴隨著生活起居的步調，番民時時藉著歌舞達心聲，無論是自來人的情感、或模仿自然之物的聲音，皆直率地展露原始生命力並且成為番民的性格特徵。

　　對番民好歌唱的印象，影響宦臺者刻畫番民活潑的好動身影，進入康熙六十年時黃叔璥〈壬寅仲冬過斗六門作〉亦特別著意於充滿活潑生氣的民族：

> 牆陰蕉葉依然綠，壠畔桃花自在紅。冬仲何殊春候暖，蠻孃嬉笑竹圍東。

詩中一方面點著熱帶地方的「綠」葉「紅」花，鮮豔明亮的色澤，更為托出「蠻孃嬉笑竹圍東」充滿明亮生命性情，生活裡沒有陰鬱的冬天，大自然恣意繽紛的生命力鼓動著人的熱情，或歌或舞或嬉鬧，遊戲趣味很自然地成為番民舉手投足間的滿足，屬於大自然野性，自由自在展現情緒的本能，番女的笑聲成為竹籬下相當鮮明的影像。

　　另一種個人歌唱的形式，乃是番民男女為燕好求情透過樂器唱出，彼此以口琴諧音來表情達意，並確定雙方之情愫，這情景於康熙三十五年左右被官員齊體物以淺白平敘的文字書寫著，〈臺灣雜詠〉其中一首：

> 燕婉相期奏口琴，宮商諧處結同心。雖然不辨求凰曲，也有泠泠太古音。

值得注意是此詩的前兩句：番民男女雙方找與自己口唱心和的人作為生命伴侶，是透過合奏口琴的方式，當彼此能燕婉相諧時，宮商聲諧之處就是心靈會通之處，以琴音喻女男心有靈犀的感覺〔註37〕。郁永河〈土番竹枝詞〉亦寫男女以吹鼻簫擇偶的風俗：「吹得鼻簫能合調，任教自擇可人兒」。此類寫的詩句番民擇偶的風俗，透過吹奏口琴、鼻簫，從聲音的感覺感通心靈的契合度，進而比喻彼此人生路上的和諧度，才決定結婚對像，同樣的孫元衡〈裸人叢笑篇〉也記載相當風俗：「管承鼻息颺簫音，筊亞齒隙調琴心。女兒別居

〔註37〕陳夢林，《諸羅縣志》詳述關於番民以「口琴」形狀及其適於男女示愛之用的特性：「削竹為嘴琴。其一制如小弓，長可尺餘或八、九寸，以絲及木皮之有音者編為絃；扣於齒，爪其弦以成聲。其一制略似琴形，大如指姆，長可四寸，鏤其中二寸許，釘以銅片，另繫一小柄；以手為往復，脣鼓動之，聲出銅片間如切切私語，皆不能遠聞，而纖滑沉蔓，自具一種幽響。夜月更闌，貓踏與番女潛相和，以通情好」，臺灣大通書局，頁 161。

椰子林，雄鳴雌和終凡禽」，吹奏琴簫具有意義內涵的層次要求，遂成為番民的文化符號之一，而這文化符號若非番民自然生命具有敏銳音感能力，愛好音樂取向，恐怕不會以此成為締結婚姻的一種方式，扣緊前述這愛好歌舞的族類，藉著天然本性延展出表達情感的文化形式，其奏曲聲音係緣自天然人性而抒發，不離原始而素樸的單純音樂性，故作者黃叔璥以「泠泠太古音」的詩句來形容之，並將男女擇偶的琴聲對應在番民原始屬性的生命力來比擬。

　　番民個人生活在大自然界有音聲歌聲相伴，有歌聲、笑聲、口琴聲，從無所為而為的情感抒情而轉化情感追求的方式，這些聲音皆成為宦臺者巡行番社時，突出的感覺焦點，誠如孫元衡詩句「深樹出蠻歌」山林深處傳來的歌聲，彷彿是番民向外來客旅的呼喚，吸引著官員進入野外森林，亦如「舌語醒醒歡且歌」相當醒人耳目的話語歌聲，又如齊體物紀錄男女吹奏口琴的番俗，這些詩句裡含蘊著作者格外地覺察新經驗的訊息意義，因而運用了「醒醒」、「不辨求凰曲」等詞語，甚至中原官員多是因聽不懂番民歌曲的意義，感到特別好奇，從感官上的新體會，進而認知番民天生愛好歌舞音樂的性格，此為番民生活文化符號的代表之一。

（二）族群歌舞具有的儀式象徵意涵

　　活潑開朗的生命性情，加上人類原始本性追逐遊戲的愛好，連帶使番民有活潑而舞動力強的肢體表現，亦形成番民文化的身體觀及宗教儀式。習慣於飲酒助興以歌唱、跳舞的番民，所帶動的歌舞形式不單表達番民基本情感需求，亦從生活遊戲提昇為以身體語言的表現族群儀式，象徵著部落文化凝結集體情感與意識的符號，康熙六十年（1721）來臺的黃叔璥〈漫記〉六首之第三、四首，記錄番民集體表現歌舞的儀式：

> 聚薪然火燭天衢，一嫗鳴金貓女趨。三椀鯨吞齊賜酒，合圍挽手共歌呼。

> 踏地分曹卻退行，團花簇錦鬥身輕。直前逞態蹁躚甚，高唱惟聞得得聲。

> ……臨發追攀不憚勞，行行為爾駐旌旄。蠻孃伏地齊聲唱，一步爭如一步高。

> 誰言異類不同群，煦嫗春溫未忍分。見說新名迴馬社，他年留紀海東雲。

這首詩乃黃叔璥寫於巡行至沙轆社正見番民獻歌舞以示歡迎的儀式，《臺海使槎錄》在此詩作前先記敘儀式的細節：「余北巡至沙轆，嘎即率各土官婦跪獻都都。番婦及貓女爲戲，衣錦紵、簪野花，一老嫗鳴金以爲進退之節。聚薪然火，光可燭天。番婦拱立，各給酒三大碗，一吸而盡。朱顏酡者絕鮮，挽手合圍，歌唱跳舞。繼復逐隊蹋地，先作退步，後則踴躍直前，齊聲歌呼，惟聞得得之聲。次早將還郡治，土官遠送，婦女咸跪道旁；俯首高唱，如誦佛聲。詢之通事，則云祝願步步得好處。一社攀送，有戀戀意。」〔註38〕末兩句即點出番民藉此儀式表達對官員敬重之心，從詩句與序文兩相對照，黃叔璥並未在詩作裡大加運用修辭技巧，僅以四句七詩古詩來濃縮整段事件，表達番民素樸卻眞誠的情感，詩句結構亦依序敘述儀程進行的先後秩序，先將番民特殊迎接官員的方式陳述出來「聚薪然火燭天衢，一嫗鳴金貓女趨」，番民的婦女主掌整個儀式進行，其中一嫗是儀式中的領袖，隨著她的指揮，一群穿戴鮮艷華麗的番女，圍著聚薪燃火的焰中，或跪、或拱立、或飲酒、或挽手合圍、或唱歌跳舞、或群逐後退踏步，再齊向前踴躍歡呼，舞群中間有鞦韆擺盪其中，盡情地施展地各種肢體語言表達對官員的熱情歡迎，其中每一動作環節含帶著集體意識情感，最終「齊賜酒」、「共歌呼」、「齊聲唱」共同沈浸於遊戲歡樂中，結合眾人的肢體秩序，形成與情感意志調和的感人畫面。作者經驗番民以唱歌跳舞的儀式，接受人情和諧的感情經驗，呼歌跳舞迅速運動的形式，作爲人際交誼的社會功能之用。於此詩中，番民的歌舞形式成爲一種象徵，是異族族類的文化符號，此文化符號傳達集體情感訊息，儀式中共同呈獻向官員賓客敬意，受感動的官員不禁發出讚嘆「誰言異類不同群，煦嫗春溫未忍分」，使源自遊戲活動的唱歌跳舞轉爲一種歡迎儀式，代表著番族人民熱情好客的文化儀式，如此溫情深深感動著黃叔璥。

唱歌舞蹈不僅是族人日常自由遊戲的活動，爲達到推動社會群眾共同遵守團體的目的，番民刻意穿戴特殊的服飾，異常的裝扮能爲儀式帶動起獨愼其事的氣氛，進行歌舞活動時，人如同進人另一個世界空間感，能引起與日常事物不同的感覺經驗，這近似「遊戲」形式的本質功能〔註39〕，以黃叔璥

〔註38〕黃叔璥，《臺海使槎錄》卷六、北路諸羅番八，南投：臺灣省文獻委員會，1999年版，頁129。

〔註39〕歌舞形式含游戲性質，從特殊裝飾的行爲模式及集體參與活動當中，具有推動社會團體形成的功能，如同荷蘭籍學者約翰‧赫伊津哈曾歸結游戲的形式特點之一：「（游戲）爲一種自由活動，作爲『不嚴肅的東西』有意識地獨立

〈晚次半線作〉局部紀載：

> 今茲半線遊，秀色欲與爭。林木正翁蓊，嵐光映晚晴。
> 重岡如迴抱，澗溪清一弘。里社數百家，對宇復望衡。
> 番長羅拜跪，竹綵兒童迎。女孃齊度曲，頫首款噫鳴。
> 瓔珞垂項領，跣足舞輕盈。……

此詩前半段以景渲染大自然原野氛圍，林木、嵐光、重崗、澗溪環繞著「里社數百家，對宇復望衡」，部落座落於自然原野中，以素樸綠野的氣息，凸出番民族群性格及文化屬性，「番長羅拜跪，竹綵兒童迎。女孃齊度曲，頫首款噫鳴。瓔珞垂項領，跣足舞輕盈。」番長羅跪、麻達以雙竹結綵以迎的文化儀式；其次，穿戴瑪瑙、瓔珞等裝飾品的番女歌舞形式：頫首款噫鳴、跣足舞輕盈，「數十人挽手而唱，歌呼蹋蹄，音頗哀怨」〔註40〕，挽手齊聲發出哀怨歌聲、赤足踢踏著輕盈舞步，按曲唱歌跳舞，番民社會裡藉著歌舞形式集體性地表現共同的生活訴求及情感傳達，部落裡齊聲共舞，族群觀念意識凝結，進而激發心靈情感的互動，如祭祀、婚宴、飲樂等宴會裡，歌唱舞蹈皆須「齊度曲」，一擺手一投足皆有行歌的節奏。

在官員印象裡，番民是一群生活在深山林野中，充滿綠意生氣、喜愛歌舞的族類，他們展現自然生命的活潑性格，將日常生活事物轉成歌舞形式來表達，康熙五十四年來臺的阮蔡文〈後壠〉記寫番民：「飲酒即高歌，其樂何衍衍」，詩句下作者自註：「番民多即事成歌」，即可知番民族類多倚賴活潑生動的身體語言形式將日常喜、怒、哀、樂的各種情緒傳達出。

宦臺者體察深山裡隱藏的身影發出難解的缺舌語音，從最初認知上的模糊不清，到對番民好歌舞的性格有了更深刻的認識與了解，體認到歌舞是番民文化的表徵，並且觀賞齊聲共舞的畫面，激起作者文學想像力，如上述詩作當女孃俯首投足時，這一動作姿態，引起作者的抽象意識：齊一、輕盈，整齊化一地低頭鳴唱，頸項上瑪瑙珠隨著赤足輕盈的舞步擺動著，以具體形象舞動出抽象的感覺經驗，使作者體驗了番民平衡擺盪的美感經驗。於是，

於『平常』生活，但同時又熱烈徹底地吸引著游戲者，它是一種與物質利益無益的活動，靠它不能獲得利潤；按照固定的規則和有秩序的方式，它有其自身特定時空界限。它推動社會團體的形成，這些團體傾向秘密色彩籠罩自身，並通過化裝或其他手段與普通世界相區別。」參見約翰‧赫伊津哈，《游戲的人》第一章，中國美術學院出版，1997 年版，頁 15。

〔註40〕黃叔璥，《臺海使槎錄》卷五，南投：臺灣省文獻委員會，1999 年版，頁 116。

視番民的歌舞形式爲文化表徵符號，感知番族是語音及肢體律動的民族，身體的感官能在群體面前自由敞開，並且形成整齊化一的美感。

這美感與番民活潑的生命性格有關，也是宦臺者付出同理心去感知番民歌舞才得以體會與了解，誠如卡西勒所認爲藝術作品的符號美感係因靠作者主體以相應的態度來把握動態過程〔註41〕。

康熙五十三年（1714）任諸羅縣令周鍾瑄寫〈番戲五首〉，以一種臨場感的敘述方式表達另一種相應於動態過程的態度：

> 蠻姬兩兩鬥新粧，蹀躞花陰學舞娘。珍重一天明月夜，春來底事爲人忙。
>
> 不搊檀板不吹笙，一點鉦聲一隊行。氣味何如初中酒，山花翠羽鬢邊橫。
>
> 聯翩把袖自歌呼，別樣風流絕世無。番調可知輸白雪，也應不似潑寒胡。
>
> 野氣森森欲曙天，維摩新病未成眠。空餘無限羅伽女，亂把天花散舞筵。
>
> 一曲蠻歌酒一卮，使君那惜醉淋漓。但令風物關王會，我欲從今學畫師。

這首詩有如一場觀戲的紀錄作品，作者以詩紀事，若以敘事視點來看，此詩採取第三者的外圍視點觀看全戲，企望以全景式視點照觀舞戲的現場，詩中關注的人物有三：一是番女、二是敲鐃的打擊樂隊、三是雙鬢花白的飲酒者，以此三者共同組成舞戲，其中以舞戲番女爲主角。時間是在某一個春天從白天到夜晚，裝扮豔麗的番女，手舞足蹈如同花陰下翩翩起舞的蝴蝶，爭妍鬥豔，極力地展現自己最亮眼的一面，舞動衣袖、自呼歌曲，口唱番調，卻不及「陽春白雪」——充滿活潑清新的旋律，賦予活力的節奏描繪了萬物生機盎然的春意景象，舞姿亦不似唐末的「潑寒胡戲」——結隊跳舞，觀者以水

〔註41〕卡西勒論藝術之美：「美不能根據它的單純被感知而被定義爲『被知覺的』，它必須根據心靈的能動性來定義，根據知覺活動功能並以這種功能的一種獨特傾向來定義。它不是由被動的知覺構成，而是一種知覺化的方式和過程。……美感就是對各種形式的動態生命力的敏感性，而這種生命力只有靠我們自身中的一種相應的動態過程才可能把握」。〔德〕恩斯特·卡西勒（Ernst Cassirer）、甘陽譯，《人論：人類文化哲學導引》第九章「藝術」，臺北：桂冠出版社，1997年版，頁221。

潑之，番女林林總總的舞蹈花樣，使作者聯想佛經中的「羅伽女」，爲病中維摩居士將花片散在其身，像似天女散花的舞筵，作者評語：「別樣風流絕世無」，體驗了難得一見的歌舞形式。

此詩番女詳盡述敘她們的舞姿變化，作者以中國戲曲來比擬，並以「陽春白雪」、「潑寒胡戲」、「天女散花」典故襯托番戲演出現場氛圍，特別是第三首用「天女散花」典故，自喻維摩居士整夜未成眠，郊野夜幕寒氣森森，而此時番女從夜幕低垂到曙光微亮進行徹夜的歌舞表演。同時，針對番戲中以番女作爲舞蹈主角，使其體認到番族以女性居於文化儀式主體位置的風俗。此風俗對作者而言，是一項文化觀念上的衝擊，雖然作者力圖保持客觀態度，仍不由自主地將舞戲番女與漢族舞曲「陽春白雪」、「天女散花」及「潑寒胡戲」作文化比較，並且評斷「番調可知輸白雪，也應不似潑寒胡」，可知作者是藉番族歌舞來反襯出漢族藝術的主觀優越感。

從周鍾瑄與黃叔璥書寫的歌舞形式來看，兩人皆關注著女性在番民文化的主體位置，如周鍾瑄的詩句「蠻姬兩兩鬥新粧，蹀躞花陰學舞娘」含具女性特質的活潑起舞，翩翩舞袖，是番族的代言者，展現輕盈、無拘無束，輕快活潑的美感。這種自由無拘束的生活美學，是番民歌舞文化符號的精神內涵，無論其他作品或周鍾瑄〈番戲五首〉、黃叔璥〈漫記〉、〈晚次半線作〉，都體認了女生在番族社會地位優於男性的事實，從番族女性自由地展現自我身影的圖像裡，女性開放地與族人參與部落歌舞禮儀，如「一曲蠻歌酒一卮，使君那惜醉淋漓」，透過歌酒這麼盡情而開懷地饗宴賓客，主客盡歡，郊野外充滿盡興歡愉的氛圍，可知番女在歌舞儀式裡被帶起的主角地位，象徵著該族群的社會屬性。

綜上所述，無論是番民個人式、集體式歌舞，此詩期的宦臺者皆共同凝視這生活文化現象與番民的民族性的關係。這種生活藝術與番民精神的融合，形成特殊的民族性，其符號秩序含有藝術自身所保有「形式的理性」，因此，透過官員對番民文化進一步的體察與認識後，顯現原住民天眞素樸、自由無拘、熱情活潑的歌舞形式，進而突顯番民歌舞符號呈現出番族以女性爲主體的社會特徵，將視之爲番族的文化符號形象特色。只是這種存在原住民族群裡的「形式的理性」，對於習慣於漢文明價值的官員而言，可謂藝術希奇古怪的幻象理性，是超乎宦臺者日常生活經驗的，此驚奇的視覺經驗也爲宦臺者所書寫詩歌帶來出奇不凡的效果，也是仕宦者遊歷臺灣過程中，必然會

開展出異文化之認知體驗的表現。

三、番民住屋文化符號的象徵意義

透過番民住屋形式，包含番民住屋的外圍空間與建物材質，以中原人士置身在番民的房屋及相關器物裡，體會著臺灣郊野地區人民百姓的居住方式，同時將空間感與秩序感、物質感、被安排在語言符號之內，形成風土詩歌另一類文化意義的符號形式，藉此符號形式體會番民文化結構的法則〔註42〕，從而思考番民所表達的建築語言蘊含著何種文化意義？

（一）番社通衢牖戶的空間寓意

人們從大自然環境裡搭蓋專屬於個人空間的「家屋」，使原始被自然母體包蔽的人類，將與大自然空間分隔而出。可是，人性不能全然遠離原始自然的本質，為保持人與萬物的互動關係，家屋建物開通對外的路，並且搭橋。當道路通衢愈來愈發達，人類生活裡的自然元素相對地愈被削減、掩蓋，同理，當橋體結構為負荷更大量承載量，人在其上的活動愈加頻繁時，原始自然的感覺逐漸在人心中被遺忘，取而代之的是，繁忙的人為活動及事業。相反的，沒有過多繁雜的人為活動，僅是單純地從大自然中尋得一塊可遮風蔽雨的空間，人仍舊保持依附在大自然裡的安和，此時建築物的相關設施其實是更簡便，依此觀點，藉著宦臺者筆下刻畫番社之路橋通道及門戶出口的設置情況，以了解番民心中如何會通人與自然的關係？同時，宦臺者又如何接受之？而這些通衢牖戶正是另類文化符徵。

1、危橋礙路

王兆陞〈郊行即事〉第三首描寫番民住屋室外與建物本身整體性的觀察：

> 危橋恣蟻渡，蓬室類蝸房。草詫胭脂紫，花聞月下香。
>
> 番榴生礙路，野鴂語誰鄉。觸目殊風景，車輪幾斷腸。

從視覺上體驗生活硬體設施「危橋恣蟻渡」、「蓬室類蝸房」、「番榴生礙路」，

〔註42〕卡西勒在〈符號形式的概念和符號形式的系統〉針對符號形式內蘊結構法則的觀點論述：「在宗教和神話中，在藝術和科學知識，也可以找到類似的『內在形式』。這一形式並不只意味著這些領域中特殊現象的總和或概要，而是指決定其結構的法則。誠然，我們只能通過對象本身的『抽象』出這一法則；但這一抽象過程就表明，法則是特殊物的內容和存在的必要構成因素」，〔德〕恩斯特・卡西勒（Ernst Cassirer）、于曉譯，《語言與神話》，臺北：桂冠出版社，1998年版，頁188～189。

是困窘不便、條件差的生活環境。「橋」：橋樑岌岌可危，僅能任憑白蟻侵蝕之；「室」：以蓬草蓋成，居住空間小如同蝸殼；「路」：人跡罕至，已是番石榴叢生漫延行道上。保有地方上原始野生的空間環境——野草上點染著胭脂紫花、月下淡雅清馨之香氣，焦點逐漸移至居民的自然語言如同「鳩語」，不知所云為何，語言溝通障礙，產生心靈情意共感的障礙，「語誰鄉」身處異域的陌生感，藉著「危橋」、「蓬室」……居住環境符號轉成情感符號，宦臺者體驗了荒野村落——番民居住環境，遠離人文繁榮城市文明的生活型態，進入屬於郊野荒地的部落裡，「危」、「蓬」、「礙」等措詞使官員記憶與新視覺經驗的落差情緒表達而出，從習於開發繁茂的城市景象等中原生活經驗，轉入原始素樸的自然生活世界。此外，這些語彙也是反應宦臺者建構番民住屋符號的意識觀念——小小的蝸居，以蓬草搭蓋，任憑橋樑被蟻蝕，沒有刻意修築通衢大道，反倒路面四處有野花野草任意生長。藉此「危橋」、「蓬室」、「蝸房」、「胭脂紫」、「月下香」、「礙路」、「野鳩鄉語」等諸符碼叢，串聯成破損簡窳住屋的符號形式，也指向自然素樸的生活特性。

詩句裡番民室外空間的符號形式——「危橋恣蟻渡，蓬室類蝸房，草詫胭脂紫，花聞月下香，番榴生礙路」，運用蟻蝕危橋的字詞，將搖搖欲墜之感置於傾斜的橋身中，整座橋身傾倒歪斜，加上活絡其中的蟻群的畫面，蟻群強力繁殖於人類居住地，使人跨向彼處、擴展活空間的中介工具「橋」即將不保，蟻蝕危橋涉及的不單是橋身，此符號也象徵著番民生活跨越生活領域、向他處謀生時，所能開展的空間受到限制，而住屋本身類以蝸居，狹小室內空間又是一限制，如此使詩中的詞彙，傾向於「郊行」主題上，雖有月下花香、醒目的紫胭脂，終究因困窘、局限的空間，及荒野蔓草的畫面，產生對空間環境的陌生感，使作者寫下「觸目殊風景，車輪幾斷腸」，觸目所及，異於平日習慣的景象，使自身感到存在的窘困不安。

2、短牖無門

門、牖的實際功能是為空間建築物出入口，又具由內向外開放的抽象意義，門及窗的開關設置是有限的內室空間使人欲探向外探尋的出口，有時轉喻為人的心靈之門向世界敞開的程度，陶淵明〈歸去來辭〉對門的思考：「園日涉以成趣，門雖設而常關」，獨自散步於田園可自成樂趣，但若要向外敞開房門卻顯頗有困難，虛應的人際社交失去了人的真誠本性，於是緊閉著心門，自處於屋內反更得以自由不拘。人思考住屋門窗的意義，從具體形象的掌握

提昇為抽象情志的達，門窗造形設計成為運用符號的一種方式。

康熙三十六年（1698）來臺灣採硫磺的郁永河〈途次牛罵社〉，針對臺灣高山多雨的地理特性，觀察番民如何以住屋符號形式對應自然風雨侵襲，從建物遮風蔽雨的實用功能審視窗牖的意義：

　　番社如蟻垤，茅簷壓路低。嵐風侵短牖，海霧襲重綈。

　　避雨從留屐，支床更著梯。前溪新漲阻，徙倚欲雞棲。

詩中第三、四句「嵐風侵短牖，海霧襲重綈」，「短牖」縮短窄小的窗框，可能為防止溼潤的山嵐水氣侵入室內而設計，但溼氣太重，難免受海霧襲擾，即使是身著「重綈」，厚厚的袍服仍是被侵潤。郁永河在此詩前有載此地溼氣重：「十三日，渡大溪，過沙轆社，至牛罵社，社屋隘甚，值雨過，殊溼。……十八日，又大雨，嵐氣盛甚，衣潤如洗；階前泥濘，足不得展，徘個帳結」〔註43〕據此敘述番社屋宇整體空間低矮狹隘，故寫出「茅簷壓路低」，至第五、六句「避雨從留屐，支床更著梯」下雨天時，人移入屋內，戶外床榻留下鞋屐，這究竟是什麼樣式居住文化？據郁永河述當時情景：「假番室牖外設榻，緣梯而登，雖無門闌，喜其高潔」，番民平日睡臥起居乃是在室外，除遇上風雨才避入狹小空間，作者喜愛番民得以敞開自身在透亮的大自然環境裡，無城牆遮攔的環境空間，突出環境高潔的美感。

於此詩中，作者觸及番民住屋文化，以住屋的窗牖門戶作為思考點，延申探入番民依自然風雨的拿捏建築住屋標準，透過郁永河察覺的「短牖」是取其實用保護功能而設計，但「無門」可謂是一種住屋文化符號的表徵，裡外的出入活動不採嚴密設置界限，形成詩中背後隱藏著住屋文化的對話，番民喜好貼近大自然，支床於無牆垣的天地之間，身體敞徉於自然。當漢人走入番社時，習人文制度的社會生活者，透過屋宇劃分室內室外之別，用門作為保護功能的界限，自然世界與人之間有著一道之隔，人的活動空間開始被規範、被固定。來到番社，郁永河體驗一種不固定空間的住屋，將自己擺在無設限的位置上，身體隨著風雨變化移動，隨著自然變化的現象，這對作者主觀經驗而言是不尋常的，「徙倚欲雞棲」如同雞棲一般隨時被驚動而飛起的比喻，反應作者對番民安身之所的觀感。

但無須門窗卻是番民生活型態的另一種情趣，敞開身心於大自然之中，沒有任何限制，番民住屋不考量與人之間的隔閡，人從大自然空間為建立家

〔註43〕郁永河，《裨海紀遊》卷中，臺北：臺灣銀行經濟研究室，1959年版。

屋空間時，屋室窗子短小、門戶無設，保持一種流通感，其實是另一種住屋品質的要求，誠如「高潔」居室感覺即是反應這樣的要求。唯分別來自不同文化建構的漢族，不是能夠即刻接受番民的「門戶」觀念，如何使番社住屋被宦臺者接受乃至能以客觀化的態度看待番民的生活世界，這是需要漸次性建構的過程來蘊釀生成的〔註 44〕，因此，初期來臺的仕宦者在巡行觀察時多有驚異難安的感覺，原因即在於此。

（二）茅草屋頂的屬性象徵

臺灣番民除了茅草屋之外，住在山巖洞的番民亦有，但這在宦臺詩作裡卻不是類型化的一種住屋符號，反倒是茅草屋成為官員經常書寫的對象，並營構出符號象徵意義。

建材關乎人類生活的原始根基，臺灣番民使用大自然的茅草作為構築材料質的，前引郁永河詩作第二句「茅簷壓路低」，寫出以茅草為材質搭建屋簷，柔軟的茅草，順著屋簷自然下垂，屋頂的高度拉近與人的視線幾能平齊，「壓路低」指向低矮的屋舍結構高度，亦指向番民對應生活態度。

宋永清〈番社〉一詩，以參差茅屋為軸點，番民開朗歡笑為背景渲染，含攝茅草符號的內容意義：

> 百里長征山徑紆，溪邊竹裏走番奴。蠻音雜沓聞鶇鳩，茅屋參差入畫圖。
>
> 裸體威儀存幅布，纏頭修飾喜生芻。有時客至呼兄弟，一笑頻斟打喇酥。

這首詩前三句是作者在臺經驗的紀實，經由紆迴不平的路途後，長征到百里山中，漸入番民的生活領域，眼見溪邊竹叢裡，有番民行走，耳聽如南蠻鴃舌的番語，看到眼前的畫面是：茅屋參差、裸體幅布、頭飾黃花，生活物資來自素樸的大地，縱然有人性的好美裝飾也取材自然。番民也頗熱情好客，見客人來就稱兄道弟，頻頻倒酒宴客的歡樂場面，顯出番民柔善開朗的一面，無輕易在人與人之間築起鴻溝，自然地與人融合相處，番民的性情近乎茅草

〔註 44〕卡西勒〈語言與藝術二〉認為文化是被建構而來的：「人的世界並不是作為某種現成的東西而存在的。它需要建構，需要通過人的心靈不斷努力才能建立起來。……我們所說的人類文化可以界定為我們人類經驗的漸次性的客觀化，可以界定為我們的感覺、我們的感情、我們的願望、我們的印象、我們的直覺體知和我們的思想觀念的客觀化」〔德〕恩斯特‧卡西勒（Ernst Cassirer）、于曉譯，《語言與神話》，臺北：桂冠出版社，1998 年版，頁 119。

天然屬性。

縱然茅草意象在宋永清的詩中似乎客觀存紀地輕描淡寫，但仍可將茅草建材指向番民住屋文化的象徵符碼，因詩中「山徑」、「溪邊」、「竹裡」的自然環境到番民宴樂歡笑的聲音，將各句分散的語意加以整合，可得出符號面貌──茅草雖非堅固之物，卻是源自天然草木的生命本質，如同番民保有自然純樸的原始野性，人順隨自然的生命態度，從番民部落中茅屋參差不齊的視覺外觀，以及「壓路低」茅草建材的低微柔順屬性，可體會出番民處世態度不是予人壓迫感，反倒是「有時客至呼兄弟」，輕鬆地與人的關係存著柔和融會的共處意識，這是番民素樸性格所致，而這樣的性格對宦臺者而言，也是一種放鬆，齊體物〈臺灣雜詠〉：「傀儡番居傀儡深，豈知堯舜在當今。含哺鼓腹松篁下，盛治無由格野心」，即描寫他在臺治理番民的感受如同當年的堯舜，鼓腹而遊、無為而治。又周鍾瑄康熙五十三年（1714）上滿總制書也提及：「番俗醇樸，太古之遺」〔註45〕，番民的純善樸拙性情，無形中成為宦臺者建構番民文化符號的內在質的。

但有時樸拙的番民不盡然會引起官員的欣賞，此詩中宋永清以「番奴」稱呼番民實隱含官民階級觀，並加諸於對番民生活世界的觀察裡，近似薩伊德〈世界‧文本‧批評家〉〔註46〕所謂種族中心的權威觀點，將自己的價值觀點加諸其他文化，支配之，此詩裡，宋永清帶入自我本位的觀點，將官與民的上下位階落入荒野深林的番民生活世界裡，以自尊之姿表達感官覺受，定位番民為「奴」，是被使喚、奴役的族類，視番語為雜沓、不純的邊緣語言，宋永清的支配觀點以旁觀記實方式錄製番民人情交誼的方式，但也因缺少作者主體的融入感受，代表番民性情的茅草屬性，未被作者真正的體會、亦未成為詩中感官覺受的重點。

茅草的另外一種性質，韌性強、輕柔，風吹即動，陳夢林〈丁酉（1717）正月初五夜羅山署中大風次早風歇飲酒紀之以詩〉即以此題寫茅草屬性：

　　……因憶去年臘月初，番仔渡頭朔風烈。番社紛紛亂捲茅，竹樹倒

〔註45〕 方豪，〈康熙五十三年測繪臺灣地圖考〉，《方豪六十自訂稿》，臺北：著者發行，1969 年版，頁 591。

〔註46〕 薩伊德，〈世界‧文本‧批評家〉一文結論：「一元中心論是與種族中心論同時發生作用的一種概念，因為種族中心特許一種文化把自己的某些價值標準看作是支配其他文化的特殊的權威。」，《二十世紀西方美學經典文本》第四卷，上海：復旦大學出版社，2000 年版，頁 274。

披梢半折。

耳鼻填沙眼怕開，行人卻走馬鼇鼇。山溪狂似海波潮，溪水冷於軸
頭鐵。

雙犢亂流車苦遲，番兒強鞁膚破裂。下馬停車權息肩，店舍無煙酒
不熱。

番兒力盡凍且僵，呼起聊為哺與啜。可憐幅布半圍身，青錢那惜恣
饕餮。

此時如我敢言寒，猶有敝裘重補綴。況復今朝風已春，窗明几淨椒
盤新。

水仙香發綠尊滿，春冷無眠奚足嚚。風波自古仗忠信，念爾孤蓬海
上人。

經歷一次風雨天災促使陳夢林以人道觀點，體恤番兒忍受風寒的軟弱之軀，
冬天遇上風雨，番社外觀茅草紛亂飛捲的樣子，周邊竹枝折斷倒披在茅草上，
山溪狂捲近似海波浪潮……狂風暴雨的各景象，對映著番兒強鞁磨蹭的牛
犢，及僅著半圍幅布受寒受凍的身影，風雨飄搖中的番兒，忍受風吹雨淋的
侵襲，如同風之殘燭，更如同輕薄茅草，使陳夢林不禁生起悲憫之情，更甚
而自覺慚愧「此時如我敢言寒，猶有敝裘重補綴」。雖為一段路程而紀事，卻
也突顯番民生活風雨危難中的生命景況，與大自然中茅草的性質貼合，沒有
充裕的生活物資，隨著風吹而草動，但堅毅的意志力與惡劣環境相抗，表現
柔弱勝剛強的生命力。

　　有時茅草屋的意境顯出一種平凡而不甚起眼的樣子，沒有刻意突出的原
始建材的屬性及造形，或特意強調外形的表現力，僅保持自然本色，黃叔璥
〈番社雜詠〉「作室」一首即記錄番民如何用茅草等建材建造屋宇的方式：

劉竹為椽扇縛笩，空擎梁上始編茅。落成合社欣相賀，席地壺漿笑
語高。

「七絕」短詩中將番民建屋形式及部落齊相祝賀的觀樂心情寫出。建物所用
的材料有二：竹、茅草，以竹建屋宇樑柱，以茅草搭蓋其上，顯出番民生活
素材取向：簡樸、原始自然；詩末二句「落成合社欣相賀，席地壺漿笑語高」
當住屋建成後，在番社裡充滿歡呼慶賀的聲音，因番民安身立命、通風涼爽
的竹編茅草屋住屋完成。詩中記錄建物符碼如何被拼貼成形，以竹為椽、扇、
樑結成簡明的線條構造，茅草成為屋頂的覆蓋，全使用簡樸的自然建材。整

體的符號形式表徵了人的生理需求，從而養成爲內在情性的特質，從簡樸原始的建物得到安適自足的「欣相賀」、「笑語高」開朗和善的性情。

　　總此所述的茅草屋頂之符號象徵，無論是宋永清、陳夢林、黃叔璥的詩作，皆著力於紀實方式呈現番民住屋，有些詩句雖僅止零星地點畫「茅草」於屋宇的形象，但統合著詩作之上下文的語義，番民屬性以「茅草」爲喻是可成立的，這類臺灣最早的先住民，各個時期經歷過不同外來者之侵擾，然其順處自然、柔弱見剛強、安於簡樸單純而養成樂天知命的內在性情，得以應變不同人事紛擾，才使詩人筆下頻頻紀錄到番民的生活中充滿了笑聲。因此，筆者將「茅草」原屬中性詞，轉成一具抽象意旨的符號，用以闡釋番民生命的抽象特性，證明詩歌符號形式，有其可成立的空間。

第三節　康熙仕宦者形構臺灣風土符號的審美意識

　　康熙初領臺灣，仕宦者面對異域臺灣究竟以何種觀點審視風土俗物產等符號？誠如前言所述，統治者利用政治優勢以內涵化的方式或審視觀點來操縱符指與意指之間的關係，其中所隱含的意識型態，正是統治者運用符號書寫權力時，把符合自身利益的內涵意指覆蓋到素樸的外延符號之上的手法，此內涵化的手法也便成爲一個製造意識形態的規則。這製造意識的規則對康熙官員而言，是否成型，或者是否皆自覺而刻意地製造，尚待探究；但無可否認，仕宦者認知臺灣人文物產時，確實皆將之當作符號來編輯，這可從風土符分類討論中得知，至於，宦臺者如何看待這些風土符號？筆者將在本節討論。

一、清治初期臺灣風土文化符號的形構方式

　　據卡西勒符號美學觀的主張，認爲創造各種可感覺的符號體系確實是心靈純粹的活動，在心靈內在發展過程中，符號是認識客觀事物的第一步和最初表現，所意識內容會第一次停頓之後的符號，其某種持久穩定的東西將被確定並突顯出來，並使內容與符號之間獲得新的永存關係﹝註 47﹞。因此，符

﹝註47﹞卡西勒〈「表象」問題和意識的結構〉一文，〔德〕恩斯特·卡西勒（Ernst Cassirer）；甘陽譯，《人論：人類文化哲學導引》，臺北：桂冠出版社，1997年版，頁 198～199。

號是宦臺官員認識臺灣土風民俗後轉向心靈意識流動的承載體，而這在方志已初見符號運用的端倪，進入詩歌作品書寫後，官員習用的思惟模式再次展現，只是他們如何將符號更趨近於詩歌藝術層面的追求與琢磨？

（一）方志中的符號建構

《臺灣府志》卷七・風土志的末段「總論」記載：「古者，輶軒所至，遍歷十五國之郊原。非好勞也，蓋陳詩以觀民風，雖繪圖以進，不踰於是。」〔註48〕過去的臺灣不見於史冊，清廷統領後欲使臺灣從邊蠻之地進入沾濡儒教文風的區域，考察臺灣風土民情如同當年輶軒徧歷十五國風一般。領臺之初，仕宦者觀風問俗，將田野調查所得記錄下來，使陌生事物更具象化，他們往往採取圖象符號的思惟來描述絕域島嶼的諸多事物，使偏遠地方之事物能歷歷在目，並且達到「登大一統之隆」文化改造的理想，這是方志繪記圖象的目的，同時也已扣緊了文化符號如何在記錄過程中被建構的問題。因而，先思考清領臺之初的宦臺者如何定義「風土」，或者他們的「風土」觀為何？才得以知悉他們如何反應所觀察的現實世界，以與自己所感知的範疇相扣合，並創造文化符號。

「風土」，原意為氣候與土宜，是民風土俗之概稱。「臺灣風土」是否亦框限於此定義之中？究竟其所含括的內容為何？首先從臺灣方志中的「風土志」之編輯分類及其序論著手，以了解康熙時宦臺者如何針對臺灣之特殊需要而調整「風土」一詞的義界。康熙時官修方志主要有七部，在此依方志的體例及細目，釐出當時風土志採編內容的異同，這可反映當時人對「臺灣風土」的認知範圍，及風土志編修與風土詩書寫的取材範圍，從而確定康熙時期「臺灣風土」的定義及風土符號分類編輯的準則。

試比較康熙時期臺灣七部方志之風土分類及編目：

方志及著者	著作時間	風土綱目編纂及其錄述情況
蔣毓英《臺灣府志》〔註49〕	康熙二十四年（1685）	卷四、物產，又細述稻、麥菽、蔬、果……之屬類。 卷五、風俗，先統述臺灣社會風俗如賭博，再另立一類土番風俗。 另外，歲時列入卷六中。

〔註48〕高拱乾，《臺灣府志》卷七，臺灣大通書局，頁206。
〔註49〕〔清〕蔣毓英；楊碧笙校注，《臺灣府志校注》，原上海圖書館藏，廈門：廈門大學出版社，1985年版。

林謙光《臺灣紀略》〔註50〕	康熙二十四年（1685）	風俗、物產各立一類，並無細目。 風俗，多記番人生活、禮儀、社會等風俗。 物產，記鳥、獸、魚、蟲、果、花、木、草、鹽等類。
高拱乾《臺灣府志》〔註51〕	康熙三十五年（1969）	風土志分為七項：漢人風俗、土番風俗、氣候、歲時、風信、潮汐、土產。
周鍾瑄《諸羅縣志》〔註52〕	康熙五十五年（1716）	風俗分三大項： 一、漢俗，衣食、婚姻喪祭、雜俗、歲時 二、番俗，狀貌、服飾、飲食、廬舍、器物、雜俗、方言（各社音多不同略舉其概） 附、氣候
周元文《重修臺灣府志》	康熙五十七年（1718）	風土志分為七項：漢人風俗、土番風俗、氣候、歲時、風信、潮汐、土產。
王禮《臺灣縣志》	康熙五十八年（1719）	無風俗志，卷一輿地志包含項目，有土產（穀、麥、麥稷、菽、蔬、果、藥、花、草、木）、風俗（只有漢人婚喪禮俗、雜俗）、氣候、歲時、風信、潮汐、
李丕煜《鳳山縣志》	康熙五十八年（1719）	風土志分為七項：漢俗、土俗（附廬舍器用）、氣候、歲時、風信、潮汐、物產。

　　從表中，看到七部方志的編目，康熙二十四年蔣毓英與林謙光二部作品，編目較粗疏，內容編輯尚未成系統，一方面可能對風土種類屬性的掌握尚不熟悉，另方面初闢之地，百廢待舉，一切尚在摸索狀態。其他五部方志則稍有編目系統的樣貌，已能夠分門別類地指出對各種風土的認知。

　　自高拱乾《臺灣府志》起分類已明確，且依不同屬性分判其種類的觀念趨於穩固，而後周元文、李丕煜所編風土志編目大抵與此相近，這是因三者皆為同一方志型態的緣故〔註53〕，其採列項目：漢人風俗、土番風俗、氣候、歲時、風信、潮汐、土產皆記錄實物。這些分列的項目是包含人的習慣屬性、自然天氣變化紀錄及土地生產之物的分類，同時這些分類也是他們循著對「風土」意義的認知而加以掌握的，並將分門別類後的民俗物產逐漸變成符

〔註50〕林謙光，《臺灣紀略》，臺北：眾文出版社，1979 年版。
〔註51〕高拱乾，《臺灣府志》卷七，臺灣大通書局。
〔註52〕陳夢林，《諸羅縣志》卷八，臺灣大通書局，頁 135。
〔註53〕據方豪〈記新抄苗栗縣志兼論臺灣方志的型態〉一文指出，臺灣方志可分為四型：高志型（又稱草創型）、諸羅志型、淡水志型、采訪冊型。本文羅列康熙時期七部方志，則屬前二者範圍型態，故明確可知高志、周志及李丕煜《鳳山縣志》體例一樣，風土志的編目亦相仿。引自《方豪六十自定稿》，臺北：著者發行，1969 年版，頁 1047。

號或符碼。高拱乾《臺灣府志》卷七風土志序言：

> 世代之遞遷者，人事也；氣化之變更者，天時也。天時有消長，而
> 人事之盛衰因之。昔三代盛時，風清俗美，蔑以加矣。洎乎叔季，
> 若齊、若魯，有禮教、有功利、有信義、有夸詐，非風俗盛衰之一
> 驗乎？旦呼吸之氣，上通帝座，春無愆陽、夏無伏陰；歲時伏臘，
> 置酒烹羔，致足樂也。若夫風有氣而無質，南風柔弱、北風剛勁，
> 各有所尚。故颶風不作，則海不揚波；撫安流之襟帶，而知中國有
> 聖人焉！於是方物畢獻，而山海效靈。凡所以蔚為物華者，莫不隨
> 地而生。作風土志。

人事變化，與四時天道消長同呼吸，天然四時風調雨順，萬物則隨地而生，
物貌繁華，則人民按歲時收成，置酒熟羊，足以安樂民居。以寫實方式紀錄
民情習俗特點，縮合地方性的物產屬類，可知悉臺灣天時年歲運轉之道，及
風土物產乃隨地而生之理，並認為歲時、地物、人事三者息息相關。另一部
同樣採取高志體的方志——李丕煜《鳳山縣志》卷七風土志亦採人事與天道
互為作用形成地方風土的觀念，分七項：漢俗、土俗、氣候、歲時、風信、
潮汐、物產編志，序言：

> 風之行也自上，俗之成也自下。然而五方之嗜好不同，四時之消長
> 亦異。惟劑於中和，使無愆伏之患；示以樽櫛，用追康阜之隆。庶
> 乎時既若而地效靈、因之波不揚而海清晏；則太和已在宇宙，而熙
> 皞可望唐虞。於以徵一道同風之盛也，顧不休與！志風土。

作者誇顯朝廷和地方差異的盛世政治，在其泛政治的語意之下，有意識地以
「地方性」當作編風土志的動機，因各地四時消長不同，各有嗜好差異，遂
詳徵臺灣地方異域風俗，調以中和之道。風土乃是誌地域之異，於是，方志
的功能便是記載其間的「差異性」，如漢俗與土俗有異、臺灣的歲時與風信、
潮汐與中原有別，土地物產亦隨氣候時序而有所不同，符號的運用正是將「差
異性」標誌出來。顯見，高志三部方志的「風土」即從氣候與土宜、民風土
俗的原義，而以此來標誌各種文化符號，呈顯地利、天時與人和三者共同生
成的地方土俗風氣之特殊性，如高拱乾記敘「漢人風俗」其中一項：「田園皆
平原沃野，歲僅一熟；非凶年，可以無饑。三邑之民，務本之外，牽車服賈
已而，揚帆渡濟」〔註54〕，田野稻穀每年一收，設若不遇凶年則人民衣食足

〔註54〕高拱乾，《臺灣府志》，臺灣大通書局，頁186。

夠，平日的交通工具也與自然環境有關，或牽車或揚帆，對民間生活描述扣著環境與人的關係。另以記敘「氣候」爲例，「鳳山以南至下淡水等處，蚤夜東風盛發，及晡鬱熱，入夜寒涼，冷熱失宜。又水土多瘴，人民易染疾病」〔註55〕記寫氣候時亦考察對人體健康有何影響。因此，風土志書寫著重於天、地、人整體環境的生存條件之評估，以期能分別出臺灣風俗之特殊性，供中原人士辨析，這也是方志運用符號分類的動機。

另外，李丕煜的這段文字裡提及地方風土本身具有「差異性」，究竟「異」的意識與風土符號書寫有何關係？在辨析各種風土時，將不同民俗物產進行符號分類編目，設定其自然或社會屬性，並針對風土民俗的不同意義、不同的功能途徑，給予定位，爲蒙昧不明的世界找到人如何接近及認識的秩序及方法，使人經由此途徑更能因了解而適應。當然這被漢人設定的模式，有其盲點疏漏之處，甚至認知內容有其危險性〔註56〕，但對於官員而言，卻是要進入新闢之地治理的方便途徑。風土書寫所創造的符號具有事物功能區分的意義，並促使人思考如何掌握民情物產的條件以因時制宜，並且思考未來如何謀生與開發的問題，也因這些條件的考量，以進行風土的符號編輯。

康熙時的七部方志，呈現出較特殊的風土觀是周鍾瑄等編纂的《諸羅縣志》，這部方志改風土爲風俗，如上表所見其編目屬性將風俗分爲三項：漢俗、番俗、另附氣候，其中尤其不同的是番俗的細目陳列：狀貌、服飾、飲食、廬舍、器物、雜俗、方言，將番民部落生活層面作更細地描繪記錄，尤其特別的是描繪面容樣貌，並以漢字記音的方式記錄語言，這近乎於現代人類文化學的田野調查，是此部風俗志特出之處。又其「序言」論及：

> 「漢志」以剛柔不同，繫水土之風氣，謂之風；好惡取舍，隨君上
> 之情欲，謂之俗。故曰：『聖王在上，必移其本而易其末，壹之廔中

〔註55〕高拱乾，《臺灣府志》，臺灣大通書局，頁190。

〔註56〕以所謂文明人的眼光看原始社會，被邊緣化的臺灣島，不免被框限在狹小認知裡，以致忽視回歸原始族本位思考，導致無法眞切體察該文化脈絡及內涵，如同李維・史特勞斯，《野性的思惟》討論動物類別與圖騰神話關係所述：「人們不無理由地說，原始社會把它們的部落集團的界限當成是人類的邊界，而把它們之外的一切人都看成是外人，即骯髒、粗鄙的低等人，甚至是非人：危險的野獸或鬼怪。這種情況往往屬實，但這種說法卻忽略了圖騰分類的基本功能之一，就是打破集團的財我封閉，並促進一種無界域的人類觀念的形成。」《野性的思惟》第六章「普遍化和個別化」，臺北：聯經出版社，1998年版，頁206。

和，然後王教成也』。夫陰陽、寒暑從乎天，水泉、草木從乎地；含
生之類，象而生之以成俗。非聖人爲之經緯，曷由化行而俗美乎？
諸海外屬邑，風氣固殊，番漢錯居，情欲迥異。

作爲種族文化探究的用意隱然浮現，《諸羅縣志》不單從物質實用意義考量風
土意義，「風」乃是水土風氣，「俗」指人的情欲好惡，天地循環，滋生萬物，
衍生漢番民族對生活有不同的欲望與需求。將風俗與人的情欲縮結來思考，
人的情欲發出又與天地環境生息相關，故不同族群風俗習慣的形成，其中的
關鍵因素是——人的欲望。作者從人的欲望觀點脫離前文所述天、地、人三
者對等關係的所形成風俗觀，採取「諸海外屬邑，風氣固殊，番漢錯居，情
欲迥異」，人雖亦是天地含生之類，但人的意志足使萬物現象形成民間風俗氣
象，故古代有聖哲賢明管理萬事萬物，才得以化行俗美。《諸羅縣志》不採「風
土」一詞改爲「風俗」，其著重人的探察，大地物種生息乃爲人的意志情感所
掌管，於是，風俗文化內容，婚喪冠禮、衣食習慣、長相語音……，以人爲
主所形成集體生活風氣，其文化風俗裡構成的符號，是著重表達族群文化精
神特徵的語言。

　　上述康熙時臺灣方志所反映的風土認知觀，皆以爲土風民俗乃是人與萬
物互爲關係，循環運作而生成。唯一不同的是《諸羅縣志》特別觀察臺灣原
住民的種性特點，焦點置於「人」的觀察，雖不離前述成風土民情的諸項要
件，但其以人爲主要焦點的原因是，康熙時比起其他三邑，諸羅縣屬於臺灣
島上原住民最多的荒野之地〔註57〕，政治勢力尚未深入探勘開發，這地區的
土地開發，需到雍正、乾隆年間設置更細的郡治之後才開始有更多的政治資
源進入，且加以治理〔註58〕。諸羅縣於康熙年間仍有觀察了解原住民文化的
必要性，遂趨使周鍾瑄等編《諸羅縣志》著力於探掘原住民文化系統或內涵
的特徵與分類，來建構民風土俗的形象符號。

〔註57〕 據連雅堂，《臺灣通史》卷三‧「經營紀」記載康熙五十四年總督滿保上奏當
時臺灣番社數，顯見諸羅縣番民數最多：「自入版圖以來，所有鳳山縣之熟番
力力等十二社；諸羅縣之熟番蕭龍等三十四社，……」，臺北：黎明文化事業
股份有限公司，1985 年版，頁 57～58。

〔註58〕 尹章義，〈新莊巡檢之設置及其職權與功能〉一文針對新莊巡檢的設置爲例來
說明北臺灣的開發時間與設置分守過程，可知在朱一貴事件之後朝廷才正視
北臺，並於雍正年以後才設置分官，收於尹章義，《臺灣開發史研究》，臺北：
聯經出版社，1989 年版，頁 279～347。

（二）「風土志」與「風土詩」符號書寫的差異

風土志及風土詩乃是宦臺者將文化語言記錄，供給朝廷了解，發揮傳達符號信息功能的書寫載體，皆是透過風土的分類編目，再以對應符碼加以標誌，爲臺灣風俗及物產進行整序編輯的工作。在這秩序化的過程裡，每一個符碼蘊育著宦臺者對臺灣物產及原住民文化有某一程度的認知與了解，包括對人與自然環境、人的情欲映照成風俗民情。

雖然風土志與風土詩皆是文字記錄臺灣風土，但風土詩的寫作可彌補方志體例的限制，方志編纂須據實以報，即須客觀紀錄具象的實物及情形，不如詩歌能有自由想像空間，詠「風土詩」時，作者雖同是記錄風土題材，包括番民的生活、禮儀、歲時、信仰，臺灣地方土產稻、麥、黍稷、菽、蔬、果，加上風信、潮汐、氣候……各樣奇殊題材，皆爲詩人下筆刻摹的對象，但與風土志不同的是，風土詩中運用符號時如何將實物題材作其他面向的闡發，並融入作者抽象思惟，及親身經驗的臨場感，使人的情感對應在眞實環境中被發酵，在詩作中被顯現。換言之，更多以人爲主的成份融會於風土題材當中，作爲書寫內容之一，即使是客觀自然之物，也注入人的情感、意志於對象物上，使得感官覺受素材在風土詩中顯得較突出。

曾有論者提出清時領臺官員采擷風俗書寫方志時，視被采風之客體爲奇風異俗，而采風之主體——作者自身如何認知才是影響「番社采風圖」形成的主要機制，因此，清時的采風圖在寫實圖繪之餘，難脫類型化、象徵化的手法〔註 59〕。由於清初領臺者對臺灣的認知因著對環境的生疏，且挾帶著本位的觀點，所形構的臺灣番俗采風圖樣並非原型原貌，乃是在眞實與非眞實之間揣摹臺灣番社面貌的，故使論者認爲當時番社圖象的繪製者乃是持寫實與象徵並存的態度來紀錄番俗的。若此書寫方志都已不免介於眞實於非眞實之際，更何況詩歌的符號形式其抽象屬性更強烈，宦臺者書寫風土民情之詩作，縱然欲從敘事紀實的角度寫作，然而含概於實用之外所形成的象徵意義，風土詩作更具可開掘的空間。筆者認同此寫實與象徵並存的審視觀念，宦臺者在經驗事物時，不單僅是事物面的觀察，亦會有感覺經驗的觸發，特別是

〔註 59〕詹素娟，〈文化符碼與歷史圖象——再看《番社采風圖》〉：「『采風』的客體被視爲『奇風異俗』的『非漢異己』是在創製過程中沈默無聲的被改造者；『采風』的主體、主體的認知，才是《番社采風圖》之『所以如何』的機制。而這也是《番社采風圖》寫實之餘，難脫類型化、象徵化的關鍵」，引自《古今論衡》第二期，中央研究院歷史語言所出版，1999 年 6 月版，頁 16。

有些風俗民情的事物，不是作者有限認知可完全理解的，這段不被理解的「空白」也往往是作者填補個人感覺經驗之處，而且以抒情性的詩歌語言形構認知後世界的符號形式，表現風土文化的各種現象，得以融入文化現象中的抽象觀感，於文字中再現其風土物產的具體形象。

也因此康熙年間的宦臺者經過下鄉巡行、採風問俗之後，轉化對實物原來的客觀摹寫而進入詩歌體例中，高拱乾〈東寧雜詠〉第十首提及：「擬攜片石安歸棹，聊訂新編當採風。此去中原詢異事，仙桃長對佛桑紅」返回中原時為向故鄉親舊陳述臺島的奇聞異事，無論是採風片石，或是仙桃、紅佛桑，最初每一事物即使經由宦臺者力圖描摹實物，摹仿而後再現，這過程裡，官員擇取風土事物中突出「異」的美感經驗，結合個人想像，使原具有實用性的土俗風物轉而成為內蘊抽象意義。風土詩中文化符號具象徵內涵，同此時仕宦者注重實用觀念意識亦夾雜於每個再現的符號之中，唯此其中宦臺者對符號選擇的態度，影響了符號內容的深度，這也正是前二節的風土詩作內容所見，有時仕宦者會將物產的經濟開發利用條件加以探索與了解，但同此時，臺灣物產本身自具的審美特質，亦吸引仕宦者油然發揮內心的詩文才情，二者融合為一符號的內在規範，以形塑他們眼中的臺灣風土形象。

（三）風土詩人對符號的選擇

風土詩寫作與風土志記錄分屬不同體裁，官員來臺觀察風土民情，一部分以方志「紀實」的手法書寫，另一關於感覺經驗的部分，作者則更可能以書寫的內心覺受的詩歌來表現。在審美過程中，作者會選擇對應當下內心情感的風土題材，來表達抽象的感覺經驗，換言之，文本形成之前，作者企望重整一些題材，透過詩歌書寫展現新的符號形象，「選擇」便成為書寫過程裡的關鍵，俄國記號詩學學者洛德曼曾提到：作者不僅能在現實世界的不同的片斷裡作選擇，並可在不同的結構模式上作選擇，作者不僅能在其藝術語言裡相等的局部裡作選擇，並可在不同的藝術語言裡作選擇。〔註 60〕因此，作者能從現實世界裡找到一個重整世界的方式，這方式是在文學藝術世界裡被允許的，並非機械地反應客觀世界的秩序，乃是經「選擇」的動作，重構一個屬於文學自身的新秩序，但又不離外在現實。換言之，作者書寫時，會超乎方志作者僅記錄現實的人、物、事的手法，反倒從自然語言中現實材料來選擇、轉化能夠傳達新訊息的「變異體」——詩歌，雖模寫自然實體之物，

〔註60〕古添洪，《記號詩學》，臺北：東大圖書公司，1984 年版，頁 135。

但經由選擇之後,便有陶冶、鍛鍊及矯改的工夫含在其中了,如此,宦臺者不只單純客觀地報導了地方風俗,亦在表達主觀評論與感情時,發揮詩歌作者專擅的想像力,將原本屬實的對象物,佐以抽象的情感或意志,運用虛實交互穿插的手法,連貫呈現對象物的各面符號特點,構成臺灣風土的符號形象。

又詩歌作品所書寫的風土題材應如何書寫,其實已規範了對象物什麼可被覺知,又什麼是不被覺知,這就涉及作者對對象物的認同的態度。因作者認同態度的取向,加上作者為傳達審視世界的觀點,達成理念宣傳的效果,以致作者書寫某物時會佐以文學性的語言強調它,改變了原來在自然語言下的樣貌,進而構成符號形式底下的是非對錯的意識型態。換言之,作者會尋找相應的符號形式來表達他的審美觀點,使內心蘊含觀點外顯世界,這正是卡西勒所言每一種符號形式都選定一特殊的角度,並在其中構成自身的「實在」面貌〔註 61〕。因此,康熙時宦臺詩作者有個人不同的書寫風格,亦有共同趨向的觀念意識含蘊於符號形式當中,以表達當時代中原官員如何思考臺灣文化、民情、風物、土產等事物。由是觀之,闡析風土詩作及其中的文化符號時,可看到宦臺者共同擇取題材的集合區域,這部分流露出康熙時仕宦者對風土符號內延意義的主觀情意所在,亦即他們借著臺灣文化的原始符號衍繹出他們眼中具代表性的文化符旨,同時使自然的對象物兼具主觀審美趨向,來表達他們審視臺灣的特殊視角與審美觀點。這點也可看出宦臺詩人對番民文化符號的選擇與書寫,其實是有條件地選擇,當康熙時來臺官員最初審視番民文化時,已多少感知到番民文化有其自身的獨立性,這可從他們的詩作表現可知,如黃叔璥懂得欣賞番民文身的畫工之美,但有些官員仍趨附漢文本位意識,亦不避諱地指陳批評、甚至是醜化番民文化符號的特徵,而如是的仕宦者保持著中原官方的本位立場,在選擇風土題材建構符號時,受意識型態的驅使是會以部分代替全部,將臺灣番民美善面給遮掩了,反突出不符合漢文價值標準的一面,並且,於書寫這類文化符號時夾雜文化批評的現象,如孫元衡〈裸人叢笑篇〉一連串的組詩即如此。

選擇後的重組,卻多少喪失了番民的文化「真面目」。若再加上詩歌語言是從日常語言進化提鍊而成的,作者運用這些風土題材寫作詩歌,不會將現

〔註 61〕 〔德〕恩斯特‧卡西勒(Ernst Cassirer);于曉譯,〈符號形式的概念和符號形式的系統〉,《語言與神話》,臺北:桂冠出版社,1998 年版,頁 185。

實題材的完整性表現於作品中。換言之，風土題材被寫成詩作時，符號形象已從現實世界的樣貌裡被改變，若又通過現實世界的價值系統中來確定符號的內容意義，則詩歌中的符號形象，經由宦臺者的認知選擇、重構出的臺灣風土面貌，僅可謂是當時代的特定產物，必定無法代表全部。

如是，必須了解到康熙時代宦臺者對環境認知是處於混沌未明的狀態，但他們的責任又須將臺灣各類奇風異俗之導入各從其類的秩序模式裡，因此，藉著符號編碼是可以使之成為一個可遵循的系統規則。在此情況之下，認知對象使作者收納了周邊環境的相關於符號訊息，經由作者主觀的過濾、選擇及規範，蘊涵符號內在意義內容，並藉著語言文字的書寫，達到訊息傳遞的目的，以應「期待讀者」的需求，如中原的朝廷君臣等期望認識邊陲臺灣的奇聞異事。因此，沿用洛德曼所認為的——文學為二度規範系統，可了解風土詩的符號形象如何從自然語境而來：任何一個語言，也就是任何一個記號系統，都有著規範的功能。記號系統給予我們它獨特的一套語彙及結構以塑造我們對現實世界的視覺，於是，現實世界被納入記號系統的模式裡，並受我們的思想行為模式的規範與控制，書寫二度規範後的文學作品。〔註62〕作者為了規範與控制，運用語言符號系統編整了自然的環境面貌成為一種秩序，藉語彙創造規範感官經驗之下現實世界的樣貌〔註63〕，使原本客觀存在之物，加入主觀的摹想與創造，符號的選擇與創造則關連著仕宦者所持的審美態度與意識，透過符號思惟的運用將現實的對象物創造出符號形式，是對自我存在與客觀之物交會思考的結果：符號形式中含帶著人的意識、抽象認知及情感再現，符號形式的創造過程即是人感知理解自己的過程，「在任何一個自由設計的記號中，人的精神既理解它的對象同時又理解它自身及它自己的構造規則」〔註64〕在創造感知之物的符號時，人也會反思自身存在於世界的意義為何？並且找出構造世界的規則。因此，語言文字產生於主觀與客觀兩極相接的地方，是作者將「自我」和「世界」重新選擇而綜合呈現於形式

〔註62〕 古添洪，〈洛德曼的詩篇結構〉，《記號詩學》，臺北：東大圖書公司，1984年版，頁119。

〔註63〕 古添洪，〈試擬王維「輞川十二首」的二度規範系統〉論述「規範系統」（modelling system）是人們間接以記號規範行為的內在化過程，《記號詩學》，同上註，頁233。

〔註64〕 〔德〕恩斯特‧卡西勒（Ernst Cassirer）；于曉譯，〈記號的普遍功能——意義問題〉，《語言與神話》，臺北：桂冠出版社，1998年版，頁202。

中的結果。

二、宦臺者面對風土符號的態度與觀念

　　進入康熙時仕宦者的臺灣風土詩中，企望找到標誌臺灣風土特徵的代表
面向，究竟他們是以什麼的樣的觀點及態度，來設定這些代表物？並且其觀
念意識將臺灣風土導向什麼樣的價值與定位？使這些從世界中體認物我關係
的標記，經由認知體驗，模塑風土物體之符號形象，使得文化內涵得以被開
掘、被增添，因而呈顯出臺灣文化內涵形成過程中的一個基礎。

（一）以漢文明價值對物產符號的涵化

　　從本章前二節的論述裡可看到風土詩與風土志之別，乃因詩歌體式可以
承載更多形象特徵及情感特質，而流露出臺灣土風民俗的另一符徵。亦從花
草植物的記錄與書寫裡，可以看出康熙時臺灣土生土長的植物，曾引起仕宦
者好奇心，並借著詩歌描摹對象物的特徵，帶著一種欣賞的眼光，細細琢磨
植物的形狀、顏色、氣味等外顯形象，增添了對花草的興趣與感悟，形成美
的欣賞，甚至欣賞過程裡出現感同身受的投射，花草植物成為作者道德情感
的比喻對象，或者成為具象徵意義的符號。這使宦臺者不單注視於經濟作物
的採編記錄上，乃躍入人文思維的融合會通，從而建構出文化與自然互動關
係的符號，於是，臺灣風物藉著詩作的摹刻初步被刻意導入漢人的審美思惟，
而漢文明也無形中被吸收成為臺灣文化的一部分，這也是官員在符號製造時
的一種認知過程，審美觸發提供作者一種超乎現實的感興，也提供了兩種差
異文化的接合點，臺灣風物的價值感從低層的經濟利益向上提昇為更高層次
的情感抒發。

　　從上文風土詩書寫的討論可看到，臺灣土生土長的物產覆蓋於漢人的文
化觀念裡，臺灣物產被仕宦者轉化成為具抽象意義的符號，延伸出符號的象
徵性，而如是乃是一種文化認知與傳播的方式，當符號傳播至中原時，仕宦
者以共通的符號象徵，使臺灣物產符號容易被接受與認知。特別是前文所述
在孫元衡的風土詩中以女性人格特質比喻花，或以君子品德形容花的氣質，
此乃貼合中原儒家的道統思想，及柔弱女子的女性觀，遂將臺灣花草植物引
向中原文化價值思維範疇裡，以建立欣賞花草植物符號的審美依據。

　　從符號運用到象徵表現可知，臺灣物產符號在康熙時宦臺詩作裡形成
審美提昇的意義，當仕宦者原以物產經濟利益認識花草樹木時，漸次地轉

移至植物的特徵而使之成為被欣賞的對象物，物本身從實用層次的需求提升到審美觀賞，使物產符號從一種「任意性」，提昇到具象徵內涵的「理據性」〔註65〕，使它不再是表面的存在，反是透物本身的形態特色，能於物象與意義之間形成一種內在聯結。於是，這成為仕宦者異中求同的文化書寫策略，隱藏在具審美欣賞的風土符號中，而詩作的文化符號又隱然成為一種複製廣告，將臺灣風物透過漢文價值思維的包裝，於異中求同，再呈現於中原人士面前，使其認識臺灣。

（二）文明與非文明之間的符號建構觀

當審美角度產生是意味著仕宦者開始意識到番民的文化內涵，但若以鄙夷的眼光，顯出番民文化的不文明，則是仕宦者仍保守著自身的文化優越感，誠如本章第二節所述，當官員挾帶著漢人道德的意識型態審視臺灣風土，尤易流露出對番俗的鄙夷態度，將之視為「蠻荒未化」的不文明之地，仕宦者筆下將原住民生活文化以簡窳、原始、赤裸、粗野等價值判斷，集合所謂臺灣之初闢應有的現象，作為康熙統領臺灣草創階段的特徵。這傾向否定審美的態度，使官員對地方多少存在著輕視的本質，如孫元衡以「裸人叢笑」寫了一系列番民文化的作品，並與中國邊疆風俗來比較，見其定位番俗於邊陲蠻族文化的心態，遂使其加諸於番俗符號的道德觀點，具有相當鮮明的主觀彩色，「雜俗殊風仁不仁」，在尚未對番民文化深刻的認知之時，已對臺灣番民文化作主觀的詮釋，透過對風土符號的選擇，加諸於符號上的二次規範標準，反應宦臺者所採取的態度是一方面以詩闡發了番民生活文化的「真」面目，再方面則以主導者的姿態對一個尚未深入文化群體作了相當粗糙的評斷，以番民「裸體」文化為例，中原來臺官員皆以表面「裸」的體態現象而嗤笑之，卻未能真實灼見番民文化符號裡的深蘊意義，據今日學者探究，番民全裸不著衣係因祈雨文化之故〔註66〕，而非官員表面認知的「蠻荒未化」。

然而到了康熙末年時，黃叔璥實地來臺採擷文化資源時，已是在前人的認知基礎之下，進一步地表現出客觀地保留番民文化的態度〔註67〕，番歌舞

〔註65〕〔法〕茨維坦·托多羅夫著；王國卿譯，《象徵理論》，北京：商務印書館，2004年版，頁3及頁47～52。
〔註66〕翁佳音〈世變下的臺灣早期原住民〉一文所述，西拉雅人每年三月期間須全裸不得穿著衣物，否則，神明便不得賞賜雨水，稻穀會在田園中毀壞。《福爾摩沙──十七世紀的臺灣、荷蘭與東亞》，臺北：故宮博物院，2003年版，頁113。
〔註67〕黃叔璥，《臺海使槎錄》卷一至卷四、赤嵌筆談，作者徵引諸多方志史料以考

儀式蘊含著社會交誼的文化觀，黃叔璥《臺海使槎錄》在收錄〈晚次半線作〉的詩之前，先附錄兩首番歌，題爲「南北投社賀新婚歌」、「半線社聚飲歌」〔註68〕，作者以先記音再譯義的方式采集之，從語意間看到番民共同齊聚以達情感的目的，無論是爲對方祝賀、或是爲捕鹿收稻等各方面的豐收，番社眾民彼此沈浸於唱歌跳舞、歡慶嬉戲的氛圍中，顯現番民身體舞動、歌聲吟唱的團體互動方式，成爲番民生活中表情達意的文化形式。雖然這些風土詩未必絕對地表示認同臺灣，但透過符號的模塑，始接受客觀存在的態度傾向，臺灣風土符號因康熙仕宦社群有意的建構、塑造，而被賦予文化的基礎意義。

符號編撰的人類本能，在中原人士來臺之際即產生，明朝陳第〈東番記〉〔註69〕文中粗略地載錄原住民生活文化，如「時燕會，則置大罍團坐，各酌以竹筒，不設肴；樂起跳舞，口亦烏烏若歌曲。男子剪髮，留數寸，披垂；女子則否。男子穿耳，女子斷齒，以爲飾也（女子年十五、六斷去唇兩旁二齒）」，關注番民宴會時的儀式、裝飾特徵。又臺灣文獻始祖詩沈光文的詩作中題詠〈釋迦果〉、〈番柑〉、〈番橘〉、〈椰子〉〔註70〕等諸多風土物產，從這些詩文以土風俗物爲描摹焦點，或許可知中原人士已對臺灣風土文化形象有初步符號化的體認。

而在臺灣正式進入漢文化統治版域裡，康熙時期首次有仕宦來臺灣者，爲認識臺灣，以夾雜於鄙夷與欣賞、文明與非文明之間的態度製造風土符號，此時他們開始記錄文化符號的原始意義，也在面對符號時，透過詩歌的形象描摹與修辭，間接導進文化價值感，給予欣賞，或批評，如此二度歸範所形成的符號意義，表示康熙宦臺者對風土文化的認知處於文化價值產生與萌芽的階段，而這萌芽階段的特徵正是當臺灣被仕宦主體占有居存時，仕宦者會對此空間不斷發出存有意義，使此原本認知空白的空間轉化成涵詠蘊具人文與生命意義的空間〔註71〕。臺灣風土符號經由康熙仕宦者的形構，符號本身

述臺灣自然地理、人文歷史及風土物產等項目；至於，此書後半部從番俗的考察及實際採訪紀錄裡，可看到作者對番俗企圖以較客觀的態度保留番俗的歌謠。

〔註68〕黃叔璥，《臺海使槎錄》，南投：臺灣省文獻委員會，1999 年版，頁 117。

〔註69〕沈有容編，《閩海贈言》，臺北：臺灣銀行經濟研究室，1959 年版。

〔註70〕詩作龔顯宗，《沈光文全集及其研究資料彙編》第一章詩（上篇），臺南：臺南縣立文化中心，1998 年版，頁 7。

〔註71〕潘朝陽，〈空間、地方觀與「大地具現」暨「經典訴說」的宗教性詮釋〉，《中

也借此吸納文化價值、確立文化價值，使得臺灣主體的價值性從經濟物質的層面，轉向文化內在精神的初步顯現。

第五章　宦臺山水詩的空間擬寫與內蘊意義

　　製作山水畫最原始的動機乃是複製呈現實質的地理景觀，具有地圖製作的意義，是觀察者對周圍環境的一種呈現〔註1〕，而康熙時期宦遊臺灣的作者，爲勘察新附地之風俗輿情，起初書寫臺灣山水詩時不免帶有繪製地形圖的思惟。如同山水畫製作的原始動機，以複製實質（1685）的地理景觀爲其基石，對宦遊之地的山水景象仔細體會。一如康熙二十四年首任諸羅縣令季麒光〈視事諸羅〉反映出巡視時對自然景象留心觀察：「西風輕拂使臣車，諭蜀相如舊有書。細譯番音誠異域，喜看野俗尚皇初。自來窮海無飛雁，從此荒村有市魚。漫向空天長倚望，黃雲晚日接扶餘」。若仕宦者感知空間存在的審美層面，將山水空間景象視爲筆下題材，融入文學創造的手法，便從山水圖實景複製思惟提升至文學藝術追求美感層次。

　　就物理學科的角度而言，空間包含著所有的無限方向，空間存在於邏輯概念中，並沒有實際在的形。因此，空間含括上下四方，乃橫至於無限大、無限直線、無限平面。依人文社會學科所論，廣義「空間」，除指涉物質面的「地點」（place），亦包含心理、歷史、社會……層面的空間。而「空間知覺」乃是一心理學名詞，是人對於空間的大小、長短、高低、深淺、方向、位置等之知覺，大抵起於視覺、觸覺，而以運動感覺輔助之。透過人的感覺能力，

〔註1〕　衣若芬，〈宋代題「瀟湘」山水畫詩的地理概念、空間表述與心理意識〉，《空間、地域與文化──中國文化空間的書寫與闡釋》，臺北：中央研究院文哲所，2002年12月版，頁333～334。夏黎明，《清代台灣地圖演變史》，臺北：知書房出版社，1996年版，頁4。

對空間特徵的綜合反映而構成空間知覺。因此，自然宇宙以空間的方式存在著、變化著，人可以感知其聲色、動靜、冷暖之外，還可以感知其大小、遠近、深淺、形狀等空間特徵。將這些空間特徵通過審美經驗選擇加工，進入詩歌後即表現出人對自然宇宙空間的感受〔註2〕，以及被自然空間所觸發的生命省思。

當詩作者的感官覺受被山水景象觸動時，作者所覺知的山水已不是客體之物的特徵而已，乃是由「物」進入「境」的一種覺受過程，換言之，山水詩好像就是提供觀看過程的一個存在對象，即其「景面」，但是它的意義不在於此所看、含著地理特色之「景」，在於它以表現方式提供一個更豐富的「處所」思考〔註3〕。

隨著宦遊者旅行遊走於臺灣，進行人的存在意義的探索，展現於眼簾的是前所未聞的奇山異水，因著身體移動，感官知覺能力適應空間環境的變化，這些客觀環境的變化因素帶給他們本身有何思惟刺激？特別是，原本熟悉內陸地形的宦臺者來到這殊異的海島地理空間，如何轉化二者差異，並形諸文字，換言之，臺灣山海諸多文學題材，如何透過仕宦者的知覺差異而形諸筆墨，締造臺灣山水文學呢？連雅堂《臺灣詩乘》載孫元衡詩句「蠻嶂高低雲亦險，鯨潮咫尺路方艱」等，並評「皆為臺灣詩界別開生面」〔註4〕，所論的不僅是孫元衡個人的創作才華，更應是臺灣山水的美麗景致，引起仕宦者審美興致與寫詩的新靈感。

因此，本章集中於山水詩作探討的，乃是作者如何體察空間裡的諸多新奇景物，並投射個人對空間的的感懷與知覺於其中？而後再進一步探索，作者如何以文字擬寫空間感知及存在其中的思惟？

〔註2〕 班瀾，《結構詩學》將詩的空間分成自然宇宙空間、詩人心理空間、語言建構空間三層面來論述，稱之為詩的「成空原理」。本文即參引班瀾的自然宇宙空間觀念。詳見《結構詩學》，第八章、詩性時空與意境建構，呼和浩特市：內蒙古大學出版社，1999 年版，頁 195。

〔註3〕 筆者此處山水詩境的觀點，參考 Mathias Obert，〈論述畫境──以現象學之觀點談中國山水畫與相關之理論〉，《中外文學》三十二卷七期，2003 年 12 月版，頁 101～115。

〔註4〕 連雅堂著，《臺灣詩乘》：「臺灣屹立海上，山川多秀，氣候如春；眼底風光，足供吟料，而臺人士未知收拾，寧不可惜！余讀《赤嵌集》，宏篇巨製，既載於前，而斷句之可采者，如……『蠻嶂高低雲亦險，鯨潮咫尺路方艱』以上數聯，皆為臺灣詩界別開生面，所謂文章天成，妙手偶得者也」，南投：臺灣省文獻會，1992 年版，頁 34。

第一節　臺灣海洋空間的審美感知

特重海防政策的康熙皇帝派遣來臺的官員，必對海洋仔細觀察，唯在政務層面的觀注之餘，海洋自身的特質如何被宦臺詩人轉為文學素材？

設若遊歷臺灣海洋地理為閱讀空間的過程，則仕宦者是否將所觀覽的海景會通至文學中的隱喻修辭，借海洋景象寄寓抽象意義？亦即宦臺詩人是否借由語言的選擇、組合或歸類，將一個主題通過相似關係或毗連關係引出另一個主題〔註5〕？若此，宦臺者的渡海經驗，融合海洋空間裡地理實景，則不僅海洋地理材料視為環境空間的表面特徵而已，乃是可能被轉成隱喻空間來思考，指涉另一個相似的主題，並引出表象空間的意義。本節將循此理路來探討仕宦對臺灣海洋空間的審美感知。

一、橫渡黑水溝的感官覺受與喻意

由中國至臺灣需穿過「黑水溝」，對渡海仕宦者而言，這段海道路程是深富挑戰性的驚險過程，當時人稱之為「黑水溝」，即掌握海洋地理的形色，賦予貼合的名彙，此海洋地段水深無底，地勢險厄，若不慎落水則一去無回，猶如陷入黑暗世界裡，再加上，清初渡海技術簡窳，人若遇上狂風巨浪，又無可依恃，但往往為著生活，冒險渡臺的中國官員與閩粵移民，橫渡險惡「黑水溝」，遇上大風浪襲擊，當中有多少人不幸罹難落海，遭致所謂的「落漈」，「黑水溝」成為渡臺者心中的陰影，「渡臺悲歌」亦隨之唱起〔註6〕。

高拱乾《臺灣府志》記載當時人渡臺所經的「海道」狀況：

> 茫茫大海，何處問其道途？然往來有遠近、有平險，不可不知也。臺灣為閩省外障，其山皆向內地；所謂障百川而迴狂瀾者也。……今之往來船隻，必以澎湖為關津。從西嶼頭入，或寄泊峙內、或媽宮（二者北風寄泊最穩處）、或八罩、或鎮海嶼（二者南風寄泊最穩處），然後渡東吉洋（即甘吉），凡四更，船至臺灣，入鹿耳門。則澎湖乃臺灣之門戶，而鹿耳門又臺灣之咽喉也。行舟者，皆以北極星為準。黑夜無星可憑，則以指南車按定子午；是以天門測海道也。

〔註5〕雅各布森，〈隱喻與換的兩極〉，收於《二十世紀西方美學經典文本》第一卷，上海：復旦大學出版社，2000年版，頁238～243。

〔註6〕薛順雄，〈渡臺悲歌──臺灣傳統文學漢語詩文中所表露的「渡臺困境」初探〉，《明清時期臺灣傳統文學論文集》，臺北：文津出版社，2002年10月版。

倘或子午稍錯，南犯呂宋、或暹羅、或交趾，北則飄蕩無復人境，
甚至無力水而莫知所之。此入臺者平險、遠近之海道也。〔註7〕

此段文字作者於中國本位的角度，陳述臺灣的山勢皆向內地，並具有障百川
迴狂瀾的地勢功用。當仕宦者初次踏上由中國渡海來臺的途徑：福建廈門 →
澎湖 → 鹿耳門，大海茫茫的視覺感，有遠近、有平險，一切都存在於前人
有限的經驗認知當中，使實地的渡海體驗蒙上一層對臺灣的畏懼之心。渡海
過程中，康熙初期仕宦者，乘著帆船行於波動不定的海域上，欲知覺環境卻
都不可掌握的心情，使人心理急欲倚賴方向引導，判斷存在位置，天上星宿
是茫茫大海中「光」源，是方向導航的依據，天黑無星時，則需倚賴指南車
的航海工具，卻又不免疑慮人為工具的精準度，大海茫茫的視線隱藏著令人
憂懼難安的危險，試觀孫元衡〈澎湖〉一首即以澎湖群島附近海域形態喻指
自己渡海心情：

> 七十二嶼稱澎湖，滄溟萬里開荒塗。嶼嶼盤紆互鉤帶，洪波割據成
> 方隅。……。諸流回潎舟難入，逆帆欲泊興嗟吁。百折終成觸礁勢，
> 狂瀾反走如亡逋。有時無風水澄鏡，咫尺膠固誰能逾。巨舸理不任
> 篙檝，束手待敵甘為俘。汪洋指南爭此土，既到往往遭艱虞。……。
> 大海東流無底極，振衣一嘯心踟躕。

作者言澎湖群島像如被洪水波濤割列盤據於海面，海底地勢起伏不平，引致
諸水回流，舟船難以進入島上，又航行群島海域，有時千曲百折、狂瀾襲捲，
無風時咫尺間膠著不動，又是另一種難處，遂有「束手待敵甘為俘」的無力
感。作者感慨即使汪洋大海中指南至澎湖，依舊遭遇艱虞困頓，特末二句以
大海無極東流的空間性，對應出一己的存在，以振衣、嘯聲的行為反應踟躕
的心聲。

　　分判出臺灣山海景象，面對「異域」地理的環境，習慣於中國陸地景觀
的仕宦者，視域的拓新經驗造成何些面向的刺激與衝擊呢？《臺灣府志》對
「海道」的描述，以掌握當時人來臺行走海道時，交通工具簡陋的情況下，
渡海途中將是萬分驚險：

> 至若臺灣郡治之海道，自鹿耳門北至雞籠，十九船更；自鹿耳門南
> 至沙馬磯頭，十一更船。苟遇颶風，北則墜於南風氣（氣者，海若
> 呼吸之氣），一去不可復返；南則入於萬水朝東，皆險也。此又居臺

〔註7〕 高拱乾，《臺灣府志》卷一，臺灣大通書局印行，頁25。

者之不可不知也。〔註8〕

行於中國閩省與臺灣之間的海道上，經歷「茫茫」的海域實如「歷險」一般，特別是行在黑夜裡的船隻方向難辨，對於未來險境的不確定感，若再遇上天候不佳，颶風的驚濤駭浪襲捲，生死存亡一夕之間，身臨險境引起驚懼的感受。來臺者看到是海浪的平險不定，若再遇風雨的變化，「海」與「風」所挾帶襲人威脅，潛流海底的水勢變化莫測，或墜於不可復返的南風海氣，或落入朝東萬水深海，大海的可變因素太多，經歷此海洋險境是康熙初期仕宦者共同驚險的記憶，亦為渡海初體驗者心中的掛慮。化解渡海不安的方式之一，便是神明護佑，如陳璸〈三月初三日舟泊大擔門上岸拜神〉即以民間信仰來寄託個人心靈的祈望：「神若有靈應庇我，片帆飛渡水宮仙」，求神的靈庇佑能安然抵臺灣。

　　清初來臺灣者多記載臺灣海峽中最險懼的地段「黑水溝」，如季麒光〈臺灣雜記〉裡狀寫橫渡「黑水溝」的經歷與觀察：

> 黑水溝，在澎湖之東北，乃海水橫流處。其深無底，水皆紅、黃、青、綠色，重疊連接，而黑色一溝為險，舟行必藉風而過。水中有蛇，皆長數丈，通身花色，尾有梢向上，如花瓣六、七出，紅而尖，觸之即死。舟過溝，水多腥臭，蓋毒氣所蒸也。〔註9〕

名為「黑水溝」，經海水色澤紅、黃、青、綠疊映變化後，黑色深溝浮現眼前，此最險惡的地形，帆船經過必須藉風勢推動才得以順利，而且水中有毒蛇，又是一驚險挑戰。再如康熙三十六年來臺灣的郁永河描繪橫渡「黑水溝」的情景，以及渡海時知覺心理的形成：

> 二十二日，平旦，渡黑水溝。臺灣海道，惟黑水溝最險。自北流南，不知源出何所。海水正碧，溝水獨黑如墨，勢又稍窳，故謂之溝。廣約百里，湍流迅駛，時覺腥穢襲人。又有紅黑間道蛇及兩頭蛇繞船游泳，舟師以楮錛投之，屏息惴惴，懼或順流而南，不知所之耳。紅水溝不甚險，人頗泄視之。然二溝俱在大洋中，風濤鼓盪，而與綠水終古不淆，理亦難明。〔註10〕

認知「黑水溝」其一是色澤：海水碧色、溝深處水色如墨，其二是地勢低窪、

〔註8〕 高拱乾，《臺灣府志》卷一，臺灣大通書局，頁25。
〔註9〕 季麒光《蓉洲文稿》卷三，福建泉州圖書館藏。
〔註10〕 郁永河，《裨海紀海》，臺北：臺灣銀行經濟研究室，1959年版，頁5～6。

廣面約百里，引起疾速湍流，其三、有腥臊穢氣襲人，刺鼻嗅覺，其四，偶有海蛇突襲；總此所述，「黑水溝」是清領初中國內陸渡向臺灣大海之旅中，最驚險的一關，「溝深而黑」、「湍流迅駛」、「腥穢襲人」、「蛇襲」，從感官體驗上使人深感險懼不安，加上，海洋裡「黑水溝」與周邊綠水終古不淆的地理現象，郁永河感到不解、納悶，益增加其神祕感。爲此，郁永河寫作〈渡黑水溝〉一首以記其事：

> 浩蕩孤帆入杳冥，碧空無際漾浮萍。風翻駭浪千山白，水接遙天一
> 線青。
> 回首中原飛野馬，揚舲萬里指晨星。扶搖乍徙非難事，莫訝莊生語
> 不經。

孤帆進入溟溟大海，不知方向，不知未來，彷彿將渡黑水溝隱喻爲驚險不安的生命遭遇，尤其經過風翻駭浪的險境，幾乎視其爲《莊子》扶搖直上的眞實顯現，一點也不虛誇，將這趟渡海經歷扣合於《莊子》寓言，實踐古人所言的情境，有碧空、白浪及青天，再加上巨濤翻天，湧浪推擠而上，是爲冒險揚帆離開中原、進入杳溟海域，感受渡黑水溝的刺激體驗。

除了郁永河對黑水溝的色澤變化辨識，留下深刻印象，而不諳水性者書寫，深黑海水，正反應出一己無知又恐懼的視覺心理趨向，「黑水溝」成爲康熙宦臺者踏上險境的代稱符號，是宦臺旅程中記憶鮮明的一幕。驚險渡海成爲作者宦海詩作的題材，孫元衡〈黑水溝〉一首其中有序：「臺與廈藏岸七百里，號曰橫洋；中有黑水溝，色如墨，曰黑洋，廣百餘里，驚濤鼎沸，勢若連山，險冠諸海。或言順流而東，則爲弱水。雖無可考證，然自來浮去之舟，無一還者，蓋亦有足信焉」〔註11〕。「黑水溝」之海面上，驚濤鼎沸，浪濤捲起時氣勢如山，孫元衡經渡過「黑水溝」確認，此段海上險處是極驚險，其詩句則突出此感受：

> 氣勢不容陳茂罵，犇騰難著謝安吟。十洲遍歷橫洋險，百谷同歸弱
> 水沉。
> 黔浪隱牆天在白，神光湧櫂日當心。方知渾沌無終極，不省人間變
> 古今。

首二句用典故間接表明自己經歷險境的主觀感受：性情恭謹、與敵軍作戰尚且能冷靜應付的陳茂，面對海浪洶湧的緊張氣勢不容怒罵；又波濤奔騰的氣

〔註11〕 施懿琳主編，《全臺詩》第一冊，臺南；國家文學館，2004 年版，257～258。

勢即使是晉朝名詩人謝安都難以沈著閒吟，「黑水溝」的海濤捲起時足以令人寢食難安，作者靈活轉化古人掌故，以顯出一己經歷海潮捲起驚人的情勢，千鈞一髮，緊張得令人不容喘息。第三句「十洲」則是寫臺灣地理位置的絕域性，相傳漢武帝既聞西王母之說，於八方巨海之中，有祖洲、瀛洲、幺洲、炎洲、長洲、元洲，流洲、生洲、鳳麟洲、聚窟洲，有此十洲，乃人跡所稀絕處，而以作者仕宦經歷，斷定臺灣海域亦如「十洲」一般，人跡罕至，因為渡海過程中，「百谷同歸弱水沈」，眾水同歸大海，且水弱不能載舟，因此，渡臺者不幸遇難落入海中者，人未至臺灣，先死於黑水溝，可見渡水來臺何等艱難。從前先人經歷險境的傳說：「或言順流而東，則為弱水；雖無可考證，然自來浮去之舟，無一還者，蓋亦有足信焉」，顯出「黑水溝」險象環生的印象。此處空間環境使人心生畏懼，烙印於客體物境上的主觀色彩，「黔浪隱檣天在臼」，「黑水溝」色澤墨黑，且水疾如旋渦，帆船航駛其中如同陷落臼中，廣闊天際如臼邊的形象，巨浪濤天形成視覺空間的崇高感，使人產生畏怖之情。

　　仕宦者捕捉「黑水溝」的地形特性，孫元衡運用如同西方印象畫派的思惟，力求傳達出光影的變化，「神光湧權日當心」，海深而墨黑，卻有日光當中照耀著湧動其上的舟船，作者凝視自然環境，運用色彩明暗——水深而黑與日光透亮，表達出海面閃爍性，輪廓的模糊性、不清晰性；具體證實此乃作者親身經驗，則是身處於舟楫之中「方知渾沌無終極，不省人間變古今」的認知狀態。愈深入海洋空間，愈感到渾沌無極、不知今昔變化，將整個海洋空間的明暗變化結合起來，統一了視覺環境，也表達空間存在無限性，無限變化、無限渾沌、無限遙遠，體認到一己身處空間裡的有限性，故而「不省」是自己對有形的浩瀚海洋，地理環境及歷史變化的陌生感。

　　除了渡過海深海墨黑的「黑水溝」之外，初期仕宦者進入陌生新環境，心理的憂懼，也來自渡海時遇上驚風駭浪，此未見過的場景，使仕宦者的身體感官隨著渡海波動狀態而起浮，試觀孫元衡〈乙酉（1705）三月十七夜渡海遇颶天曉覓彭湖不得回西北帆屢瀕於危作歌以紀其事〉一首：

> 羲和鞭日日已西，金門理檝烏鵲栖。滿張雲帆夜濟海，天吳鎮靜無纖翳。
>
> 東方蟾蜍照顏色，高低萬頃黃琉璃。飛廉倏來海若怒，積飆鼓銳喧鯨鯢。

南箕簸揚北斗亂，馬銜圂象隨蛟犀。暴駭鏗訇兩耳裂，金甲格鬥交鼓鼙。

倒懸不解雲動席，宛有異物來訶詆。伏艎僮僕嘔欲死，膽汁瀝盡攣腰臍。

長夜漫漫半人鬼，舵樓一唱疑天雞。阿班眩睫痿筋力，出海环玹頻難稽。

不見彭湖見飛鳥，鳥飛已沒山轉迷。旁羅子午晷度錯，陷身異域同酸嘶。

況聞北嶕沙似鐵，誤爾觸之為粉齏。回帆北向豈得已，失所猶作中原泥。

浪鋒舂漢鷁首立，下漩渦臼高桅低。怒濤內濺頂踵溼，悔不脫殼為鳧鷖。

此事但蒙神鬼力，窅然大地眞浮稊。翠華南幸公卿集，從臣舊識咸金閨。

挂冠神武蹤已邁，願乞骸骨還山谿。讀書有兒織有妻，春深煙雨把鋤犂。

「渡」的身體移動經驗，形成作者眞實而深切的生命活動，當作者視覺感知能力隨著對象物的距離變化而變化，「視覺大小被距離蘊涵，同時也蘊涵距離」的觀點，可證成認知主體對空間深度的把握〔註12〕，此詩作者感知空間深度不同而分為幾個階段，以顯出「渡海」時身體移動的內蘊意義：詩前六句作者選擇對海面全幅觀覽作為全詩的序曲，「羲和鞭日日已西，金門理檝烏鵲栖。滿張雲帆夜濟海，天吳鎭靜無纖翳。東方蟾蜍照顏色，高低萬頃黃琉璃」，視野開闊的幅度，顯出風平浪靜視覺畫面，或遠觀日落西方，烏鵲棲息於舟

〔註12〕 此處作者以視覺能力把握海洋物體的情境，以「我」存在於世界之內而感知空間深度，梅洛龐蒂認為在所有空間維度中，深度最具有存在的特徵，深度顯示物體和我之間，及我得以處在物體前面某種不可分離的關係，因此，梅氏的觀點認為「我」的視覺場沒有固定的容量，它包含的物體多少取決於我是「從遠處」看它們還是「從近處」看它們。因此，視大小與距離互為關係，相互代表、相互象徵、相互表示，它們是一個情境中的抽象因素，在情境中可以互代，知覺的主體不單獨規定它們之間的客觀關係。依此視大小與距離互為關係的觀點，孫元衡的「黑水溝」書寫，正是身歷其境後呈現的視覺大小變化與距離遠近的關係。參見〔法〕梅洛龐蒂著；姜志輝譯，《知覺現象學》第二部分第二章「空間」，北京：商務印書館，2003年4月版，頁326～333。

楫，或近處張帆準備夜晚渡海，海神「天吳」掌管海域之安寧，結合遠近之景，視線無所遮蔽，月光照映形成萬頃黃琉璃高低起伏的美景，此時以全覽視角統觀海面，展現渡海時視覺心理的平穩狀態。

好景不常，不久即遇到颶風來襲「飛廉倏來海若怒，贔飆鼓銳喧鯨鯢。南箕簸揚北斗亂，馬銜罔象隨蛟犀」，實際進入颶風狂起的海面時，接近海中經驗怒浪濤天：「暴駭鏗訇兩耳裂，金甲格鬥交鼓鼙」、「旁羅子午暑度錯，陷身異域同酸嘶」，浪濤轟隆聽覺刺激、僮僕嘔盡膽汁的感官覺受，困苦至甚，又宛如有異物來詞責，視覺中巨浪壓迫致身體感受驚駭心理，經歷「長夜漫漫半人鬼，舵樓一唱疑天雞」，以一夜之「久」的時間表示海洋空間內蘊的能量之大，又海的威力將同船夥伴折磨得不成人形，望遠者筋疲力竭、舟師頻頻环玖祈求，加上羅盤子午方向錯誤，使人陷於嚴重狂風駭浪的困境中，無法主控生存空間任何生機，使得仕宦者易生流放異域的迷惘與悵然之感。

人坐在船上經歷驚風駭浪的空間體驗，再集中「浪」的視覺書寫，突顯狂浪捲襲下的視線範圍如何導致心理壓迫：「浪鋒春漢鷁首立，下漩渦臼高桅低。怒濤內濺頂踵溼……」航行進入另一階段，爲求自保折返、仍遇危難景況：耳聞北嶕海底地質——「沙似鐵」，但爲防止流離失所，還是冒險回帆向北，此時，浪鋒上衝漩渦下陷，臼高桅低，形成被浪圍困的情勢，且濤怒飛濺船內首腳沾溼，驚浪直接波及「我」的觸覺感，驚恐之餘轉向空間高度的企求，「怒濤內濺頂踵溼，悔不脫殼爲鳧鷖」。至此作者書寫狂浪襲的方式，一波比一波更險厄，一波比一波更近逼人，視覺距離距離愈近，恐懼愈強烈，亦說明當人深入狂濤怒衝的海洋，愈能體會我所能把握的是如此微薄，遂此表示「此事但蒙神鬼力，窅然大地眞浮稊」，總算有驚無險渡上陸地，蒙神鬼力的庇佑，同時，岸上「翠華南幸公卿集，從臣舊識咸金閨」君王南幸、公卿集聚的場面，對經歷九死一生後的自己，更易看透世事，「挂冠神武蹤已邁，願乞骸骨還山谿」，猶如過眼繁華，放下仕宦名利，只願一生骸骨歸還故鄉山谿，詩最終留下一筆淡泊人生的選擇——歸耕故鄉「讀書有兒織有妻，春深煙雨把鋤犁」，以反顯出孫元衡初渡臺灣內心的驚恐與不安。作者敘事渡海遇險的經歷，並將其內涵意義得做更深層的生命反思，熔化成爲作者生命活動的一部分，遂此視宦海艱難如同波濤，一波強似一波，漸次引出對仕途的觀點，當人汲汲於名利，緊隨著君王左右，自己遭遇海上危難，官場上兩極化的境遇，引致自己欲歸回平淡。

孫元衡在〈危舟得泊晚飯書懷〉同樣觀點再次顯示:「大海狂瀾驚轉舵,金山到似解重圍。此生不道有來日,欲往何如成獨歸。灑糲儒餐初定痛,蕭疏旅鬢忽知非。百年好是雙行腳,夢繞湖山舊翠微」,從大海狂瀾解重圍後,驚魂甫定,痛定思痛,忽感仕宦客旅的生涯,不可久恃,寧可在熟悉的湖山水色裡安度餘日。心生悔意是由於近距離地經歷驚險渡海旅程,但更源自踏上覓封侯的仕宦之旅,致使一己陷入意志不得自由,生命無法自主的困境。透過渡海的艱險,象徵窒礙難行的宦政空間,「我」對世界的認知因著實際身歷其境,放大的空間視覺畫面,認清游仕社會的本質,更渴望歸隱故鄉。詩人的感官經驗和內心世界間存在著矛盾,表現詩人內心的不安和焦慮。重疊起伏的浪峰不只是寫實,也象徵著詩人內心世界的不平靜,這種不平靜的表現為「意向性向外物投射的活動」,是作家用心體察外在空間世界諸物,反應內在心靈意向的活動〔註13〕。

二、遊觀日映海洋的空間向度

臺灣海峽介於中國大陸與臺灣本島之間,深度極淺,大部分深度在一百公尺以內,西海岸地形均甚平坦,海岸線大致平滑,中西部常有寬廣的海灘地,陸上海上均乏障蔽〔註14〕。因此,臺灣海峽沒有遮攔的開闊視野,不同於中國陸地的空間特性,來自中原仕宦者如何掌握日光映照的海面奇景?於光源變化下如何延展海洋空間特性,以詩歌書寫海上之奇景呢?有時審美景象以非屬現實世界的樣貌出現,如同符號一般,有一種意指作用存在。究竟宦臺者以詩歌書寫觀海奇景是否有刻意經營的意義?

佇立臺灣島向西望海,晨昏接近日與海相映之地,空間景觀之奇幻變化,便成為詩作中突兀而明顯的題材。雖然有時此題材僅是陪襯性的材料,如周鍾瑄於詩句中抒發情感:「情知觀海難為水,更有紅輪向此生」(〈吞霄觀海〉),周鍾瑄合併海與日的特質,知覺時光已逝不可回,而生命將近日落殘年觸發生命感慨;林慶旺:「……蛟龍水面吞星鏡,鳳鳳山頭遁日丸。波入鹿門風未宿,一層驚了一層灘」(〈鹿耳門曉望〉),此處作者注目於曉日與海波之描寫,

---

〔註13〕 程代熙,〈現象學‧美學‧文學批評〉,收於〔法〕米‧杜夫海納著;韓樹站譯,《審美經驗現象學》上冊之前言,北京:文化藝術出版社,1996年版,頁33～34。

〔註14〕 王鑫,《地形學》第七章第五節、近岸海水環境,臺北:聯經出版社,1994年版,頁107。

以及由之激起的情緒反應。

　　除此兩首作品以外，能將海日奇觀視為觀海主要題材，借由光源變化，具呈海洋無障礙空間性，並轉引出清廷治臺灣的觀感，乃是宋永清〈扶桑海日〉一首以日光映海為題所作的敘述：

> 湯谷之水何泱泱，輪囷大木生其陽。同根兩幹萬餘里，其間有國名扶桑。地臨仙島蓬萊渡，蛟室龍宮還布護。幻景樓臺變化多，天琛穴鰽頻相妒。君不見金烏閃閃起碧波，欃槍驚落搖婆娑。魑魅魍魎各消散，堯天舜日光融和。又不見島嶼風清商賈聚，鯨鯢浪靖征帆布。文身黑齒遊恩波，金湯百二雄東顧。團團金闕走華光，乾坤大地長輝煌。人生醉醒幾駒隙，笑看扶桑海日真文章。

「泱泱」用以形容海面在視覺裡一望無際、無限寬廣的空間維度，而這無限廣面上浮現主題焦點：「湯谷之水何泱泱，輪囷大木生其陽」，引用《山海經》之典，海中有神木扶桑，以其兩樹相扶，湯谷海面沐浴十日，九日居下枝，一日居上枝〔註15〕，從臺灣東海日初之景，聯想扶桑浴日之神話意象。接承「地臨仙島蓬萊渡，蛟室龍宮還布護。幻景樓臺變化多，天琛穴鰽頻相妒」四句，以神話景物的詞彙，如蓬萊仙島、蛟室龍宮、天琛穴鰽等，以呈現海中奇幻性，再著力描寫近觀日光與海波相映的畫面，「君不見金烏閃閃起碧波，欃槍驚落搖婆娑」的轉折句，援引彗星驚落比喻海面光影婆娑搖曳的樣態，又感知金光閃耀變化遂使魑魅魍魎等鬼影各自消散，眼前光怪陸離的景象紛紛褪去。詩末作者以波光相融扣住堯天舜日的政治典故，以引出其政治意識，細述海中商賈聚集、帆船行駛平靜海面、臺灣番民蒙受皇恩、金湯東顧的強固軍力等社會空間的景物。展現清廷治臺的社會成果，本是宋永清宦臺者角色扮演的份內事，只是，從文學創作的角度來看，詩作前半段闡發臺灣海景之奇後，卻又不能免俗地將「團團金闕走華光，乾坤大地長輝煌」的視域框限於歌功頌德的意義範疇，以歌頌王朝功業，而此乃中國海洋詩歌發展與政治勢力發達互為關係的歷史傳統〔註16〕，以致作者觀視海景時保持對

〔註15〕袁珂校釋，《山海經校釋》第九‧海外東經，臺北：明文書局，1986 年版，頁212。

〔註16〕羅宗濤，〈從漢到唐詩歌中海的詞彙之考察〉舉例論證中國詩歌史，政治勢力拓及海濱者，海洋詩歌則較為發達，且易產生新詞，顯見海洋詞彙的多寡與政治勢力與政治措施有關，收於鍾玲主編，《海洋與文藝國際會議論文集》，高雄：國立中山大學文學院，1999 年版，頁 17。

空間物質性的關注，詩中所關心的是國家疆域開拓之功，而不著力於海洋題材的創新運用，使宋永清的海洋詩仍未突破實用目的寫作格局。

　　同為長篇之作，孫元衡〈日入行〉則躍入文學想像中，書寫日沒入海面的躍動，且明顯體現日入海面的空間感：

　　赤嵌東山高萬丈，金方溟漲天為池。羲和駕馭火鞭疾，霞車虹靷來何遲。

　　未旰登臺望蒙谷，虞泉下掬臨崦嵫。是日天海明無翳，冉冉崇蓋觀西馳。

　　火輪漸低光轉近，與海鱗甲交離離。初沒半輪如合璧，神芒百道兼千絲。

　　驪珠既墮萍實隱，九瀛化冶金鎔時。踆鳥戢翼不我與，燭龍低首焉能為。

　　陽氣接戍便灰死，曛曚晻曖徒逶迤。巨浪飜光忽騰沸，萬烽並舉邊人疑。

　　谽呀谺閜舒長影，爔爔震震焚其崹。烈燄烘雲煩煆鍊，洪爐煮海還蒸炊。

　　佛國明燈不知夜，神丘火穴良可窺。桑桑應符再中瑞，輝輝擬見連珠奇。

　　空中長繩逝欲軥，河上杖策行當追。戈揮三舍戰未已，射落九馭蘇來隨。

　　西隅白虎其宿昴，功成宜退胡相稽。長留山頭少皡語，天目未閉諸神嬉。

　　佇立荒臺蓮漏下，燋煙滅盡星光垂。憶昔山東登日觀，峰頭道士能狂癡。

　　天雞一唱呼我起，巖巒遠接扶桑枝。金柱紅盆耀溟渤，三山隱見浮蛟螭。

　　大地光明杳何極，夢魂往往親重曦。焉知落拓滄洲外，斷蓬卻逐西傾葵。

　　生死浮沉吁可怪，寸心炯炯無人知。

日入前光芒四射傳達海洋空間之大，「高萬丈」形容空間高度無可數量，「金方溟漲天為池」，以「天為池」形容空間的廣遠性；而另顯呈現空間時間性則

是「羲和駕馭火鞭疾，霞車虹軛來何遲」二句，日沒入之疾對比霞虹之遲具
呈第四度空間存在的真實性，以日已沒入的瞬間，意識到空間既存在又無法
捉摸的時間感。時間拉近了日光與海波間的距離，日的形狀由全形轉半形，
顯出日「入」的初步動作，於海上形成「與海鱗甲交離離」、「神芒百道兼千
絲」的幻化景象。此乃日光實際作用在「是日天海明無翳，冉冉崇蓋觀西馳」
空間裡，日入時「驪珠既墮萍實隱，九瀛化冶金鎔時」，光源漸變化，原以日
入後將是一片翰矇晻曖昏暗，豈知巨浪翻光亦翻轉人的有限認知，突然間「巨
浪翻光忽騰沸，萬烽並舉邊人疑」、「燊燊應符再中瑞，輝輝擬見連珠奇」此
數觀景描繪可謂作者視覺上的「奇遇」〔註17〕記錄，見前所未見，日入海的
細部變化清晰可見，當浪翻波光形成一片壯觀景象時，如同萬烽並舉，烈焰
烘雲、洪爐煮海，作者從元好問詩句「洪爐烈焰初騰精，橫海已覺無長鯨」
奪胎而得的詞彙，用以形容整體海洋空間裡光芒熾烈的程度，又如同佛國明
燈照亮全方位，空間裡沒有遮蔭的透亮度，奇偉的景觀，予人似真若幻的感
覺，作者以「擬見連珠奇」飾詞，比擬的光輝耀眼畫面，含有一種人感知自
然空間不斷變化的新奇滋味。待夜幕低垂，佇立於荒涼之地，勾起當年山東
觀日初的一段記憶，「憶昔山東登日觀，峰頭道士能狂癡。天雞一唱呼我起，
巖巒遠接扶桑枝。金柱紅盆耀溟渤，三山隱見浮蛟螭。大地光明杳何極，夢
魂往往親重曦」，眼前金光四射，耀眼的光芒，使人迷戀。

　　孫元衡此詩採歌行體，特意細細書寫日光折射出空間廣幅，以長篇古體
具體記錄日入「奇觀」的動態過程意義。如果宦遊空間的經驗意義，是對過
去「我」的否定，則來臺經驗感知的新奇視覺空間，對作者而言應具有某種
程度的辯證性，一種對過去認知的否定，重新建構新的認知的意義。異鄉的
視覺奇遇加深作者孤獨寂寥感受，「焉知落拓滄洲外，斷蓬卻逐西傾葵」，滄
洲空曠夐遠空間，使主體存在於孤絕中透顯出來，吁嘆當下生死浮沉不可知，
而落拓荒地卻「無人知」的孤寂心境借著杳然的空間湧現於外。因之，海洋
廣大、光芒萬丈空間照顯出「寸心炯炯」自我的存在意識〔註18〕，由於當下

〔註17〕孫元衡詩中將日入變化有如時間次序顛倒的感覺描繪出，貼近 Gadamer 所謂
　　　　的「奇遇」體驗，詳見 Has-Georg Gadamer 著；洪漢鼎譯，《真理與方法：哲
　　　　學詮釋學的基本特徵》，臺北：時報出版社，1996 年版，頁 106。
〔註18〕〔德〕Has-Georg Gadamer 著；洪漢鼎譯，《真理與方法：哲學詮釋學的基本
　　　　特徵》第二部分，Ⅲ 3b「經驗概念和詮釋學經驗的本質」，論述否定的經驗，
　　　　表示過去未能正確的看事物，而經驗後才更明瞭，所以經驗的否定性具有特

空間與過去空間交錯呈演於心靈裡，透過時間軌道來回穿梭，作者感知海光奇景，寄寓滄海孤嶼的宦情，綜合對海洋空間的知覺，突顯主體存在的意義。

孫元衡有借奇景抒發情志的作品，亦有一首〈海波夜動燄如流火天黑瀰漫亦奇觀也〉則純粹書寫海日奇觀：

> 亂若春燈遠度螢，坐看光怪滿滄溟。天風吹卻半邊月，波水杳然無數星。
>
> 是色是空迷住著，非仙非鬼照青熒。夜珠十斛誰拋得，欲掬微聞龍氣腥。

夜間海面波光耀動，如春燈遠引飛螢，作者以「亂」字引出光怪陸離空間景象的視覺感，接著第三、四句「半邊月」、「無數星」是空間裡的實景，詩後段作者轉化東坡詩句「湖光非鬼亦非仙」，光影變幻不定的視覺畫面，猶如虛景，虛實之間形成一種對照效果。真幻不定的視覺感，再扣住詩末以「腥」的味覺通連觀海的樂趣，以味覺感知真實存在於海洋空間裡，欲掬手品嚐之，微微聞到海水腥鹹味，親近大海所得的認知，從視覺外觀轉成味覺實質的新奇體驗，使作者瞬間擺脫具體的生命聯繫，進入審美知覺。如此「奇觀」使人超乎日常生活經驗，更新過去視覺觀察，記憶一種新感覺經驗，故於作品中表現出不合乎個人過去所習慣的經驗，轉而進入新「奇」的審美情境。

此詩呼應了孫元衡海外尋奇的創作觀，其曾有詩句「我與蘇髯同不恨，茲遊奇絕冠平生」（〈抵臺灣〉）心情與當年外放至海南島的蘇軾相仿，宦遊臺灣見識了一生中最奇絕的景象，又如「回首平生事，心將跡並奇。溯江曾學懶，入海為求詩」（〈秋日雜詩二十首〉）作者自言學杜詩：「詩盡人間意，還須入海求」，來到一個政治初闢之地，從海光幻化的空間裡孫元衡尋得奇景中的腥鹹味，雖然此詩未能全見孫元衡好用奇僻字的習慣﹝註 19﹞，但他以空間視覺刺激轉化為其他感官意識的運用而形成一種新意，「夜珠十斛誰拋得，欲掬微聞龍氣腥」以觸覺「掬」字通感了觀奇之妙的視覺，將嗅覺微聞「腥」

殊創造性的意義，同前書，頁 457～458。楊雅惠，〈行旅與問道：宋代詩畫中由地理經驗到意蘊世界的轉換〉沿著 Gadamer 的觀念延申而論中國行旅詩的否定性，收於劉昭明主編，《旅行與文藝國際會議論文集》，臺北：書林出版公司，2001 年版，頁 185。

﹝註 19﹞吳玲瑛，《孫元衡及其《赤嵌集》研究》第五章討論孫元衡《赤嵌集》寫作語言特色之一，即大量用僻字、鍊奇語。政治大學中文所在職進修碩士班，2003 年版，頁 127～129。

味表徵海洋空間，亦活絡了詩中意象。與孫元衡同爲安徽人的劉大櫆在《論文偶記》主張以「奇」觀文學：「文貴奇，所謂『珍愛者必非常物』。然有奇在字句者，有奇在意思者，有奇在筆者，有奇在邱壑者，有奇在氣者，有奇在神者。字句之奇，不足爲奇；氣奇則眞奇矣；神奇則古來亦不多見」〔註20〕或可呼應孫元衡此詩，字句不從奇，但其字裡行間流露的神采之奇，吸引讀者進入審美體驗向度。

第二節　高山島的空間形象觸發審美感知

臺灣位於世界第一大海洋板塊和第一大陸板塊的交界，加上降雨強度驚人、地殼運動頻繁、地勢高聳。據今日地理學者研究，臺灣本島是一個地質年代甚輕的褶皺山脈地區。區內高山叠起，形成一個高山島，山脈走向與島的延長方向近乎平行；中央山脈包括脊梁山脈，分佈在本島中央偏東的位置。臺灣是高山島，不是高原性的島嶼。許多高峰的存在，即代表激烈造山運動與河川侵蝕作用所留下的痕跡〔註21〕。

康熙時宦臺者對臺灣自然地形的印象：「臺灣山形勢，自福省之五虎門蜿蜒渡海，東至大洋中二山曰關同、曰白畎者，是臺灣諸山腦龍處也。隱伏波濤，穿海渡洋，至臺之雞籠山，始結一腦；扶輿磅礴，或山谷、或半地，繚繞二千餘里，諸山屹峙不可紀極。大約臺灣灣之山，背東溟、面西海，而郡邑居其中」〔註22〕，一方面認爲臺灣高山是源自福建五虎門，此係因以中國爲主體想像臺灣地理；另方面臺灣諸山屹峙，這是實地來臺後的觀察。而後者突出高山島——臺灣的眞實面貌，此面貌提供來臺的官員體察地理環境與空間形態的對象，或深入山中觀察、或保持遠距離觀覽高山的地形景致，茲依此二書寫類型分別探討：

一、行走「山」感知空間地形

行旅者對空間的敘述，延著其行走的路徑，畫面訴說的場景便逶邐而開。臺灣島外形，是一座聳立的高山島，島內則是佈滿大大小小山叢地，當仕宦

〔註20〕《中國古典文藝學叢編》（三），北京大學出版社，2001年版，頁236。
〔註21〕王鑫，《地形學》第七章、第三節「臺灣的地形」，臺北：聯經出版公司，1994年版，頁97～100。
〔註22〕高拱乾，《臺灣府志》卷一，臺灣大通書局，頁8～9。

者巡行經其中，自然山水地理提供了詩人什麼樣空間閱讀，或者詩人空間中讀取了什麼？宋永清〈過崗山〉行經大崗山書寫登山覽勝的視覺經驗：

> 大崗山過小崗山，萬木蒼蒼一望間。四野遙圍翠色迥，兩峰高接白雲閒。
>
> 懸巖古洞藏金粟，怪石枯藤隱玉環。幾欲登臨艱步履，夕陽斜照水流灣。

據《臺灣府志》記載大岡山、小岡山，皆鳳山縣治界山，而實為府治外扈，大岡山在北、小岡山在南，互相對峙〔註23〕。兩座大小崗山從島中向西逶迤而至七鯤身，山中地形不一提供作者視覺經驗了低處、遠處、近處等不同空間維度的景觀。作者先是從大崗山經過小崗山，從遠處眺望，「萬木蒼蒼」綠林一片。目光橫掃四邊野林，「四野遙圍翠色迥，兩峰高接白雲閒」，翠綠團圍，白雲閒逸，屬於大自然清新明亮的色澤，在天晴氣朗的視線下，一切顯得澄淨開闊。近觀懸崖山巖之間的古山洞，藏著桂花，怪石枯藤背後隱沒著蓮花；細觀花蕊含蓄隱藏於山巖，饒富趣味，引起作者登臨的動機，若非步履艱難，早已登臨上高山。企圖登高，似乎是作者探求未知本能的展現，但因步履艱難而暫時作罷。宋永清觀覽山景，視覺隨著地勢高低起伏變化，而選擇不同的景致閱讀，這是「登臨」的特殊體驗，呼應前幾句，或大或小、或近或遠的視鏡變化表示山上路況的多變性，體驗由明暗高下起伏所構成的空間意識。結尾末句以水流點出空間時間性，目光由山內移向山外，空間畫面的移動，已是夕陽斜照，一抹彎曲水流，穿過山間田野，恬淡祥和的安定感，與山的穩重氣勢相呼應。平坦地形對作者統合空間感而言，熟悉而易於把握，形成沈穩的審美觀感，不若海洋地形時時存在著令人驚惶的變數。

同樣行經山間，孫元衡捕捉的視域及焦點與宋永清有別，甚至詮釋地理景觀內容亦不同，〈海外驚霜叱雪無復寒林可觀秋日行經木岡山下白茅作花宛如朔雪晨霜足補山川所不逮率簡澄菴宋明府〉：

> 茫茫宿莽本荒塗，行到瀛南勝畫圖。夾路霜華隨野闊，到山雪色共雲鋪。
>
> 風微瀟岸飄楊柳，月澹江天冷荻蘆。黃犢一鞍三榼酒，海邦秋興未全無。

〔註23〕高拱乾，《臺灣府志》卷一，臺灣大通書局，頁 10。

木崗山諸羅縣與臺灣縣的界山，向南是臺灣縣治、向北是諸羅縣治〔註24〕，作者在木崗山下，近觀四周荒野盡是未枯乾的宿莽草，行經山路間繼起另幅視覺畫面「夾路霜華隨野闊，到山雪色共雲鋪」，白茅花白如霜，一路綿延鋪開與白雲共同鋪成一線，成為南臺灣熱帶風情的突兀視點，以「闊」字拉開空間深廣度。詩題中「秋日」二字為時空中心座標的落點，以季節表徵著天地交糅變化的因子，亦是空間景觀時間性的標誌，承續而來的詩句「風微灞岸飄楊柳，月澹江天冷荻蘆」，「飄」楊柳、「冷」荻蘆，連續二個動詞點出秋季時間與空間景觀彼此作用衍生的效果感。末聯欲將目光帶離現場，注意力由最小景——黃牛，放至最大景——海邦，經由近距清楚視焦調整至廣大而模糊的空間，將心思由景轉向人，「酒興」喚醒內心需求，與自然空間「秋興」相應，透過飲酒「我在」陶醉於「他在」的秋景中，使物我意識逐漸消融，亦使作者的宦遊海外的存在意志有了依傍。

　　從上述二例可知，臺灣山色美景往往成為作者主觀心靈空間的倚靠，藉由「行」的動作來表示其遊觀美學，山水美景提供觀者一幅幅大自然新意圖畫，當作者行走其中時，以步履作為時間單位，呈顯一縮一緊的節奏感，逐一聆賞熱帶臺灣地理景觀，碧綠山水與藍天白雲所形成色澤分明的畫面，提供人暫忘物慮、鬆弛精神，觀者感受到大自然呼吸的脈動〔註25〕，使內心幽暗寂寥的鬱悶，稍得冰釋消融。

　　有時「行」乃是仕宦責任的實踐，官員必須上山下海地巡行地方，持著以上治下的治理態度堪察地理環境，以政治主權合理空間權力，但行旅經驗往往否定了觀者的印象認知，因此康熙仕宦者，在對北臺灣認知尚未清晰的情況下，沿途一幕幕自然景觀，具體呈演，如何修正宦臺者原本模糊不清的地理概念呢？試觀當年的諸羅縣令周鍾瑄〈北行紀〉對巡行空間的詮釋，即可知官員的認知變化過程：

　　　　羅山山水海東雄，綿亙千里蹤難窮。朝盤赤日三千丈，浩氣直與海
　　　　相烘。

　　　　南抵蔦松北半線，宛然塊玉橫當中。職方禹貢雖未載，厥壤上上將

〔註24〕高拱乾，《臺灣府志》卷一，臺灣大通書局，頁9。
〔註25〕以步履作為時間單位，使人們體會生物性旋律，參見 Yi-Fu Tuan 著、潘桂成譯，《經驗透視中的空間和地方》，9、經驗空間中的時間，臺北：國立編譯館，1998 年版，頁 122。

無同。

惜哉大甲與中港，逼窄將次入樊籠。後壠吞霄勿復道，犢車犖确走
蛟宮。

天低海闊竟何有，環山疊裏如群峰。坡陀巨麓一再上，劃然軒豁開
心胸。

竹塹分明在眼底，千頃萬頃堆豐茸。從此地老無耕鑿，下巢鹿豕上
呼風。

北鄰南嵌亦爾爾，淡水地盡山穹窿。東有磺山西八里，銀濤雪浪爭
喧轟。

雞籠小甕堅如鐵，紅夷狡獪計非庸。蠻煙瘴雨今晝暗，石寒砌冷鳴
霜蛬。

中有烏蠻事馳逐，狂奔浪走真愚蒙。可憐作息亦自解，但知順則難
名功。

我來經過聊紀載，慚非椽筆媿雕蟲。他年王會教圖此，留此長歌付
畫工。

康熙時諸羅縣的行政區域統指臺灣北部地方，「羅山山水海東雄，綿亙千里蹤
難窮」，含糊未清的認知指出海東雄據一方的重要地位，從「綿亙千里蹤難窮」
的詩句裡，可知作者認為眼前廣大的「荒地」乃是仕宦者認知上所陌生的，
作者佇立觀視所在地的地理景觀：赤日三千丈、浩氣與海相拱，以形成北臺
空間的初步印象，由天上連接至海面，日光滿佈。

自詩句「南抵蔦松北半線，宛然塊玉橫當中」開始行的路線，並沿路地
理景觀的變化記錄，蔦松與半線在當時設「汛」〔註26〕地名，蔦松汛最鄰近
臺灣縣，半線汛是離縣府最遠的一個軍事單位〔註27〕，周鍾瑄巡行北臺的地
理路線：大甲－中港－樊籠－竹塹－南嵌－淡水－磺山－八里－雞籠，空間
方向則是由南而北，或上、或下各種地形路徑的變化，體驗自然景觀，因軍
事目的而巡行，作者每每觀察地點，便逐一描述記敘軍事性的地形重點，並
加入作者主觀議論如「雞籠小甕堅如鐵，紅夷狡獪計非庸」，針對雞籠地形特

〔註26〕「汛」為清代綠營兵的基層事位。綠營兵在汛地的職責工作，有：緝捕、防
　　　守、護衛及稽查。參見許雪姬，《清代臺灣綠營》第四章、第三節、防汛，臺
　　　北：中央研究院近代史研究所，1987年版，頁323。

〔註27〕因軍事防備而製的「澎臺海圖」，今有改繪圖收於夏黎明，《台灣的古地圖──
　　　明清時期》，臺北：遠足文化事業公司，2002年版，頁126～127。

點評估當年荷軍戰力，展現出軍事考察的意圖；又如針對番民順應地理環境
的生活提出觀感，「中有烏蠻事馳逐，狂奔浪走真愚蒙。可憐作息亦自解，但
知順則難名功」，關心民情，卻以漢人價值觀評斷，顯出周鍾瑄以詳閱的方式
巡行地方空間，並具有方向性地巡遍當時的軍事地，也透過「行」的動作釋
放政治權力，並於詩中表達出觀覽北臺據點後，對自然與人文作出評議及觀
感，履行權力空間化的責任認知。

　　再依空間地形的觀察，知悉作者感受經歷其中的變化及臺灣特有地理特
徵，由南而北行經每一地形變化，或偏窄、或曲折、或低地、或群峰環繞、
或陡坡、或背山面海，遠望「銀濤雪浪爭喧轟」的海景，最北端的雞籠，考
察其地形「小甕堅如鐵」，特殊的地形，加上氣候因素形成其特殊的風景「蠻
煙瘴雨今晝暗，石寒砌冷鳴霜蛩」，偶然挾雜抒情之筆「坡陀巨麓一再上，劃
然軒豁開心胸」，隨高地而上，視野愈加開闊胸懷舒暢。這些經驗乃是作者從
空間地形起伏變化而感知心靈空間的拓展，結合情景，建構出宦臺者北臺的
人文認知。使全詩從軍事巡行的意義層面，擴展成對疆野文化的新認識，同
時感受其中地理山川的脈動，巡行觀覽所得的豐富性，非片言隻語所道盡，
故詩末云「我來經過聊紀載，慚非椽筆媿雕蟲」。

二、遠望「高山」的距離美感

　　中國山水藝術中有一「遠致」〔註28〕美學觀，以「遠」距離觀視自然空
間而體悟無形無限的虛無宇宙觀。臺灣島內高山地理形態，山高的形象予人
崇高感，若加上遠觀高山，距離平緩了人與高山的對立關係，此時是否仍觸
發宦臺者體悟空間無限的宇宙觀？抑或產生另類情懷呢？試觀周鍾瑄〈登八
里坌山遠眺〉一首：

> 褰裳直踞千峰上，萬里蒼茫一色同。遠目但餘天貼水，近聞惟覺浪
> 號風。
> 巨鼇有首低擘地，瘴雨無根直慢空。寂寞斗牛誰再犯，好將消息問
> 嚴公。

起首作者以「褰裳」示親臨其地的真實體驗。八里坌乃屬諸羅縣轄地，是淡

〔註28〕王建元，《現象詮釋學與中西雄渾觀》第二章、現象學美學與中國山水畫的雄
　　　　渾美感，三、中國山水畫中的「遠致」，臺北：東大圖書公司，1992 版，頁
　　　　48～51。

水港口外的一座山，依傍此山向島內望，視角向上仰遠觀更高處，群峰層巒疊嶂，因著視覺距離廣遠化，向東望山色「一色同」，向西望海面「天貼水」，一望無際，廣闊而蒼茫的視覺感，距離將空間立體視角平面化了，唯有透聽覺來辨析：「近聞惟覺浪號風」，方才感知空間維度。前四句針對高山空間形象而寫，後四句則筆鋒一轉寫鳥、寫瘴雨，將空間視覺感引入具體對象物，詩末點染仕宦政治味，以「嚴公」喻清朝國君，借明代賜內臣勳戚之服繡獸形「斗牛」喻臺灣向清廷俯首稱臣。作者以登高遠眺的方式宣示，視域所及的萬里群山皆政治疆域的範圍，顯出征服者的姿態，而未有「不可企及」的宇宙觀投射其中。

晚近地理學者研究，臺灣島是個劇烈造山運動掀起的高山島，高山和深谷為島上最大的地形特色，三千公尺以內的高山佔總土地面積百分之九九，其中主峰玉山不僅是臺灣最高峰，亦是東亞第一高峰〔註 29〕。因此，臺灣的主峰玉山一直是人們視覺感知突出的自然對象，康熙仕宦者周鍾瑄及陳夢林，兩人同心為編撰臺灣方志第一：《諸羅縣志》，皆有詠玉山之作。周鍾瑄〈望玉山〉：

> 曉嵐高捲日初生，一片晴光照眼明。積雪不消三伏後，層冰常訝四
> 時成。
> 疑他匹練非吳市，遮莫胥濤向越城。大璞已教天地鑿，山靈穩臥不
> 須驚。

曉日煙嵐消散，晴光開啓前方視線，「明」字點出玉山冰雪主題遠景的能見度，表示作者雖遠觀卻觀得清晰，三、四句以積雪不消、層冰四時加強形容玉山積雪之厚實狀態，從視覺裡感受到自然景觀的質的，詩中連結吳、越典故譬喻冰雪潔白如練色澤感受，統合各方視覺感，顯出玉山自然天工斧鑿地形，如是無瑕的自然美景，使作者體悟「山靈穩臥不須驚」，天地萬物自有生成循環的客觀之道，而人的主觀情志無礙自然山靈的客觀性。

陳夢林〈玉山歌〉以歌行的方式呈現玉山另種風貌：

> 須彌山北水晶宮，天開圖畫自瓏璁，不知何年飛海東，幻成三箇玉
> 芙蓉。莊嚴色相儼三公，皓白鬚眉冰雪容。夾輔日月挂穹窿，俯視
> 眾山皆群工。帝天不許俗塵通，四時長遣白雲封。偶然一見杳難逢，

〔註29〕王鑫，《臺灣特殊地理景觀》第三章、高山地景，臺北：行政院文化建設委員
會，1999 年版，頁 20～24。

唯有霜寒月在冬。靈光片刻曜虛空，萬象清明曠發蒙。須臾雲起碧
紗籠，依舊虛無縹緲中。山下螞蟥如蟻叢，蝮蛇如斗捷如風。婆娑
大樹老飛蟲，攢肌吮血斷人蹤。自古未有登其峰，於戲。雖欲從之
將焉從。

詩中以佛經「須彌山」的神話傳說來解釋玉山的創造起源，認為此山天頂是
天帝所居，玉山正是天帝為地上繪圖不知何年飛向海東的玉芙蓉，玲瓏剔
透、冰清玉潔的形象，以天帝象徵抽象的存在真理，引發作者以虛幻想像來
理解玉山，其真實面可能是作者對玉山外在形象的陌生，加上虛幻神話填補
認知空白，這可能是作者從外在感覺和理解意識中超脫出來，達到精神層面
的自由狀態，追求「超越的擬喻」〔註30〕的修辭美學，將玉山的描繪引向靈
奧層面。

　　白雪覆頂玉山，遠望如同三位皓白鬚眉冰雪容貌的老者，作者以擬人化
的方式將玉山形象以「莊嚴色相」的抽象字詞表達。以比擬修辭玉山整體空
間形象，是接承前述以天帝造天的主體思惟，觀視玉山的方位維度，穹蒼中
央高、周圍低垂，天帝以日、月支撐之，並以地面群山共同頂住蒼天，且「帝
天不許俗塵通，四時長遣白雲封」，將造物主的能力如此突顯，玉山幻化不
定的景象因背後有一主宰者，掌控一切明滅，「偶然一見杳難逢，唯有霜寒
月在冬。靈光片刻曜虛空，萬象清明曠發蒙。須臾雲起碧紗籠，依舊虛無縹
緲中」，玉山虛無縹緲如蒙白紗的美景，反襯其神祕不可知的面貌，使人畏
懼。詩作末段遂從想像中切入現實裡，「山下螞蟥如蟻叢，蝮蛇如斗捷如風。
婆娑大樹老飛蟲，攢肌吮血斷人蹤。自古未有登其峰，於戲。雖欲從之將焉
從」，玉山下各樣蟲類，威脅著人類的生命，形成一種人與玉山之間的自然
界線，距離使人心無所適從，亦將從詩人沈浸於寧靜安祥的靈視世界轉向現
實世界裡，面對可懼可畏的大自然，使人因著目視真實存在世界的一切，產
生一種不安全感，反倒將作者從溶匯神遊渺邈的超越境界裡拉拔出來，心靈轉
向懼怕糾葛的困境，於是，雖見奇偉山峰，卻未能臻於山水渾涵的虛無之境。

　　比較周鍾瑄、陳夢林創作，二人所見的玉山皆是覆蓋白雪的高山，觀覽
臺灣最高峰靄靄一片的視覺形象，周鍾瑄主要是呈現玉山「曉嵐、晴光、積

〔註30〕 王建元，《現象詮釋學與中西雄渾觀》第一章、「崇高乎？雄偉乎？雄渾乎？」
　　　　認為中國詩人描寫雄偉壯觀的自然奇景時，都具有「超越的擬喻」的通性，
　　　　是一種企圖跨越思惟邏輯而到達絕對客觀真理的象徵活動。臺北：東大圖書
　　　　公司，1988年版，頁28。

雪、層冰」的自然現象，進而體悟自然之道。陳夢林捕捉玉山仙幻的氛圍，從天地創造起源入手，脫離捕捉現實利害的企圖，進入審美想像裡，將玉山融合空間中自然條件如雪、雲、光、日、月的各樣感覺，以形象比擬的方式呈演，使作者感知自然堂奧的整體，並加以具現。自然空間提供人的訊息，從視感官層面到心靈感知層面，廣遠觀覽玉山，白雲升起、虛無縹緲，神祕不可捉摸的視覺距離，轉化成爲心靈距離的投射。

在宦臺者的筆下，有時「遠」會轉喻爲因懼怕而產生心靈距離的遠，又如孫元衡〈瘴氣山水歌〉透過「瘴氣」現象所形成臺灣特殊地理景觀，引發心理懼怕：「瘴山苦霧結胚胎，窮陰深墨堆枯煤。赤日沈爲死灰色，勁風萬古無由開。下有長河名淡水，玉椀澄之清且旨。化爲碧血與鳩漿，殺人不見波濤起。山有飛禽河有魚，上原下隰黃茆居。……樵山飲水滋慚恧，仕宦五瘴良非輕」，瘴氣煙霧凝聚使赤日如死灰色、窮蔭深墨如枯煤，顏色傳達內在沈鬱幽暗的感知，縱使強風也不易吹散，顯見整體空氣籠罩在厚厚的霧氣中，這種林木鬱積濕熱之感，使作者以「殺人不見波濤起」，形容身處瘴氣濃鬱的大環境裡感到懼怕驚恐，以致衍生難以適應的慚愧。瘴氣濃霧所導致的視線不明，成爲作者融入自然環境之間的障礙，遂言仕宦來臺頻頻遇上瘴氣侵逼，心理負擔令人畏懼，而形成所謂的心理距離。

除了遠距離衍生的觀景感知之外，南臺灣湛藍海天與翠綠青山共譜的山水圖畫，亦爲遠觀山色，半屏山及打鼓山兩座山相鄰〔註31〕，皆爲鳳山縣山，位於今日高雄地區之內，靠近臺灣海峽，海山相映的特殊景觀，提供詩人觀覽吟詩的材料，康熙年間二位鳳山縣令李丕煜、宋永清分別題詠。李丕煜〈半屏山〉：

　　陡然拔地起，半壁凌芳洲。翠色空霄漢，嵐光鎖綠疇。

　　鳥道晴峰拱，雲帆碧海收。影入蓮潭水，千年勝蹟留。

以遠距觀覽位於小崗山西南的半屏山，於空間中突出的形象特徵：其一如屏

〔註31〕關於半屏山及打鼓山的地形記載於陳文達，《鳳山縣志》卷一、封域志、山川：「邑治之山，自大岡山迤邐而南二百有餘里。其近而附於邑治者，如列嶂、如畫屏，曰半屏山（蓮池潭直通於山下），濃遮密蔭，近接於半屏山之南者，爲龜山……秀茂屹立，而特峙於大海之濱者，曰打鼓山（俗呼爲打狗山，原有番居焉。至林道乾屯兵此山，欲遁去，殺土番取膏血以造舟；番逃，而徙居於今之阿猴社）；水師之營壘在焉」，臺灣大通書局，頁5。

的山形，其二突然拔地而起的地勢，半面山壁倚靠著芳洲，再移動視線，從上下觀覽全幅畫面，翠綠山色凌空，嵐光泛起野綠田疇。因「遠視」深化空間維度，並以「鳥道」、「雲帆」二個視覺對象的活動狀態呈演空間的方位，「鳥道晴峰拱，雲帆碧海收」，向東晴朗無雲群峰拱起羊腸小徑，向西雲帆飄移於碧海，兩方互相輝映，而再次證成視角全面性，展現山形另一面的美感——「倒影」於山下為蓮池潭美麗影像，永恆性地留佇於人心，成為名勝。

　　詩題「半屏山」，為全詩的主要對象，但詩句不從山的本身作細部刻畫，乃從周邊景象，襯托出山的主體，由於它不記寫游蹤，不採用移步換形的寫法，只以定點觀視全景式的構圖方式規範，釐分其東、其西、其上、其下，不同的景面，作者投注的視覺關注近乎等量齊觀，是因審美主體的空間高度不甚高所產生的視覺效果，亦因作者以實筆書寫景致，將所見的空間畫面據實羅列於詩作裡。

　　打鼓山為鳳山縣另一縣山，據王瑛曾《重修鳳山縣志》卷一載：「打鼓山在興隆莊，縣西七里，俗呼打狗山。高峰插漢，高百餘丈，袤二十餘里，背障大海，樵採所資」〔註32〕。巖巒奇秀，林壑優美的打鼓山，乃屬古珊瑚礁地層，形成於第三紀末至第四紀初的洪積期，山高海拔三五六公尺，是今日高雄市諸山的主峰，在地質上，它是由三層珊瑚礁石灰岩及間夾的青灰色砂質頁岩所構成，其中，除上部有較晚生成的高位珊瑚礁外，都受到褶曲作用，形成東山背、中央山背與西山背三條平行的山脊。山背的北側，上有石灰岩陡崖，下有青灰岩緩陡的地形面。南從港口橫斷後的缺口起、蜿蜒奔馳歷哨船頭、柴山、巖仔、內惟、北迄桃子園止、綿亙十公里，成為高雄市之天然屏障〔註33〕。今人看打鼓山，以臺灣島為主體看此山由島內延伸而向西南方橫斷；但當年宋永清看打鼓山則從相反方向認知山的走勢，宋永清〈打鼓山〉：

　　　　小山脈脈祖崑崙，渡海穿江逐浪奔。翠樹千層枝隱鳳，碧波萬頃窟藏黿。

　　　　縱觀魚躍硫磺水，諦聽潮來打鼓門。偏是怒濤風雨後，赤鱗金甲吼乾坤。

詩中清楚看見作者認為打鼓山，是座小山脈，主山是中國的崑崙山，橫渡海

〔註32〕王瑛曾，《重修鳳山縣志》卷一，臺灣大通書局，頁13。
〔註33〕高雄市教育網路：高雄采風錄「鼓山區」，
　　　　http://www.kh.edu.tw/cities/takauo/kushan。

峽穿越江河，逐浪奔波。這是宋永清所認知的臺灣地理，也是當時官員對臺灣地理的普遍認知。詩裡將緊鄰大海的打鼓山，形容成綠樹濃蔭重重層層，鳳鳥隱於枝頭的山林，山傍碧波萬頃的海面，這海爲黿藏身之窟，深不可測的神祕感相對於翠綠山林的明朗鮮艷。遠觀山與海形成廣大的局格後，作者改以「縱觀魚躍硫礦水」小景托襯，並轉以聽覺觀景「諦聽潮來打鼓門，偏是怒濤風雨後，赤鱗金甲吼乾坤」，打鼓山景觀的特色不僅在山海相鄰，亦在振耳欲聾的潮吼，頓時彷彿將天地化爲鎧甲金光、天地怒吼的戰場一般。

作者所感知的打狗山即使遠觀，亦鮮活逼近人心的存在感，如臨大敵般的驚恐氛圍，依然清晰地縈繞左右，海潮聲回響於空間中。宋永清佇立於南臺灣，遠觀山色時，不再單純地面對靜默安穩的高山，乃是如吼的潮聲響於耳際。

第三節 「臺灣八景」詩作的空間呈現

康熙三十年（1691）至三十五年（1696）王善宗、齊體物、高拱乾三者首創「臺灣八景」的書寫，究竟「八景詩」體式由來爲何？最初之際，宦臺者如何從臺灣的地理景觀中，擇取山水題材，運用中國「八景詩」的體例，再創造臺灣八景詩的書寫，從而呈現臺灣空間特性？

臺灣八景的選定，除客觀景致引人欣賞外，亦關涉著作者視野交融的問題，即作者會面對中原地理視野與臺灣地理環境的差異，如何調節及融合其中處境，這使仕宦者閱讀地理風景時，會有所謂的認知「空白」〔註34〕，這部分若被仕宦者填補虛幻想像及抒發個人情感，引起創作動機，從而合併實地考察的地理材料轉換成爲文學素材，使宦臺者將臺灣的地理題材引向的心靈空間的探索與挖掘，表現出中國文人如何從臺灣山水體悟自然宇宙的存在意識。

因此，探究「臺灣八景詩」的創作源頭，俾益於了解臺灣八景文學的原型意象爲何？並可向下探究往後作者如何衍生八景詩的書寫內容。

〔註34〕「空白」一詞爲〔德〕伊塞爾的審美反應理論的術語，文本（山川地理）與讀者（仕宦者）間存在著一種根本的不對稱現象，是藝術品與審美者交匯時一建構性的空缺，此處審美者會依靠解釋來填補空缺，而這解釋就構成相互作用的過程。參見伊麗沙白·尹洛恩德（Elizabeth Freund）著；陳燕谷譯，《讀者反應理論批評》第六章、漫遊的讀者，臺北：駱駝出版社，1994 年版，頁 138～144。

一、「八景詩」源由與「臺灣八景」題材

（一）「臺灣八景詩」之源由

　　宦臺者如何沿襲中國「八景詩」的傳統而寫作「臺灣八景詩」？本文探究的「臺灣八景詩」之前，欲先了解作者如何汲取中國「八景」的書寫傳統，以應用於臺灣特殊地理景致當中。

　　「八景詩」的由來，據研究者衣若芬所述，「八景詩」是始自六朝山水文學有意識地取景，遠離故里的身體移動與移動歷程，行旅他鄉，登高望遠而作定點式的欣賞「風景」的活動。在詩歌作品裡，觀風景是有別於日常的一種「非常」的耽美活動，一種刻意的行為，觀看「風景」不在於人行山水之間的時間延續，日光由明至晦的規律改變，主體人物移步至某一定點後靜止，視線所及的物象，於景致往往隨機而異，人們累積觀看的經驗，摘取最富特色的物象與氣候的組合。「八景詩」受唐代近體詩格律群組數目結構概念的影響，而以八首為一套，自成完整體系的組詩〔註35〕，至宋朝、宋迪「瀟湘八景畫」以「平遠山水」畫法，選定瀟湘八景點命名作畫，藉著組畫題強調暗沈的天色與時間的結束，以八個畫題一組，較諸單一畫作傳達更豐富的意涵，後人承襲沿用，而形成一種固定的詩歌書寫方式。因此，「八景詩」書寫思惟，本質上是近於「題畫詩」，乃是為題詠八幅景色圖畫而書寫的詩作，換言之，「八景詩」乃詩人取某地方的數個特殊景點，組合成一套詠賦地理人文風景的詩作。

　　既然觀賞風景是一種耽美活動，因此，「八景」書寫的過程是審美思惟運作與形成的過程，隨著作者有時登臨山水、有時或坐或立亭臺樓閣之中，不同的觀景行動，以感官體驗風景，觸發各樣情志感懷，使得所觀看的景象具有引人入勝的美感愉悅。這種自然畫面的形成與繪畫構圖相近，都經過選擇，並且有凝聚視線的焦點以及限定範圍的邊框，書寫的主題焦點明確。

　　從上述可知，「臺灣八景詩」的書寫，一方由源自中國文人「觀風景」的審美與書寫習慣，隨著仕宦者帶入臺灣；另一方面，「臺灣八景」亦因仕宦者認知臺灣奇山異水的環境需求，遂為環境進行編碼的動作，亦即「臺灣八景」

〔註35〕衣若芬，〈閱讀風景：蘇軾與「瀟湘八景圖」的興起〉一文，收於《千古風流——東坡逝世九百年學術研討會》，臺北：洪葉文化事業公司，2001年5月初版，頁693～694。

的選定動機之一，乃為客觀環境找到代表性的景點，建構地方山水的特點，以形成認識臺灣的概念，也因此康熙時期的臺灣方志有將「八景」置於名勝之列的情形，如高拱乾《臺灣府志》裡所記述的「臺灣八景」即附在卷九「古蹟志」後面，而薛志亮《續修臺灣縣志》將「臺灣八景」編入山水、勝景的部分，皆可知悉這時仕宦者視「八景」為地方代表名勝，同時藉著山水名勝的標立，確立仕宦者因考察輿情而實際走訪的憑據。康熙時期宦臺者大多有運用「臺灣八景」的組詩來書寫臺灣地理的現象〔註36〕，只是，仕宦文人在考察的動機觀覽臺灣山水時，亦伴隨著審美的意義運作其中，以保持詩歌藝術性。

（二）「臺灣八景」的題材屬性

康熙「臺灣八景詩」作者選定八個景點為材料後，這景象及題材屬性，透顯出他們如何涵攝臺灣人文地理內容，以形成此時期創作特點。茲依詩題分類呈現：

「安平晚渡」：人文活動景象

「沙崑漁火」：人文活動景象

「鹿耳春潮」：自然天候景象

「雞籠積雪」：自然天候景象

「東溟曉日」：自然天候景象

「西嶼落霞」：自然天候景象

「澄臺觀海」：亭臺樓閣觀覽自然景象

「斐亭聽濤」：亭臺樓閣觀覽自然景象

由此可知，八景當中以自然天候景象的觀察書寫為主，人文活動則是配合自然氣候時序的變化而形成的景觀，並與自宋代以來文人熱衷於修築亭臺樓閣並作題記的風氣，共同形成八景詩選景的內容。這內容顯示康熙時作者觀察景象焦點乃鎖定臺灣外在的客觀自然條件，箇中緣由：其一、自然地理是八景詩的本質屬性；其二、外在環境是初期仕宦視覺接觸的第一印象，八景詩即是以繪畫思惟來書寫自然山川地理、風景名勝等各類引人注目的特殊景

〔註36〕劉麗卿，《清代臺灣八景與八景詩》對清代流寓臺灣題八景詩作者的資料整理可看到，康熙時期宦臺者大多有書寫八景詩，唯筆者感到疑惑的是，在臺灣期間寫詩三百六十篇，合為《赤嵌集》的孫元衡，竟然一首八景詩作也沒有，此問題留待以後著文解釋之。劉麗卿，《清代臺灣八景與八景詩》，中興大學中文所碩士論文，2000 年版，頁 68。

象,「景點如何被描繪」這命題存在於康熙仕宦者的書寫意識中,將陌生的臺灣草木,逐一地透過自然景觀對象物的擇取來呈現,以滿足中原人士了解臺灣自然環境的需求;其三、「臺灣八景詩」中人文活動景象的書寫,乃因觀察地方人民如何依賴地域條件而謀生的書寫角度,另外,依亭臺樓閣的觀景活動,更顯出仕宦者在宦遊域外的過程裡,不可或缺的是一個可供依戀故鄉的空間。

此外,透過「臺灣八景」題材選定,筆者試圖了解作者如何將臺灣的地理空間體驗,轉成詩歌寫作的文學空間?並由此而表現出什麼樣的空間觀念?以此作爲下文討論「八景詩」的焦點。

二、康熙「臺灣八景」的地理實存與文學虛構

康熙時的仕宦者,爲臺灣古典詩歌史首創八景詩的書寫。此創舉的編組蘊釀過程究竟爲何?亦即「臺灣八景」的景點選取及詩作內容的擴展過程,究竟如何?其間作品取材,與宦臺者對環境認知後所形成的空間記憶,有何關連?此外,作者映現於「臺灣八景」詩作當中,究竟有多少是作者實際經驗後而書寫的,又有多少是作者憑恃想像力而虛構的呢?筆者擬先討論仕宦者的空間經驗與景點組編關係,再釐清詩歌寫作時地理實材與文學想像的運用觀念。

爲釐清上述疑點,先將康熙時期「臺灣八景」的作者可能身處的地點與其所作的「臺灣八景」詩題作一對照:

姓 名	藉 貫	來臺時間	在臺仕宦職稱及可能地點	臺 灣 八 景 詩 題
王善宗	山東諸城	康熙二十九~三十四年(1690~1695)來台	臺灣水師協左營守備(在安平鎮)	〈安平晚渡〉、〈沙鯤漁火〉、〈鹿耳春潮〉、〈雞籠積雪〉、〈東溟曉日〉、〈西嶼落霞〉、〈澄臺觀海〉、〈斐亭聽濤〉
齊體物	滿洲正黃旗	康熙三十年(1691)來台	臺灣府海防同知(臺灣府)	〈安平晚渡〉、〈沙鯤漁火〉、〈鹿耳春潮〉、〈雞籠積雪〉、〈東溟曉日〉、〈西嶼落霞〉、〈澄臺觀海〉、〈斐亭聽濤〉

高拱乾	陝西榆林	康熙三十一至三十四年（1692~1695）年來台	分巡臺廈兵備道、兼理學政（臺灣府、諸羅縣〔註37〕）	〈安平晚渡〉、〈沙崑漁火〉、〈鹿耳春潮〉、〈雞籠積雪〉、〈東溟曉日〉、〈西嶼落霞〉、〈澄臺觀海〉、〈斐亭聽濤〉
林慶旺	福建晉江	康熙三十四年（1695）來台	臺灣府學教授（臺灣府）	〈安平晚渡〉、〈沙崑漁火〉、〈鹿耳春潮〉、〈雞籠積雪〉、〈東溟曉日〉、〈西嶼落霞〉、〈澄臺觀海〉、〈斐亭聽濤〉
陳璸	廣東南海／海康	1702~1703、1710~1714、1717年三次來台	第一次任臺灣縣事（臺灣縣）第二次任臺灣廈門道兼理學政第三次巡海至臺灣	〈安平晚渡〉、〈沙崑漁火〉、〈鹿耳春潮〉、〈雞籠積雪〉、〈東溟曉日〉、〈西嶼落霞〉、〈澄臺觀海〉、〈斐亭聽濤〉
婁廣	京衛	1705~1707年來台	分巡臺廈道守標（臺灣府）	〈安平晚渡〉、〈沙崑漁火〉、〈鹿耳春潮〉、〈積籠積雪〉、〈東溟曉日〉、〈西嶼落霞〉、〈澄臺觀海〉、〈斐亭聽濤〉
張宏	江蘇上海	1708~1713年來台	臺灣縣知縣（臺灣縣）	〈安平晚渡〉、〈沙崑漁火〉、〈鹿耳春潮〉、〈雞籠積雪〉、〈東溟曉日〉、〈西嶼落霞〉、〈澄臺觀海〉、〈斐亭聽濤〉
張琮	雲南河陽	1709、1713年來台	臺灣縣丞（臺灣縣）	〈安平晚渡〉、〈沙崑漁火〉、〈鹿耳春潮〉、〈雞籠積雪〉、〈東溟曉日〉、〈西嶼落霞〉、〈澄臺觀海〉、〈斐亭聽濤〉

康熙時寫作「臺灣八景」的宦臺詩人，完整的八景組詩，共有八位，這八位的任官地點皆在臺灣府、或臺灣縣，或最多巡行至北方的諸羅縣（所含括的行政區域太籠統）。這最初的行政範圍，並不包含臺灣東部，使得康熙時宦臺者實際涉足的地理範圍，亦是他們在臺灣施政與生活範圍，僅限於被康熙皇帝附設為福建省的三個府縣之內。當時宦臺者認識環境，大多侷限於這已開發的區塊裡，因此，除了臺灣西南部之外，島上其他地理樣貌如何，在他們的意識中多是模糊不清的，這現象可由康熙的地形圖繪畫中得到證明，清康

〔註37〕高拱乾，〈初議捐修諸羅縣學宮序〉一文「余備兵於此，兼分視學之任；每問其令，以城垣未建，學基恐有更易為對」，由此文可知悉其曾巡視至諸羅，收於《臺灣府志》卷十，臺灣大通書局，頁252。

熙三十五年第一部官修方志──《臺灣府志》卷首「臺灣府總圖」，是清初臺灣第一幅官修圖，內容以府治附近的平原及海岸，特別放大而詳盡，且地圖範圍僅包括當時的「前山」，並以「社」和海岸港口的地勢，描繪得較爲詳實〔註38〕，除此以外，其他地區在地圖裡則顯得簡略，顯見當時人對府治附近之外的地區是認識不足的。康熙初期宦臺者平日生活範圍多集中臺灣南部一帶，尤以臺灣府爲中心範圍，所繪製臺灣圖也就限制於當時臺灣的西岸，換言之，康熙時來臺的官員尚未具有臺灣全「島」的地理觀念，乃是以西部平原的地理景象平面地認知臺灣，而這現象必須至清末有完整的臺灣全島圖出現才得以調整與修改。

　　又仕宦者由西渡海而來，因而，「臺灣八景」中除「雞籠積雪」一景面之外，其餘七景皆來自海景，而宦臺者的「臺灣八景」皆鎖定在海景，其中可能的原因：一方面緣自「海島」乃是臺灣的地理特點，身處臺灣的官員朝夕面對西岸的海域，觀看海洋的各類現象變化，另方面中國官員欲登陸臺灣之前首先要橫渡海域，這項官員「宦海」旅程的必經之路，使「海」成官員對臺認識的首要印象，而「海」便成爲他們對臺灣地理空間的首要體驗，以致「臺灣八景」中有七景皆與海相關。

　　再從康熙領臺灣之初，官員所在方位位置來研判，「臺灣八景」的實際地理範圍，「臺灣八景」詩題當中，有六個景點是臺灣的西海岸：〈安平晚渡〉、〈沙崑漁火〉、〈鹿耳春潮〉、〈西嶼落霞〉、〈澄臺觀海〉、〈斐亭聽濤〉，其餘二者：〈雞籠積雪〉座落於北方、〈東溟曉日〉則是向東方。上述六個臺灣西岸的景點：安平、海上沙鯤、鹿耳、澎湖的西嶼，是臺灣縣外海的區域，又「澄臺」及「斐亭」則是築於臺灣府附近的亭臺，無論是向外海域或沿岸陸地，皆反應宦臺者在臺期間實際的活動範圍──府內官廳至沿岸海邊，隨著地緣關係衍生了「八景」中的六景，因此，臺灣西海岸的親身體驗成爲「臺灣八景詩」的主要取材來源。

　　另外，〈雞籠積雪〉、〈東溟曉日〉二首作品的景點方位，皆是當時漢人及官員尚未深入的北部及東方，康熙三十五年的高拱乾《臺灣府志》尚有關於雞籠山的記載：「雞籠山在其北，龜佛山在其南；斗六門流匯大海，半線港直

〔註38〕夏黎明，《清代臺灣地圖演變史》頁11之「圖2-1」的描述，臺北：知書房出版社，1996年6月版。

接奧區。其龍縱之迴環者，不可紀極；而其浩瀚之奔流者，無不朝宗」〔註39〕以山高不可極盡，海水浩瀚不可止息的情形，來籠統地概括北部地方的景象，可知當時官員對臺灣北部山區的認知是模糊的，遂以含糊且抽象的字詞來形容。至於，東暝曉日乃指東方旭日初昇之景，臺灣向東的地形，在當時人的眼中皆崇山峻嶺，所能看見之山地雖已畫分爲鳳山縣、諸羅縣的行政範圍，但高山深地人跡罕至，不知詳情者站在外圍更是將之充斥爲鬼怪傳說，故被當時的官員視爲另一個世界，《臺灣府志》即如此描繪：

> 自木岡山北至雞籠鼻頭山，諸峰錯秀，逶迤千里，則又諸羅之縣治也。蓋鳳山、諸羅雖分縣界，而遠峰近岫，莫不明拱暗朝於郡治也。至若深山之中，轍跡罕到。其間人形獸面、鳥啄鳥嘴、鹿豕猴獐，涵淹卵育；魑魅魍魎、山妖水怪，亦時出沒焉，則又別一世界也〔註40〕。

因此，「東溟曉日」的景點，嚴格來說，亦僅是宦臺者站在西岸地方遠眺東方朝日的觀景名勝，據范咸《重修臺灣府志》〔註41〕的「臺灣八景圖」來看，當時人所指的東溟乃是東邊高山以外之地，此後山是生番出沒、人跡不到之地，高拱乾曾如此描述「至於東方，山外青山，迤南互北，皆不奉教。生番出沒其中，人跡不經之地；延袤廣狹，莫可測識」〔註42〕，因人不曾深入到東方山中，更遑論實際接近山的另一邊觀景，於是，題「東溟曉日」者多是以遠觀的角度覽勝，東方日初的海平面出現美麗的光芒，作者則對應之遠觀的視角。又亦因交通易達度的限制，使官修方志對後山往往只作「可望不可及」的模糊陳述，至於，康熙宦臺詩作對這方面的書寫，若遇上景致模糊不明之處，作者會以文學想像填補地理認知上的空白，並加入個人抒情的成份，以形成整體的文學氛圍。

　　由上述可知，「臺灣八景」的多數景點，是作者親臨其地的空間情境而得的書寫題材，唯有少數景點因當時受到交通工具及開發區域的制約無法到達，以致虛擬其境。不過，縱使多數創作材料是作者遊覽名勝而得，但八景詩固定八個景點的體式，加上以作者固定而有限的認知模式來體察客體環境

〔註39〕高拱乾，《臺灣府志》卷，臺灣大通書局，頁8。
〔註40〕高拱乾，《臺灣府志》卷一，臺灣大通書局，頁8。
〔註41〕劉麗卿，〈清代臺灣八景與八景詩〉引用《重修臺灣府志》的附圖，此乃取自成文出版社的版本，詳見該論著頁173。
〔註42〕高拱乾，《臺灣府志》卷一，臺灣大通書局，頁6。

的實在性，其中經由人主觀意圖的選擇及對景點的詮釋，因而形成仕宦心中
的「眞實世界」〔註43〕，成爲他們組編臺灣空間概念的根據。

　　作家創作的來源需要眞實，作家孕育作品的情感需要眞實，作品更要有
眞實感，但作品的眞實不同於客體的眞實，是經由作者想像後的眞實、情理
中的眞實、審美的眞實，也有人稱之爲藝術的眞實。這種眞實是眞和幻的結
合所形成的辯證關係，體現了不完全符合現實邏輯的情感邏輯的力量，如同
「臺灣八景詩」，將視點擺在廣大的海洋中的一小點自然景色的特性，如：「晚
渡」、「漁火」、「春潮」、「積雪」、「曉日」、「落霞」、「觀海」、「聽濤」，作爲畫
面中的主題，是一種取自海上的題材，作者運用的可能手法，除了對風景眞
實描摹，亦借助豐富情感來聯想，將視覺觀覽海上奇景，用或眞或幻之筆交
雜以書寫，使其符合情感邏輯，含蘊宦臺者探索海島的內心情志。

　　詩作中奇幻的部分往往是作者體驗眞實生活後，企圖以「幻」──藝術
想像、藝術虛構，通向「奇」的藝術創新層面。

　　就康熙時作者實際的地理活動經驗來看，安平、鹿耳門……等景點，是
作者親歷其境的，但「臺灣八景」之中的「雞籠積雪」一景，作者如何有便
利的交通並且親臨臺灣北部目睹眞實雪景來書寫呢？況且，就此詩題歷來就
存在一個疑點：雞籠一帶會下雪嗎〔註44〕？寫於康熙五十五年的《諸羅縣
志》，此方志裡有二段文字紀錄可解釋此疑惑：

　　　縣治距郡百餘里，寒燠頗殊。冬末春初，時見薄霜，唯無雪耳。自
　　　縣治至雞籠，地愈高而愈寒。雞籠雖嚴寒，亦稀見雪。稱「雞籠積

〔註43〕 此處「眞實世界」誠如西方哲學家海德格所言：「在日常生活中的尋視去遠活
　　　動，揭示著『眞實世界』的自在存在，而這個『眞實世界』就是在此在作爲
　　　生存著的此在，向來就已經依之存在的存在者」，《存在與時間》第一篇、第
　　　三章，臺北：桂冠圖書股份有限公司，頁147。

〔註44〕 關於歷來對「雞籠積雪」是眞、是假的疑惑多有人提出，本處僅舉古今兩例
　　　證。在清領初期時，了陳夢林，《諸羅縣志》提及，再者，乾隆時遊宦臺灣的
　　　滿人六十七〈北行雜詠〉其中一首詩寫道：「濃雲蒼霧白茫茫，一路花梢滴露
　　　香；未信雞籠眞積雪（雞籠積雪，爲臺郡八景之一），曉來先試北風涼」（引
　　　自六十七，《使署閒情》，臺灣文獻叢刊第一二二種，臺灣省文獻會出版，頁
　　　65），明白提及不相信雞籠會積雪。近代歷史研究者陳捷先，《清代臺灣方志
　　　研究》針對高拱乾的八景詩「雞籠積雪」一景提出反駁，認爲是作者虛構的：
　　　「從府城臺南到雞籠，竟有二千里之遙，而其地有山『長年紺雪花』，眞是不
　　　符事實的描寫。『雞籠積雪』完全是虛設的一景，是高拱乾開始編造出來
　　　的……」，臺北：臺灣學生書局，1996年版，頁54。

雪」者，何也？乃有妄指玉山爲積雪者。〔註45〕

雞籠山在雞籠港之東南，雞籠嶼乃在隔海之西北，礮城、番社俱在
嶼中。「郡志」載：雞籠城在諸羅山，誤。五十三年地理圖記村東北
有雞籠山、西有雞籠城，山後海中有雞籠嶼。似礮城與社俱在雞籠
山，而嶼在山之後，皆耳食而未經親歷其地也。〔註46〕

《諸羅縣志》的著書時間較接近康熙三十年左右王善宗、齊體物及高拱乾三人首創「臺灣八景」之時間，依據方志記載當時的氣候特徵，雞籠雖嚴寒，但較少見落雪情景，如何說明「雞籠積雪」是真實的？並且再據《諸羅縣志》的考證，早期「臺灣郡志」記載雞籠山的所在地，與康熙五十三年實地測繪的地圖所記載雞山、雞籠城及雞籠嶼三景點的位置有異，明顯可知康熙三十五年左右來臺者對臺灣實際地理的掌握是有誤判的，原因是他們「皆耳食而未經親歷其地」，在未有親歷其地的情況之下，運用虛構想像書寫雪景的詩作，結合虛幻的神話，形成朦朧模糊的美感新經驗，作者隨之被引向新的生命體驗，作品也具有追求創新的意味。

　　有時具體的山川地理形象激起作者內心情感，引向想像世界，以抽象性的詞彙擬構情境，如「臺灣八景」的第七首〈澄臺觀海〉及第八首〈斐亭聽濤〉出現「澄臺」、「斐亭」兩座人文建築，是緣自中國文人習以「亭臺樓閣」作遠眺、遊觀之用而營構的建築空間，據《福建通志臺灣府》說法〔註47〕，皆是高拱乾所建，位於當時臺灣道署的西向「敬事堂」官廳之中，而澄臺在斐亭左，其中「斐亭」叢篁環植，翠色猗猗，取自「衛詩」有斐之義，「澄臺」則在「斐亭」左面，高可望海；又丁宗洛曾引《臺志》作註說明「斐亭」及「澄臺」的築亭經過與命名由來：「康熙中巡道高拱乾建設衙署，後有臺曰：澄臺、亭曰：斐亭。拱乾記云：捐俸鳩工，略庀小亭於署後，以爲對客之地。環繞以竹，遂以斐亭名之。更築臺於亭之左隅，覺滄渤島嶼之勝，盡在登臨襟帶之間，復名之曰澄」〔註48〕，這類亭臺建築雖有真實之境在眼前，但作者觀海、聽濤的抽象感懷，超現實的情境體會，使詩作中實境與虛境交互呈

〔註45〕周鍾瑄，《諸羅縣志》卷八，臺灣大通書局，頁180。

〔註46〕周鍾瑄，《諸羅縣志》卷十二，臺灣大通書局，頁289。

〔註47〕《福建通志臺灣府》卷十八，臺灣大通書局，頁97。

〔註48〕丁宗洛乃陳璸同鄉友人，曾編輯《海康陳清端公詩集》一書，並於「澄臺觀海」一詩作此註說明。參見施懿琳主編，《全臺詩》第一冊，臺南：國家文學館出版，2004年2月版，頁245的註21。

現。

　　誠如上所述，「臺灣八景詩」運用虛構手法表現真實地理，或以抽象文字形容觀視地理的感覺，皆是將外在的山水客體，透過文學創作時的想像及感情，展現富豐的面貌，中國古代文論著作《文心雕龍・神思篇》即有相當明晰的論述，其中「文之思也，其神遠矣。故寂然凝慮，思接千載，悄焉動容，視通萬里；吟詠之間，吐納珠玉之聲，眉捷之前，卷舒風雲之色」〔註49〕為了於吟詠吐納之間，一展情懷，康熙初期「臺灣八景詩」的作者，沿用中國以八景為題來書寫臺灣山水，佐以想像力來視通萬里之遠的「他在」，用以彌補現實無法到達臺灣北部的因難，採用想像方式跨越現實距離障礙，遂將想像與實質空間結合運用，並在詩作裡營構出新的空間感。同時，運用豐富情感及文采來擴充山水的自然空間內涵。

三、「臺灣八景」首創者之視覺空間感

　　八景詩是以八個景面作為描述臺灣山水名勝的思惟，加上作者以閱讀風景的流程以統合八個景點，形構成一整體的空間圖象，若再將各圖像中的每一首詩串連成一組八景詩，作者可藉由每一首的敘述流動方式，將山水畫面逐一呈現。這過程裡，詩作山水畫面的樣貌如何？取決於作者如何運用、移動觀看視角，「觀看」視角的呈現即為空間山水與視覺主體間互動關係的反應，山水詩的視角若多「游移視點」，觀者的視野亦隨之在「移步換形」體驗視野的變化。在一首詩中很難只出現一個視角，諸多觀物視角的銜接便勾畫出敘者的存在，使境界產生一動力軸線，主體循此與山水互動，讀者得到敘述性的指引〔註50〕。

　　八景詩中必有景，而景中有其他寄托、或言志，或抒情，相同的山水景象，亦有不同的作家因為不同命題立意而選擇不同的切入角度。因此，作者對景物的把握，亦即作者與景物之間的關係距離，會決定八景詩所呈現山水畫面的空間維度，從而可知作者如何解釋我的存在，「他在」與「我在」的關係如何？又詩作之情與景的安排，則是作者審美感興如何從景物中被觸發，而後再構築一個世界，作品內容裡個人情志與臺灣景勝如何洽合，並重新統

〔註49〕劉勰著、周振甫注，《文心雕龍注釋》，臺北：里仁書局，1984年版。
〔註50〕楊雅惠，〈山水詩意境中的空間意識——以「北宋三遠」為例〉，《國家科學委員會研究彙刊：人文及社會科學》八卷三期，1998年，頁404。

合成一個空間感，則亦是另種呈現自我與他者關係的方式。

　　本文擬將「臺灣八景詩」三位首創者（註 51）的作品加以闡析，以作品中的觀看視角、及空間維度的呈現，來了解康熙初期仕宦者如何審視「我在」與「他在」的關係。又王善宗、齊體物及高拱乾三人也影響後來者寫作「臺灣八景詩」，使其著力於模塑臺灣山水中「八景」的空間形色，究竟這些後續的作者如何在既定的八景詩題的限制範圍裡，尋找出「空白」並且被召喚，加入更多元的題材，如仕宦抱負、宦遊情懷……等以找尋更多心靈抒發的空間，將情與景的關係作更密切的結合，這問題都需先借助三位首創者的詩作品來釐清「臺灣八景」的典範特徵。

（一）定點遠視所形成的空間觀

　　讀「八景詩」猶如觀覽中國卷抽式的山水畫，是一種可移動式的畫面，每一景即代表著卷軸畫裡的每個單位，其所包含的內容彼此有別，卻也互相統合，以表達共同的空間感。王善宗的〈臺灣八景〉站在定點，以平遠的視鏡統合八個景點，因此，以作者為視線中心的定點，猶如「八景」卷軸圖的中心軸，第一幕景象「安平晚渡」：

　　　　滄海安平水不波，扁舟處處起漁歌。西山日落行人少，帆影依然晚
　　　　渡多。

直視眼前安平海域上平靜無波，扁舟四處響起漁人歌唱。日落西山行人稀少，傍晚時的渡口，帆影點點。詩中呈現廣遠而平面的空間——海面無波、西山落日，山與海合為扁平橫面，僅在畫面中點綴著扁舟、帆影，此刻正是落日行人少的時候，黃昏魚船晚渡的影像，襯托出背後山海相映、廣袤無垠的天地空間，作者以小的景點托出背後空間的容量及體積之龐大。這首詩詩點出方向性的字眼「西山」，正是相對於作者的方位——東，一個向西遠眺海山相連的遊子，發出平和的心聲，除此之外，詩中沒有其他明示維角指標。

　　第二幕〈沙崑漁火〉記載的是在日落餘暉中的海平面，同樣是以平遠的

〔註51〕關於「臺灣八景詩」最初三位作者：王善宗、齊體物、高拱乾的創作時間誰
　　　　先後，目前沒有詳實的資料可確定，據研究者廖雪蘭的說法，王、齊、高三
　　　　人在臺灣的時間不相上下，三人皆詠八景。循此說法，筆者目前將此三位作
　　　　者，合併視為「臺灣八景」的首創作者，此意味著三人皆可能為「臺灣八景」
　　　　選定八個景面及書寫八景內容的首要思索及創作者，此首創者的意義不僅是
　　　　將八景詩引進臺灣的代表者，亦是實際援引臺灣地理名勝入八景詩之體式的
　　　　原創者。參見廖雪蘭，《臺灣詩史》，臺北：武陵出版社，1989 年版，頁 94。

視角觀照空間：

> 長沙一帶積如山，碧海分流水自潺。數點殘星歸遠浦，清光永夜照
> 人間。

天晴碧海分明，向遠處看去，長沙連成一條帶，沙洲堆積如山，海水猶自緩
緩潺流。遠方水涯「海天一色」，點綴著數點從遠浦歸返的漁火，清明月色照
映在海上人間。這首詩裡無論是「長沙」、「海水」、「遠浦」、「清光」，皆是採
廣遠視角以攫取的海景，唯一不同的是，作者視點有由遠處海面稍向近處村
落換移的現象，借此空間畫面的變化表現出時間的流動感，從分明可見長沙
如帶的海面、碧海水潺，到夜幕低垂，漁火歸返，月映大地。整個時間流程，
因著空間畫面一幅一幅地接續著而顯現，卻未見作者刻意標示出空間的相對
維角，以示相對心態，返倒呈顯平和的視覺感。

第三幕〈鹿耳春潮〉以聲響比擬海潮興起的空間：

> 鹿耳門中碧海流，潺湲滾滾幾時休。波瀾不斷春光好，潮信聲聞應
> 鳥啾。

這裡出現二種聲音，一是主題「潮湧變化」之聲，另一是背景中較微弱的「鳥
啾」，觀看鹿耳門碧海潮水流盪進退出海口中，浪潮有時潺潺湲流、有時滾滾
翻湧，總是流動不息。又潮水或緩或急的流動，本應指時間速度的變化，誠
如第三句出現季節詞「春光好」，來呼應全詩的海潮主題，春天裡景色美好，
波瀾壯闊，連綿不絕，濤聲潮信傳來鳥鳴啾啾的回應聲音，這些聲響的變化，
顯出鹿耳港口前方的空間形態〔註52〕，兩旁地形如鹿耳，港口由狹窄逐漸放
寬，湧入的海潮受制於地形，循環而規律地推湧潮聲，點綴著鳥鳴啾啾，詩
作裡空間開闊無遮攔，也巧妙地以彼往此來的潮流，一前一後地推動，開展
前方空間的廣遠性。

第四幕〈雞籠積雪〉寫的雖是雪景，卻也統合出臺灣北部空曠郊野的空
間感：

> 雞籠一派海汪洋，寒氣相侵曠野涼。冬至絮飄深谷裏，玉龍戰退耐
> 風霜。

〔註52〕高拱乾，《臺灣府志》卷一記載臺灣縣山川：「又縣治西至於海，曰鹿耳門，
　　　　在臺灣港口，形如鹿耳，分列兩旁；中有港門，鎖鑰水口。凡來灣之舟，皆
　　　　從此入，泊舟港內。其港門甚隘，又有沙線；行舟者皆以浮木植標誌之」，臺
　　　　灣大通書局，頁10。

藉著首句「雞籠一派海汪洋」沒有點出雞籠山的明確位置，僅以平遠視角將其含括於大海之中，當時位於臺灣北方的雞籠山，被大海環圍，遠觀的視角將垂直對立的山海關係平齊化，共同座落於荒涼空曠的郊野地，以平遠遼闊的視野將遠方的山海平面化，正反應觀者本身對他方之認識不足。第二至四句方進入詩題主旨，受嚴寒天氣侵逼，冬天深谷裡飄下瑞雪，冰天雪地的荒野更顯寂寥空曠，彷彿無可界限、無法知悉的存在空間，借著畫面景點的縮小、拉近物我的距離感，聚焦於猶如玉龍戰退而耐風霜的雪壓枝條上，「玉龍戰退耐風霜」，將遠景拉近，作者淡然地處理著嚴冬中的生命情態——休兵且忍耐著嚴寒風雪的自然侵襲。整首詩由遠處海洋空間，轉向寒冬深谷，最終收斂焦點於雪壓枝條上，字句中表現出對時空意向性，整個空間籠罩在嚴冬裡，視線直視遠方而後集中在小焦點上，這視覺描述，或許是用以表徵康熙初期拓荒者在有限的知識資源裡，如同深谷裡瑞雪壓枝頭的困阨險境，但這只是暫且被壓抑，等待來年春天，枝頭上發出新芽，將戰勝一切，拓荒者以主觀意志面對天地穹蒼嚴厲的挑戰，展現堅忍生命的美學觀〔註 53〕。雞籠雪景，一片冰霜，看似平平的視覺景象，卻內含無限可能。

第五景點〈東溟曉日〉仰觀日初的視線最終落在平遠的天邊：

滄溟不測水濛濛，曉出扶桑幌海東。一望無涯紅日近，龍光射目碧天空。

首句點出濛濛霧霧大海的視覺經驗，突顯「深不可測」的海洋空間特性。第二句以「出」字作動詞，描繪曉日浮現東邊海面的活動狀態，同時也顯出大自然自主的律動性，第三、四句則捉住紅燄日光靈現的時間感而融化於一望無際海平面，再以龍光逼射四方所喻指天際遼闊，回頭緊扣海洋空間之深不可測，人被沒入廣大無垠的空間向度裡，在這首詩裡相對於世界的存在，自我存在的位置被消融不顯。

甫完成日初畫面的描繪，第六首〈西嶼落霞〉將方位轉向西邊寫日落，

〔註 53〕此美學觀，誠如鄭樹森，《現象學與文學批評》「前言」所提及的：「在詩人的實際旅程中，想像力（意識）不斷詰問外在自然的重要性，在感官經驗和主觀內心世界之間掙扎，陷入認識論的一個困境。在這兩場之間，詩人終於肯定和提高想像，認為純然感受自然是不足的，想像才意義的來源，心靈方是其『歌唱的核心』」，於是，此詩詩末王兆陞以主觀意志向天地穹蒼提出堅毅忍耐，從人性深處裡回歸於平遠視角的精神意義。《現象學與文學批評》，臺北：東大圖書公司，1991 年版，頁 17。

閱讀風景，由清晨到黃昏，隨著時間上的移動，亦視覺將導入空間的位移體
驗：

> 夕照西山尚未昏，落霞倒影碧天痕。風飄草木殘紅映，月色依稀上
> 晚村。

前二句作者視線放在西嶼大海上，時刻停在夕照西山尚未接近黃昏之際，此
時的天色，一抹紅霞倒映著碧藍天，「紅」、「藍」對比色澤，將天空映襯得相
當耀眼，使人目不暇給，仰觀天幕之後，第三首則將目光引至陸地，黃昏時
刻，以海與陸的差異性，將寰宇空間內的地形變化突顯出來，直視殘紅照映
的草木被風吹著，第四句再以微仰視角看見依稀浮現於傍晚村落上空的月
色。全詩雖然沒有讓作者的「我在」位置明顯突出，但透過詩中句句寫景猶
如輕緩流轉的畫幕，舒緩的流動感，將彼方落日遠景——西嶼島作全面性鳥
瞰，便可知悉作者站在臺灣望向彼方島嶼的位置。因著知覺空間沒有任何阻
隔，足以任意攫取景象，由上仰下俯的視覺變化，對空間內幅的掌握彷彿一
覽無遺地全收於視線內，沒有遮蔽性的空間，使人的心靈寬闊，隨著落日晚
村的景象而安祥。

　　「臺灣八景」中〈澄臺觀海〉、〈斐亭聽濤〉出現「澄臺」、「斐亭」兩座
人文建築，而「臺」、「樓」、「閣」則側重「遠眺」、「下覽」的「觀」之所見。
〔註54〕試觀王善宗的〈澄臺觀海〉，如何透過登臺觀覽大海而表現空間經驗：

> 巍峨臺榭築邊城，碧海波流水有聲。濟濟登臨供嘯傲，滄浪喜見一
> 澄清。

首句記「澄臺」之建築形態，是沿著城牆而築起的高臺。登高遠眺，本是著
力於視覺知覺，但作者著「碧海波流水有聲」用海波的響聲，洶湧的氣勢來
表示空間的廣大。接連第三句發現臺灣眾多賢才名士登樓遠眺、嘯傲吟詠，
望海以汲取更豐沛的靈感，彷彿作者也暫且離開了尺牘公案，走向戶外，登
上「高臺」，聆賞海濤，看到一片大海澄清的樣貌，文士情懷藉著登樓遠覽而
得以調節。再者，此詩中「滄浪澄清」可能出自宋代蘇舜欽〈滄浪亭〉〔註55〕，

〔註54〕柯慶明，〈從「亭」、「臺」、「樓」、「閣」說起〉一文，論述中國山水文學如何
　　　與「亭」、「臺」、「樓」、「閣」的建築空間結合，以形成遊觀美學。參見《中
　　　國文學的美感》，臺北：麥田出版社，2000年版，頁285。
〔註55〕此處「滄浪喜見一澄清」可能典出北宋、蘇舜欽〈滄浪亭記〉記敘建亭，並
　　　於其中遊覽山水，得到超凡的意趣，以滄浪亭的清幽景境，自足悠遊，超脫

悠遊於亭臺之外感受大海的自由遼闊，登高樓以遠眺，一切盡收入眼目，如此的海天景象，全然的清澈，沒有遮蔽的透明空間，使人跳脫紛雜鬧嚷的人世，所有的烏煙瘴氣，全都消散，無怪乎詩末「滄浪喜見一澄清」，觀覽大海的開闊空間，心靈空間亦隨之拓寬，爽朗笑聲由肺腑發出。此詩借著觀之所見，將其對空間知覺轉化成為心靈空間的拓展表現。

上述〈澄臺觀海〉乃是透過高臺空間展現遊觀者的超脫美學。但〈斐亭聽濤〉一詩，王善宗則將「斐亭」，擬成一具遮蔽功能的建築，用以視聽大海景勝，至於詩中是否含具「遊歷」的過程，似乎在底下詩作的字句裡並未發現，反倒是站在亭臺覽勝的視角而延伸書寫臺灣文風，以示對地方文教氛圍的期待：

> 華亭藻梲接詞場，碧水長流遍海疆。滾滾波濤聲不息，斐然有緒煥
> 文章。

同前「澄臺觀海」一詩的結構，先在首句點出建築空間的形態——藻繪華麗的雕梁亭閣成為騷客舞文弄墨之處所，第二句亦著力以海為題，遠眺眾水匯流注入碧藍海疆，是廣納百川的海平面，容積量之大，似乎預估臺海的文學新天地，將有未可限量的發展潛力，遂接續第三、四句提出文學題材之豐，波濤滾滾、聲聲不息的海景，經文人之筆，煥然成章。此詩「斐亭」本身的特色並未特別突出，反倒作者將浪濤滾滾結合文學氣候的喻體，來呈現對臺灣人文空間展期待，猶如平視眺望未來遠景一般。

上述〈澄臺觀海〉、〈斐亭聽濤〉二首，王善宗藉著亭、臺之類的建築空間，結合宦臺情懷及文學氛圍之抽象空間的思考，臺灣廣大的海景，使觀者透過視域，知覺了生命具有超越性的可能，應用於作者思考「我在」時，自我心靈藉著廣大海面調節宦海波濤的失意，同時，不以眼前拓荒困境來限制臺灣文風發展。這是王善宗「臺灣八景」兩首關於亭臺樓閣之書寫的特色，與中國文學傳統中，將亭、臺的視觀及宦遊的旅程相結合，有相近之處，但仍有部分因地制宜而呈現不同的審美面貌，如〈斐亭聽濤〉則將滾滾浪濤轉喻為臺灣文章斐然可期的未來，這是在中原任官較不易出現的題材內容。

綜觀王善宗〈臺灣八景詩〉，作品中作者大多以「平遠視角」觀景，讓世界的存在顯出無限擴大的空間向度。然而，此觀景視角亦有負面性，作者將

「錙銖利害」的「榮辱之場」。同此理，這首「澄臺觀海」所書寫的是觀海意趣亦寄寓個人情懷，以滄浪喻宦海，以澄清指內在胸次的開拓。

空間景象平面化後，只能呈現模糊而渺小的景象，未見更具立體感的空間形象，此一方面是作者受限於對臺灣地理的認知不足，加上作者採取實景紀錄的方式書寫，此平實的表現手法，使空間景觀的豐富面未得以展現。偶爾於詩作中，作者會透過主觀意識向外物投射，以展現審美時的另一種思惟，當作者對現實局限有所期待時，會再使平面化的空間最終聚焦於一個清晰且近距離的對象物上，以呼應平遠畫論中「有晦有明」﹝註 56﹞的空間觀念，不致使整組「臺灣八景」落入單調而且平舖直述的弊病中。

（二）相對視角形成「我在」之空間感

詩作中作者如何揣度著我在空間裡的存在位置？有時作會採動態景物來表現此類空間思考，即一種著力於動詞變化的方式，這種文學技巧的運用，為了書寫可透視的立體空間，故而必須仰仗景物遠近大小的佈置，與光線晦明的襯映，來形成其深度，因此，在詩作裡，利用景物作一遠一近的形體交互配置，或利用景物作一內一外的移動，此類相對的關係，所生成的律動感，能裨益詩中空間深度感覺的形成﹝註 57﹞。

齊體物的「臺灣八景」組詩，即藉由畫面中視角相對性來呈現景象，因此，他一方面以動態景象來表達他對臺灣四周環境的觀察與感受，同時也構成「八景詩」圖畫的立體感。第一首〈安平晚渡〉是以「五律」體式寫成：

> 十里平舖練，孤城落照邊。帆爭雲裏鳥，人坐畫中船。
>
> 浪撼魚龍宅，盂懸上下天。遠沙漁火起，點點聚寒煙。

首二句採用「平」、「落」兩個動詞對仗，先作一空間開展的序曲，落日餘暉平舖渲染大地，映照孤城邊，將日落大海的空間輪廓擬畫出；第三、四句拉近視線距離，才出現「爭」與「坐」兩個動詞，但亦隱藏另一個動詞「鳥飛」，看到帆影爭逐，白雲裡海鳥紛飛，人坐帆船裡，景致之美，猶如身處圖畫世

﹝註56﹞平遠畫論，為中國山水「三遠」畫論之一，宋、郭熙、郭思父子撰〈林泉高致・山水訓〉：「山有三遠，自山下而仰山巔，謂之高遠；自山前而窺山後，謂之深遠；自近山而至遠山，謂之平遠。高遠之色清明，深遠之色重晦，平遠之色有晦有明。高遠之勢突兀，深遠之意重疊，平遠之意沖融而縹縹緲緲。其人物之在三遠也，高遠者明瞭，深遠者細碎，平遠者沖澹。明瞭者不短，細碎不長，沖澹者不大。此三遠也」，參見俞崑編著，《中國畫論類編》第五編「山水（上）」，臺北：華正書局，1984 年版，頁 639。

﹝註57﹞黃永武，《中國詩學・設計篇》「詩的時空設計」，臺北：巨流出版社，1995 年版，頁 62。

界一般，透過「帆爭」、「鳥飛」、「人坐」連續三個動作，呈現平面空間的立體感。但第五、六句「浪撼」、「盂懸」更強有力的動作，作者藉「海浪」代表空間裡內蘊的力道，從海底上至天際的上騰下翻，顛覆記憶裡的視覺空間，強撼巨浪翻天如同海底魚龍掀攪，從天際沖灌而下，沖垮空間裡的美麗形影，最終歸於平淡的意趣，詩末視點放遠「遠沙漁火起，點點聚寒煙」，以魚民的生活素材「漁火」、「寒煙」，將一切風浪起伏收歸於日落黃昏的平靜景象。此詩中視鏡的變化，忽遠忽近、忽大忽小，忽上忽下，瞬息萬變，視覺空間在時間裡的變化，寄寓著生命感懷，人間有時起浪有時平靜，時間之流的相對循環，而後終歸於止息。齊體物〈安平晚渡〉所描繪空間景物，感受到其間的變化多端，空間裡複雜的變化，藉著畫面迅速切換來表示，同時以不同強度的動詞對應出作者面臨外界變化時心靈承受的壓力，主觀地感受外在事物的重量後，視線亦隨之調向遠方零星的聚落，以安祥而開闊心靈中收納空間各種變化。

　　同樣是關注著空間裡的人如何生活，〈沙崑漁火〉一首以旁敲側擊的手法呈現「漁火人家」的各個面向：

　　　　渺渺煙波外，漁燈出遠沙。如何天海畔，亦自有人家。

　　　　落影常駭鯷，當門不聚鴉。望中疏更密，知是屋參差。

首二句是漁火的位置：海面上煙波渺渺，漁舟燈光出現在遠方沙洲上，魚民海上謀生工作，至天色昏暗時仍未歇息。第三、四句站在外來者的視角觀察人民的生活方式，無論天海岸邊的情景如何，自有村落人家安處其中。第五、六名日落斜影驚醒海底鯷魚，喻指海濤轉而洶湧，反襯出此時村落門前無鴉鳥聚集，人煙稀少的寧靜。但遠方海域漁火仍閃爍不息的景象，相對於岸邊人跡罕見的情景，作者將海陸兩相比對，似乎惑於日落了何以海上捕魚人仍未歇息？詩末再拉遠視覺距離，眺望而去，原來稀疏的民宅更顯密集，才知是屋宇參差錯落各處。淺近地觀視世界裡他方的存在景況，仍是保持著外來者的距離觀察之，粗略得出空曠稀疏的空間感，但詩末的恍然大悟，再次與遠沙閃爍不息的漁燈重新連結，將視鏡焦點放大，多重畫面交互呈現，空間的立體感隨之顯現，加深漁火景象內蘊深度。

　　再進而書寫海潮主題，在〈鹿耳春潮〉作者著力於潮來往、潮漲潮退的變化，而藉此抒發對「我在」的思考：

　　　　鹿耳雄天塹，寒潮拍拍來。激濤翻白馬，匝岸走春雷。

　　候月知宵漲，看波感後催。誰能慕宗慤，萬里駕風回。

「鹿耳門」是康熙時臺灣西海岸的重要咽喉，作者以「天塹」形容之，如同天然壁壘，觀視寰宇空間裡的一個據點，橫掃四方，展現雄霸一方的氣勢。因此，據「高」而下俯地視觀海潮變化的景象，先後以「寒潮」、「春雷」的季節語詞標出時間點，再以「寒潮拍拍來」、「激濤翻白馬」、「候月知宵漲」等句，表示潮水來去拍擊岩岸，浪濤翻翻騰襲捲，如白馬奔馳而來，觀候月之盈缺便知潮汐消漲等意象，將潮水變化抽象化，一前一後、一進一退的推擠效應，連帶引發人生變化的感慨。因此，詩末先提出「候月知宵漲，看波感後催」看著潮水來去，引發思鄉之情，人生追求猶如潮水一漲一退，沒有永恆不變的道理。第七、八句的自白：願羨慕南宋人、宗慤「願乘長風，破萬里浪」的高遠志向，到萬里異域建功立業，宦途亨通。眼前站在高處氣勢如虹，一如前方的萬里功勳，又回顧過去的記憶——故鄉情懷，對作者而言，瞻前而顧後，走在人生路途，充滿了各樣的不可掌控的可變因素，向下俯視海潮，體悟人處於變化多端的空間中是何等渺小，卻使「我在」對未來「他在」相對地形成不安全感。

　　進入〈雞籠積雪〉一首，齊體物取遠觀而相對的視角切入來書寫：

　　蠻島亦飛雪，玲玲徹玉壺。經年寒不已，見月影俱無。

　　積素疑瑤圃，高空似畫圖。惟於炎海外，方覺此山孤。

首二句，乃將地面蠻島與天飛降瑞雪，上仰下俯相對而視，因此，形成蠻荒島上飄瑞雪，如玉落震地、冰心徹響玉壺般的突兀感。第三、四句以「年寒」、「無月影」藉著時間的長久無變化，以突顯空間的荒涼感。詩的後半段視覺焦點則集中在「積雪」的景象描繪上，山上積雪猶如仙境一般，高空明淨一片似畫圖，「如幻似真」的感覺，不太確定感以致覺得若雞籠山積雪，則在此炎熱的海島上，此山是座「孤山」，與周圍熱帶森林不協調。企圖將此景在整體空間環境中的突兀感強調出，因此，以相對視角來比較環境中的各種景象，如地與天、「飛雪」與「炎海」，及真實與虛幻，形成相對張力，最終將知覺意識落於詩末「惟於炎海外，方覺此山孤」所提出的覺悟，有意無意之間將此山之孤立與「我」的孤獨，暗暗相合，形成對存在空間的另一層體驗。

　　〈東溟曉日〉是另一個遠觀景象，宦臺者尚未親臨其地的景點，借著遠眺，得出的空間感懷：

　　高島看朝旭，天雞未發聲。卻將身萬里，常起自三更。

宇宙尚矇昧，扶桑已極明。得為滄海客，先見日華生。

首二句寫臺灣島向東望去，高山聳立之外圍崚線，在天未亮時，浮現出朝陽旭日的光芒，這仰觀的視角，對照出人身處其中的渺小。第三句「卻將身萬里」句中的「卻」字，置身於萬里之外實身不由己的意味，透過空間經驗將「我在」的意義更顯明，對句「常起自三更」以行動證實存在意義，以身體行動對應著自然環境及人文世界的框限。詩後四句，平淺地勾勒我觀天地裡旭日初昇的意象，就在宇宙尚且昏暗不明時，日初已極明亮，自喻為滄海仙島寄居客，能率先在世人未醒以先，看見清晨初日之光華。以客旅的身份，卻於「他在」尚濛昧未明之際，一睹日初之光華，有一種介入「他在」空間而獲得的意外感。統觀全詩，將原詩題意象——東溟曉日，化為矇昧中明亮的空間感受。這首五律，寫景詩句約佔有一半比率，如：「高島看朝旭，天雞未發聲」、「宇宙尚矇昧，扶桑已極明」、「得為滄海客，先見日華生」，其他句子則直抒個人仕宦情懷，遠距離地觀見朝日的視線，最終聚焦於我的身上，從落寞不得已的宦遊者轉而意識到「先見日華生」的寄居客。迷濛空間的存在感引發「我在」的思考，透過層層迷濛如高山遮蔽、天地昏暗所樹立的空間感，最終突出一個意識清明的「滄海客」，亦即自然世界在被呈現的同時，也一樣呈現自我，將我置於世界諸情況中而被澄清，我憑藉著「它性」的引導，召喚出「我在」空間位置的自覺意識——客旅而暫居、矇昧中的清明。全詩近乎以敘事的句式，藉著空間景象而反思「我」的處境，因此，作者不以寫實的態度去了解客觀世界，乃是使詩中所呈現的空間景象則多隨主觀意志而存在著。

另一首向西搜尋景觀的視角〈西嶼落霞〉，作者齊體物藉著景致表達的空間感：

明霞散天末，灼灼濃於綺。試吟謝眺詩，分明擬得似。

遠看孤嶼間，疑自赤城起。何當遇劉郎，與之同徙倚。

一抹彩霞，於天涯海角之視覺平遠處，渙散成為色澤鮮明的紅霞，火紅色澤濃豔綺麗，直視日落霞美的影像，整體空間猶如進入絢麗彩霞美影所籠罩的世界裡，人被引入記憶裡，搜尋吟詠謝眺詩句「餘霞散成綺，參差皆可見」（〈晚登三山還望京邑〉），眼前景況分明與詩中情景極其相仿，此時詩人的感覺融入景中，眼前彩霞的美景，彷彿是自己曾經熟悉的空間景象。詩的後半「我」

切換入眞實空間景物——孤嶼上的赤嵌城，遠遠看去好似在孤嶼間、赤嵌城
哪兒興起這片彩霞，我在臺灣的位置，是怎樣的情境？作者詩末引東漢劉晨
之典，喻自己猶如入仙鄉，眼前孤嶼彩霞之美，給人幻入仙境之感，詩末四
句，拉出遠景的距離感，雖以「赤城」緊扣臺灣的在地性，卻以仙界的聯想
使詩人思惟進入另一個世界，使眼前的美景，經由現實環境與想像情境的對
比，突顯西嶼落霞之美景的特殊處，同時此詩中用謝朓、劉晨之典，表徵詩
人懷著中原情感，來到孤嶼赤嵌的臺灣，觀望彩霞美景，此情境使作者感知
到自己存在於一個似眞似幻的地理位置上。

　　〈斐亭聽濤〉此詩以亭內、亭外對映的方式，形成「我在」空間裡的活
動狀態，以及意識取向：

> 　憲府亭臨海，風濤秋有聲。當杯須百斛，危坐亦三更。
>
> 　動地疑何決，掀天似岳傾。夜吟共賓客，不淺武昌情。

首二句藉著亭外的景點：指出「斐亭」的位置，是離官署不太遠的建築空間，
旁邊臨近大海，秋風吹來掀起濤聲。亭內的我：對酒痛飲，正亭內感受此中
趣味更至三更天。亭外的世界：浪濤襲捲時如地動天搖、翻覆山嶺。亭內回
想：夜間與賓客共飲，不減當年在武昌的盛情。作者此詩視鏡移動一忽兒內，
一忽兒外的手法：分從「亭內」與「亭外」所接收的感官訊息呈現「斐亭」
所在的空間感，扣住詩作主題「斐亭聽濤」以「動地疑何決，掀天似岳傾」
視覺的畫面寫出濤聲的聽覺感受，撼動天地四維形容濤聲氣勢。因此，亭外
浪濤翻天傾岳的氣勢，亭內聚攏友人危坐、聆賞、暢飲、詠懷屬士族階層的
生活文化，藉著亭臺培醞文士雅集的氛圍，表徵專屬中土文士聚集的空間場
所，面對亭外浪濤的空間視覺感，引發詩人心靈釋放出客旅異鄉的情懷。「斐
亭」人爲建造的空間，一方面再現內地文人雅集向臺灣延續的局面，一方面
是可以鬆馳自我情感的空間，離開纏擾心靈的公務，與賓客飲酒，滿足了心
靈的空缺，遂言「夜吟共賓客，不淺武昌情」，更進一步地體認到內在之「我」
對故鄉情懷的企盼。

　　〈澄臺觀海〉透過視覺畫面的聆賞，將海的空間幅員藉著更多景致而呈
現，在海前的「我」心緒隨之開展：

> 　臺因觀海搆，遠水綠於蘿。浩渺心俱闊，澄清志若何。
>
> 　只疑天是小，更覺地無多。白雉梯航路，於今尚不波。

詩的前三句，敘述築臺的委由，依因果邏輯層層推衍視覺空間的意義：觀海

的動機而築臺「臺因觀海搆」，人的心靈渴望觀視名勝美景「遠水綠於蘿」，讓心得到舒緩，「浩渺心俱闊，澄清志若何」望著廣浩無垠的大海，心境隨著天地寬廣而開闊，顯出「澄臺」建物空間的功能，此詩中的第三、四句「浩渺心俱闊，澄清志若何」心志亦隨之澄明又如何？使詩後半則出現轉折，登高臺俯觀大海所形成的視線——「只疑天是小，更覺地無多」，地理空間「天」本是廣渺，身處臺灣的孤島空間，將地形狹窄導向主觀意識，使人疑似有地處狹小的感受，引伸為自己一展長才的空間仍有限。於是，引用〈孝經‧援神契〉的典故「周成王時，越裳獻白雉」，向上仰望心中期望出現天梯航路，以向君王獻上白雉鳥，但向下俯視海不起波濤，似乎預示著大好未來尚未實現。透過澄臺觀海，眼前視線以多重畫面的手法呈現，渺茫的大海水面、孤絕的狹島地形，反覺一己的前途黯淡未明。齊體物此首宦臺詩作，藉著高臺建築「登高遠眺」的空間經驗而連結於個人的宦遊感懷，從地理空間的認知省覺自我的仕途空間，這屬於中國宦遊書寫的傳統脈絡，但齊體物所流露的仕宦意識，並不是中國文人一向寄情於山水而忘卻名利的精神，反倒是，臺灣山水空間的特點使他更深地連繫著追求功名之路，而這種現象正是作者的空間覺知能力深繫於對象物現實面的反應。

統合上述，齊體物〈臺灣八景詩〉，多借著相對性的比較手法，來突顯出作者欲表達的主要觀念，不論是有形或無形空間的上下維角、前後方向，或臺灣與中原，或現實與仙幻，皆以情境對照的方式，來理解自己存在位置，這是宦遊者初到臺灣，環視這塊新闢之地，摸索認識的過程中，會產生的現象，有股欲知自己存在定位的渴望。

（三）多重視角與空間形象的比擬

審美經驗裡，觀者攫取山川景物，或上或下、或左或右，或近或遠、或大或小、或動或靜……，各樣不同的空間維度、景物狀態，顯出觀者對地理環境的認知企圖，又隨著觀者眼見客觀山水後，會從山水景物裡選取題材，加以營造，而將之再現於藝術作品中。這過程裡，客觀山水已有既定的形態，如何表現得出色，不同凡響，此時，文學技法運用，則顯得相當重要，透過雕刻著墨，將客觀山水面貌轉化、提昇為一種具藝術形象的面貌，是為作者的書寫策略。這書寫策略同樣出現在「八景詩」裡，最初作者觀山水而情滿於懷，激起靈感聯想而產生的藝術擬構，這類型的「八景詩」書寫可能走向

純粹模擬創作之路。將實體山水作詩畫般藝術擬構，高拱乾的〈臺灣八景〉即有此特點，當他閱讀風景時，以多重視角之取鏡方式，向客觀環境來取材，合併作者主觀意識，再加上作者內心特有感懷，佐以神話、事典來表達他對臺灣山水的整體空間感，他的「臺灣八景」有超出仕宦實用視域的傾向，發現臺灣地理與民情結合的內韻風味，並將特殊的地理形貌與神仙世界聯想，以形成追求藝術性的「臺灣八景」。以下將實際從他的作品，逐一探析他營構「臺灣八景」藝術性的特點，及其蘊意。

　　〈安平晚渡〉站在渡口遠觀海面所形成的黃昏情境，呈現遠距離的視域：

　　　　日腳紅彝壘，煙中喚渡聲。一鉤新月淺，幾幅淡帆輕。

　　　　岸闊天遲暝，風微浪不生。漁樵爭去路，總是畫圖情。

此詩首二句，高拱乾將視鏡放平遠，平視「日腳紅彝壘」的遠處景象，將日影落腳處——紅磚堡壘上，攝取定點的紅壘及移動的渡船，籠照蒼茫煙海的昏黃色澤中，隱約聽見煙中喚渡聲，看似平靜無波，其實正在活動，形成靜中有動的空間感，雖是日落時刻，但空間裡的影像不是死寂的，「一鉤新月淺，幾幅淡帆輕」反倒增添了畫面中安詳恬淡的氣氛，作者使用字「淺」、「淡」二字，讓整個畫面取向淡色系，映現「遠」的空間意識。接著第五、六句用「岸闊」、「浪不生」的廣闊平靜的地面形態，對映「天遲暝」、「風微」書寫天候變化特徵，一靜一動之間，拉近距離觀看「漁樵爭去路」，穿梭其中的主要人物匆忙返回歸途的步調，人間趣味，帶動平面空間裡的生氣，使平視遠方的畫面，不致單調平板，詩末作者饒富情趣地表示「總是畫圖情」。詩中，又靜又動、又遠又近，顯出不同的空間維度，亦讓漁樵爭逐的人間世態襯托出空間情韻美感。高拱乾以平視的角度書寫晚渡遠景，擬一幅臺灣庶民風情畫，詩人的靈視，能夠察覺一般人所未察覺的，或者更精確地說，高拱乾能放下嚴肅的官員的身份，以詩人情懷對純樸的鄉民以美的角度來欣賞，「漁樵爭去路，總是畫圖情」，淳厚敦實的空間氛圍，感受漁村素樸之美，幾近藝術審美眼光，超脫仕宦利害的價值取向，高拱乾為當時山水詩歌寫作開啟另條通衢。

　　〈沙崑漁火〉高拱乾以沙岸漁火明滅的景象作為夜間海景的象徵，如此特殊的視覺經驗，作者發掘空間美感於詩句裡：

　　　　海岸沙如雪，漁燈夜若星。依稀明月浦，隱躍白蘋汀。

　　　　鮫室寒猶織，龍宮照欲醒。得魚烹醉後，何處曉峰青。

這首「五古」寫的是廣袤海上黑夜裡閃爍著漁火，作者以賞景的心情觀賞之，閒情逸致，情寓於景中。前四句皆寫景，連綴四個畫面的景物，分別是夜間海面的景點：海邊沿岸如雪的白沙，如夜裡點點星光的漁火，於水瀨依稀顯現皎潔的明月，隱約躍動於水洲邊的白蘋，作者以遠觀的視角捕捉廣泛無垠的海面聚焦於一個具體的景物上，將大範圍的空間收束於具體的景點，含括整體空間的形色，黑間一切色澤難以顯明，作者巧妙的使用黑的對比色——白、亮來透顯可見之物，橫生機趣地將原本無法著其邊際的大海夜幕，借著「光」來綴飾空間圖貌，使黑夜景致產生獨特的美感，光在夜間若有似無，使人著迷，亦因「入迷」的感覺經驗，似真似幻的彷彿置身仙境，作者接著以海底鮫室、龍宮的詩句來比擬空間存在感，漁人黑夜裡燈火捕魚就如海底鮫室魚人雖天寒猶努力耕織，海龍王宮被光亮的燈火照明喚醒，表示魚群夜中仍為存活被擾動著，脫離白日的能見度，海面空間的立體感與實存感借著漁火點點移動而顯出。詩末兩句，詩人投注個人浪漫情懷，設想捕魚烹煮，飽食酒醉，天明夢醒之後，但見青山卻不知身在何處？酒醉飯飽後，忘了我的存在，亦消弭了空間對我的意義，如是由夜幕海景所形構的空間使人忘卻「我在」，融入夜色美景，進入物我冥忘的世界。

〈鹿耳春潮〉對潮水的各面景象特徵作細膩觀察描繪，以形成春天海潮掀起的空間畫面：

> 海門雄鹿耳，春色共潮來。二月青郊外，千盤白雪堆。
> 線看沙欲斷，射擬弩齊開。獨喜西歸舶，爭隨落處回。

詩首二句指出主題景點時空座標：據地出海口的鹿耳門，時間是在春天，集中的視線焦點：海潮；統合季節氣候、地理位置的特點十字交集於空間，呈現此座標裡所框架：潮水隨著春色起變化的自然景觀。第三、四句是以「青郊」、「白雪」托出此景觀的特色，二月郊外，青草盈盈，海上白雪層層捲起，翠綠的郊野與滾捲於海面上的浪花，以遠觀的視角看整體空間畫面，感覺相當清新明亮，使心靈趨向充滿希望。但進入第五、六句細觀潮浪形狀變化，作者心情亦隨之改變：「線看沙欲斷，射擬弩齊開」，浪花滾滾而來衝擊海與沙岸一線之處幾欲斷絕，使人想要張開弓箭射向潮水，此處作者運用「射潮」之典，即吳越、錢鏐張弓弩等候潮至，逆而射之的事典，說明自古以來人類視觀潮水洶湧奔來的景象，會被激起劍拔弩張的緊張情緒，同時仕宦者欲以此典表達觀視春潮滾滾而來的景象，心生畏懼之感，期能勇猛為民逼退潮浪，

得以風平浪靜，因此，轉換畫面「獨喜西歸舶，爭隨落處回」與上兩句的空間感知形成對比，將原來浪高所舉起的空間高度轉入風平浪靜退潮的平面，表示獨獨喜歡日落西歸的漁船，恬靜地爭相隨著潮落處歸返的回家路上，一種工作鬆卸之後的輕快心情，作者寧可在物我融洽之中，視覺隨著平緩的落潮海水載渡漁人安然歸返，享受那份平靜、舒緩的感覺。

　　詩末四句，則寫潮起潮落的兩種對比畫面，將春潮變化的空間形態，面面俱呈，作者依多面觀視的視角表現「鹿耳春潮」的構圖方式，一方面是紀錄臺灣春潮的多種面貌，再方面試圖讓地理空間的能動性表達出，使目光不致於只定睛於時空座標的外框，而缺乏觀視內部景致變化的樂趣。

　　一如康熙初期宦臺者的視野，雞籠山的雪景對高拱乾而言，無非是一個遙不可及的景點，遂增添更多想像色彩來填補地對北臺灣的生疏感，〈雞籠積雪〉：

　　　　北去二千里，寒峰天外橫。長年紺雪在，半夜碧雞鳴。

　　　　翠共峨眉積，炎消瘴海清。丹爐和石煉，漫擬玉梯行。

首句是以遠距離的視鏡點出雞籠山乃在向北距離此地「二千里」之處，是雞籠山的空間的維角與方位，乍看之下，作者好像紀錄實際地理場景，但進入第二句「寒峰天外橫」則以景色描繪再指出山座落的位置：冰寒山峰橫亙天邊，體味著此山遠在他方的感覺，不是一種印象明晰的形象描繪，乃模糊認知當中指出一個隱約的方向「天外橫」。第三、四句「長年紺雪在，半夜碧雞鳴」，以「長年」、「半夜」兩個時間長度的詞彙，來述說雞籠雪景的意義，表示經常如此的意思，亦顯示空間場景的恆常性，經年累積，雪色深青含著赤紅色，將視鏡由大住小聚焦，碧雞慣常於半夜鳴叫，以雞叫聲劃破該地的寂靜荒涼，雞籠雪景的寂寥空間感，唯藉雞鳴點綴出一點活潑生氣。作者企圖以時間恆久不變與場景「偏遠荒蕪」的感覺，側顯他對該地的空間感。然於詩後四句，視鏡再拉遠，縱觀上下的景色，以突顯空間維度變化的感覺，一面是翠綠可比峨嵋的聳立高山，另一面則是炎熱消退、瘴氣消散澄清的海面，視覺空間裡立體感藉著山水的色澤、線條、形狀明晰擬畫時，足以形成空間各方面維角的透明感，如同神仙境界一般，幾乎擬想以丹爐、煉石補天的仙人，搭築玉梯直上天際。讓空間體驗，藉著想像從實際觀視角度躍入心靈想望的仙界裡，體會超越現實利害的自由。

　　〈東溟曉日〉書寫海上清曦的景致，呈現另一種空間透亮感：

海上看朝日，山間尚曉鐘。天開無際色，人在最高峰。

紫閣催粧鏡，咸池駭浴龍。風流靈運句，灼灼照芙蓉。

詩人立足於山頂，向下俯觀東面海上朝陽初升的畫面，從另一側面顯出空間實存感——聲音，山間猶傳來曉鐘聲。眼前平廣視野——「天開無際色」，曉日初浮出海面，日光將天色簾幕向四周開啓，視覺感受到存在空間折射光芒，無邊際、無限度的遼闊感是此時空間知覺體驗，而這體驗亦是作者想像的素材，作者借著仙女紫閣梳妝、咸池浴龍兩個典故，表現當時天色情境的感覺，《神仙傳》中的年少仙女得道後，當時君王奉事她於掖庭，並且爲建立雕飾金玉的華屋紫閣，作者以此金飾華屋的「紫閣」來類比光芒四射的空間情境如同神仙居所，想像著空間無限度的感受，再以「紫閣催粧鏡，咸池駭浴龍」比擬日出時，光影與水波上下之處，波光瀲瀲的亮度，驚醒咸池中沈睡的海龍王，以「駭」字的動作，由海天瀲豔進入海波瀲漾的視覺畫面透析空間向下的深度。詩末作者明白表示場景如同謝靈運風流蘊藉的詩句「灼灼照芙蓉」，海面上像極光芒透亮臨照於盛豔出水的芙蓉上，這明亮美麗的早晨，海波閃亮，透顯日光向空間四方維角盛放的美感。

〈西嶼落霞〉一首，作者採用空間畫面多面俱呈的方式凝結主題景象：

孤嶼澎湖近，晴霞返照時。秋高移絳樹，海晏捲朱旗。

孫楚城頭賦，劉郎江上詩。淋漓五色筆，直欲補天虧。

從遠處觀看西嶼是接近澎湖外海的一個孤島，當晴天時彩霞返照在島上，首二句的字意如同詮釋詩題一般，第一句寫地理位置，第二句則指天候與景色。直到第三、四句後才進入落霞景致的描繪，秋高氣爽，天色澄清明朗，落日餘霞光影移照於的樹稍上，平靜海岸簾捲朱紅色旗竿，從彩霞映照於絳樹、朱旗，一切萬物皆籠罩於深紅色的背景裡。眼前景觀，使人自比如同晉代孫楚登樓作賦、唐代劉禹錫江畔吟詩，身處於紅霞美景之中，不猶得吟詩助興，五彩斑斕、淋漓盡致的落日景觀，天地彩霞幻化之美，直欲以江淹的五彩筆填補天上的缺漏，神奇地補足天地維角。高拱乾以女媧補天的神話來建立西嶼落霞的空間形態，運用此神話典故的意義，一方面作者視西嶼爲臺灣地理空間維度之一，整體臺灣地理形態如同天地初創的雛形，落霞美景可補足此草昧荒地之缺，《淮南子・覽冥訓》記此則神話「往古之時，四極廢，九州裂，天不兼覆，地不周載，火爁炎而不滅，水浩洋而不息，猛獸食顓民，鷙鳥攫老弱。女媧煉五色石以補蒼天，斷鼇足以立四極，殺黑龍以濟冀州，積蘆灰

以止淫水」，另方面此詩將海上孤嶼紅霞的空間畫面，從不同切面紛呈，以絳樹、朱旗的小景點托出背後的景色，整合空間裡的全體景觀。詩人興起的浪漫情懷，通過女媧補天的掌故，穿引出彩霞美景化腐朽爲神奇之效，振奮心靈感覺，使空間景象具有超現實的審美意義。高拱乾的「八景詩」是從一種超越現利害的視角來觀看臺灣，近乎一種審美的追求。

　　宋代以來，范仲淹〈岳陽樓記〉、蘇東坡〈超然臺記〉等登高遠眺的書寫，象徵文人身處於宦途中，欲超脫宦海熙熙攘攘之氛圍的意圖，登高臺遠觀群景，以舒失意內鬱之氣，於是，登上高樓，眼前澄清景觀，往往使文人得以重新恢復澄明的心志，思索的人生觀念，「亭、臺、樓、閣」成爲仕途生活中不可或缺的觀景建物﹝註58﹞，由此理解，高拱乾在臺灣任官三年期間，興築「澄臺」、「斐亭」二座建築物的用意，而這也成爲往後宦臺文人書寫遊觀文學時醞釀靈感的特定空間。當高拱乾書寫「八景詩」之〈澄臺觀海〉一首，築臺緣由爲詩作內容的重點，陳述他興建亭臺的動機與仕宦臺灣之關係：

　　　　有懷同海闊，無事得臺高。瓜憶安期棗，山驅太白鰲。

　　　　鴻濛歸紫貝，腥穢滌紅毛。濟涉平生意，何辭舟楫勞。

此首作品是將亭臺建築物的存在以人文層面來思考，使空間意義與經世致用聯結，「澄臺」成爲作者個人願意奉獻國家、建立功勳的註腳，如同第一、二句所云「有懷同海闊，無事得臺高」，觀視海涯遼闊如同自己抱負胸襟，欲有所作爲的內在潛力，卻因「無事」的閒職，於官廳旁蓋起高臺，可知作者心境處於理想抱負與實際謀政之間的落差。第三至六句刻畫自己身處的所在空間環境，如同離群索居之仙境，據聞有當年秦始皇求不老藥的安期生，在蓬萊島上食巨棗，又有站在山崖邊釣「無義氣丈夫」的李白，豪邁不羈之人，遠離了政教文明繁榮的中原社會，來到海上煙氣都歸向紫貝宮闕之境，以及一個外來政權涉足過的海島，海腥污穢之氣滌洗過紅毛荷蘭人的足跡，臺灣空間所存之種種神話傳說、人文跡象，對照出作者對空間的陌生及怪奇感，即便如此，作者仍於詩末二句以加強語氣「濟涉平生意，何辭舟楫勞」藉此重申甘心冒險渡海來臺灣，爲國君效命的心志，重新提高全詩的語氣趨勢，轉圜身處臺灣不得志的困窘之境。

﹝註58﹞ 柯慶明，〈從「亭」、「臺」、「樓」、「閣」說起〉五、「觀者情懷的超越與轉化」，《中國文學的美感》，臺北：麥田出版社，2000 年版，頁 301～310。

通觀全詩的景語皆非實際場景，乃是以神話及典故來烘托空間氣氛的，運用安期生、太白鰲的典故，加上海底神仙宮殿與人文歷史情境，此非實際地理的空間場景，從各面托出自己的處境，隱然連結個人宦途，表明一己為家國功業犧牲之志，知識份子對於家國的忠心，同時也運作權力空間化的意識，來建造人文亭臺，擬塑臺灣成為文治化的社會，使臺灣的原始素樸空間逐漸被中原文治社會所替代。至此，作者對整體空間意識之思惟，已脫離自然景觀與詩人情感互動的關係，改以仕宦政治之意識來知覺空間特性。

〈斐亭聽濤〉則著力實際場景自然景色的書寫，以來自各方不同聲響扣住此詩「聽景」的主題，來呈現當時的空間感：

　　島居多異籟，大半是濤鳴。試向竹亭聽，全非松閣聲。

　　人傳滄海嘯，客訝不周傾。消夏清談倦，如驅百萬兵。

藉著傳來的聲音，分辨其音色與音量，各種聲音在「斐亭」空間中振動擺盪而形成回響效果，呈現所處的空間狀態。首二句作者直言臺灣島上特殊且主要的聲音「濤聲」。第三句之後便開始書寫聲音狀態，試著在「斐亭」裡側耳而聽，人身處於建物內專注聽亭外的聲音變化，亭外的浪濤在無限度的自然空間裡變化，作者所聽到的聲音不全是植於「斐亭」旁的松林聲響，乃是另一個氣勢壯大的聲音。「人傳滄海嘯，客訝不周傾」二句將「滄海嘯」藉著人言傳說的聽覺注意力轉成視覺，以「我」——客旅之立場，觀看海嘯形象，驚訝擊浪甚高，浪高直指空間維度，當高浪掀起尚未全部傾覆隨即又平緩，自然環境裡高起又平舖的浪花，立體垂直的空間形象。末二句和著人在亭下消暑的清談，屬人的聲音對照出，亭外海濤從遠處傳來，如百萬大軍前驅奔來的壯闊氣勢，開展出亭外遼闊的空間感。或從高處來、或從遠處，亭內、亭外，以多重方向的聲音來寫濤聲。在此作者多方取材的書寫現象，正說明他以客旅身份觀海聽濤，應用感官知覺接收新環境各種刺激，以居處「斐亭」的小空間來聆聽濤聲所形成臺灣海洋的大空間，藉著距離的遠近產生空間裡的層次變化。

從審美的意義來看高拱乾「臺灣八景詩」，其將八景書寫引向更豐富多元的審美世界裡，晚渡的圖畫情、漁火景致之美、潮浪變化、雪景擬玉梯、日出照芙蓉，以及澄臺、斐亭之遊觀感懷，作者以事典穿梭其中，並著力刻畫營構出不同景致的情境，使審美對象從現實世界裡超越，轉化進入藝術美感的層次裡，因此，日治時期臺灣詩人連雅堂頗讚賞高拱乾的「臺灣八景」，稱

其為難得之佳構「推為最古」〔註59〕，以見其為「臺灣八景詩」的古雅典範。

第四節　山水八景詩與宦臺生涯共詠

　　統觀上述，可知康熙初期三位「臺灣八景」初創作者已多少將作品與宦遊生涯共詠，只是尚未明顯使用八景來融合個人宦情。康熙朝之後的作者卻於書寫八景時頻繁地將「八景詩」與宦遊生涯結合，甚至成為此時期「臺灣八景」的主要典型題材。不過，八景詩與宦情結合並非始自宦遊臺灣的詩人，乃是中國八景詩的內容範疇，甚至可以說是原始題材。「瀟湘八景圖」的初創者宋迪，繪作瀟湘風景圖本是他仕宦湖南時，有感而作。據學者姜斐德研究「瀟湘八景圖」與「詩可以怨」的文學傳統有淵源，認為瀟湘作者大多貶謫之臣，宋迪因相似遭遇來到湖南，受貶謫文學傳統的影響，宋迪的「瀟湘八景」畫題內容充滿了感傷的意象，所處理的是貶謫與政治鬥爭的困境〔註60〕。

　　如今仕宦者來到偏遠臺灣，亦取法「八景詩」的詩歌典型來作為抒發仕宦情懷的窗口，特別是初期仕宦者，以「拓荒者」角色被派任到臺灣，以客旅的身份對臺灣地方作諸多觀察，將眼光放諸四周海域，思考國家功業、個人宦途，或履行政治責任，扣住「臺灣八景」的景致特點加以發揮。因此，從中國「八景詩」派生而出「臺灣八景」，其內容範疇與「瀟湘八景詩」有所交集，但是否亦因為臺灣地理空間的特殊而衍生出新的宦情思惟，亦值得進一步推敲？本文擬透過康熙時「臺灣八景」作品之比較，集中相同詩題的作品，探討其中觀點的異同。

一、以廣遠疆域空間形現朝廷豐偉功業

　　臺灣地理空間特性之一——海域廣袤，往往成為仕宦者注目的焦點，如前所述，創於康熙時的「臺灣八景」名勝景點多鎖定在海景。當作者以海景抒情詠懷時，其作品情感內容來源，一方面賞心悅目的海景，觸動作者敏銳的心靈，對自然景色心領神會的審美趣味，是超越現實利害的；另一方面橫

〔註59〕連雅堂，《臺灣詩乘》卷一，南投：臺灣省文獻委員會，1992 年版，頁 23。
〔註60〕姜斐德，〈畫可以怨否？《瀟湘八景》與北宋謫遷詩畫〉，《國立臺灣大學美術史研究集刊》第四期，國立臺灣大學藝術史研究所，1997 年版，頁 59～84。

互於作者眼前廣大的海疆如何與政治豐功碩果結合並形成地域空間觀念，這正是作者仕宦遊歷之實用意義所在，藉著臺灣海景與宦政層面作更貼近的結合，展現出作者在大自然的空間裡思索人文的意義，如陳璸〈雞籠積雪〉即相當明顯地將臺灣地理位置與軍事守防結合：

> 知名山色數雞籠，高入層雲鎮海東。神禹隨刊元未到，漢家封禪孰能通。
>
> 北門鎖鑰金湯鞏，半壁河山帶礪雄。冬去春回多積雪，還留太素接淳風。

在政治上，臺灣為鎮鎖北面門的堅固城池，關係國家長治久安之計，又視察民生社會，冬去春回之際山上積雪之景與質樸淳厚民風互相呼應，作者詩中題材處理皆扣住仕宦觀察。

除此之外，「八景」組詩中作者如何將廣大海域與政治版圖功業的疊合，產生人感知自然空間的意識，擇取詩題從仕宦角度來舖衍詩作內容？茲從較常被作者結合仕宦的「安平晚渡」與「東溟曉日」二詩題來作探討。

（一）〈安平晚渡〉

康熙三十四年來臺的林慶旺「臺灣八景」之一首〈安平晚渡〉，詩中的視觀立場較近於宦政視察：

> 渡海與江并，春光薄暮清。藩宮離黍憾，王國普天平。
>
> 月色三更遠，漁歌四野橫。行人多少許，幾棹惠風迎。

目光置於大海水域，渡海兼渡江，乘著水運，行巡視察郊野的四方空間，季節時間是「春光薄暮清」黃昏時刻雲霧漸淡，相對地，視野景象顯得清晰。第三、四句即抒發仕宦之感，仕宦者於臺灣時擔當起保衛國家安全的責任，但事實上心中卻因去國離鄉而生起離愁別緒，眼前平靜的海域象徵著皇朝天下已太平的氣氛，因此，接連著晚渡意象的書寫「月色三更遠，漁歌四野橫。行人多少許，幾棹惠風迎」，視覺空間的景象以平視廣大幅員的方式呈現，漁船平駛於海面上，對映著天上月色，黃昏時岸邊渡口點點行人，幾艘帆船隨著徐徐南風吹拂著，相當平和的空間畫面，側顯國事底定的背景環境。將廣闊的黃昏渡海觀景引入社會空間來思考：人民生活安居樂業、國家版域拓增且局勢穩定，詩中的空間畫面一片安和，唯留下作者個人的離鄉愁思，成為全詩的餘韻。

同詩題陳璸的〈安平晚渡〉，緊扣安平的軍事地位來舖陳空間氛圍，其意

識存在空間隨著政權的改變產生的不同風景面貌：

> 喜見妖氛盡廓清，輕舟飛渡赤嵌城。潮添洲尾藏千艘，風引澎湖踰七更。
>
> 估客已忘川路險，側帆每帶夕陽傾。試看空水澄鮮處，似駕神飆向大瀛。

首句破題，觀覽安平港口的心情是「喜見」，戰亂已平，動盪不安的氣氛已廓清消散，據高拱乾《臺灣府志》的臺灣總圖所繪，康熙時安平港與赤嵌城之間隔著海，兩處地點遙遙相對，此詩第一、二句「喜見妖氛盡廓清，輕舟飛渡赤嵌城」，可知乘輕舟飛渡之處，正是夾於其中的海域上，平視橫掃由安平港進入臺灣的水道海域，此時海上的景觀與當年鄭軍與清兵在臺江海內船戰的景況不同，取而代之的是第三至六句出現海上舟船渡水的景象：夕陽西下，潮漲起，沙洲尾停泊著千艘船、卻有販貨的商船揚帆而起。依海上航程而計，欲前往澎湖船隻，水程超過七更（六十里為一更），因當時起風，折返安平港而匯聚的船隻頗多，卻無法攔阻不懼艱險的商船揚起風帆，作者平視眼前船隻來來去去的廣遠畫面。

　　康熙時渡海來臺的交通工具乃屬簡陋，須聽命於風向變化，但此詩中記敘商販已忘記水路的遙遠艱險，乃急於揚起風帆，舟船側傾，急速飆向大瀛，於此夕陽落照「空水澄鮮」的海平面上，成為相當突出的視覺焦點。究竟陳璸於詩末以販貨者「似駕神飆」的姿態穿過黃昏晚渡的海面，進入臺灣島上，有何意義？內部商業利誘帶動社會機制的發展，這商船急駛而過的面畫，彷彿作者暗喻著所觀察的社會空間有更進一步的發展。天空與水色澄清鮮明的海面，空間視覺呈現平靜感，迥異於戰火連天的過去，天下太平，國勢穩定，帶來社會安和樂利。

　　此詩作者試以視覺空間的物象之改變表徵政權的轉移，安平渡口水天一色的澄清感與清廷平定海疆、穩定政局有互相呼應的效果。作為自然景觀的詩題〈安平晚渡〉透過作者仕宦意識，知覺空間裡政治嬗遞的痕跡與海島商業的發展，整首詩的視覺空間經驗乃循著國家勢力鞏固新拓疆域而展開，著力於廣大空間裡的人文活動。詩中並非全多是「景句」，中間帶有敘述說理，如第一句、第四句即是，作者保持著理性來觀覽景物。

　　另一位仕宦者張琮寫〈安平晚渡〉乃在「景句」著力，經空間氛圍的渲染，方於詩末出現仕宦之「情句」：

片片波光簇似銀，安平西去淨無塵。帆飛斜照雲千疊，月湧寒潮鏡一輪。

戍士操舟忙大井，漁人晒網出崑身。同遊海外雍熙世，冰蘗休忘帝力辛。

安平海面的澄淨感，乃是透過片片波光瀲瀲似銀光簇新的描繪呈現，光照映在水面，波光瀲灩，一覽無遺的視線，空間各方維度都相當透明，此為中國山水畫法「高遠」視角，於第三至六句的「景句」分從遠的角度選取觀景視鏡，或平視海面「帆飛斜照雲千疊」、或仰觀天色「月湧寒潮鏡一輪」，或遠觀彼岸海邊人的活動，日已落下，渡口附近乃充滿著戍士忙於操作舟船、漁人晒網的活絡身影，此時此刻人未歇息，人民忙於日常生計的繁榮景象，與此「雍熙之世」景象對照之下的「我」：遊歷海外體認到太平盛世，顧視澄明安定的局勢，雖自處於臺灣生活如飲冰食蘗般的辛苦，但不敢忘卻帝王開疆拓土的艱難。詩末對朝廷「德澤廣披」的頌讚之詞，淡化處理自己宦途上的孤寂之感，兩相對照，作者展現典型的儒士心態，犧牲個人以示對朝廷忠心、對政局認同，環顧安平渡口「淨無塵」的空間，片片波光、帆飛雲斜、月湧寒潮等畫面都一一地映現眼前，使作者之仕宦意念──邦國穩固的觀念連結於此澄澈明朗的空間中。

（二）〈東溟曉日〉

陳璸〈東溟曉日〉為感知審美對象的客觀存在意義，引入政治歷史視野中思索：

坤輿何故隔重洋，若木升華獨異常。銀海向曾登漢史，番彝今已隸周疆。

夜回子半波紋絢，漏轉寅初曙色蒼。信是東寧侯先到，長年民物慶春陽。

詩首作者即以「何故」提問，對臺灣內山的存在景況，感到匪夷所思，「東溟曉日」的意象，結合新奇感受──生養萬物的大地何以重山阻隔彼方的海面，遠視知覺旭日所落定之處，榮華之美異乎平常，透過「坤輿」二句的視覺景象發出驚奇之感，為將此感知內容構成明晰的對象，隨即援引中國政治版域的史觀來自答，「銀海向曾登漢史，番彝今已隸周疆」，此光炫迷人的海疆曾出現於中國史冊，而今「番民」已被編收帝國版域轄管，過去對海疆諸多現象的不解，現今統治政權進入將改變對臺灣的認識。第五、六句即為此詩中

「景句」所在，亦為「東溟曉日」之美作具象呈現的字句，整個景象是黑夜轉明的變化過程，清晨旭日躍出海面，晨光映照水面呈現波紋絢麗。空間圖象以時間流動的方式，來突顯出空間結構，深夜轉子時再轉向寅初，黑幕漸呈明亮、曙天光色亦漸呈青蒼色，空間裡浮出波紋景象融合著色澤的變化，具現出海面旭日初昇，大地生息變化之美感，由暗轉明蘊涵著對未來的希望，此美感經驗，接連詩末二句「信是東寧侯先到，長年民物慶春陽」，此特別之處陳璸顯出對鄭成功開臺功績的肯定，這是不同於過去他自己〔註 61〕或其他仕宦者習慣思惟——視鄭氏為偽政權，人民百姓能夠歡欣慶祝陽春佳節，實因當年東寧侯鄭成功先到臺灣開拓，長年累月的墾拓成果，提前將漢文化奠基於此地，開啟漢族墾臺的風氣之先，呼應東溟旭日初昇之美感意義。

　　陳璸疆域墾拓的路期待視域來縮合「東溟曉日」之景，減少「景句」的鋪排，表現他一慣說理敘述的詩風，但另一位仕宦者張宏則不然，他所寫的〈東溟曉日〉則似於以詩作畫的手法，詩中多著力於景之刻畫：

　　　　雲收霧捲水漫漫，天末瞳矓漸吐丹。銷鑠千條穿白浪，琉璃萬頃湧
　　　　金盤。
　　　　熒光波撼難成片，赤沫魚□可作團。莫道扶桑相隔遠，升沉明晦得
　　　　同觀。

第一句乃以雲霧漸消散，變成海面水氣瀰漫，遠觀擴散於空間中的「水氣」折射微光形成朦朧美感，作為主題「曉日」的背景，第二句之後才切入主題畫面，先是「曉日」的色澤刻畫，以「瞳矓」顯出日欲明的光度，以「吐丹」寫出曉日的色樣，近似於西方印象派式的色光表現，作為日初海面的美感要素，第三至六句則是光芒四射、波光躍動的形象描繪，視覺捕捉海面上的意象：「白浪」與「金盤」，再向海中細觀「熒光波撼難成片，赤沫魚□可作團」，

〔註61〕陳璸在前一首〈安平晚渡〉有詩句「喜見妖氣盡廓清」，視鄭氏政權為「妖氣」；但此處則表示肯定鄭氏政權開墾臺灣之功。乍看之下，陳璸似乎有所矛盾，但學者陳捷先則引清末沈葆楨〈福建明延平王祠〉一文指出：「因為鄭成功是著名的反清人士，早年在清代官方文獻中一概稱他為『偽鄭』、『海賊』、『海寇』等，直到康熙三十九年，皇帝特下詔說鄭成功是明室遺臣，非亂臣賊子，大臣們才改口尊稱他」，有可能隨著康熙皇帝本身的改口，朝廷官員對鄭氏政權的觀感亦有所鬆動，於是，產生類似陳璸詩作裡的矛盾現象；而且陳璸來臺時間正值康熙四十多年至五十年之間，故此現象可能是表現康熙皇帝的改口效應。參見陳捷先，《清代臺灣方志研究》，臺北：臺灣學生書局，1996 年版，頁 93〜94。

以熒光、赤沫具特徵的小景物，傳達海波光輝大場景的精神風貌，此以小見大的手法，更將「東溟曉日」的自然景觀之特徵顯出，且不致使廣闊的空間視野流於空疏單調。詩末二句是全詩唯一「情語」，「扶桑相隔遠」日初扶桑之處即「東溟曉日」之地，「相隔遠」或指作者面對東邊內山的認知距離，或可視為中原與臺灣之間的距離，以「遠」字點出一種陌生疏離感，不同於詩前半段顯現「東溟曉日」之美景，反倒藉著空間距離拉開物我關係，亦顯出心理認知的距離，終了除去升、沈、明、晦等差異性，以等同視之的心態來模糊物我對立的覺知，呼應「莫道」一語，讓疆域界限觀念消除，經由主觀情志形成一個整體的地理形態。

又張琮〈東溟曉日〉採用「七古」詩體並以敘事的方式，直舖作者俯仰天地間之日初景象變化的視域：

> 唱罷天雞夜尚漫，東溟先顯一輪丹。恍如火齊燒滄海，可似明珠捧
> 玉盤。
>
> 魑魅漸消星散散，芙蓉初照影團團。從容升向中天去，萬國山河仰
> 大觀。

運用「烘雲托月」的手法，黑夜漫漫為背景烘托曉日初升的空間感，以「天雞」破曉作為空間變化的起點，後引出主題「東溟先顯一輪丹」，觀視臺灣東方海域，作者心中「曉日」的形象，如同「一輪丹」，它的乍現使人驚悸，「恍如火齊燒滄海，可似明珠捧玉盤」，續用二個比喻性的連接詞，以貫串火燒滄海、明珠捧玉盤等景象變化過程，曉日破天躍出的剎那間奇觀得以具呈。詩後四句則上仰下俯空間內容，「魑魅漸消星散散，芙蓉初照影團團」，仰首遠望「魑魅」山澤之怪漸消散，星辰微光散於天際，俯視浮出海面的日光，取謝靈運詩句「灼灼照芙蓉」為喻，日光初升出海面的形象如同芙蓉出水，映照團團光影，「從容升向中天去，萬國山河仰大觀」當旭日升向中天時，無論所到之地是臺灣、是內地，共同仰觀宇宙的主宰者而生息。

歸結上述，比較〈安平晚渡〉與〈東溟曉日〉二組詩題，作者如何結合仕宦主題，若將疆域結合宦政空間，書寫成為平面化的敘述，婁廣〈澄臺觀海〉一首即如是：「海國淼無窮，澄臺瞰四封。自從歸禹貢，何水不朝宗」，全詩未著力雕琢營構意象，簡要地以澄臺俯瞰的視覺經驗，將眾水納海的空間特徵明喻臺灣收於歸中土疆域，清楚地表現作者「中原本位」的政治邏輯。從〈安平晚渡〉與〈東溟曉日〉二組詩題，可以看到其宦臺者，除此固有政治思維之外，亦增添其他空間視覺觀，呈現出更豐富的美感經驗，臺灣西海

面的〈安平晚渡〉與東海面〈東溟曉日〉分別代表兩個方向的海域特徵，代表畫定臺灣疆域範圍，由於安平是臺灣最早的開發之地，因此，可以看到作者林慶旺、陳璸、張琮寫景時，融入人文景象、甚至歷史戰事的題材來書寫，易見作者觀景視角結合仕宦意識，誇顯王朝功業寄託於澄清平靜的晚渡景象中。「東溟曉日」的書寫，呈現曉日奇景的同時，對於生疏的內山外海，往往將視覺焦聚放寬廣，除了陳璸的「信是東寧侯先到，長年民物慶春陽」扣住朝陽新氣象來舖陳人文風貌之外，其他詩句大多對此奇景的渲染著墨，因而出現驚奇、縹緲深遠的視覺空間感，最終將廣漠的東溟海天與中土同得觀景相縮結，形成一種泛化而模糊，卻又得接連宦遊情境的一種書寫。

二、以海天邊疆之境反思「我」的存在位置

　　經歷臺灣視覺空間，對應出於仕宦旅途中的我，究竟身處於地理空間裡，宦臺者是如何定位我的存在，從上述齊體物至以下作者的作品探析可知，皆對此問題有所思索。康熙初宦遊來臺，處於一種被動式的行旅，需犧牲「我」的個人情感依戀，來臺達成開疆拓土的公共事務。人存在於廣袤而生疏的海疆之中，渺小的意義，不單是身體對應於空間環境的層面，乃是一種王權在上，人在下的威權政治環境的反射。宦臺者以「臺灣八景」呈現海疆空間特性的同時，作者亦從中反思我的位置，立於一角落環視周圍景象，於空間中取景作為詩歌隱喻象徵的修飾材料，並處理自己詩作裡的位置，人透過視覺和對象產生距離，利用這樣的視覺及其觀點，形成其知識與觀賞位置，而究竟作者如何將知識、位置與視野形成一種關係〔註62〕。茲將串聯這類作品探析討論。

　　林慶旺〈沙崑漁火〉一詩，書寫焦點乃在沙崑與漁火的海域景致，分從不同切面呈現：

　　　　野徑積沙深，七崑緩步尋。笠翁疑隱見，舟子任浮沉。

　　　　眾籟鳴天際，孤燈照水心。晨星鐘漏落，漁火色相侵。

海面上成列七崑身之沙洲地形，當作者以「緩步行」體驗實地感受：「野徑積沙深」，又隱約可見海中有笠翁、舟船，形成一個整體沙洲地形。此空間經驗，留給後半詩句增添「寄景言情」的成份，「眾籟鳴天際，孤燈照水心」以「天

〔註62〕此觀點相近於西方文學理論中「視覺化」的術語，參見廖炳惠編著，《關鍵詞200》，臺北：麥田出版社，2003年版，頁267。

際」對照「水心」，上下景致相對、無漠天際與大海中心相對，應和著以「眾籟」對照「孤燈」，或有作者心意寄寓，以眾聲喧嚷對比「孤燈」自行閃爍於茫茫大海中，似乎是「我」的存在寫照，用「孤」一字，面對茫茫廣闊的大海視野而失卻「對影成三人」的樂趣，僅餘詩末「晨星鐘漏落，漁火色相侵」晨星殞落、時刻轉移、空間流動的感受，將「我」得以觀覽漁火融入天色裡的先後過程，表達「我」成為存在視域中的客觀隻眼。因「我」的客觀位置，得以全覽視域中各面景象的變化，如詩前四句即是藉著時間流轉把握環境認識，最終空間畫面停至「漁火色相侵」，漁火與天色交互同融，結束作者試圖以客觀立場呈現「沙鯤漁火」景點的變化流程，卻也因保持審美主體的客觀性，側顯出「置身於物外」，獨處一隅的孤獨感。

　　陳璸〈沙鯤漁火〉寫沙鯤景致時，刻畫人文景象，寄寓情志：

　　鯤徙南溟此託身，竟如雁陣列通津。戍樓矗起連朝霧，海市翻開及早春。

　　傍晚漁歌喧水滸，零星蘆火雜鮫人。不堪孤鶴橫江過，嘹嚦清聲亂白蘋。

首句結合〈莊子‧逍遙遊〉「北溟有魚，其名為鯤」，將臺灣安平上海域的「沙鯤」，轉化典故的意義「鯤魚南徙」，自作解釋，得出大海沙鯤之地形的由來，亦間接隱喻滿懷之壯志的作者〔註63〕，卻因「士不遇」之困境，未能向北溟遨遊，南徙臺灣託付此身。第二句「竟如雁陣列通津」形容沙鯤地在海面上成列排比的樣子，丁宗洛引《臺志》作註：「在臺縣治西南十里，一鯤身與安平鎮接壤，二鯤身至七鯤身相距皆各里許，自打鼓山下七峰聯屬如貫珠，風濤鼓盪，不崩不蝕，外為大海，內為大港，而泉甘勝於他處，採捕者多居之」〔註64〕，此景觀記述側重自然地理面向，而陳璸關注的是沙鯤上的人文景象：戍樓矗起、海市蜃樓、漁歌喧唱、零星漁火與捕魚者等形構空間的質素，象徵軍事權力的戍樓，代表人民安居樂業的海市漁利，作者企圖以這些繁榮景象說明臺灣社會因清廷政權介入而改造空間有成之意，卻於詩末以沙洲野地上的孤鶴、白蘋等小景襯托整體海域沙鯤的大景象，寄托作者個人的情懷，「不堪孤鶴橫江過，嘹嚦清聲亂白蘋」，如同孤鶴橫過海面，亂點沙洲上的白蘋，蜻蜓點水式的暫居此地，飄零的身世，淒楚的叫聲，好似心靈深

〔註63〕陳璸滿懷壯志情懷，雖此詩作未曾明言，但在〈澄臺觀海〉一首卻寫道：「胸中邱壑休言小，物外烟霞詎用猜」作者自稱胸懷大志是無須置疑。
〔註64〕施懿琳主編，《全臺詩》第一冊，臺南：國家臺灣文學館，2004年版，頁244。

處發出「何處是我家」歸鄉哀鳴，陳璸〈西嶼落霞〉亦有相似詩句：「落霞未落正流輝，水國蒼茫何處歸」，與此首同是映現出宦臺者陷泥於國家功業與孤獨思鄉的矛盾困境中。

　　遂此，「境」的營構乃是身處臺灣感受著矛盾及壓抑心情的仕宦詩人，結合視覺空壯裡的自然景致，詩作中再現主客融合之境。在詩歌美學範疇中，「意境」常指作家主觀的意志或情意，與客觀的自然和社會生活的結合，詩中之「境」是指一定的時間、空間之內由人物、景物及其相互之間的關係構成的生活景象或藝術圖景，在上述陳璸詩作裡，「我」的身世飄零結合著孤鶴嘹嚦清聲、橫過江的空間圖象，正是對自己存在之「境」的顯現。

　　又另一位作家張宏〈安平晚渡〉則將境的營構結合身處異域的辛酸：

> 激盪飛流白似銀，蒼茫煙樹絕纖塵。舟橫兩岸樓相對，風正孤帆月一輪。
>
> 遠近行人爭渡口，東西歸鳥歇鯤身。城頭吹角音偏異，還聽猿啼酸更辛。

前二句海域與遠岸的自然空間屬性：浪花激盪飛流表現廣袤海域的空間動態、煙樹蒼茫以一種遠距離的視覺形象顯出向內伸展的空間維度、絕纖塵則是傍晚海域的空間微光，作者由此三項特點舖陳「安平晚渡」的背景環境，以白、綠二種色澤表達自然地理的客觀性。第三至六句始切入「晚渡」的空間對象，詩句中「舟橫兩岸樓相對」對比「風正孤帆月一輪」，晚渡時漁人繁忙的工作景象，以舟船兩兩相對的景象來表示。觀視此景的「我」，空間位置所在：乘孤帆，視覺焦點所在：望明月，相較於專注安居樂業的臺灣人，「我」以一種保持距離的方式存在，獨處於一隅，咀嚼孤獨況味，思念故鄉明月。思歸之情於詩後半段更顯濃綢，眼觀「遠近行人爭渡口，東西歸鳥歇鯤身」的畫面，卻耳聽遠方城頭清晰的軍旅號角聲、猿啼聲，辨析「音偏異」而覺受「酸更辛」內心感懷，詩人放逐域外，聆聽異國之調、視觀孤帆歸鳥，使文士萌生鄉情，借此結合景語與情語，以成廣袤海域中孤處異鄉的情境。

　　若將空間景象轉喻為事境的表徵，張宏〈鹿耳春潮〉春潮疾捲，今昔人事變化，以潮水引申出時間感懷，再連繫為名利牽絆而渡海的我：

> 風和春暖水流湯，鹿耳雄開天一方。疾捲沙堤成白練，橫衝古岸作滉洋。
>
> 揚帆伐鼓爭先進，撒網拖魚自列行。過客紛紛皆冒險，利名牽惹到

嚴疆。

詩的開端以簡明文字破題，風和、春暖得見海面水流湯，季節氣候與海潮結合而成的自然景觀，「鹿耳雄開天一方」點出海上港口雄據海天一方的空間特性。承題續寫審美對象物——潮浪在海域裡的變化樣貌，「疾捲沙堤成白練，橫衝古岸作瀟洋」，其中「古岸」一詞將空間意識由自然屬性轉化為人文歷史屬性，接續引出「揚帆伐鼓爭先進，撒網拖魚自列行」，鹿耳門昔日是明鄭進入臺灣的古戰場，今日是漁民揚帆、撒網拖魚之地，兩者不同的時空畫面，作者運用當下所在的視域空間，以今昔對比的方式，突出固定空間所承載人事內容，隱藏了自己一如過客、暫居此地的伏筆，扣住詩末二句的議論詩句「過客紛紛皆冒險，利名牽惹到嚴疆」，覺知仕宦者來臺皆是客旅寄居的，為名利所牽絆而紛紛冒險渡洋，才惹得被派到險要邊疆之地。凝視眼前臺灣地理空間裡人事變遷，昔之古岸、今之揚帆，都是空間裡短暫存留之物，而「我」卻也因名利而暫陷邊緣疆域裡，作者以「牽惹」二字強化其被動性、不自主性的緣由，被動趨使來臺，失去「我」與空間主動互融的情趣況味，缺少了認同感，僅餘目的性地立足於海疆，回顧過去、審視當下的情景。

海中景象除了使人更覺知仕宦嚴疆的不自主性，林慶旺〈澄臺觀海〉則借海的澄清遼闊寄寓心志胸懷：

> 形勝蔚崔巍，登高望九垓。三時先月得，七寶避風催。
>
> 宦困稱顏骨，名成笑陸才。澄清惟此景，聳立素懷開。

作者於詩前四句運用日夜景象的比較方式，書寫立於澄臺登高、觀視海景的不同，白天的空間光度，足使人一覽無遺，天地四方邊際的景物盡都全收入眼廉，視覺焦距可近可遠、可上可下。夜裡光源是天上的明月，澄臺前春夏秋三季先有月光照臨，天上美麗月光可避開海面大風催吹，可知仰視月光成為當下唯一注視的對象，彷彿宦臺的孤單，只有明月了解。隨著四景句的書寫之後，第五、六句作者從自然空間轉成心理空間的觀視，「宦困」是一種陷入內外不諧調的心境表白，借用漢朝顏駟仕三朝君王皆不遇之典，表明「時不我與」的個人處境。作者的樂觀，再用漢朝、陸賈楚人之典，因遇高祖而得以名利雙收，並得厚庇子孫，未來宦途一片光明，此猶如白日四面光耀的美景，呼應前句「登高望九垓」，此景澄清明澈之感則用於比喻志向，遼闊海景使平素的志向開懷。將宦途中所見空間景象，轉喻為個人心理空間的狀態，目光放遠，調整「我」面對當下困窘，從而「聳立素懷開」，使心靈得到解脫。

　　有時觀海的視覺經驗，借著海的地形比喻個人胸中邱壑，「臺灣」此仕宦場景具呈海島空間視覺感，對於來自中原的仕宦者而言，亦可能激盪著官員思考個人的空間位置，如陳璸〈澄臺觀海〉：

> 澄清有願獨登臺，浩浩乾坤一望開。波浪兼天生渤澥，風雲匝地變塵埃。
>
> 胸中邱壑休言小，物外烟霞詎用猜。海上神山原不遠，此身彷彿到蓬萊。

「澄臺」建物空間與我的關係，即首句明言「登臺」係因爲「澄清有願」，「澄臺」建物具有人文意義「覺滄渤島嶼之勝，盡在登臨襟帶之間」〔註65〕，於是，第一、二句「澄清有願獨登臺，浩浩乾坤一望開」以登臨遠眺的行爲動作，表達視野開展的企望。接續第三、四句則書寫登高所見的視野景象，浪高衝天形成海生別枝的立體形象，風雲襲捲地面變成塵埃，顯出天候巨烈變化的當下，聚合著海面波濤洶湧的視覺畫面，如排山倒海而來的壯闊氣勢，而此海浪磅礡的氣勢，主客契合，證成自己胸中邱壑，自知胸懷大志不得小覷，如同臺灣自然山水之美，不容猜疑。詩末作者採用「原不遠」的修辭，表示心理距離的感受著海上神山的地理空間位置，「海上神山原不遠，此身彷彿到蓬萊」，地理空間與人心的距離消解後，親臨此地感受著臺灣島如仙境般海上美景，已臻於享受欣賞的神遊層次。此詩從海域外形描繪到浪花激起的壯闊之美，末以親臨蓬萊仙山作結，總歸以海言志的題旨，形成仕宦胸懷流暢伸展的期待詮釋。

　　同是〈澄臺觀海〉張琮則以回顧宦途與君恩關係的敘述方式，把握「視覺經驗」的存在意義：

> 海上層臺俯四隅，縱觀觀止百川輸。波光耀日連天有，蜃氣成樓到地無。
>
> 潑眼昔曾吞夢澤，盪胸今更把冰壺。微軀薄宦重洋隔，欲叩君恩仗吸呼。

作者登臺觀海的視覺經驗，捕捉了「海」納百川的特質，居高臨下的觀視姿態，全覽海從四方收攝眾水的地理形態，視域的寬廣，足使人對空間覺知更透澈，地勢是觀視要素。「日光」是支撐看得清晰的另一關鍵，於是，第三、

〔註65〕丁宗洛爲陳璸詩注詳文，《全臺詩》第一冊，臺南：國家臺灣文學館，2004
　　　　年版，頁245。

四句後，上天下地皆進入被光照耀的情境裡，「波光耀日連天有，蜃氣成樓到地無」，波光耀日，海天一線，空間裡的上下界線消融，並折射出幻影來，於此似真似幻的景象覺知，使作者轉入記憶的情境中「潑眼昔曾吞夢澤」雲夢大澤的迷濛山水，「盈胸今更挹冰壺」眼前明月可挹的清晰海景，「潑眼」對照「盈胸」、「昔曾」對照「今更」、「吞夢澤」對照「挹冰壺」，記憶裡模糊的情境——雲夢大澤的潑墨山水，卻仍藉清晰透亮的海面閃爍著冰壺秋月，顯示對故鄉的濃濃依戀，故謂明月可挹，流露剪不斷的歸思。而後作者卻突然轉以「微軀薄宦重洋隔，欲叩君恩仗吸呼」作結，收束個人內心綿綿情思，卑微己身，自述得以漂洋過海仍是皇恩厚待，此詩末二句使全詩稍嫌後勁乏力，勉強以「微軀薄宦重洋隔，欲叩君恩仗吸呼」模糊了宦情孤獨的焦點，原本海面空間的開廣性，使作者愈加感受思鄉、孤獨的情懷，最終簡化為「微軀薄宦」的自我定位，聊以安慰，亦是一種仕宦者面對現實不由自主的宿命觀。

康熙初期仕宦者面對海疆，思索如何治理地方，如何展現個人能力，形成另一種客觀環境與主觀意志結合的「境」，張琮〈鹿耳春潮〉即於詩中思考個人宦政施展：

> 鹿門春暖水湯湯，天為東寧鎖一方。震耳雷轟潮過午，排山浪湧雪明洋。
>
> 煙堤搖曳舟千个，沙港參差鷺幾行。聞道錢鏐能射卻，慚無半策展臺疆。

前六句寫景，末二句則借典故自我省察。首二句是作者認知客觀環境，鹿耳門位居東海疆鎖鑰的位置，間接指出自己鞏固家邦的仕宦位置。第三至六句則先是扣緊「春潮」主題，潮聲震耳如雷、潮浪湧起如雪，以聽、視覺的感官描繪，刻畫鹿耳春潮之形象，再以海面上「煙堤」、「舟千个」、「沙港」、「鷺幾行」等小景物匯聚成大景象，浪潮湧動凝結溼氣形成煙霧迷濛的空間美感，點綴舟帆、白鷺移動其中。這景象的著墨，不僅是空間氛圍的渲染，亦接續下聯「聞道錢鏐能射卻，慚無半策展臺疆」古人錢鏐以箭射潮，建功立業，而作者望著潮起潮落，自慚無所建樹。詩前半段作者運用潮霧煙濛的空間景象，自覺仕宦海疆的責任意義，接續舖陳「鹿耳春潮」之景聯想錢鏐射潮的典故，對比自己宦政無功而感慚愧，全詩雖顯見作者自謙無功於家國，卻可能以反面側顯其個人被閒置於臺灣孤島一隅，無可作為的仕宦場景，而發出

的感嘆。

　　康熙時宦臺者以海、山為題材，書寫臺灣山水詩，在古典詩歌史上的意義，乃是以新奇及突兀視點的態度來體察，並且刻畫之。部分作者以紀實方式呈現，另有些作者穿插虛幻想像的手法來表達對臺灣山水的認知狀態，這書寫現象未必於後來的作品中不出現。康熙時宦臺者率先取材書寫的意義，在於草昧初創者經歷原始狀態的臺灣山水，少了乾嘉時期的考證之學的支撐，單純地以直觀方式審視臺灣山水，遂使作者於詩中流露更多的主觀情緒，並有更多馳騁文才的空間。反觀「八景詩」，除康熙初創者，稍有新穎的構想之外，往後的作者更將「八景詩」與宦遊心境結合為一，並且將此變成後人書寫「臺灣八景詩」陳陳相因的題材。

第六章　結　論

　　康熙二十二年（1683）臺灣被納入中國版圖，除了軍防的設置之外，朝廷欲將這個榛莽待墾之地，建構成符合漢人價值體系的社會，最重要的是從人心管理著手，東南邊境才得長治久安，進而鞏固海疆之定安。這是康熙皇帝派遣來臺官員的共同使命與責任，緣此，仕宦者經常流露這心志於詩作中。

　　滿人皇帝康熙對漢人頗有戒心，他收納臺灣的原因之一，也是爲避免鄭氏政權的再起，漢人在康熙皇帝的眼中是民心不齊的一群。因此，對當時來臺者，包括官員與移民，施行各種禁令。又加上康熙皇帝對選派來臺的官員相當重視，甚至到「事必躬親」的地步，首批官員乃是來臺實踐他的政策，而這階段的政策重點亦需針對當時移墾流動的臺灣社會，找到穩定力量，以消解這階段社會內部的變化所造成的衝擊。承此，吾人可以看到康熙宦臺者投諸相當的心力於教化建置、民情堪輿及地理觀察上，企望能將地方勘察所得供朝廷決策參考之用，同時官員們的施政焦點反射於詩作中，成爲宦臺詩作共通的主題。從本論文的研究得知康熙皇帝的治臺政策與臺灣宦遊詩的主題內容關係緊扣，「詩歌」提供仕宦者想像空間的文體，使宦遊詩人將實務面的題材轉化爲文學題材，臺灣的風土民情、奇山異水等在仕宦者眼中的新奇事物，使他們在借物比擬、依景托情時，一方面假託神話、傳說流露出眼中臺灣之奇，再方面也狀寫各種奇形怪狀的人事物，建構出所謂的文化符號，以表達觀他們的文化價值觀。

　　循此思考脈絡，本論文第二章首先討論治臺之初的時代背景。康熙朝廷初次將臺灣的行政區域劃分爲「一府三縣」：臺灣府、臺灣縣、鳳山縣、諸羅縣，並且編制地方行政官員，以展開對臺的統治政策。在統治之先，康熙皇

帝朝廷經由一番了解的過程，認為臺灣社會內部的人民性格趨向，漢人是「民心不齊」的族群，因此對漢籍官民施行諸多不同的禁令，這與治理原住民的策略不同。康熙朝廷認為「番民」是渾沌未化的一群，且生活文化背景與中原人迥異，一方面保護其土地所有權及財產，另一方面興辦社學以教育「番童」，透過教化方式逐漸收服「番民」。如此，針對不同對象所施行的不同政策，達到安定社會的效果，進而鞏固臺灣島內的社會秩序，以裨益整體海疆治安的維護，這是康熙皇帝將臺灣納入大清版圖的原因，換言之，臺灣在中國東南海域上的戰略地位，有助於朝廷解決海靖問題。來臺仕宦官員多被賦予巡視海上治安的特殊任務，這項任務也常成為他們書寫詩歌的材料來源，對此現象的反映，筆者以第二章為基礎，再接續於各章中的加以討論，來臺官員仕宦詩作與他們肩負的公務責任、職務範圍密切相關，如擔任海防同知的孫元衡，作品以海為題材者居多，但擔任地方官的周鍾瑄、宋永清等人，則以書寫臺灣住民及島內高山的景觀為主，以海為題的作品為輔。為此，筆者特別提出首任官員的仕宦視域焦點，包含地方制度的建置問題、人民百姓的教化情況、地方農業發展及稅收……等，以了解當時官員們面對臺灣的特殊情境，實際投入的政治工作為何，進而知悉康熙時宦遊詩的施政題材來源及書寫情況。

進入第三章，筆者更具體而微地討論宦政詩作所涵括的論題面向，宦臺者的仕宦任務之一，即為漢番社會觀念轉換的中介者，將中原文化價值觀移入，再將臺灣在地性的風俗特色記錄呈報帝王，如是，宦臺者扮演著近似運輸帶的角色：

（移植中原文化）　　帝王　　→　　宦臺者　　→　　臺灣人民

（採風問俗）　　　　帝王　　←　　宦臺者　　←　　臺灣人民

本章內文裡，筆者針對宦政詩作來闡析，官員依行政命令管理人民，傳輸康熙皇帝的朱子學教化觀給臺灣人民的同時，並著力於興建學校及標榜道德人物，藉此實際行動來推廣教化觀，成為這階段的統治重點。另外，官員巡視農民遇旱的災情，也透過祈天降雨，以示他們實踐敦農牧民的心志。無論教化詩作、旱象祈雨詩作，大體而言，皆採取「實用主義」的觀點來表現他們的宦政作為，官員審視觀點落在日常事物、行為與生活感覺上，同時在詩作裡也看到他們將宦臺的行政經驗，更進一層地與自然環境相結合，使其仕宦經驗內含著以人為主體、以自然為客體的關係調和過程。人要通過「交涉」來與環境相協調，於

是，施行社會教化、農業敦促，可看到官員有一共同現象：將「天人關係」視為思考社會問題的重要因素。以推行教化風行為例，教育機構建築的外形與天文相映，將人文發展視為天道使然，乃是官員對不可確知的未來轉向天文尋求解答，行事倚靠天體運行之道。若逢天旱不雨，官員為民祈雨時，「天人感應」觀則表現得更鮮明。仕宦者將政治工作緊扣著中國的天道觀，一方面因臺灣初闢之地的特殊環境，人與人之間的關係，或者人與社會關係仍在建構中，官員嚮往天體的啟示，期待臺灣社會儒學教化日漸加深，可知官員倚賴天象達到「政通人和」的目的。再方面，官員受到儒學道統重視天道人事、崇道尊儒的觀念影響，故第三章第二節裡雖將重點放在仕宦者對社會人物的標舉上，其中以鄭節婦為代表，這多達十多首的「題鄭氏節婦詩」，集中在康熙四十三年前後出現，可知康熙詩人集體書寫的背後，有其政治目的及策略，期望藉著鼓勵眾人書寫，達到推廣教化思想的目的。

除了上述仕宦「言志」的部分外，本章第三節討論了宦臺者歸鄉情感的表現，這類詩作中較易顯出作者「真我」的部分。在本節裡可以看到官員一方懷著政治責任來臺灣開疆拓土，另方面由於康熙皇帝禁止官員攜眷來臺，致使宦遊臺灣的過程裡，增添孤寂無伴的感懷，再加上仕宦者往往匆匆三年便離開臺灣，「暫居」作客的心理使其未能深入了解臺灣、認同臺灣，形成心境上的矛盾。作客心理使官員多半未能深入認識臺灣，官員視察地方的目光亦僅止於固定的施政範圍，其內在心理連帶影響仕宦者開發臺灣的視野。換言之，因官員對臺灣開發缺少政治企圖心，只採取相安無事的謀事態度，照本宣科地移植中原的政治文化模式。保守的施政態度〔註1〕，導致康熙時期的宦臺政績，難有大幅開發臺灣地方的建設功業可言，需待後來治臺政策更改，隨著移民潮的限制更為鬆綁，更多漢人移入臺灣，臺灣社會內部結構漢化更深後，仕宦者的歸鄉意識與寂寞荒涼的情境才隨之改變。也因此緣故，當時宦臺官員，縱使有些官員顯現在外的政績卓著，但對地方認同感尚未深植於心，不免於現實世界隔出一道牆垣，於詩作裡唱著士不遇的哀歌，伴隨著潮來潮去的濤聲，孤立於臺灣海濱，吟唱思鄉曲。這類屬詠懷題材的作品，可供吾人了解宦臺者，內心世界的面向。

〔註1〕　康熙朝廷對臺施行消極的封禁政策，加上派遣來臺的地方官，三年一任的任職期間政事依循舊例，造成民間賦稅不公……等問題。詳見柯志明《番頭家》第三章、清初封禁的番漢地權安排，臺北：中央研究院社會學研究所，2002年版，頁63～68。

　　第四章風土詩的研究，主要探討中原仕宦者在臺任官時，感官經驗刺激最明顯的異域文化書寫。由於康熙是第一個收納臺灣的王朝，朝廷對臺灣人事物的認知，最初必然存在模糊不清的狀態，宦臺者需要巡行觀察臺灣原住民種種的生活文化特徵，並且透過風土志及風土詩的書寫紀錄，清楚將臺灣文化形象呈現在中原人眼前，以達到地方民情上達朝廷的目的。往往風土詩更具有刻畫描摹的書寫特性，再加上康熙宦臺者的意識型態會趨使他們選擇某一類的題材加以書寫、詮釋，於是，這類詩作的書寫，隱然含具符號編輯的觀念運作其中。本論文的討探方向，即從符號的形構觀念來著手，了解到康熙宦遊詩作處理風土物產符號，是基於考察臺灣經濟效用的目的，仕宦者多會著力於闡釋物產的經濟價值，同時，也發現宦臺者會將物產從實用面向提昇到抽象意義層，將臺灣的土風俗物借由詠物詩書寫的方式，透過譬喻、比擬等修辭技巧的運用，使物產的形象含具審美特徵。至於原住民生活符號的編製，仕宦者透過風土詩的書寫，一方面描摹原住民生活文化的形象特徵，再方面將作者的觀念意識含蘊於符號形象之中，使這類符號足具原住民審美文化及族群精神的反映效用。風土文化符號的形構中，也呈現宦臺者面對風土符號的文化價值判斷，往往詩中夾雜鄙夷與驚異的態度，以非文明的觀念來認定之，但亦有另一類的官員也試著以持平的態度來看待原住民文化，如黃叔璥即是。原住民文化接近原始藝術的創造思惟，因此，其文化內涵取材自然物的質性特徵，本是自然之事，康熙時多數官員看到臺灣原住民文身、紋面的表象特徵，就主觀地醜化之。依本論文研究得知，少數如黃叔璥這實際走訪鄉野的官員，已能尊重另類族群文化，代表臺灣原住民文化被漢文明者接受了解的起步。因此，康熙時宦臺者透過詩文作品記錄風土文化符號的原始意義，也透過詩歌的形象描摹與修辭，間接導入文化價值感，給予讚賞、或批評，這可說是臺灣文化價值萌芽階段所展現的特色。

　　第五章探討宦臺山水詩的空間擬寫，是以空間為論述主軸，舖述宦遊者心中的臺灣山水。「渡海」對康熙時期來臺者而言，是相當新奇的感覺經驗，因此，第一節首先闡析宦遊詩作所呈顯的渡海動態體驗與感受，宦臺者親見目睹「黑水溝」不同海層地形之光澤變化，將此地理空間所形成的視覺感受，扣住作者宦遊臺灣的主觀情思。宦臺者不安與焦慮的內心意向，隨從波動不已的海景折射而出，並且產生具驚駭之美的詩歌書寫。作者有時以靜態觀察大海廣袤的空間特性，體察無限廣遠、開闊的海洋空間之美，從而激發渺小

如我的覺知，並將無可參透的海洋空間性，以神話典故或奇僻辭藻穿插修飾，表現出作者對大海新奇之美的感知，由此印證了臺灣的海洋景觀提供宦遊者相當豐富且新鮮的創作題材。第二節則是宦臺者實際進入臺灣島上觀察高山地形的體驗，作者將高山與平地景致的各種變化，透過視覺觀察轉入詩作裡，表現海島特殊的空間形態。當宦臺者為巡視地方民情的同時，行走在起伏變化的地形上，感受著臺灣島多山的地理形態，觀覽南臺灣副熱帶樹林，與田間綠野輝映成趣的景致，體會自然山色之美。臺灣的高山亦為宦臺者另一個注視焦點，當遠處高山顯出崇高感的空間形象時，佇立於山腳下的官員，以抽象性的詞彙刻畫高山形象，或以山海相互呼應的方式，賦予高山靈動性的美感，使臺灣島上「山高」的空間形象，得以躍然紙上。接著在本章第三、四節，主要探討康熙時仕宦者來臺引進八景詩的書寫體式，及其編組「臺灣八景」的過程。王善宗、齊體物及高拱乾三人的作品樹立「臺灣八景詩」的基本範式，因此，闡釋他們的作品，可見到作家本身的個性相當鮮明，三人皆各自表現對空間選取視角的觀點，融入的作品內容及書寫手法，亦各有特色。如滿人官員齊體物一方面表達對鄭氏政權的不認同，也藉由山水詩的書寫顯出對臺灣的不認同，故採用對立視角來表示；王善宗則以平遠視角表示，對臺灣認知是一種遠距離的，不清晰的認知空白，猶如平遠山水的美感，以平視的角度來表達不即不離的態度；高拱乾認識臺灣較有主動而熱切的態度，不斷地將八景結合各種典故來詮釋與理解，縱使當中幾乎已與神話想像聯結成虛構的「臺灣」，高拱乾亦樂此不疲，一如他的〈臺灣賦〉書寫臺灣地理不免受中國本位的思考影響，亦企圖從史實之外，找出建構臺灣地理特點——神祕性，使他「臺灣八景詩」表現出較鮮明的藝術特徵。此三位首創者之後的詩人如陳璸、林慶旺、張琮等，寫「臺灣八景詩」時接收到齊體物朝廷王權本位的思想，亦承襲王善宗以平遠視角渲染八幅名勝景象的筆法，倒是高拱乾以審美的觀點來建構臺灣特殊性的方式，較少書寫者偏好及仿效。而後來臺詩人書寫「臺灣八景」的內容，多將臺灣海洋特性與康熙帝王豐功偉業結合思考，並以海島一隅的空間特性來表達自己宦遊臺灣，孤處海角的落寞感，二者共同形成這階段「臺灣八景」的思想意涵。

　　統合上述，本論文之研究，所得出的幾項康熙時期臺灣宦遊詩的文學特點：

一、宏大功業與孤獨宦情的強烈突顯

　　康熙時期宦遊詩以書寫擴大疆域功業、及「歌頌康熙」爲這階段重要的書寫特色，筆者已在本論文第五章第四節「以廣遠疆域空間形現朝廷豐功偉業」一節中，與空間一併探討。

　　由於康熙皇帝頒出的禁令不斷，孤獨貶謫的心境，對映在宦遊詩作裡，便得突出。康熙時官員宦遊在臺灣，因無家眷相伴，又身旁多原住民、少數漢人，心境的孤寂，故當時的宦遊詩中較少與人唱和贈答之作，不若後來臺灣愈加開發，本土詩人更大量出現，以及來臺者日趨繁多，故詩人群的網絡互動較趨明顯，作品亦常流露彼此友誼，如乾隆時宦遊詩人朱景英多有此的贈答詩，包括〈贈鳩茲韋蘇溪潤翰〉、〈贈晉安薛澹菴宸翰〉、〈贈吳興鮑絅菴進〉、〈贈錫山周梅亭龍驤〉、〈贈四明余獻之廷良〉、〈贈武林施止葊爧〉、〈示從子和埈〉〔註2〕等，從詩句裡可以看出作者與友人在臺的情誼。相較之下，康熙時期的宦遊詩除了孫元衡有幾首給在臺官員的作品，如〈澄菴宋明府於法寺左新構草亭落成立秋之二日陪濟菴寅長偕亦遠張明府閒集其上〉、〈陪憲副王公總戎張公諸僚友往觀禾稼歸途讌集海會寺抵暮而返〉，及其寄與從弟孫篠岫、孫日高的詩作，在此之後，鮮少看到仕宦者與人相唱和的例子及贈答友人的作品。若此，康熙時期草萊未闢的情境將宦遊詩中宦情之孤獨的主題突顯得爲強烈。

二、相同主題之下出現不同對應態度

　　康熙時期人文發達之地乃圍繞著臺灣府、臺灣縣周圍，在政治中心以外的鳳山縣、諸羅縣，則多尚未開發的鄉野，針對此客觀環境的現象，宦臺者在詩作裡書寫此區域發展的差別。當仕宦者往正開發之地巡行，投大量心力於政治教化工作上，就會出現如標舉道德典範的書寫現象，透過每位仕宦者的作品詮釋與比較，發現相同主題之下，共同的目的，將教化思想落實於地方。

　　同樣是推行教化思想，亦有差異觀點出現，如勸農的意識，當時的官員遇旱災便向天祈雨，並且書寫祈雨詩作，然而孫元衡〈禱雨篇〉提出借歷史借鏡的方法，以古代《周禮》十二求災之道，來面對臺灣遇上天旱災害的問題，這種向歷史借鏡，不盲目地崇拜鬼神的態度，的確有別於康熙宦臺官員之處。

〔註2〕　《全臺詩》第三冊，臺南：國家臺灣文學館，2004 年版，頁 16～17。

書寫番民文化，多半官員帶著鄙夷的態度來審視所謂的蠻族文化，比較與眾不同的是黃叔璥，這位實際走訪臺灣「番社」的官員，不僅將自己田野調查所得寫成《臺海使槎錄》，同時這走訪的經驗也成為他能體會原住民各種文化內涵的緣由，因此，黃叔璥與其他宦臺者的不同之處，乃是能回歸原住民文化本身，找到欣賞該種文化的著力點，這種尊重番民文化的態度，在康熙風土詩裡，是相當特別的。

經過相同階段、相同主題詩作的比較，可以發現其中的差異性，筆者釐清差異性的存在，為了使整體詩歌史的認知能更精細。中原宦臺詩人在臺灣處境相似，但往往因個性的不同顯出不同的反應。這也說明了文學文本的內在裡有相當多樣的質素可再深究。

三、康熙時已出現徵詩的文學現象

「題鄭氏節婦」的作品大量出現於康熙四十三年，是個相當特殊的文學現象。此現象的產生，乃肇因於當時仕宦者刻意透過徵詩的方式，使發生於當時社會裡的「節婦鄭氏」殉夫事件，能夠成為多人所歌詠的對象，透過此大量被書寫的模式，標舉道德典範人物，進而達到道德教化浸透民心的目的，徵詩的主旨及詩作皆刊在周元文《重修臺灣府志・貞節》裡，由其中一段「徵詩小引」所言「青史不遺，願徵詩而表著；海天生色，先拈韻以闡揚」〔註3〕，可知此一被康熙詩文人大量書寫的詩作，有其政治策略的趨使。

四、康熙時本土詩人與宦遊詩人之比較

康熙時期在仕宦者的鼓舞下，「節婦鄭氏詩」大量被書寫，含宦遊及本土詩人，多達十七人，至於與此詩題相近者的「五妃詩」，只有四人，兩者比例相當懸殊。本論文裡已觀察出這是當時宦遊詩人進行教化工作的策略使然，至於「五妃詩」在康熙時被當作歷史人物來書寫，與「鄭氏節婦」這個時事人物，有所不同。

又據筆者的觀察，本土詩人題詠五妃及寧靖王等歷史人物，帶著詠古感懷的心情；但宦遊詩作則未有這方面的作品，宦遊詩人多數將焦點放在臺灣原住民的生活觀察上，這是本土詩人所未曾書寫題材。至於，書寫臺灣山水的方式，依當時本土詩作的詩題來看，如陳文達〈池上〉、〈春暮〉、〈蓮潭夜

〔註3〕 周元文《重修臺灣府志》，卷八・貞節，臺北：臺灣銀行經濟研究室，1960
　　　年版，頁272。

月〉，盧芳型〈池上〉、〈春暮〉，郭必捷〈魁斗山早春〉，莊焆〈魚骨鶴〉，李雰〈老來橋〉等，在選景的角度上，與宦臺者常以遼闊、遼遠的疆域視野來呈顯臺灣的地理定位不同，本土詩人站在某一景點中書寫，細部地描繪自然美景，人與物近距離的連結，必是經常詠嘆孤獨宦情的宦遊詩作所罕見的。

總結而論，宦遊詩人因公職而遊歷臺灣，並且書寫宦臺詩作，作品裡不單是呈顯在臺灣期間他們所施展的政務工作，同時也經歷了宦遊臺灣的情感體驗，三年一任孤守海疆的宦情，使首批銜領朝廷命令渡臺仕宦者，更感受到強烈的差異與驚奇，因此，刻鏤於他們生命中的印記不僅來自外在的社會歷練，也來自於臺灣海島地形及番俗土風所開啟的另一道生命視野。吾人可以看到仕宦者的文化認知態度從初期的蠻化觀點，往後康熙六十一年（1722）書寫《臺海使槎錄》的黃叔璥，稍能對番民文化抱持著欣賞的眼光。臺灣山水改變了仕宦者的疆域意識，海的遼闊映襯出康熙王朝的霸氣，也反顯出孤身在臺的仕宦者，猶如滄海一粟。

除上文所論及者之外，藉著論文的書寫，亦觸發筆者思考後續可以研究的論題與方向：

在本篇康熙宦遊詩的研究裡，可看到此時文學書寫的基本形態已初步形成，如仕宦詩作中所經常出現的教化、勸農等集體觀念，「臺灣八景詩」詩題與內容的沿用，這些在康熙朝已是個典型性的書寫形態，在往後的各朝代裡，又是如何呢？其中的傳承與流變的關係為何？未來筆者擬延伸研究的時間，將觀察的對象往雍正、乾隆、嘉慶……諸朝擴展，並與康熙時期的書寫特色做比較探討。

此外，康熙時清詩壇盛行「宗唐」、「宗宋」之爭，如康熙皇帝的詩歌趣味是獨宗唐詩的，而康熙詩壇的主領者王漁洋「論詩三變」〔註4〕，曾一度於康熙朝倡導的宋詩風氣，對有清一代的詩歌創作產生了不可忽視的深遠影響，如此含具以宋詩精神特質的清詩，形成清詩某一部分的藝術特徵，如題材的紀實性、取材的日常生活化、藝術手法的寫實傾向，以及淵博、典雅而有書卷氣，深於人情世故，長於議論、詠物，都得力於宋詩的滋養〔註5〕，這

〔註4〕 黃繼立，《「神韻」詩學系譜研究——以王漁洋為基點的後設考察》第一章第二節「王漁洋『神韻』論詩的提出及其『論詩三變』」，成功大學中文所碩士論文，2002年版，頁5～10。

〔註5〕 蔣寅，《王漁洋與康熙詩壇》二、王漁洋與清初宋詩風之消長，北京：中國社會科學出版社，2001年版，頁35、頁51。

些特徵在臺灣宦遊詩作中是否有跡可循？宗派特徵對臺灣的宦遊詩而言，是否產生影響？縱使清領臺灣之初，臺灣島上詩文風氣尚未成形，也未見明顯的詩派之爭，但細探宦臺詩作後，作者各自傾向宗主何種詩派？可再進一步做深究探討。又，教育人員在臺灣教導臺人詩文寫作，無形中移注不同宗法的詩派，對臺灣詩風產生什麼樣的影響？如陳文達〈臺灣縣儒學廣文陸夫子去思碑〉一文寫陸登選對教育貢獻，亦提及他引進的詩文風格：「昔歐陽子持文衡，力闢新體；而後有宋三百之文，復歸醇古。今臺陽四庠之士，經夫子品題，而文體一軌於正，咸知原本六經，講求古文大家者，我夫子之力也。數年來，淡泊自持，恪守古訓，非道不取，見義必為。與□首諸公遊，惟以詩歌相唱和，語不及私」〔註6〕，在看到陸登選宗宋，文歸醇古，教育臺灣學子，力求原自六經，並學習古文大家，同時陸登選教育臺灣學子採用的教材，以及唱和詩歌所依據的宗派，皆會直接相關本土詩文人的文學養成。再者，來臺的官員教育臺灣學子時，亦作試牘評議，當中品評的立場及觀點，皆可詳加探析，進而了解臺灣詩風形成的緣由，裨益後來臺灣古典詩發展脈絡的釐析。

另外，康熙朝的臺灣文學仍有許多議題，是筆者撰寫本論文時，能力未逮，尚未精密處理的，如將臺灣本土詩作與宦遊詩作的作深入比較研究，以了解兩者書寫的異同現象，更深層地挖掘文學內在議題，精確地釐清這階段臺灣古典詩發展的文學面向。筆者撰寫本論文時著重將詩作本身作細部且深入的分析，因此，其他文類的關照則較少處理，未來筆者將把這部分的材料集中探究，期能使這階段各種複繁面貌盡可能地呈現，並詳實地指陳臺灣古典文學萌芽發展的情形。又，本論文裡筆者尚未觸及從明鄭到清領初期詩文的轉折變化的議題，以及清領初期詩人是如何看待明鄭政權的，歷史學者陳捷先引清末沈葆楨〈福建明延平王祠〉述及，因為鄭成功是著名的反清人士，早年在清代官方文獻中一概稱他為「偽鄭」、「海賊」、「海寇」等，直到康熙三十九年，皇帝特下詔說鄭成功是明室遺臣，非亂臣賊子，大臣們才改口尊稱他〔註7〕，類似這種情況，究竟在宦遊詩作如何反映，可再深入討論。

〔註6〕　周元文，《重修臺灣府志》卷十・藝文志，臺灣大通書局，頁361。

〔註7〕　清末沈葆楨〈福建明延平王祠〉：「讀康熙三十九年聖祖仁皇帝詔曰：朱成功係明室遺臣，非朕之亂臣賊子，敕遣官護送成功及子經兩柩，歸喪葬南安……」，見《沈文肅公政書》，臺北：文海書局，1967年版。又參見陳捷先《清代臺灣方志研究》，臺北：臺灣學生書局，1996年版，頁93〜94。

　　康熙朝詩人較無考據學的束縛，這是不同於其他時期的詩作，到了清、乾嘉學派出現後，考證學風對乾隆時來臺的范咸等人的作品明顯有影響，如范咸題詠玉蘭花，將古今有關玉蘭花的書寫、及其相關知識，以作註的方式附於詩句之下呈現，但觀察康熙朝的宦臺詩，似乎不會如此。儘管康熙宦遊詩人有時亦會作註，但他們多半是爲了將臺灣的奇風異俗作更清楚的說明，並不會大量地徵引各種知識。筆者期待來未對考據方面的資料更嫻熟時，再將此論題深化處理。

　　此外，清初反抗朝廷者多被摘降至中國東北地方，他們的貶謫之作亦也扣合著東北地方的地理來書寫，職是之故，觸發筆者欲嘗試將康熙朝中國寫西南、東北邊陲的詩作與宦臺詩作對照性的比較研究，以了解宦遊詩是否形成屬於臺灣的特殊書寫等現象。

　　又筆者企望未來在研究方法上，能夠更進一步地突破。臺灣古典詩的研究，除了本論文已嘗試摸索的研究途徑之外，仍有許多不同的研究理論，可供筆者採用不同的觀點來探析詩作。筆者期待未來透過不同理論的援引，以求對臺灣古典詩作的詮釋研究更爲深化，同時，也藉著新的研究論題拓展及新方法的援用，以開啓臺灣古典詩研究的豐富內涵。

主要參考書目

一、方志類

1. 王必昌，《重修臺灣縣志》，臺北：臺灣銀行經濟研究室，臺灣文獻叢刊第 113 種，1961 年版。

2. 王瑛曾，《重修鳳山縣志》，臺北：臺灣銀行經濟研究室，臺灣文獻叢刊第 146 種，1962 年版。

3. 尹士俍纂修、洪燕梅點校，《臺灣志略》，行政院文化建設委員會、遠流出版事業股份公司，2004 年版。

4. 李丕煜主修、詹雅能點校，《鳳山縣志》，行政院文化建設委員會、遠流出版事業股份公司，，2004 年版。

5. 余文儀，《續修臺灣府志》，臺北：臺灣銀行經濟研究室，臺灣文獻叢刊第 105 種，1962 年版。

6. 金鋐主修、黃美娥點校，《康熙福建通志臺灣府》，行政院文化建設委員會、遠流出版事業股份公司，2004 年版。

7. 周元文，《重修臺灣府志》，臺北：臺灣銀行經濟研究室，臺灣文獻叢刊第 66 種，1960 年版。

8. 周鍾瑄主修、陳夢林纂、詹雅能點校，《諸羅縣志》，行政院文化建設委員會、遠流出版事業股份公司，2004 年版。

9. 高拱乾，《臺灣府志》，臺北：臺灣銀行經濟研究室，臺灣文獻叢刊第 65 種，1960 年版。

10. 高拱乾纂修、周元文增修、張光前點校，《臺灣府志》，行政院文化建設委員會、遠流出版事業股份公司，2004 年版。

11. 胡建偉，《澎湖紀略》，臺北：臺灣銀行經濟研究室，臺灣文獻叢刊第 109

種，1961 年版。

12. 陳文達，《臺灣縣志》，臺北：臺灣銀行經濟研究室，臺灣文獻叢刊第 103 種，1961 年版。

13. 蔣毓英纂修、黃美娥點校，《臺灣府志》，行政院文化建設委員會、遠流出版事業股份公司， 2004 年版。

14. 蔣師轍，《臺灣通志》，臺北市：臺灣銀行經濟研究室，臺灣文獻叢刊第 130 種，1962 年版。

15. 劉良璧，《重修福建臺灣府志》，臺北：臺灣銀行經濟研究室，臺灣文獻叢刊第 74 種，1961 年版。

16. 謝金鑾，《續修臺灣縣志》，臺北：臺灣銀行經濟研究室，臺灣文獻叢刊第 140 種，1962 年版。

17. 穆彰阿，《清一統志臺灣府》，臺北：臺灣銀行經濟研究室，臺灣文獻叢刊第 68 種，1960 年版。

18. 盧德嘉，《鳳山縣采訪冊》，臺北市：臺灣銀行經濟研究室，臺灣文獻叢刊第 145 種，1960 年版。

二、詩文集類

1. 〔清〕玄曄，《康熙帝御製文集》，中國史學叢書第 41 輯，臺灣學生書局出版，1966 年初版。

2. 〔清〕姚際恆，《詩經通論》，臺北：廣文書局印行，1988 年 10 月版。

3. 〔清〕李桓編，《國朝者獻類徵初編》，臺北：文海書局，1966 年版。

4. 王運熙、顧易生編，《清代文論選》，北京：人民出版社，1999 年版。

5. 龔顯宗，《沈光文全集及其研究資料彙編》，臺南：臺南縣立文化中心，1998 年版。

6. 李麒光，《蓉洲文稿》，福建泉州圖書館藏。

7. 黃叔璥，《臺海使槎錄》，南投：臺灣省文獻委員會，1999 年版。

8. 郁永河，《裨海紀遊》，臺北：臺灣銀行經濟研究室，臺灣文獻叢刊第 44 種，1959 年版。

9. 郁永河，《採硫日記》，臺北：臺灣商務印書館印行，1965 年版。

10. 徐懷祖，《臺灣隨筆》，臺北：臺灣商務印書館印行，1966 年版。

11. 施琅，《靖海紀事》，臺北：臺灣銀行經濟研究室，臺灣文獻叢刊第 13 種，1958 年版。

12. 施懿琳等編，《全臺詩》，臺南：國家臺灣文學館，2004 年版。

13. 孫元衡，《片石園詩》，清、康熙庚寅四十九年刊本，臺灣大學總圖藏。

14. 陳香，《臺灣竹枝詞選集》，臺北：臺灣商務印書館印行，1983 年版。

15. 陳昭瑛，《臺灣詩選注》，臺北：正中書局，1996 年版。

16. 連雅堂，《臺灣詩乘》，南投：臺灣省文獻會，1992 年版。

17. 連雅堂，《雅言》，臺灣文獻叢刊第 166 種，臺北：臺灣銀行經濟研究室，1963 年版。

18. 沈有容，《閩海贈言》，臺北：臺灣銀行經濟研究室，臺灣文獻叢刊第 56 種，1959 年版。

19. 袁行雲，《清人詩集敘錄》，北京：文化藝術出版，1994 年版。

20. 〔先秦〕管仲原著；黎翔鳳注《管子校注》，北京：中華書局，2004 年版。

21. 〔晉〕劉勰撰；周振甫注，《文心雕龍注釋》，臺北：里仁書局，1984 年版。

22. 袁柯校譯，《山海經校釋》，臺北：明文書局，1986 年版。

23. 錢仲聯，《清詩紀事》，江蘇：江蘇古籍出版社，1989 年版。

三、文學論著類

1. 王文進，《仕隱與中國文學——六朝篇》，臺北：臺灣書店，1999 年版。

2. 王建元，《現象詮釋學與中西雄渾觀》，臺北：東大圖書公司，1992 年版。

3. 王立，《中國古代文學十大主題——原型與流變》，臺北：文史哲出版社，1994 年版。

4. 王國瓔，《中國山水詩研究》，臺北：聯經出版公司，1996 年版。

5. 古添洪，《記號詩學》，臺北：東大圖書公司，1984 年版。

6. 江寶釵，《臺灣古典詩面面觀》，臺北：巨流圖書公司，1999 年版。

7. 江寶釵，《嘉義地區古典文學發展史》，嘉義：嘉義市立文化中心出版，1998 年版。

8. 呂正惠、蔡英俊等，《中國文學批評》第一集，臺北：臺灣學生書局，1992 年 8 月初版。

9. 林文月，《山水與古典》，臺北：三民書局，1996 年版。

10. 岑家悟，《圖騰藝術史》，臺北：駱駝出版社，1987 年版

11. 吳福助主編，《傳統文學的現代詮釋》，臺北：文史哲出版社，1998 年版。

12. 吳福助主編，《臺灣古典文學與文獻》，臺北：文津出版社，1999 年版。

13. 吳福助主編，《明清時期的臺灣傳統文學論文集》，東海大學中文系編輯，臺北：文津出版社，2002 年版。

14. 施懿琳，《從沈光文到賴和——臺灣古典文學的發展與特色》，高雄：春暉出版社，2000 年版。

15. 柯慶明，《文學美綜論》，臺北：大安出版社，2000 年版。

16. 柯慶明，《中國文學的美感》，臺北：麥田出版公司，2000 年版。

17. 柯慶明，《現代中國文學批評述論》，臺北：大安出版社，2005 年版。

18. 班瀾，《結構詩學》，呼和浩特市：內蒙古大學出版社，1999 年版。

19. 孫康宜，《文學的聲音》，臺北：三民書局，2001 年版。

20. 孫康宜，《抒情與描寫》，臺北：允晨文化股份公司，2001 年版。

21. 陳昌明，《緣情文學觀》，臺北：臺灣書店，1999 年版。

22. 陳鵬飛，《主題學理論與實踐》，臺北：萬卷樓圖書有限公司，2001 年版。

23. 陳植鍔，《詩歌意象論》，中國社會科學出版社，1990 年版。

24. 許俊雅編，《講座 Formasa：臺灣古典文學評論合集》，臺北：萬卷樓圖書公司，2004

25. 年版。

26. 許功明，《魯凱族的文化與藝術》，臺北：稻鄉出版社，2001 年 8 月版

27. 黃維樑，《中國詩學縱橫論》，臺北：洪範書店，1986 年版。

28. 歐崇敬，《從結構主義解構主義》，臺北：揚智文化公司，1999 年版。

29. 馮壽農，《文本・語言・主題——尋找批評的途徑》，廈門大學出版社，2001 年版。

30. 滕守堯，《審美心理描述》，臺北：漢京文化事業有限公司，1987 年版。

31. 張健，《清代詩學研究》，北京：北京大學出版社，1999 年版。

32. 童慶炳，《中國古代心理詩學與美學》，臺北：三民書局，1984 年版。

33. 葉維廉，《比較詩學》，臺北：東大圖書公司，1988 年版。

34. 葉維廉，《歷史、傳釋與美學》，臺北：東大圖書公司，1988 年版。

35. 葉維廉，《中國詩學》，北京：三聯書店，1996 年版。

36. 葉維廉，《中國古典文學比較研究》，臺北：黎明文化股份有限公司，1977 年版。

37. 廖雪蘭，《臺灣詩史》，臺北：武陵出版社，1989 年版。

38. 廖蔚卿，《六朝文論》，臺北：聯經出版社，1985 年版。

39. 蔣寅撰，《王漁洋與康熙詩壇》，北京：中國社會科學出版社，2001 年版。

40. 樂黛雲等編，《北美中國古典文學研究名家十年文選》，南京：江蘇人民出版社，1996 年版。

41. 蔡英俊，《抒情的境界》，臺北：聯經出版社，1982 年版。

42. 蔡英俊，《比興物色與情景交融》，臺北：臺灣學生書局，1995 年版。

43. 劉懷榮，《中國古典詩學原型研究》，臺北：文津出版社，1996 年版。

44. 簡政珍，《語言與文學空間》，臺北：漢光文化出版股份有限公司，1989年2月版。

45. 鄭文惠，《明代題畫詩的詩畫對應內涵》，臺北：東大圖書股有限公司，1995年版。

46. 劉昭明主編，《旅行與文藝國際會議論文集》，國立中山大學文學院編輯，臺北：書林出版有限公司，2001年。

47. 鍾玲主編，《海洋與文藝國際會議論文集》，高雄：國立中山大學文學院，1999年。

48. 魏仲佑主編，《旅遊文學論文集》，臺北：文津出版社，2000年。

49. 鄭毓瑜，《文本風景——自我與空間的相互定義》，臺北：麥田出版公司，2005年版。

50. 關永中，《神話與時間》，臺北：臺灣書店，1997年版。

51. 龔顯宗，《臺灣文學研究》，臺北：五南出版公司，1998年版。

52. 龔顯宗，《臺灣文學家列傳》，臺北：五南出版公司，2000年版。

53. 龔顯宗、許獻平，《臺南縣文學史》，臺南：臺南縣文化局圖書館藏。

四、歷史及社會人類學科類

1. 《清聖祖實錄選輯》，臺北：臺灣銀行經濟研究室，臺灣文獻叢刊第165種。

2. 《清史稿》，臺北：國史館出版，1986年版

3. 《清初海疆圖說》，臺北：臺灣銀行經濟研究室，臺灣文獻叢刊第155種。

4. 《陳清端公文集·年譜》，臺灣省文獻會出版，1994年版。

5. 《清史列傳選》，南投：臺灣省文獻委員會，1994年版。

6. 《福建通志列傳選》南投：臺灣省文獻委員會，1993年版。

7. 《清代宮中檔案奏摺臺灣史料》，臺北：國立故宮博物院，2001年版。

8. 《清代臺灣關係諭旨檔案彙編》，臺北：遠流出版公司，2004年版。

9. 《清代臺灣方志彙刊》，臺北：遠流出版公司，2005年版。

10. 《明清臺灣檔案彙編》，臺北：遠流出版公司，2009年版。

11. 《臺案彙錄己集》，臺北：臺灣銀行經濟研究室，臺灣文獻叢刊第191種，1963年版。

12. 六十七，《使署閒情》，臺北：臺灣銀行經濟研究室，臺灣文獻叢刊第122種。

13. 六十七，《番社采風圖考》，臺北：臺灣銀行經濟研究室，臺灣文獻叢刊第90種。

14. 王世慶，《清代臺灣社會經濟》，臺北：聯經出版社，1994 年版。

15. 王鑫，《地形學》，臺北：聯經出版公司，1994 年版

16. 方豪，《方豪六十自定稿》，臺北：著者發行，1969 年版。

17. 尹章義，《臺灣開發史研究》，臺北：聯經出版社，1989 年版。

18. 伊能嘉矩著、溫吉編譯，《臺灣蕃政志》，臺灣省文獻委員會，1999 年版。

19. 文崇一，《中國人的價值》，東大圖書公司，1989 年版。

20. 石守謙主編，《福爾摩沙——十七世紀的臺灣、荷蘭與東亞》，臺北：故宮博物院，2003 年版。

21. 何金蘭，《文學社會學》，臺北：桂冠圖書公司，1989 年版。

22. 余英時，《士與中國文化》，上海：上海人民出版社，1987 年版。

23. 李亦園，《臺灣土著民族的社會與文化》，臺北：聯經出版公司，2002 年版。

24. 沈葆楨，《沈文肅公政書》臺北：文海書局，1967 年版。

25. 周憲文，《清代臺灣經濟史》，臺北：臺灣銀行經濟研究室，1957 年版。

26. 周婉窈，《臺灣歷史圖說》，臺北：聯經出版社，1999 年版。

27. 岑家梧，《圖騰藝術史》，臺北：駱駝出版社，1987 年版。

28. 柯志明，《番頭家——清代臺灣族群政治與熟番地權》，臺北：中央研究院社會學研究所，2002 年元月再版。

29. 徐泓，《清代臺灣天然災害史料編》，國立臺灣大學歷史學系，行政院國家科學委員會防災技術研究報告 72-01 號，1983 年版。

30. 高翔，《康、雍、乾三帝統治思想研究》，北京：中國人民大學出版社，1995 年版。

31. 曹永和，《清代早期歷史研究》，臺北：聯經出版社，1979 年版。

32. 曹永和，《清代早期歷史研究續集》，臺北：聯經出版社，2000 年版。

33. 夏黎明，《清代臺灣地圖演變史》，臺北：知書房出版社，1996 年版。

34. 王存立、胡文青編著，《臺灣的古地圖——明清時期》，臺北：遠足文化事業公司出版，2002 年版。

35. 連雅堂，《臺灣通史》，臺北：黎明文化事業股份有限公司，1985 年版。

36. 許雪姬，《清代臺灣的綠營》，臺北：中央研究院近代史研究所，1987 年版。

37. 許雪姬，《北京的辮子——清代臺灣的官僚體系》，臺北：自立晚報社，1993 年版。

38. 許功明，《魯凱族的文化與藝術》，臺北：稻鄉出版社，2001 年 8 月版。

39. 陳捷先，《清代臺灣方志研究》，臺北：臺灣學生書局，1996 年版。

40. 陳其南，《家族與社會——臺灣和中國研究的基礎理念》，臺北：聯經出版公司，1995 年版。

41. 陳其南，《臺灣的傳統中國社會》，臺北：允晨文化股份公司，1997 年版。

42. 陳秋坤、洪麗完主編，《契約文書與社會生活》，臺北：中央研究院臺灣史研究所籌備處，2001 年版。

43. 葉高樹，《清朝前期的文化政策》，臺北：稻鄉出版社，2002 年版。

44. 黃應貴主編，《臺灣土著社會文化研究論文集》，臺北：聯經出版公司，1998 年版。

45. 潘英，《臺灣平埔族史》，臺北：南天出版社，1996 年。

46. 盧惠文，《中國建築時空論》，詹氏書局，1989 年版。

47. 戴炎輝，《清代臺灣之鄉治》，臺北：聯經出版公司，1998 年版。

五、西方理論專著類

1. 〔法〕沙特著；魏金聲譯，《影像論》，臺北：商鼎文化出版社，1992 年版。

2. 〔法〕沙特著；褚朔維譯，《想像心理學》，北京：光明日報出版社，1988 年版。

3. 〔法〕米·杜夫海納著；韓樹站譯，《審美經驗現象學》，北京：文化藝術出版社，1996 年版。

4. 〔法〕朋尼維茲著；孫智綺譯，《布赫迪厄社會學的第一課》，臺北：麥田出版，2002 年版。

5. 〔法〕茨維坦·托多羅夫著；王國卿譯，《象徵理論》，北京：商務印書館，2004 年版。

6. 〔美〕瑪格麗特·魏特罕著；薛絢譯《空間地圖——從但丁的空間到網路的空間》，2001 年版。

7. 〔德〕姚斯著；周寧、金元淵譯，《接受美學與接受理論》，遼寧人民出版社，1987 年版。

8. 〔荷蘭〕約翰·赫伊津哈著；舒煒等人譯，《游戲的人》，杭州：中國美術學院出版，1996 年版。

9. 〔德〕格羅塞著；蔡慕暉譯，《藝術的起源》，北京：新華書店，1996 年版。

10. 〔美〕蘇珊·朗格著；劉大基、傅志強、周發祥譯，《情感與形式》，臺北：商鼎文化出版社，1991 年版。

11. 〔德〕恩斯特·卡西勒（Ernst Cassirer）；甘陽譯，《人論：人類文化哲學導引》，臺北：桂冠出版社，1997 年版。

12. 〔德〕恩斯特‧卡西勒（Ernst Cassirer）；于曉譯，《語言與神話》，臺北：桂冠出版社，1998 年版。

13. 〔德〕恩斯特‧卡西勒（Ernst Cassirer）；黃龍保等人選譯，《神話思維》，北京：中國社會科學院出版，1992 年版。

14. 〔澳洲〕史密斯著；林宗德譯，《文化理論的面貌》，臺北：韋伯文化出版公司，2004 年版。

15. 〔法〕梅洛龐蒂著；姜志輝譯，《知覺現象學》，北京：商務印書館，2003 年版。

16. 〔法〕羅蘭‧巴特著；許薔薇等譯，《神話學》，臺北：桂冠出版公司，1997 年版。

17. 〔德〕加達默爾著；洪漢鼎譯，《真理與方法：哲學詮釋學的基本特徵》，臺北：時報出版社，1996 年版。

18. 哈伯瑪斯、阿斯特等著；洪漢鼎等譯，《詮釋學經典文選》，台北：桂冠，2005 年。

19. 羅伯特、休斯著；劉豫譯，《文學結構主義》，臺北：桂冠圖書公司，2001 年。

20. 伊麗沙白‧弗洛恩德著；陳燕谷譯，《讀者反應理論批評》，臺北：駱駝出版社，1994 年版。

21. 斯特恩柏著；陳億貞譯，《普通心理學》，臺北：雙葉書廊有限公司，2002 年初版。

22. 克蘭格著；王志弘等著，《文化地理學》，臺北：巨流出版公司，2005 年版。

23. 丹尼斯‧渥德著；王志弘等譯，《地圖權力學》，臺北：時報文化，1996 年版。

24. 段義孚著；潘桂成譯，《經驗透視中的空間和地方》，臺北：國立編譯館，1998 年版。

25. 倪梁康主編，《現象學經典文選》，北京：新華書店，2000 年版。

26. 夏鑄九、王弘志編譯，《空間的文化形式與社會理論讀本》，臺北：明文出版社，1993 年版。

六、論文類

（一）單篇論文

1. Mathias Obert，〈論述畫境──以現象學之觀點談中國山水畫與相關之理論〉，《中外文學》三十二卷七期，2003 年 12 月版。

2. 丁旭輝，〈論《裨海紀遊》的散文藝術〉，《國立中央圖書館館刊》十卷一

期，2004 年。

3. 方豪，〈康熙五十三年測繪臺灣地圖考〉，《方豪六十自訂稿》，臺北：著者發行，1969 年版。

4. 方孝謙，〈「內涵化」與日據芝山岩精神的論述〉，《台灣史研究》一卷一期，中央研究院台灣史研究所籌備處，1994 年 6 月版。

5. 尤雅姿，〈文學世界中的空間創設〉，《中國文哲研究通訊》十卷三期，2000年 9 月版。

6. 江菊松，〈高拱乾詩「東寧十詠」研究——兼談明人徐孚遠及其「東寧詠」〉《淡水牛津臺灣文學研究集刊》四期，2001 年。

7. 衣若芬，〈閱讀風景：蘇軾與「瀟湘八景圖」的興起〉，《千古風流——東坡逝世九百年學術研討會》，臺北：洪葉文化出版公司，2001 年月 5 版。

8. 衣若芬，〈宋代題「瀟湘」山水畫詩的地理概念、空間表述與心理意識〉，《空間、地域與文化——中國文化空間的書寫與闡釋》，臺北：中央研究院中國文哲研究所，2002 年。

9. 何素花，〈清初大陸文人在臺灣之社會觀察——以郁永河「裨海紀遊」為例〉，《臺灣文獻》五十三卷一期，2002 年 3 月版。

10. 金鋑，〈清代臺灣文官制度之研究〉，《成功大學歷史學報》第四期，1977年版。

11. 高友工，〈文學研究的美學問題：美感經驗的定義與結構〉（上）《中外文學》七卷十一期，1979 年 4 月版；（下）《中外文學》七卷十二期，1979年 5 月版。

12. 阮桃園，〈文人探險家的視野——試評郁永河《裨海紀遊》〉，《臺灣古典文學與文獻》，臺北：文津出版社，1999 年版。

13. 吳毓琪，〈論孫元衡《赤嵌集》之海洋意象〉，《文學臺灣》四十三期（秋季號），2002 年。

14. 洪銘水，〈沈光文與台灣流寓文學的多角觀點〉，《明清時期的臺灣傳統文學論文集》，臺北：文津出版社，2002 年。

15. 施懿琳，〈清代遊宦與在地詩人的臺灣意象〉，「詩/歌中的臺灣意象研討會」，臺南：成功大學，2000 年 3 月。

16. 施懿琳，〈從《台灣府志》〈藝文志〉看清領前期台灣散文正典的生成〉，《台灣文學學報》第四期，臺北：政治大學中文系出版，2003 年版。

17. 施懿琳，〈憂鬱的南方——孫元衡《赤嵌集》的臺灣物候書寫及其內在情蘊〉，《成大中文學報》第 15 期，2008 年，頁 107～136。

18. 莊金德，〈清初旅臺學人著作的評介〉，《臺灣文獻》十五卷一期，1964年 3 月版。

19. 莊雅仲，〈裨海紀遊：徘徊於自我與異己之間〉，《新史學》四卷三期，1993

月 9 版。

20. 陳姿容,〈清代臺灣賦與臺灣竹枝詞之比較研究〉,《中華學苑》第五十六期,2003 年 2 月。

21. 陳龍廷,〈相似性、差異性與再現的複製:清代書寫臺灣原住民形象之論述〉,《博物館學季刊》十七卷三期,2003 年 7 月版。

22. 陳家煌,〈論孫元衡及其《赤嵌集》〉,《漢學研究》二十三期二卷,2005年。

23. 許俊雅,〈九〇年代臺灣古典文學研究現況評介與反思〉,「九十年代兩岸三地文學現象國際學術研討會」,2000 年 6 月 1～2 日。

24. 楊雅惠,〈山水詩意境中的空間意識──以「北宋」三遠為例〉,《國家科學委員會研究彙刊:人文及社會科學》八卷三期,1998 年 7 月。

25. 湯熙勇,〈清代臺灣文官的任用方法及其相關問題〉,《中央研究院三民主義研究所專題選刊(八十)》,1988 年版。

26. 張世賢,〈清代治臺政策的發展〉,《臺灣史論叢》第一輯,臺北:眾文圖書公司,1980 年版。

27. 張明雄,〈康熙年間清廷治臺政策及其檢討〉,《台北文獻》直字七十四期,1985 年 12 月版。

28. 張隆志,〈清代臺灣平埔巴宰族群社會文化史初探──對於「臺灣平埔母系社會論」的再思考〉,《契約文書與社會生活》,臺北:中央研究院臺灣史研究所籌備處,2001 年版。

29. 張隆志,〈評介鄧津華《想像臺灣:清代中國的殖民旅行書寫與圖像》〉,《中國文哲研究集刊》第二十六期,2005 年 3 月。

30. 詹素娟,〈文化符碼與歷史圖像──再看《番社采風圖》〉,《古今論衡》第二期,臺北:中央研究院歷史語言所,1997 年 6 月版。

31. 黃美娥,〈清代流寓文人楊浚在臺活動及其作品〉,《臺北文獻》直字 127期,1999 年 3 月版。

32. 黃美娥,〈笑看人生 麗句寫愁──清代竹塹地區流寓文人查元鼎及其詩作〉,《竹塹文獻》雜誌第十八期,2001 年 1 月。

33. 黃美娥,〈殖民地時期日人眼中的清代臺灣文學〉,「中國近代文化的解構與重建:鄭成功、劉銘傳」研討會論文集,2003 年 4 月版。

34. 黃美娥,〈臺灣古典文學史概說〉,《臺北文獻》直字第一五一期,2005年 3 月版。

35. 薛順雄,〈渡臺悲歌──臺灣傳統文學漢語詩文中所表露的「渡臺困境」初探〉,《明清時期臺灣傳統文學論文集》,臺北:文津出版社,2002 年10 月版。

36. 謝崇雄,〈前清鳳山縣宋永清詩作懷古文教采風〉,《高市文獻》十四期一

卷，2001 年。

37. 賴恆毅，〈郁永河《裨海紀遊》之竹枝詞研究〉，《臺灣史料研究》二十五期，2005 年 7 月版。

38. 羅宗濤，〈從漢到唐詩歌中海的詞彙之考察〉，收於鍾玲主編《海洋與文藝國際會議論文集》，高雄：國立中山大學文學院，1999 年版。

39. 鄭毓瑜，〈詩歌創作的兩種模式——詩緣情與詩言志〉，《中外文學》十一卷九期，1983 年 2 月版。

40. 鄭毓瑜，〈歸返的回音——漢晉行旅賦的地理論述〉，收於《世變與創化——漢唐、唐宋轉換期之文藝現象》，臺北：中央研究院文哲研究所，2000 年 2 月版。

41. 鄭喜夫，〈季麒光在臺事蹟及遺作彙集〉，《臺灣文獻》二十八卷三期，1977 年 9 月版。

42. 潘朝陽，〈康熙時代臺灣社會區域與儒家理想之實踐〉，第二屆臺灣儒學國際學術研討會，成功大學中文系主辦，1999 年 12 月 18～19 日。

43. 潘朝陽，〈空間‧地方觀與「大地具現」暨「經典訴說」的宗教性詮釋〉，《中國文哲研究通訊》十卷三期，2000 年 9 月版。

（二）學位論文

1. Taiwan's Image Geography: Chinese Colonial Travel Writing and Pictuers, 1683-1895. By Emma Jinhua Teng. Cambridge, Mass.: Harvard University Asia Center.2004.

2. 何孟興，《清初巡臺御史制度之研究》，東海大學歷史所碩士論文，1989 年版。

3. 林淑慧，《黃叔璥及其《臺灣海使槎錄研究》》，國立臺灣師範大學國文研究所碩士論文，1999 年版。

4. 林淑慧，《臺灣清治時期散文發展與文化變遷》，國立臺灣師範大學國文研究所博士，2005 年版。

5. 周滿枝，《清代臺灣流寓詩人及其詩》，國立政治大學中文所碩士論文，1980 年版。

6. 吳玲瑛，《孫元衡及其《赤嵌集》研究》，國立政治大學中等學校教師在職進修國文教學碩士學位班，2003 年。

7. 施志汶，《清康雍乾三朝的治臺政策》，國立臺灣師範大學歷史研究所博士論文，2001 年。

8. 施懿琳，《清代臺灣詩所反映的漢人社會》，國立臺灣師範大學國文研究所博士論文，1991 年‧

9. 許玉青，《清代臺灣古典詩之地理書寫研究》，國立中央大學中國文學研

究所碩士論文，2005 年。

10. 陳虹如，《郁永河《裨海紀遊》研究》，國立臺灣師範大學國文研究所碩士論文，2000 年版。

11. 陳佳妏，《清代臺灣記遊文學中的海洋》，國立政治大學中國文學研究所碩士論文，2001 年版。

12. 陳雯宜，《清康熙年間臺灣土地利用的研究》，國立成功大學歷史語言所碩士論文，1993 年。

13. 郭侑欣，《憂鬱的亞熱帶：郁永河《裨海紀遊》中的臺灣圖像及其衍異》，靜宜大學中國文學研究所碩士論文，2001 年。

14. 黃美娥，《清代臺灣竹塹地區傳統文學研究》，輔仁大學中國文學研究所博士論文，1999 年。

15. 黃繼立，《「神韻」詩學系譜研究——以王漁洋爲基點的後設考察》，國立成功大學中文所碩士論文，2002 年。

16. 張炎憲，《清代治臺政策之研究》，國立臺灣大學歷史研究所碩士論文，1974 年版。

17. 張永錦，《孫元衡詩探析》，國立中興大學中文所在職專班碩士論文，2004 年版。

18. 廖振富，《櫟社三家詩研究－林癡仙、林幼春、林獻堂》，國立臺灣師範大學國文研究所博士論文，1996 年。

19. 劉麗卿，《清代臺灣八景與八景詩》，國立中興大學中文所碩士論文，2000 年。

20. 藍國榮，《藍鼎元研究》，國立高雄師範大學國文研究所，1989 年版。

21. 蕭百興，《清代臺灣府城空間變遷的論述》，國立臺灣大學建築與城鄉研究所碩士論文，1990 年版。

七、工具書

1. 邱遠猷主編，《中國近代官制辭典》，北京圖書館出版，1997 年版。

2. 吳福助主編，《臺灣漢語傳統文學書目》，臺北：文津出版社，1999 年版。

3. 吳密察主編，《臺灣史小事典》，臺北：遠流出版社，2000 年版。

4. 故經之主編，《中國古典文藝學叢編》，北京大學出版社，2001 年版。

5. 高賢治編，《臺灣風物分類索引》，臺北：臺灣風物雜誌社，1991 年版。

6. 廖炳惠編著，《關鍵詞 200：文學與批評研究的通用辭彙編》，臺北：麥田出版公司，2003 年版。

7. 錢仲聯主編，《中國文學家大辭典·清代卷》，北京：中華書局，1996 年版。

8. 吳幅員編，《臺灣文獻叢刊提要》，臺北：臺灣銀行經濟研究室，臺灣文獻叢刊第 114 種，1952 年版。

9. 李靈年、楊忠主編，《清人別集總目》，安徽：安徽教育出版社，2000 年版。

10. 張本政主編，《清實錄》，臺灣史資料專輯，福州：福州人民出版社，1993 年版。

八、數位資料庫

1. 國立臺灣圖書館，「臺灣學數位圖書館」，
   http://192.192.13.216/ntlhyint/search1.jsp。

2. 中央研究院臺灣史研究所，「臺灣史檔案資源系統」，
   http://tais.ith.sinica.edu.tw/sinicafrsFront/index.jsp。

3. 國立臺灣文學館，「臺灣文學網」，http://tln.nmtl.gov.tw/ch/index.aspx

4. 國立臺灣文學館，「智慧型全臺詩知識庫」，http://www2.nmtl.gov.tw/twp。

5. 「臺灣文獻叢刊」，大鐸資訊股份有限公司。

6. 「臺灣文獻叢刊續編」，聯合百科電子出版公司。

7. 「漢籍電子文獻——瀚典全文檢索系統」，中央研究院歷史語言所。